Cornelis de Jode (1568-1600)
America Pars Boeralis
Autwerp, 1593

Gravure sur cuivre coloriée à la main (368 x 508mm). Un exemplaire se trouve à la Newberry Library de Chicago. Un fac-similé a été produit à l'initiative de l'Association des cartothèques canadiennes en 1982. La copie conservée à la Bibliothèque nationale du Québec a été coloriée à la main (G 1116 S1A8 1982).

Gérard de Jode (1515-1591) est un contemporain de Mercator et Ortelius. Moins connu, il n'en contribue pas moins à faire de la Hollande le centre de la cartographie au XVIe siècle.

Son fils, Cornelis, poursuit son œuvre. À partir des récits de voyages de Giovanni Verrazzano et de Jacques Cartier, et aussi à l'aide des cartes de Jacques Le Moyne de Morgues et de John White, il publie en 1593 une immense carte de l'Amérique du Nord.

Présentée en deux sections, l'une montrant l'ouest du continent dont on sait bien peu de choses, l'autre montrant le centre (et même la péninsule de Californie) et l'est. En fait, de Jode n'a aucune idée de l'épaisseur du continent, laquelle ne sera d'ailleurs connue qu'à la toute fin du XVIIIe siècle.

Sur la péninsule appelée CALIFORNIA, il mentionne des gens appelés « Canadenses » et diverses nations qui habitent Hochelaga, Hougueda, Cortereallis. On notera vers l'est en grosses lettres NOVA FRACIA. Le cartographe mentionne les voyages de *Walter Ralegh* [Raleigh], *Sebactiano Gabat* [Cabot] et *Johanne Verazano* [Verrazzano].

Il souligne que le Florentin naviguait au nom du roi de France et que quelque part (*inter Canadam et Florida*), il fut capturé, mis à mort et dévoré. Ailleurs, on trouve une mention de Laudonnière, un des rares rescapés de l'aventure française à Saint-Augustine à laquelle participait Jacques Le Moyne de Morgues dont les dessins serviront largement à Cornelis de Jode. Ce sont cependant les aquarelles de John White et sa carte appelée *Virginia* qui inspireront le plus de Jode.

Contrairement aux habitudes de l'époque, la carte *America Pars Borealis* est très sobre et dépouillée. Les toponymes et les commentaires occupent tout l'espace disponible. C'est seulement dans les angles de droite que le cartographe se permet des éléments de décoration : en haut deux Indiens menacent un voilier et en bas on aperçoit six Indiens sortis directement des aquarelles de White via les gravures de Théodore de Bry (dont la publication commence à Francfort en 1591).

Iroquoisie
1534-1652

Nous remercions le Conseil des Arts du Canada et la SODEC pour le soutien accordé à notre programme d'édition, de même que le gouvernement du Canada pour l'aide financière reçue par l'entremise du Programme d'aide au développement de l'industrie de l'édition (Padié).

L'éditeur tient à remercier de façon toute particulière la Fondation Lionel-Groulx pour son autorisation de publier ce manuscrit conservé aux Archives du Centre de recherche en histoire de l'Amérique française.

Illustrations de la couverture :

Dessin anonyme tiré de Alvin M. Josephy Jr., *500 Nations. An illustrated history of North American Indians*. Alfred A. Knopf, 1994, Coll. Bibliothèque du Congrès. Photo de Walter Bigbee. Sur l'épine, un détail d'un tableau conservé au Musée des Augustines de l'Hôtel-Dieu de Québec, *Martyre des missionnaires jésuites*, Anonyme. Sur la 4e de couverture, un détail de la carte de l'Amérique du Nord (1593) de Cornelis de Jode et un autre représentant un personnage montagnais, tiré de la *Carte Géographique De la Nouvelle France* (1612) de Samuel de Champlain.

Chargés de projet : Marcelle Cinq-Mars, Denis Vaugeois
Mise en pages : Daniel Huot
Page couverture : Ose Design
Équipe éditoriale : Marcelle Cinq-Mars, Andrée Laprise, Jean-Marie Lebel, Denis Vaugeois

Si vous désirez être tenu au courant de nos publications
vous pouvez consulter
www.septentrion.qc.ca ou nous écrire au
1300, av. Maguire, Sillery (Québec) G1T 1Z3
ou par télécopieur (418) 527-4978

Données de catalogage avant publication (Canada)

Desrosiers, Léo-Paul, 1896-1967

Iroquoisie

L'ouvrage complet comprendra 4 v.
Comprend des réf. bibliogr. et des index.
Sommaire : t.. 1. 1534-1652 - t. 2. 1652-1665.

ISBN 2-89448-081-4 (v. 1)
ISBN 2-89448-106-3 (v. 2)

1. Canada - Histoire - Jusqu'à 1763 (Nouvelle-France). 2. Iroquois (Indiens) - Guerres. 3. Fourrures - Commerce - Canada - Histoire. 4. États-Unis - Histoire - ca 1600-1775 (Période coloniale). 5. Indiens d'Amérique - Maladies. 6. Épidémies - Canada - Histoire. I. Titre.

FC305.D47 1998 971.01 C98-941014-5
F1030.D47 1998

Dépôt légal : 3e trimestre 1998
Bibliothèque nationale du Québec

ISBN 2-89448-081-4

1300, avenue Maguire
Sillery (Québec)
G1T 1Z3

Diffusion Dimedia
539, boul. Lebeau
Saint-Laurent (Québec)
H4N 1S2

Léo-Paul Desrosiers

Iroquoisie
1534-1652

Septentrion

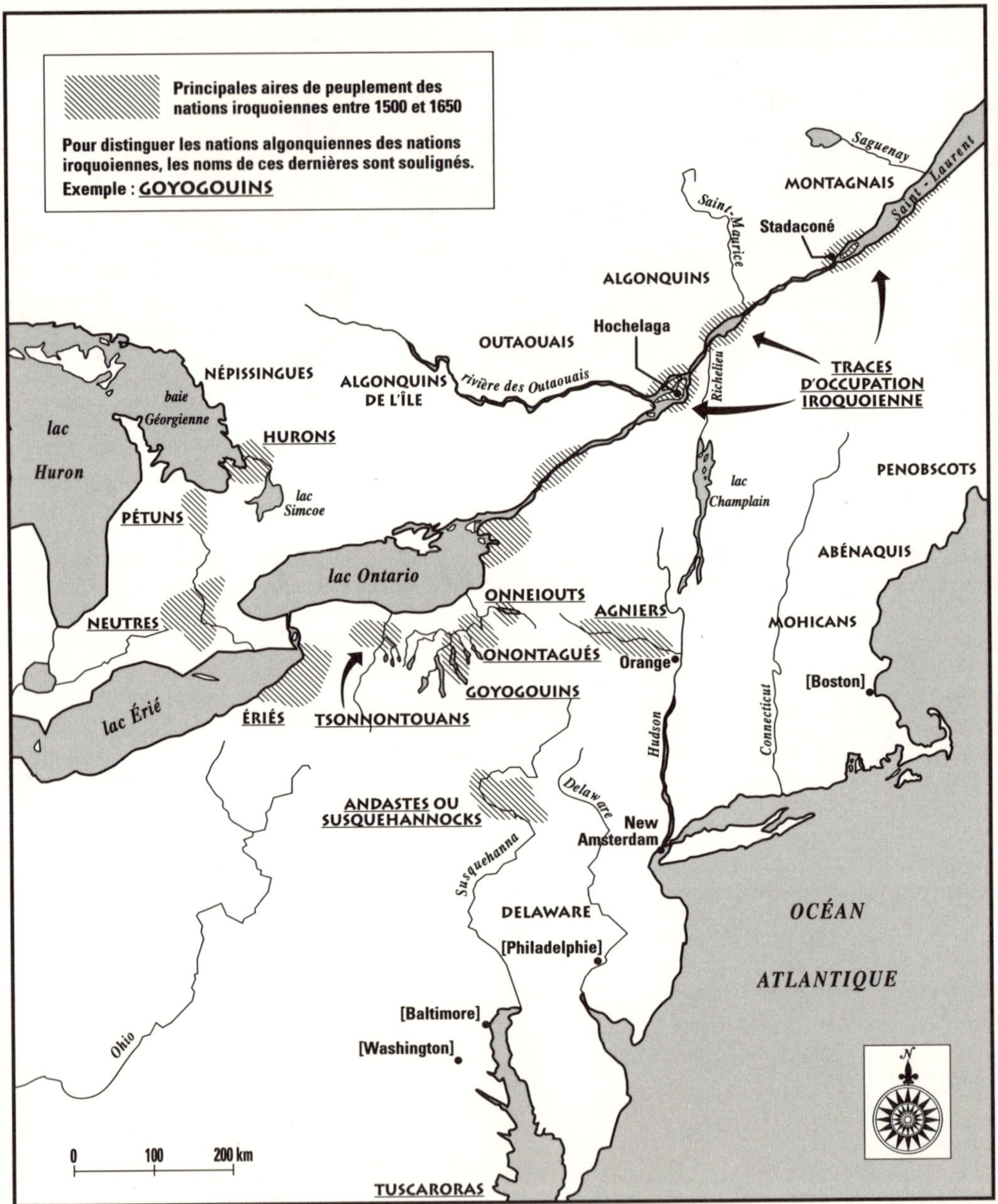

Conception : Denis Vaugeois / Réalisation : Julie Benoit

Cinquante ans plus tard

Denis Vaugeois, éditeur

En 1947, Léo-Paul Desrosiers, écrivain et historien à ses heures, faisait paraître *Iroquoisie*, ouvrage publié sous l'égide des « Études de l'Institut d'histoire de l'Amérique française ». Quelques mois plus tôt, il avait publié dans le premier numéro de la *Revue d'histoire de l'Amérique française* un article de 17 pages intitulé « Premières missions iroquoises ». La direction de la revue précisait : « Ces pages sont extraites d'un ouvrage qui paraîtra prochainement. » Dans le même numéro, en page 157, on annonçait la parution prochaine d'une *Histoire des guerres iroquoises* de Léo-Paul Desrosiers. À ses intimes, Desrosiers promettait pas moins de cinq volumes qui couvriraient les débuts de la Nouvelle-France jusqu'à la paix de Montréal.

Seul parut l'ouvrage de 1947. Un total de 351 pages qui conduisaient le lecteur jusqu'à l'année 1646.

De toute évidence, Desrosiers n'avait pas abandonné son travail, mais l'argent avait fait défaut. Il s'en ouvre dans une lettre adressée au chanoine Groulx le 22 février 1958. « Au sujet de l'*Iroquoisie*, écrit-il, j'ai dû choisir, à un moment donné, de publier dans les Cahiers des Dix, les parties dont la publication me semblait urgente afin d'aider un peu à tous ceux qui font de l'histoire. Je savais que c'était le meilleur de mon travail, poursuit-il, mais je ne voyais pas le moyen de financer l'édition des autres volumes et de les entasser dans ma cave. »

De fait, à partir de 1952, Desrosiers remet, bon an mal an, un article à son ami Gérard Malchelosse, secrétaire des Dix. En tout, quatorze articles paraîtront sur des aspects particuliers de sa recherche dont *Les Onnontagués* (1953), *Iroquoisie, terre française* (1955), *L'expédition de M. de la Barre* (1957), *Denonville* (1958), *Frontenac, l'artisan de la victoire* (1963) et pour clore, *Fort Orange à l'époque des guerres indiennes* (1965).

Desrosiers décédera en 1967 — la même année que Groulx — sans avoir pu réaliser son projet. Il laissait toutefois un manuscrit de quelque 2000 pages qui fut confié à la Fondation Lionel-Groulx. C'est Denys Delâge qui l'a porté à notre connaissance. En réalité, le manuscrit compte plusieurs versions. La partie qui a été publiée (1534-1646) est suivie d'une autre partie qui était prête pour l'édition, mais plus on s'éloigne dans le temps, moins le texte est au point. Compte tenu des moyens de l'époque, Desrosiers devait d'abord transcrire ses sources — il le faisait généralement dans des cahiers — puis il les arrangeait dans une langue provisoire, pleine d'abréviations sous le titre « notes générales ». Enfin, il se livrait à une première rédaction, suivie d'une seconde. Au moment de publier, il retouchait encore son texte. Pour les articles qu'il destinait aux Cahiers des Dix, il choisissait un aspect et réécrivait l'essentiel à partir, selon le cas, de ses « notes générales » ou de la version existante pour la période en question.

Précisons dès maintenant que nous avons révisé tout le manuscrit de Desrosiers, y compris la partie publiée en 1947. Bien entendu, pour cette première période, nos interventions sont minimes, mais elles n'en sont pas moins constantes ; par la suite, elles deviennent de plus en plus importantes.

Sous l'influence de ses lectures, y compris les publications du Smithsonian, Desrosiers parle volontiers des hommes de l'âge de pierre, utilise tout naturellement les mots races et sauvages, etc. Ses travaux précèdent l'ère du « politiquement correct ». Nous sommes à l'heure de la vérité. « C'est toujours du plus près possible qu'il faut regarder les hommes et les choses, écrit-il dans sa préface de 1947, en citant Sainte-Beuve : rien n'existe définitivement qu'en soi. Ce qu'on voit de loin et gros, en grand même si l'on veut, peut être bien saisi, mais peut l'être mal ; on n'est très-sûr que de ce qu'on sait de très-près. »

Les recherches de Desrosiers sont absolument exceptionnelles. Toutes les sources disponibles, ou à peu près, sont utilisées avec une honnêteté, une franchise et une disponibilité totales.

Souvent, il confronte les versions des divers témoins. Parfois, le lecteur souhaiterait qu'il se montre un peu critique face aux observations qu'il cite. Il le fait à l'occasion. Il cherche à comprendre, à expliquer aussi. L'Iroquisie n'est pas un bloc monolithique, ce que les Français ont du mal à saisir. En présence d'un Garakonthié, Desrosiers ne manque pas de souligner la complexité de sa situation, de son rôle, de son action. Comme dans toute démocratie, fait-il observer, l'unanimité fait défaut. Garakonthié doit composer avec des opposants à l'intérieur de sa propre nation et forcément chez ses voisins. Si au moins il avait eu comme interlocuteur un gouverneur clairvoyant et déterminé, « après tout, laisse-t-il échapper, les Iroquois sont des hommes comme les autres ». Les intérêts de chacun provoquent des affrontements, expliquent les tactiques, les ruses, les stratégies.

La Nouvelle-France ne se conçoit pas sans le commerce des fourrures, ni ce commerce sans les Indiens. Ces derniers ne sont pas des témoins passifs, ce sont des acteurs omniprésents.

Si les Indiens ont été passablement absents des grandes synthèses de l'histoire du Canada, ce n'est certes pas la faute de Léo-Paul Desrosiers. Il les présente, longuement, sans complaisance, sans indulgence non plus. L'accueil récent réservé à l'ouvrage de Roland Viau (*Enfants du néant et mangeurs d'âmes*, Boréal, 1997) montre bien la maturité présente du public, y compris des descendants des premiers habitants de ce pays. Les pages de Desrosiers étaient peut-être téméraires et provocantes voilà 50 ans, elles devraient être bien acceptées et mieux comprises aujourd'hui. L'histoire sans fard n'a-t-elle pas sa place ?

Les textes de Desrosiers n'en demeurent pas moins un peu dérangeants. Les guerres indiennes sont, comme toutes les guerres, cruelles et sanguinaires. Par ailleurs, des personnages sont présentés sous un jour différent. C'est le cas de Champlain qui acquiert une dimension additionnelle. De penseur, d'explorateur, de colonisateur, il devient, dans le quotidien, un homme intrépide, courageux et fin stratège. Il est au service des marchands, il ne l'oublie pas. Les vieilles querelles d'une vision agricole ou commerciale reçoivent un éclairage nouveau. Tellement que nous avons d'abord soupçonné la direction de la *Revue d'histoire de l'Amérique française* d'avoir préféré prendre ses distances vis-à-vis de Desrosiers et de ses Indiens. S'il y a eu des réserves de la part de Groulx, elles n'ont pas laissé de traces ; Groulx et Desrosiers ont été des amis et parfois même des complices. Groulx ne s'en remettra-t-il pas à Desrosiers pour donner la réplique à de jeunes historiens qui dérangeaient.

Fides est un des rares éditeurs, à l'époque, qui aurait pu publier Desrosiers. Et de fait, l'intention a été manifestée à l'auteur. Mais ce dernier ne se sent pas prêt. « Je fais ce que je peux, pas ce que je veux. » Il manque de temps. « Il faut se mettre au courant des découvertes des autres », écrit-il toujours dans sa lettre du 22 février 1958. Il se console en pensant que « le meilleur aura été publié », « sans références », regrette-t-il cependant, « pour ne pas trop alourdir les Cahiers [des Dix] ».

S'il regrette de n'avoir pas « jeté un coup d'œil sur les revues historiques américaines et sur différentes publications » qu'il ne reçoit pas, on ne peut par ailleurs lui reprocher d'avoir négligé les sources disponibles. Personne avant lui et très peu d'historiens depuis lors ont dépouillé avec un tel soin les relations des Jésuites, les annales des Ursulines, les lettres de Marie de l'Incarnation, tout comme celles des divers administrateurs. Les journaux de voyage, y compris ceux d'Anglais et de Hollandais, sont pris en compte, de même que les diverses études, mémoires ou récits de Nicolas Perrot, Gabriel Sagard, Bacqueville de la Potherie, F.-X. Charlevoix, etc. Il ne boude pas non plus les travaux de ses prédécesseurs, tels Albert Ferland ou Benjamin Sulte.

Léo-Paul Desrosiers n'était pas n'importe qui. Licencié en droit, il fut courriériste parlementaire du *Devoir* à Ottawa, fonctionnaire à la Chambre des Communes, puis pendant plus de dix ans conservateur de la Bibliothèque municipale de Montréal (1941-1953). On lui doit des romans historiques fort bien documentés et agréablement écrits dont *Les Engagés du grand portage*, publié chez Gallimard en 1938. Ce roman lui valut le Prix de la Province de Québec. Antérieurement, il avait publié des essais historiques dont *L'Accalmie* (1937) sur l'influence de lord Durham et *Commencements* (1939) sur les relations entre Blancs et Indiens. La traite des fourrures l'intéresse et elle sert de toile de fond à plusieurs de ses travaux. Les Iroquois le fascinent. Il s'y arrête dans *Les Opiniâtres* (1941) et bien entendu dans son œuvre magistrale, *Iroquoisie*.

Mgr Albert Tessier, lui-même membre de la Société des Dix et grand admirateur des écrits de Léo-Paul Desrosiers et de sa femme, l'écrivaine Michelle Le Normand (*Autour de la maison*, 1916), était très fier des origines trifluviennes d'Antoine Desrosiers, l'ancêtre de l'écrivain. Prisonnier des Iroquois, plus précisément des Onnontagués, Antoine avait réussi à leur échapper et à regagner Trois-Rivières. Dans *Les Opiniâtres*, Desrosiers raconte précisément les débuts de Trois-Rivières sous la menace iroquoise.

Personne mieux que Desrosiers n'expliquera l'opposition de la Fédération iroquoise et de la Coalition laurentienne qui regroupait Montagnais, Algonquins, Hurons et Etchemins. Il faudra attendre les travaux de l'historien américain Francis Jennings pour avoir les informations nécessaires à la mise en perspective des écrits de Desrosiers.

En un sens, le défaut de *Iroquoisie* est d'être une étude trop détaillée, trop précise. Le lecteur avance à pas de tortue. Il a le droit de tout savoir. Parfois, il risque de s'y perdre un peu. Aussi nous avons choisi de faciliter la compréhension d'abord avec des cartes d'époque placées à l'intérieur des couvertures des quatre tomes, puis d'ajouter des notes en marge qui soulignent un fait, identifient un lieu ou un personnage, établissent un lien, parfois expliquent un mot. Ces notes doivent beaucoup à l'édition de Thwaites des *Relations des Jésuites* et au *Dictionnaire biographique du Canada*. Enfin, il nous a semblé approprié d'ajouter des illustrations tirées des documents d'époque. Elles soutiennent le texte et en rendent la lecture encore plus agréable, croyons-nous.

Le lecteur de *Iroquoisie* ne sera pas déçu. Dès les premières pages, il sera en état de choc. L'histoire de l'Amérique française lui apparaîtra sous un jour nouveau.

Quel qu'il soit, le lecteur devra bien admettre que les débuts de la Nouvelle-France ne furent pas faciles, mais que sans les Indiens, il n'y aurait pas eu d'Amérique française. Ni de Québec.

Introduction

L'*Iroquoisie* de Léo-Paul Desrosiers

Quelques repères dans une histoire complexe

Alain Beaulieu, historien

Peu de peuples autochtones de l'Amérique du Nord-Est ont soulevé autant de passions que les Iroquois, dont le pouvoir de fascination s'alimentait à plusieurs sources : de nombreuses conquêtes militaires, une organisation politique complexe, un sens poussé de la diplomatie et de la stratégie... Dans le contexte colonial nord-américain des XVIIe et XVIIIe siècles, les Iroquois représentaient en effet une force politique et militaire importante. Une lecture même superficielle des documents français de cette époque permet de constater qu'ils faisaient partie des préoccupations constantes des autorités coloniales françaises. Jusqu'à la conquête de la Nouvelle-France, en 1760, les plans de défense de la colonie prévoyaient toujours des mesures destinées à contrer leurs attaques ainsi qu'un ensemble de moyens diplomatiques destinés à obtenir leur neutralité dans les conflits avec la Grande-Bretagne. Considérés comme les plus fidèles alliés des Britanniques, les Iroquois se trouvaient aussi au cœur de la diplomatie anglo-amérindienne et faisaient l'objet d'attentions et de sollicitations quasi constantes.

Ce rôle clé des Iroquois sur la scène coloniale nord-américaine leur a valu très tôt l'attention des historiens. Dès le début du XVIIIe siècle, Cadwallader Colden leur consacre ainsi une première étude historique, *The History of the Five Indian Nations*. Publié pour la première fois en 1727, cet ouvrage insiste notamment sur le rôle stratégique des Cinq-Nations iroquoises dans la défense des colonies anglaises. Les toutes premières histoires du Canada — celles de Ducreux (1664), de Bacqueville de la Potherie (1722), de Charlevoix (1744)... —, accordent elles aussi une grande place aux Iroquois. Comment aurait-il pu en être autrement ? L'histoire des débuts de la colonie est en effet indissociable de celle des Cinq-Nations iroquoises. Parmi les premiers gestes faits par le fondateur de Québec, Samuel de Champlain, ne trouve-t-on pas sa participation à des raids militaires contre les Iroquois ? Et ceux-ci ne sont-ils pas inscrits au cœur de quelques-uns des grands « mythes fondateurs » de la Nouvelle-France (le martyr des Jésuites, la défaite de Dollard des Ormeaux, le massacre de Lachine...) ?

C'est sans doute l'étude de Lewis H. Morgan, *The League of the Ho-dé-no-saunee, Iroquois*, publiée pour la première fois en 1851, qui a le plus contribué à stimuler les recherches sur les Iroquois, en propageant l'image idéalisée d'une nation iroquoise quasi invincible, qui s'était taillée un empire autochtone par la force des armes et par son sens politique. Depuis cette époque, on ne compte plus les études consacrées aux Cinq-Nations iroquoises par les spécialistes de différentes disciplines, visiblement fascinés par ce peuple qui s'affirme toujours comme l'un des plus dynamiques sur les plans politique et culturel et qui possède toujours une vision particulière de sa destinée.

La publication en 1947, par Léo-Paul Desrosiers, du premier tome de son *Iroquoisie* témoigne jusqu'à un certain point de la fascination qu'exerçaient aussi les Iroquois au Québec. Ce n'est sans doute pas un hasard si, dans le climat d'indifférence quasi générale qui prévalait alors pour l'histoire amérindienne, Desrosiers choisit de porter son attention sur les Iroquois. Les Hurons, pourtant les alliés traditionnels des Français, devront attendre beaucoup plus longtemps avant de bénéficier d'un tel honneur.

Nous ne connaissons pas les motivations profondes qui incitent Desrosiers à consacrer aux Iroquois une étude historique aussi fouillée, mais il est à peu près certain que son travail dut paraître excentrique à ses contemporains. À une époque où les historiens canadiens-français s'évertuaient à trouver des héros dans l'histoire de la Nouvelle-France, quitte à en inventer de toutes pièces, Desrosiers s'intéressait à des « Sauvages » qui, de surcroît, étaient considérés comme les ennemis jurés de la Nouvelle-France. Dans la tradition historiographique canadienne-française, les Iroquois n'ont jamais eu très bonne presse. Leur rôle d'adversaires acharnés des colons français et de bourreaux des premiers « martyrs canadiens » leur a longtemps valu les épithètes les plus péjoratives.

Une image s'est progressivement imposée dans l'imaginaire collectif des Québécois, une image de terreur, où les guerriers des Cinq-Nations jouent le rôle d'ennemis jurés de la Nouvelle-France. Il n'est guère étonnant, dans ce contexte, que la suite du premier tome d'*Iroquoisie* ne trouva jamais preneur et dormit pendant presque un demi-siècle sur les tablettes des archives. La publication de cette œuvre historique — avant-gardiste pour son époque — vient donc rendre honneur à l'un des précurseurs de l'histoire amérindienne au Québec.

Iroquoisie commence avec les premiers voyages de Jacques Cartier au Canada et la rencontre avec les Amérindiens qui habitaient alors la vallée du Saint-Laurent. Pour l'essentiel toutefois, l'œuvre de Desrosiers couvre le XVIIe siècle. L'étude s'arrête en 1701, année où est signée ce qu'il est maintenant convenu d'appeler la Grande Paix de Montréal[1]. Ce traité de paix entre les Iroquois, les Français et leurs nombreux alliés

1. Sur cette paix, on se reportera à l'étude de Gilles Havard, *La Grande paix de Montréal, 1701*, Montréal, Recherches amérindiennes au Québec, 1992.

autochtones marque un tournant dans l'histoire de la ligue iroquoise et dans celle de la Nouvelle-France. Il met un terme aux guerres qui, depuis l'installation des Français dans la vallée du Saint-Laurent, avaient ponctué les relations franco-iroquoises. Il inaugure aussi une nouvelle phase de la politique extérieure iroquoise, où la neutralité dans les rivalités coloniales franco-britanniques occupe une place centrale.

À la manière des historiens de son époque, Desrosiers adopte dans son étude une approche essentiellement chronologique. Dans son récit, souvent très dense, fourmille une multitude d'acteurs amérindiens et européens. Pour l'apprécier à sa juste valeur, il est utile d'avoir une vision d'ensemble de la période couverte par *Iroquoisie* et de la géographie où se déroulent les actions racontées avec moult détails par l'auteur. C'est dans cette optique que furent préparées ces quelques pages, qui visent essentiellement à poser des balises dans cette histoire mouvementée. Les néophytes pourront ainsi se retrouver plus aisément dans le récit de Desrosiers et l'apprécier à sa juste valeur.

Depuis la parution du premier tome d'*Iroquoisie*, de nombreuses études ont été publiées et il serait maintenant possible de critiquer, de corriger ou de nuancer certaines interprétations de Desrosiers. Il n'est pas question toutefois de se livrer ici à un tel exercice critique, qui risquerait fort de ne rejoindre que quelques spécialistes. Maintenant que cet ouvrage est sorti de la poussière, d'autres pourront tout à loisir se livrer à cette tâche et argumenter avec celui qui, le premier au Québec, s'est véritablement intéressé à l'histoire des Iroquois. Qu'il suffise ici de dire que la plupart des interprétations de Desrosiers, qui s'appuient sur un large éventail de documents, ont généralement bien vieilli et qu'elles représentent encore des points de repères précieux pour ceux et celles qui s'intéressent à l'histoire des Iroquois.

QUELQUES REPÈRES GÉOGRAPHIQUES

On peut difficilement comprendre l'histoire de la ligue iroquoise en dehors de quelques réalités géopolitiques de base, qui composent une trame explicative essentielle. Commençons par le territoire des Iroquois. Au XVIIe siècle, les Cinq-Nations iroquoises vivent au sud du lac Ontario, sur un territoire qui s'étend globalement de la rivière Genesse jusqu'à la région de Niagara. Cette position géographique enclavée les désavantage au point de départ dans la perspective du développement du commerce des fourrures, qui prend son essor dans les dernières décennies du XVIe siècle. Les marchands européens qui s'aventurent en Amérique du Nord pour la traite des fourrures entrent d'abord en contact avec les nations autochtones établies le long du littoral atlantique ou sur les bords des grands cours d'eau qui pénètrent à l'intérieur du continent, comme le Saint-Laurent ou l'Hudson.

Les Iroquois occupent malgré tout une position géographique stratégique, car leur pays se trouve au carrefour de plusieurs voies de pénétration importantes. À l'est, se trouve la route qui, par le lac George, le lac Champlain et le Richelieu, donne accès à la vallée du Saint-Laurent. Le contrôle de cette route permet aux Iroquois d'entraver considérablement la circulation sur le Saint-Laurent et de faire des raids contre les populations, françaises ou autochtones, qui l'habitent. Au nord, le lac Ontario représente, dans le prolongement du Saint-Laurent, une des principales voies de pénétration vers l'intérieur du continent. La présence iroquoise à proximité de ce lac obligera longtemps les Français à emprunter la route de l'Outaouais, plus difficile et plus longue, pour aller commercer avec les nations autochtones des Grands Lacs. À l'ouest, le territoire iroquois s'étend, après 1650, jusque dans la région de Niagara. Il s'agit d'un autre lieu de passage stratégique, car au-delà des chutes Niagara la navigation est libre sur les Grands Lacs. Au sud, enfin, trois cours d'eau importants prennent naissance dans les montagnes qui bordent le territoire des Cinq-Nations : la Susquehanna, la Delaware et la rivière Ohio. Ces cours d'eau offrent non seulement des voies d'accès aux territoires riches en animaux à fourrure de l'ouest et du sud, mais ils permettront aussi aux Iroquois de contester la présence française dans cette région et d'étendre leur propre zone d'influence.

La vallée du Saint-Laurent joue aussi un rôle important dans l'histoire de la ligue iroquoise et dans le récit de Desrosiers. Cette région, où les Français jettent les premiers fondements de leur colonie au début du XVIIe siècle, est alors occupée par les Montagnais et les Algonquins. Cette zone fait toutefois l'objet d'intenses rivalités, en raison notamment de son importance dans le commerce des fourrures. Avec le développement de ce commerce, les voies de pénétration vers l'intérieur du continent se transforment rapidement en espaces stratégiques, dont le contrôle est non seulement capital pour les marchands européens, mais aussi pour les nations autochtones. Ces cours d'eau sont en effet les principales routes par lesquelles arrivent les objets européens, qui deviennent rapidement indispensables pour les Amérindiens. Le contrôle de ces voies assure un accès régulier aux comptoirs commerciaux des Européens et permet d'établir avec eux des relations commerciales privilégiées.

Les nations amérindiennes qui contrôlent des espaces stratégiques sur ces voies de passage sont aussi en mesure d'en tirer des avantages intéressants. Elles peuvent soit s'imposer comme des intermédiaires obligés dans le commerce avec les Européens ou encore exiger des compensations des autres Amérindiens qui doivent franchir leur territoire. C'est le cas, par exemple, des Montagnais qui, au début du XVIIe siècle, contrôlent l'embouchure de la rivière Saguenay et qui s'imposent pendant quelques années comme des intermédiaires dans le commerce avec les Français. C'est le cas aussi des Algonquins, qui contrôlent la rivière des Outaouais, un autre affluent du Saint-Laurent, et qui exigent des droits de passage élevés aux Hurons, qui passent par la rivière des Outaouais pour se rendre jusqu'aux comptoirs de traite français. Ce sera aussi le cas chez les Iroquois, où une nation de la ligue iroquoise, les Agniers, en raison de son emplacement à proximité de l'Hudson, sera en mesure d'exercer, pendant quelques années, un contrôle sur le commerce entre les autres nations de la ligue et les marchands européens.

Au début du XVIIe siècle, le commerce des fourrures transforme aussi la vallée de l'Hudson en zone stratégique. Après le voyage d'exploration d'Henry Hudson, en 1609, des marchands hollandais commencent à fréquenter cette région pour la traite des fourrures. Ces entreprises commerciales donnent naissance à la Nouvelle-Hollande qui, conquise par les Britanniques en 1664, deviendra la colonie de New York. Les Iroquois, établis à proximité, nouent rapidement des liens commerciaux et politiques avec les Hollandais, puis avec les Britanniques. Dans la première moitié du XVIIe siècle, la vallée de l'Hudson fait aussi l'objet d'intenses rivalités entre nations amérindiennes. Les Mahigans y sont les principaux adversaires des Iroquois qui ne réussiront à imposer leur domination dans ce secteur qu'à la fin des années 1620.

Peu après l'installation des Français dans la vallée du Saint-Laurent, la région des Grands Lacs s'impose aussi comme une plaque tournante du commerce des fourrures. En 1615, Champlain visite pour la première fois la Huronie, située au sud de la baie Géorgienne. Dans les années qui suivent, les Hurons, aux traditions commerciales bien développées, deviennent les principaux intermédiaires des Français dans le commerce des fourrures. Après la destruction de la Huronie, en 1650, les Français reprennent progressivement position dans cette région, y construisant des postes de traite et formant un réseau d'alliance avec plusieurs nations amérindiennes de cette région. À partir des années 1670, les Français poussent progressivement leur expansion vers le sud, dans la vallée du Mississippi. Cette expansion française aura d'importantes répercussions dans les relations entre les Iroquois et les Français. Elle suscitera d'intenses rivalités qui, dans les dernières années du XVIIe siècle, dégénéreront en conflits armés, des conflits qui perdureront jusqu'au début du XVIIIe siècle.

LE PEUPLE DE LA MAISON LONGUE : LES IROQUOIS

Les Iroquois font partie de la famille linguistique et culturelle iroquoienne, qui regroupait plusieurs autres nations amérindiennes, dont les Hurons (Ouendats), les Neutres (Attiouadaronk) les Pétuns (Khonontateronons), les Andastes (Susquehannock), les Ériés et les Amérindiens rencontrés par Cartier dans la vallée du Saint-Laurent au XVIe siècle. Comme les autres nations de la famille iroquoienne, les Iroquois pratiquent l'agriculture. Même si la chasse et la pêche demeurent des activités importantes, leur subsistance repose largement sur la culture du maïs, que les femmes cultivent dans d'immenses champs situés en périphérie des villages. Généralement sis sur un promontoire, à proximité d'un cours d'eau et entourés de palissades, les villages iroquois peuvent compter de 30 à 150 « maisons longues ». De forme allongée, ces habitations en écorce abritent en général de 5 à 10 familles réunies selon une descendance matrilinéaire. Les villages iroquoiens sont semi-permanents. À des intervalles qui variaient de 10 à 20 ans, ils sont reconstruits sur un autre site, à cause de l'épuisement des sols et de la distance de plus en plus grande qu'il faut parcourir pour trouver du bois de chauffage.

On ne possède aucune estimation démographique précise sur la population iroquoise au moment du contact avec les Européens. Les premières données datent des années 1660, et on estime alors que les Iroquois forment une population d'environ 10 000 personnes. En tenant compte de l'impact dévastateur des nouvelles maladies introduites sur le continent nord-américain par les Européens, on peut penser que les Iroquois étaient deux ou trois fois plus nombreux dans la période qui a précédé le contact[2]. La population iroquoise peut paraître bien réduite selon les critères actuels,

2. L'exemple huron peut servir de modèle : environ 30 000 lorsque Champlain visite leur territoire en 1615, ils ne sont plus que 9000 au début des années 1640, après que 3 épidémies importantes, en 1634, 1637 et 1639, eurent décimé leurs rangs.

mais au XVIIe siècle, les Iroquois furent longtemps supérieurs en nombre aux Français de la Nouvelle-France. Au début des années 1650, ceux-ci étaient environ 1500 dans la vallée du Saint-Laurent et à peine 2500 une dizaine d'années plus tard. Pendant une grande partie du XVIIe siècle, le rapport de force favorisait donc largement les Iroquois, qui formaient une force politique et militaire avec laquelle les Français devaient absolument composer.

Une ligue formée de cinq nations

Il faut surtout éviter de considérer les Iroquois comme un bloc monolithique. Sur les plans politique et territorial, les Iroquois se subdivisent en cinq nations. D'est en ouest, on trouve :

- les Agniers (Mohawks) ;
- les Onneiouts (Oneidas) ;
- les Onontagués (Onondagas) ;
- les Goyogouins (Cayugas) ;
- et les Tsonnontouans (Senecas).

Les cinq nations iroquoises sont regroupées au sein d'une ligue, ou confédération, dont les origines exactes restent mal connues. Depuis le XIXe siècle, époque où furent recueillis les premiers éléments de la tradition orale iroquoise à ce sujet, la naissance de la ligue iroquoise a suscité de nombreux débats. Selon la tradition orale iroquoise, la confédération fut fondée avant l'arrivée des Blancs, mais on ne peut déterminer avec précision combien de temps avant. Les exégètes les plus audacieux en font remonter l'origine au XIVe siècle ; les plus conservateurs optent plutôt pour le XVIe siècle et même pour le tout début du siècle suivant. Chose certaine, la ligue existe dans les années 1630-1640, alors que les Jésuites en poste chez les Hurons parlent des Iroquois comme d'un regroupement de cinq nations distinctes.

Les récits iroquois expliquent que la ligue iroquoise aurait pris naissance lors d'un conseil réunissant les cinq nations qui la composaient initialement[3]. La formation de cette ligue visait d'abord à mettre un terme aux conflits meurtriers qui opposaient ces nations entre elles. Il est fort probable aussi que la formation de cette ligue avait, dès son origine, des objectifs offensifs. Le récit fondateur de la ligue révèle en effet des visées expansionnistes très nettes. L'objectif ultime des Iroquois est d'intégrer l'ensemble des nations sous leur « Grand arbre de la paix », qui doit étendre ses racines aux quatre points cardinaux.

Symboliquement, les nations qui composent la ligue iroquoise sont réunies au sein de la maison longue et y occupent une place particulière. Les Agniers, par exemple, qui occupent la portion la plus orientale du territoire iroquois, sont les « Gardiens de la porte de l'Est » ; les Tsonnontouans, qui sont situés les plus à l'ouest sont les « Gardiens de la porte de l'Ouest ». Les Onontagués, dont les villages se trouvent au

---

3. Une sixième nation, les Tuscaroras, s'ajoutera à la ligue iroquoise au début du XVIIIe siècle.

centre du territoire iroquois, sont les « Gardiens du feu » de la ligue iroquoise. Leur principal village sert de capitale pour la ligue. C'est là que se rassemblent chaque année les représentants de chacune des nations pour discuter des affaires d'intérêt commun.

Ces places respectives des nations iroquoises dans la maison longue ne sont pas que symboliques. Elles correspondent à certaines réalités politiques et se traduisent dans certaines prétentions bien précises. On le constate aisément au XVIIe siècle, lorsque les Français cherchent à établir des liens diplomatiques avec les Iroquois en passant par l'intermédiaire des Onontagués. Ces démarches provoquent de vives réactions de la part des « Gardiens de la porte de l'Est », les Agniers, qui ambitionnent de contrôler les rapports diplomatiques avec les Français. Ils reprocheront aux Français de ne pas savoir comment entrer dans une maison longue et de passer par la « cheminée », c'est-à-dire par le territoire des « Gardiens du feu » de la ligue, plutôt que la porte. Le reproche se terminait par une menace à peine voilée. S'ils s'entêtaient à passer par la cheminée, les Français allaient finir par se brûler.

Le gouvernement de la ligue se compose de cinquante représentants, nommés par les « mères de clans », qui ont aussi le pouvoir de les destituer. À des périodes fixes, généralement à l'automne de chaque année, le conseil confédéral se réunit à Onontagué. Ce conseil ne peut toutefois pas imposer une ligne de conduite uniforme à l'ensemble des Cinq-Nations. Les représentants iroquois sont d'abord des porte-parole. Ils font valoir le point de vue de leur clan, de leur communauté, mais la mise en œuvre des décisions du conseil confédéral repose sur le consentement de chaque collectivité membre de la ligue. Comme chez toutes les nations autochtones d'Amérique du Nord-Est, le principe de l'unanimité est le fondement du système de gouvernement des Iroquois. L'absence de force coercitive pour imposer les vues des dirigeants donne une orientation particulière à la vie politique iroquoise : tous les efforts sont orientés vers la recherche de positions qui peuvent rallier l'ensemble de la collectivité.

Malgré le développement extrême de l'idée de consensus, l'idéal d'unanimité n'est pas toujours réalisable : lorsque les divisions sont trop profondes et qu'aucun consensus n'apparaît à l'horizon, la question est «enterrée», c'est-à-dire mise de côté, et aucune décision n'est prise. Ce qui fait qu'en pratique chaque nation reste libre d'adopter sa propre ligne de conduite. La ligue iroquoise est en fait une organisation politique très souple, qui ne fonctionne pas à la manière d'une instance politique en mesure d'imposer sa volonté à l'ensemble de ses nations membres. Au sein de la ligue iroquoise, chaque nation conserve en fait une grande autonomie politique en ce qui touche les relations avec les nations étrangères, européennes ou amérindiennes. Cette autonomie des nations iroquoises se manifeste à plusieurs reprises au XVIIe siècle, lorsque, par exemple, des traités de paix avec les Français sont signés par certaines nations alors que d'autres poursuivent les hostilités.

La ligue iroquoise est aussi marquée par différentes factions et confrontée aux objectifs divergents des nations qui la composent, ce qui complique parfois considérablement l'harmonisation des intérêts particuliers en une politique commune. Même si les Cinq-Nations iroquoises sont réunies au sein d'une confédération (ou d'une ligue), cela n'implique donc pas nécessairement que ces nations agissent toujours de manière concertée. Les divisions composent l'un des traits marquants de l'histoire de la ligue iroquoise et les efforts d'imagination déployés pour trouver des options permettant d'harmoniser les intérêts particuliers de chaque nation en une politique commune n'étaient pas toujours fructueux.

DE L'ARRIVÉE DES EUROPÉENS À LA CHUTE DE LA HURONIE (1534-1650)

L'histoire des Cinq-Nations iroquoises au XVIIe siècle peut aisément se découper en deux grandes phases, l'année 1650, qui voit la destruction de la Huronie par les Iroquois, représentant une date charnière importante.

Les Iroquoiens du Saint-Laurent : les ancêtres des Iroquois ?

Les premières tentatives de colonisation française dans la vallée du Saint-Laurent remontent au XVIe siècle, avec les voyages d'exploration de Jacques Cartier, en 1534 et 1535-1536, et la tentative infructueuse de Roberval pour fonder une colonie dans la vallée du Saint-Laurent au début des années 1540. C'est avec ces premiers séjours des Français en terre canadienne que s'ouvre le récit de Desrosiers. À cette époque, la vallée du Saint-Laurent est habitée par des populations amérindiennes sédentaires, dont le mode de vie s'apparente beaucoup à celui des Iroquois. Pendant longtemps, on a cru que ces Amérindiens, qui disparaissent à la fin du XVIe siècle, étaient les ancêtres directs des Iroquois. Des similitudes culturelles et linguistiques et des éléments de la tradition orale amérindienne recueillie aux XVIIe et XVIIIe siècles allaient dans le sens de cette association.

Les études archéologiques les plus récentes tendent cependant à infirmer ce lien de descendance entre les Amérindiens rencontrés par Cartier et les Iroquois. Il existe aujourd'hui une certaine unanimité dans les milieux scientifiques concernant l'identité de ces Amérindiens, que Desrosiers désigne toujours par le terme « Iroquois ». La plupart des archéologues considèrent que ces Amérindiens, tout en appartenant à la famille iroquoienne, formaient un peuple distinct des Iroquois.

Le débat est-il pour autant clos ? Desrosiers cite des témoignages troublants concernant le lien entre ces Amérindiens et les Iroquois. Ces témoignages, qui proviennent de la tradition orale amérindienne, ont été recueillis à une époque pas si éloignée de la disparition de ces Amérindiens et reflètent les connaissances autochtones concernant leur identité. Dans le souci de démontrer que les Iroquoiens du Saint-Laurent formaient un peuple véritablement distinct des Iroquois, n'aurait-on pas eu tendance au cours des dernières années à négliger ces témoignages historiques ? Ne devrait-on pas chercher à concilier ces informations de la tradition orale amérindienne de ces témoignages historiques et les découvertes faites sur les sites archéologiques ? La contradiction n'est peut-être qu'apparente. Des différences culturelles, observables à partir de l'archéologie, sont-elles pour autant contradictoires avec l'existence de liens politiques ?

Après tout, les Cinq-Nations qui composent la ligue iroquoise sont loin d'être uniformes sur le plan culturel, pas plus d'ailleurs que les quatre nations qui composaient la confédération huronne. Sans affirmer que les Iroquois descendent directement des Iroquoiens du Saint-Laurent, ce qui apparaît maintenant tout à fait invraisemblable, ne pourrait-on pas envisager l'hypothèse selon laquelle il existait des liens politiques entre les Iroquoiens de la vallée du Saint-Laurent, du moins certains d'entre eux, et les Iroquois ?

Des premières rencontres marquées du sceau de la guerre

Quoiqu'il en soit de l'identité des Amérindiens rencontrés par Cartier dans la vallée du Saint-Laurent, ceux-ci disparaissent subitement entre les voyages de Cartier et ceux de Champlain. Au début du XVIIe siècle, lorsque les Français s'implantent dans la vallée du Saint-Laurent, cette région est habitée par des nations de la famille algonquienne, les Montagnais et les Algonquins, qui sont nomades et vivent essentiellement de chasse et de pêche. Ces Amérindiens sont alors en guerre contre les Iroquois. Champlain, qui visite la vallée du Saint-Laurent pour la première fois en 1603, en fait état dans *Des Sauvages*, récit qu'il publie peu après son retour en France.

En remontant le Saint-Laurent jusqu'à Montréal, Champlain avait pu observer que les terres qui bordaient le Saint-Laurent, entre Québec et Montréal, formaient une espèce de *no man's land*, où personne n'osait s'établir en permanence. On ne connaîtra jamais avec certitude les motifs qui poussent les Iroquois, principalement les Agniers à faire des incursions répétées dans la vallée du Saint-Laurent, mais leurs attaques semblent s'inscrire dans le cadre de l'intense rivalité engendrée par le développement du commerce des fourrures. Selon Champlain, le conflit remonte aux années 1570, donc sensiblement à la même époque où les marchands français commencent à fréquenter la région de manière plus régulière pour le commerce des fourrures. Le contrôle de cette voie de communication est probablement un des éléments moteurs du conflit, les Agniers cherchant apparemment à chasser les Montagnais et les Algonquins de cette région pour y établir leur mainmise et avoir ainsi un accès direct aux marchands européens qui fréquentaient cette zone.

Dès le début du XVIIe siècle, les Français vont choisir de s'allier aux Algonquins et aux Montagnais dans leur conflit avec les Iroquois. Dans la perspective du développement du commerce des fourrures, cette préférence s'imposait comme un choix logique, le plus viable à court et à moyen terme. D'une part, les Montagnais et les Algonquins avaient de nombreux contacts commerciaux avec les nations amérindiennes du nord ; d'autre part, ils étaient alliés aux Hurons de la baie Géorgienne, dont le réseau commercial étendait ses ramifications à un large secteur des Grands Lacs. Champlain est sans doute l'un des premiers Français à saisir toute l'importance d'une alliance militaire avec les Amérindiens pour établir sur une base plus stable les relations commerciales. Assisté de quelques Français, il participe ainsi, aux côtés des Algonquins, des Montagnais et des Hurons, à trois raids contre les Iroquois, en 1609, 1610 et 1615, donnant ainsi une forme très concrète à l'alliance franco-amérindienne.

Entre 1615 et la fin des années 1620, le conflit avec les Iroquois connaît une phase d'accalmie. Certains historiens ont avancé, c'est ce que fait Desrosiers, que la participation de Champlain aux expéditions militaires contre les Iroquois a joué un rôle déterminant dans ce phénomène. Mais c'est peu probable. L'explication semble plutôt se trouver du côté de la vallée de l'Hudson, où les marchands hollandais installent une base commerciale, en 1614, faisant de cette zone un axe stratégique pour la pénétration des objets européens vers l'intérieur du continent.

Les Agniers occupent une position privilégiée pour en tirer profit, mais font face à un adversaire de taille : les Mahigans. S'ils relâchent leur pression militaire dans la vallée du Saint-Laurent, c'est d'abord, semble-t-il, pour concentrer leur offensive dans la vallée de l'Hudson. La longue trêve dans le conflit avec les Iroquois débouche, en 1624, sur un traité de paix. À la fin des années 1620, après avoir dominé les Mahigans, les Iroquois reprennent toutefois les hostilités avec les alliés autochtones des Français. Les attaques des Iroquois se font à la fois dans la vallée du Saint-Laurent et de l'Outaouais et dans la région des Grands Lacs, contre les Hurons surtout.

Irrémédiablement engagés sur le sentier de la guerre ?

On a longtemps pensé qu'avec la participation de Champlain à des raids contre les Iroquois, les Français s'étaient irrémédiablement engagés dans le conflit avec les Iroquois. Mais leur position était plus ambivalente qu'il n'y paraît de prime abord. D'abord, après 1615, les Français évitent soigneusement de participer à d'autres expéditions militaires contre les Iroquois. Au début des années 1620, Champlain se fait même un ardent défenseur de la paix avec les Iroquois. Au début des années 1630, il envisage l'établissement de liens diplomatiques et commerciaux avec les nations occidentales de la ligue iroquoise, afin d'ouvrir une nouvelle voie pour l'acheminement des fourrures, car les Algonquins menaçaient à ce moment-là de bloquer complètement la rivière des Outaouais. Des documents hollandais suggèrent que des Français furent alors probablement envoyés chez les Onneiouts et les Onontagués, dans le but d'établir avec ces nations des liens commerciaux. Le projet de Champlain ne débouche sur rien de concret, mais il s'agit tout de même d'un développement significatif, le premier en date d'une volonté des Français de nouer des liens avec les nations occidentales de la ligue iroquoise[4].

À noter aussi que durant la première moitié du XVIIe siècle, les Iroquois font montre de beaucoup de réserve à l'égard des Français, qu'ils évitent la plupart du temps d'attaquer directement, s'en prenant presque uniquement à leurs alliés autochtones. En fait, à cette époque, les nations de la ligue iroquoise semblaient tentées par la forma-

---

4. Voir, à ce sujet, Alain Beaulieu, *Ne faire qu'un seul peuple ? Iroquois et Français à l'« âge héroïque » de la Nouvelle-France (1600-1660)*, Thèse de doctorat, Université Laval, Département d'histoire, 1992.

tion de liens politiques et commerciaux avec les Français. Dans la décennie 1640, on assiste aux premières tentatives sérieuses de rapprochement franco-iroquois. Les Français manifestent beaucoup d'intérêt pour les propositions de paix des Iroquois, au point d'adopter une attitude extrêmement ambivalente à l'égard de certains de leurs alliés autochtones traditionnels, notamment les Montagnais et les Algonquins. Car si les Iroquois souhaitent conclure la paix avec les Français, ils n'en souhaitent pas moins continuer les hostilités avec les alliés autochtones de la Nouvelle-France.

Un rapport de force qui bascule en faveur des Iroquois

En 1641, les Français rejettent la proposition d'une paix séparée avec les Agniers, mais en 1645, le gouverneur Montmagny et ses conseillers jésuites acceptent, selon toute vraisemblance, de laisser tomber les Algonquins et les Montagnais non baptisés pour en arriver à une entente avec les Agniers. L'attitude ambivalente des Français s'explique en partie par l'évolution du rapport de force entre leurs alliés autochtones et les Iroquois. Jusqu'au début des années 1640, ce rapport demeure relativement équilibré, mais par la suite il bascule rapidement en faveur des Iroquois.

Les armes à feu européennes jouent un rôle déterminant dans ce processus. Bien armés par les Hollandais de la vallée de l'Hudson, les Iroquois lancent une grande offensive contre les alliés autochtones des Français. Les autorités de la Nouvelle-France refusent alors de vendre des armes à feu en grande quantité à leurs alliés, craignant qu'elles ne se retournent un jour contre la colonie. Seuls les Amérindiens qui se convertissent au catholicisme peuvent se procurer une arme à feu. Certains acceptent, mais pour plusieurs c'est trop cher payé... Cette politique édifiante des Français contribue largement à la perte de leurs alliés autochtones, qui ne peuvent résister efficacement à l'offensive militaire des Iroquois.

À la fin des années 1640 et au début de la décennie suivante, les attaques iroquoises se terminent par la dispersion de plusieurs nations autochtones des Grands Lacs, dont les Neutres, les Pétuns et les Hurons. Des milliers de personnes sont ainsi intégrées aux villages des Cinq-Nations, où, avec les années, ils se fondent dans le « melting pot » iroquois. Seules quelques centaines de personnes échappent à ce sort, dont environ 500 Hurons, qui viennent trouver refuge à proximité de Québec[5].

Une guerre de deuil ?

Dans les décennies 1640 et 1650, des milliers de captifs sont ainsi intégrés aux villages des Cinq-Nations, à tel point que les Iroquois « de souche » deviennent minoritaires sur leur territoire[6]. Dans l'analyse des facteurs qui ont incité les Cinq-Nations iroquoises à lancer leur grande offensive militaire des années 1640 et 1650, les chercheurs mettent de plus en plus l'accent sur leur volonté d'intégrer des captifs pour

---

5. Ils n'y jouissent toutefois que d'une protection relative car, jusqu'à la fin des années 1650, les Français hésitent à les protéger lorsque les Iroquois font des pressions pour les intégrer à leurs villages.
6. Les Jésuites en font la constatation en 1660. Voir R. J. Thwaites, dir., *The Jesuit Relations*, vol. 45, p. 206.

combler leurs propres pertes démographiques. Dans la tradition culturelle iroquoienne, les captifs de guerre sont en effet très souvent intégrés à la communauté, où ils remplacent des parents ou des amis décédés[7].

Il est bien possible que les nouvelles maladies introduites sur le continent nord-américain par les Européens, en accroissant de manière très importante le taux de mortalité dans les villages iroquois, aient exacerbé cette logique culturelle. Elles auraient alors conduit à une intensification démesurée des activités guerrières, pour combler l'important déficit démographique engendré par ces maladies[8]. Ce qui tend à corroborer cette hypothèse, c'est que les phases les plus intenses des guerres iroquoises suivent en général de peu les vagues d'épidémies qui frappent les populations amérindiennes.

DE LA CHUTE DE LA HURONIE À LA GRANDE PAIX DE MONTRÉAL (1650-1701)

Jusqu'en 1650, la Huronie, située sur les rives de la baie Géorgienne, avait été le cœur du réseau commercial français et pour ainsi dire la limite occidentale de la pénétration française vers l'intérieur du continent. La destruction de la Huronie par les Iroquois en 1649-1650 marque un temps d'arrêt pour la présence française dans l'ouest. Privés de leurs principaux alliés, les Français se replient vers le centre de la colonie. Seuls quelques Français osent prendre la route de l'ouest et les arrivées de fourrures, très irrégulières, permettent à peine d'éviter l'asphyxie économique.

Un projet d'alliance franco-iroquoise (1650-1660)

Après la dispersion des Hurons, les attaques iroquoises se font d'abord plus nombreuses contre les Français de la vallée du Saint-Laurent, mais très vite les guerriers cèdent la place aux ambassadeurs. Les années 1650 sont en effet marquées par des tentatives sérieuses pour former une alliance franco-iroquoise. Les propositions en ce sens, qui viennent des Iroquois, sont écoutées attentivement par les Français. Les premières ententes de paix sont conclues en 1653 et, dans le cadre de ce rapprochement diplomatique, les Français vont même établir un fort, en 1656, chez les Onontagués, en plein cœur donc du territoire iroquois. En bout de ligne, cette tentative de rapprochement sera un échec, mais pendant quelques années, la possibilité d'une alliance franco-iroquoise est prise très au sérieux, aussi bien dans la colonie que parmi les Cinq-Nations iroquoises.

---

7. Voir, à ce sujet, les remarques de Lafitau, *Mœurs des sauvages américains*, vol. II, p. 6.
8. Sur cette question, on se reportera aux études suivantes : K. H. Schlesier, « Epidemics and Indian Middlemen : Rethinking the Wars of the Iroquois, 1609-1653 », *Ethnohistory*, vol. 23, 1976, p. 129-145 ; Daniel K. Richter, « War and Culture : The Iroquois Experience », *William and Mary Quarterly*, juillet 1983, vol. 40, n°4, p. 528-559 ; R. Viau, *Anthropologie de la guerre iroquoienne*, Thèse de doctorat, Département d'anthropologie, Université de Montréal, 1991 ; Claude Gélinas, « La nature des attaques iroquoises contre Ville-Marie (1642-1667) », *Recherches amérindiennes au Québec*, vol. XXIV, n°s 1-2, 1994, p. 120-121.

Un projet né des divisions au sein de la ligue iroquoise

Les divisions qui existent alors au sein de la ligue iroquoise sont au cœur de ces premières tentatives de rapprochement franco-iroquois. Toutes les nations de la ligue iroquoise sont engagées dans les pourparlers de paix avec les Français, mais ce processus de négociation n'est pas chapeauté par une seule instance. Les Cinq-Nations iroquoises se partagent plutôt en deux camps, qui poursuivent des objectifs spécifiques. D'un côté on trouve les Agniers, de l'autre les quatre nations occidentales de la ligue (c'est-à-dire, les Onneiouts, les Onontagués, les Goyogouins et les Tsonnontouans). Parmi les quatre nations occidentales, les Onontagués occupent le devant de la scène et apparaissent très nettement comme les principaux rivaux des Agniers.

La polarisation de la ligue iroquoise en deux camps prend d'abord appui sur des enjeux commerciaux. À cette époque, les Agniers occupent une position stratégique dans le commerce des fourrures, parce que leur territoire est situé à proximité des comptoirs de traite hollandais, établis dans la vallée de l'Hudson. Pour commercer avec les Hollandais, les autres nations iroquoises doivent en effet obtenir leur permission et verser certains droits en retour. Cela irrite considérablement les autres nations de la ligue iroquoise et rend très attirante la perspective d'une alliance avec les Français pour contourner le contrôle des Agniers. En établissant des contacts commerciaux directs avec les Français et en les incitant à construire une base commerciale sur leur propre territoire, les nations occidentales de la ligue iroquoise cherchaient en somme à se libérer de la dépendance commerciale à l'égard des Agniers. Ces démarches provoquent évidemment des réactions très vives de la part des Agniers qui veulent préserver les avantages découlant de leur position stratégique dans le commerce des fourrures et se placer eux-mêmes dans une position d'intermédiaires avec les Français de la vallée du Saint-Laurent.

Il y aussi des enjeux politiques et symboliques importants dans les démarches de rapprochement diplomatique avec les Français. Un des points qui divisent les Cinq-Nations iroquoises dans ces démarches, c'est de savoir quelle nation de la ligue iroquoise va occuper la position centrale dans les relations diplomatiques et politiques avec les Français. Les Agniers, qui sont les « Gardiens de la porte de l'Est », veulent être les intermédiaires obligés dans les relations diplomatiques avec les Français, comme c'est le cas avec les Hollandais établis dans la vallée de l'Hudson. Les Onontagués, qui sont les « Gardiens du feu » de la ligue, poursuivent un objectif similaire, en cherchant à rallier derrière eux les nations occidentales de la ligue pour être non seulement au cœur de la confédération iroquoise, mais aussi au centre des relations diplomatiques avec les Français.

Une tentative d'alliance avec les nations occidentales de la ligue

Coincés dans une joute politique et diplomatique entre deux adversaires redoutables, les Français vont d'abord privilégier le développement de liens plus étroits avec les quatre nations occidentales de la ligue, tout en cherchant à ménager les Agniers par une diplomatie parallèle. Des motivations géopolitiques et commerciales se trouvent derrière cette préférence des Français pour les nations occidentales de la ligue. Depuis le début du XVIIe siècle, les Français engagés dans le commerce des fourrures regardent résolument vers l'ouest et le nord-ouest et toute leur stratégie, au début des années 1650, est orchestrée en fonction d'un retour dans ces régions. Pour les Français, les négociations avec les Cinq-Nations s'inscrivent d'abord dans une stratégie destinée à restructurer le réseau commercial français, complètement démantelé depuis la dispersion des Hurons.

Dans le cadre d'une politique axée sur l'expansion territoriale vers l'ouest, l'alliance avec les nations occidentales de la ligue iroquoise s'impose d'elle-même. Leur territoire est situé à proximité du lac Ontario et la zone d'influence des Tsonnontouans s'étend jusqu'à la rivière Niagara, qui relie le lac Ontario au lac Érié. En s'établissant chez les nations occidentales, les Français pouvaient à nouveau avoir accès à la région des Grands Lacs et par une route plus accessible que la rivière des Outaouais, ce que ne permettait pas un établissement chez les Agniers. Les nations occidentales de la ligue semblaient aussi avoir plus d'avantages à commercer avec les Français que les Agniers. Leur territoire était plus éloigné des comptoirs hollandais et ces nations voulaient se libérer du contrôle exercé par les Agniers sur les relations commerciales et diplomatiques avec les marchands hollandais.

Par contre, l'alliance avec les Agniers était la moins rentable. Ceux-ci occupaient la portion la plus à l'est du territoire iroquois et exerçaient leur contrôle sur la route formée par le Richelieu, le lac Champlain et la rivière Hudson. Une alliance avec eux aurait été avantageuse dans l'éventualité d'une expansion française vers le sud-est. Mais cette zone était déjà bien occupée par les Hollandais. Les Agniers entretenaient d'ailleurs avec eux des relations commerciales privilégiées.

Aperçu des causes de l'échec de ce rapprochement franco-iroquois

Si la perspective d'une union étroite entre les Iroquois et les Français a suscité beaucoup d'espoirs, aussi bien dans la vallée du Saint-Laurent qu'au sud du lac Ontario, de nombreux obstacles se dressaient sur la route qui conduisait à une alliance franco-iroquoise, des obstacles qui vont conduire à l'échec de ce projet d'alliance.

Parmi les facteurs qui ont contribué à bloquer ce processus de rapprochement franco-iroquois on trouve, un peu paradoxalement, les divisions qui existent au sein de la ligue iroquoise. Ces divisions, qui ont largement contribué aux tentatives de rapprochement franco-iroquois, compliquent en même temps tout le processus de négociation. La polarisation de la ligue en deux camps opposés anéantit tous les espoirs d'établissement d'une paix durable avec l'ensemble des Iroquois. Les Français sont en fait coincés dans une lutte politique et diplomatique entre deux adversaires, ce qui engendre des tiraillements constants au sein de la ligue iroquoise. Il existe aussi des tensions et des divisions à l'intérieur de chacune des nations iroquoises concernant ce rapprochement franco-iroquois. Chez certaines nations, le consensus reste fragile et l'installation des Français chez les Iroquois, qui sera suivie par des maladies dévastatrices, contribuera à alimenter dans plusieurs villages l'opposition au rapprochement franco-iroquois.

Tout au long des pourparlers de paix entre les Français et les Cinq-Nations, le statut des anciens alliés des Français se présente aussi comme un obstacle de taille au rapprochement franco-iroquois. Une paix avec les Iroquois n'aurait été vraiment possible que si les Français avaient complètement abandonné leurs anciens alliés. Les Iroquois souhaitent s'allier aux Français, mais non renoncer à faire la guerre à leurs alliés autochtones. Les autorités coloniales françaises adoptent à ce sujet une politique de temporisation, d'abandon partiel, qui déplaît finalement à tout le monde, aussi bien aux Algonquins, aux Montagnais et aux Hurons, qui se sentent trahis, qu'aux Iroquois, qui sont exaspérés par les hésitations des Français et même par leurs démarches répétées pour maintenir leurs alliés dans les traités de paix.

Le désir des Français de reconstituer leur réseau commercial dans la région des Grands Lacs, en s'appuyant notamment sur leurs anciens alliés, était aussi incompatible avec le projet d'une paix avec les Iroquois. Les quatre nations occidentales ne voulaient pas abandonner la guerre de ce côté et les Agniers n'avaient pas l'intention de laisser circuler librement sur le Saint-Laurent et la rivière des Outaouais les anciens alliés des Français. La prise de conscience du caractère inconciliable de ces deux projets et le fait que les Outaouais commençaient à se manifester à nouveau dans la vallée du Saint-Laurent ont sans doute aussi joué un rôle dans le changement d'orientation de la politique iroquoise des Français à la fin des années 1650.

Une paix imposée par la force des armes (1660-1680)

La tentative de rapprochement franco-iroquois sera donc un échec et, au début des années 1660, la guerre avec les Iroquois reprend de plus belle. Jusque-là, les Français avaient adopté une attitude essentiellement défensive à l'égard des Iroquois, laissant à leurs alliés amérindiens le soin de harceler les villages des Cinq-Nations. Cette situation change au début des années 1660, avec l'arrivée au pouvoir de Louis XIV, qui choisit d'employer la manière forte pour imposer la paix aux Iroquois.

En 1665, répondant aux exhortations des coloniaux, il envoie dans la colonie le régiment de Carignan-Salières, composé de 1200 hommes, afin de mater les Iroquois. Ce régiment mène deux expéditions militaires contre les Iroquois, en janvier et en septembre 1666. La première échoue lamentablement, mais la seconde atteint sa cible, le territoire des Agniers, les plus rébarbatifs à l'idée d'une paix franco-iroquoise. Les Français ne rencontrent aucune résistance armée et doivent se contenter de brûler les villages des Agniers. Ces expéditions, qui démontraient aux Iroquois que leur territoire n'était pas à l'abri d'une intervention française, incitèrent les Agniers à signer la paix avec les Français en 1667. Ils rejoignaient ainsi les autres nations de la ligue iroquoise, qui avaient traité avec les Français l'année précédente pour éviter les attaques françaises.

Cette paix, bien que fragile, durera jusqu'au début des années 1680. Elle ne résultait pas uniquement de la démonstration de force française ; elle s'inscrivait dans un contexte géopolitique et militaire plus large. La fin des années 1660 et les années 1670 sont en fait des années difficiles pour les Iroquois. Engagés depuis le début des années 1660 dans des conflits avec les Andastes, au sud, et avec les Mahigans, à l'est, les Iroquois se trouvent dans une position militaire délicate. La pression militaire des Andastes et des Mahigans incite même certains Iroquois à abandonner leur territoire au sud du lac Ontario pour aller s'établir sur la rive nord du même lac. Le risque d'avoir à combattre simultanément sur trois fronts fut probablement un facteur déterminant dans l'orientation de la politique iroquoise, faite de prudence et de modération à l'égard des Français.

À la même époque, les relations avec les Européens de la vallée de l'Hudson sont marquées par l'incertitude. En 1664, les Anglais s'emparent de la Nouvelle-Hollande. Les Hollandais reprendront la place en 1673, avant de la remettre définitivement aux Anglais l'année suivante. Comme les Anglais avaient été jusque-là les alliés des Andastes et des Mahigans, les Iroquois avaient aussi de bonnes raisons de se méfier des nouveaux maîtres de la vallée de l'Hudson. D'autant que les Anglais de New York hésitaient à leur vendre des armes à feu, alors que les colons du Maryland en vendaient en grande quantité aux Andastes. Dans cette période troublée, le commerce avec les Français offrait une alternative intéressante. En 1674, plus de 800 Iroquois viennent par exemple commercer à Montréal.

La formation de communautés iroquoises dans la région de Montréal

C'est durant cet intermède de paix franco-iroquois que se forment dans la vallée du Saint-Laurent, à proximité de Montréal, deux communautés iroquoises. Au lendemain des traités de paix de 1666 et 1667, les Jésuites avaient établi des missions en territoire iroquois, où leur action eut pour effet d'engendrer des tensions importantes entre convertis et « traditionalistes ». Lorsque la pression des traditionalistes devint trop forte, plusieurs convertis choisirent d'aller s'établir à proximité des Français. S'il faut en croire les Jésuites, ces Iroquois, néophytes ou baptisés, s'y installaient dans l'espoir de pouvoir pratiquer plus librement leur nouvelle religion et de fonder une nouvelle communauté, où les ravages causés par l'eau-de-vie seraient absents.

Ce mouvement de migration, qui commence à la fin des années 1660, prend de l'ampleur dans les années 1670, lorsque les Jésuites commencent à encourager activement les départs des Iroquois de leur pays. À ce moment, les autorités coloniales françaises favorisaient aussi l'implantation d'une communauté iroquoise dans la région de Montréal, dans l'espoir de renforcer les défenses de la colonie et de décourager les Iroquois de faire des incursions dans la vallée du Saint-Laurent.

La seigneurie de La-Prairie-de-la-Madeleine, concédée aux Jésuites en 1647, accueillit dans un premier temps ces Iroquois, mais après quelques années, ceux-ci se plaignirent de la piètre qualité des terres de cette seigneurie pour la culture du maïs et demandèrent qu'on leur trouve un nouvel endroit pour y déplacer leur village. Ces demandes conduisirent, en 1680, à la concession de la terre du Sault-Saint-Louis (Kahnawake). À la même époque, la communauté iroquoise de la région de Montréal se scinda en deux groupes, certains demandant aux Sulpiciens de les accueillir sur leurs terres de l'île de Montréal. Après plusieurs déplacements de leur village, ce groupe de « dissidents » s'établira dans la seigneurie du lac des Deux-Montagnes, donnant naissance à la communauté de Kanesatake.

Alliés aux Français, les Iroquois de la région de Montréal ne font plus partie de la ligue iroquoise et ne sont plus représentés au conseil confédéral. Ils maintiennent tout de même des relations diplomatiques avec les Cinq-Nations et ne participeront qu'avec réticence aux expéditions militaires françaises contre les Iroquois.

Une nouvelle escalade des relations franco-iroquoises (1680-1689)

Dans les années 1675-1680, plusieurs facteurs vont favoriser la reprise des hostilités franco-iroquoises. La guerre avec les Andastes et les Mohicans, qui avait drainé les énergies militaires des Iroquois pendant plus de dix ans, prend fin en 1676. Les premiers sont repoussés plus au sud par les attaques des colons virginiens et les seconds signent la paix avec les Cinq-Nations iroquoises. Cette modification du paysage géopolitique vient perturber l'équilibre dans le rapport de force franco-iroquois et fait disparaître l'élément modérateur de la politique iroquoise face aux Français. Les Iroquois peuvent désormais, s'ils le désirent, concentrer leur force de frappe sur les Français et leurs alliés amérindiens. Les relations avec les Anglais de la colonie de New York deviennent aussi plus étroites, les Iroquois signant un premier traité d'alliance avec les Anglais en 1677.

Sensiblement au même moment, la poussée expansionniste des Français au sud des Grands Lacs contribue à accroître les tensions avec les Iroquois et à la reprise des hostilités. Après le traité de 1667, les Français avaient profité de la période de paix avec les Iroquois pour reprendre la route des Grands Lac. Très mal connues encore à la fin des années 1640, les cinq « mer intérieures » de l'Amérique étaient définitivement entrées dans l'orbite de la France et les établissements français s'y étaient multipliés : le fort Frontenac, à l'entrée du lac Ontario ; Michillimakinac, à la jonction des lacs Huron et Michigan ; Sault-Sainte-Marie, à l'entrée du lac Supérieur ; le poste de Saint-François-Xavier, au fond de la baie des Puants (Green Bay). À cette installation dans les Grands Lacs se greffe aussi un mouvement expansionniste vers le sud-ouest, dans les vallées de l'Illinois et du Mississippi. Cavelier de La Salle, figure dominante dans cette expansion française, avait commencé, en 1679, la construction de postes de traite sur la rivière des Illinois. Proclamant la souveraineté française sur la région, il avait proposé aux Illinois et aux Miamis des alliances commerciales et militaires, ce qui avait irrité les Iroquois qui lorgnaient cette région depuis quelques années.

Dans les années 1670, les Iroquois avaient visiblement besoin de chasser au-delà des limites de leur territoire pour obtenir les fourrures nécessaires à l'acquisition des objets européens. À la recherche de nouveaux territoires de chasse, les Iroquois avaient amorcé un mouvement vers la vallée de l'Ohio au début des années 1670 et, en 1678, ils avaient atteint la vallée du Mississippi, attaquant les Illinois et les Miamis. En 1680 et 1681, les Iroquois lancèrent de nouvelles attaques en territoire illinois et miami, ce qui provoqua une vive inquiétude chez les marchands et les administrateurs coloniaux. Des rapports alarmants envoyés à la métropole tracèrent un sombre tableau de la situation. L'assaut des Cinq-Nations apparaît comme la première étape d'une vaste entreprise soutenue et encouragée par les Anglais de New York qui visent à monopoliser le commerce des fourrures. Après avoir éliminé les Illinois et les Miamis, les Iroquois se tourneraient, croyait-on, vers les autres alliés des Français et établiraient une mainmise sur la traite, ce qui entraînerait la ruine de la colonie française.

C'est dans ce contexte tendu que s'inscrivent les deux expéditions militaires françaises contre les Iroquois, en 1684 et en 1687. Toutes deux visent à intimider les Iroquois par une démonstration de force et à lever la menace qui pèse sur le réseau de traite mis en place par la France. L'expédition de 1684 est conduite par le gouverneur La Barre, nouvellement débarqué dans la colonie. Dirigée contre les Tsonnontouans, elle est un échec complet. Minées par la maladie, les troupes françaises — environ 1200 hommes — se retrouvent en territoire iroquois incapables de livrer bataille. La Barre doit se résigner à la négociation et accepter un traité où il renonce à défendre les Illinois et les Miamis.

Les Iroquois triomphent momentanément. La Barre est rappelé en 1685, mais son successeur, Denonville, poursuit la même politique agressive à l'égard des Iroquois. Les ordres de la cour sont clairs : Denonville doit mener une expédition d'envergure contre les Iroquois pour venger l'affront subi par La Barre en 1684. Denonville prépare minutieusement son expédition, qui aura lieu au cours de l'été 1687. Composée d'environ 2000 hommes (830 soldats français, 930 miliciens canadiens et quelque 300 Indiens alliés), elle est aussi dirigée contre les Tsonnontouans. À l'exception d'une brève escarmouche entre les Français et les Tsonnontouans, l'armée de Denonville ne rencontre aucune résistance des Iroquois, qui avaient abandonné leurs villages avant l'arrivée des troupes françaises. Denonville et ses hommes brûlent les quatre principaux villages de cette nation iroquoise de même que les récoltes et les provisions accumulées par les Tsonnontouans.

L'impact de cette expédition ne fut pas aussi dévastateur que l'auraient souhaité les Français, mais il fut tout de même assez important pour inciter trois nations iroquoises (les Onontagués, les Goyogouins et les Onneiouts) à venir négocier avec les Français en 1688. Ces négociations échouèrent toutefois à la suite d'une manœuvre des alliés autochtones des Français, qui craignaient la conclusion d'une paix séparée entre la Nouvelle-France et les Cinq-Nations.

Vers la Grande Paix de Montréal (1689-1701)

Les dernières années du XVIIe siècle forment une période particulièrement agitée de l'histoire des Cinq-Nations iroquoises. La transposition des conflits européens sur le territoire nord-américain donne une nouvelle dimension aux rivalités intercoloniales. Pendant toute la première moitié du XVIIe siècle, les guerres sont essentiellement des conflits entre autochtones, auxquels les Européens, Français ou Hollandais, participent parfois. Mais par la suite, une dimension intercoloniale se greffe progressivement à cette réalité nord-américaine, ce qui change la dynamique des rapports entre Européens et Amérindiens et la nature des alliances.

La démographie joue lentement en faveur des Européens, dont le nombre s'accroît, tandis que celui des Amérindiens continue à décliner. Les puissances européennes prennent une place de plus en plus grande dans cette alliance et imposent lentement leur rythme aux conflits. Dans les dernières années du XVIIe siècle, ce sont les Amérindiens qui se voient progressivement enchassés dans des rivalités entre puissances coloniales. Ils continuent évidemment à poursuivre leurs intérêts propres et ne sont pas que des pions sur un échiquier plus large, mais les conflits prennent une dimension qui dépasse les cadres des anciennes rivalités autochtones.

En 1689, commence la guerre de la Ligue d'Augsbourg, qui oppose la France à une coalition dont fait partie l'Angleterre. Aussitôt, les relations tendues entre colonies dégénèrent en conflits armés. Alors que les Français et leurs alliés amérindiens lancent des raids contre les colonies anglaises, les Iroquois et les Anglais s'unissent contre la Nouvelle-France. L'attaque iroquoise contre Lachine, en 1689, marque le début des hostilités. Cette guerre se termine en 1697, avec la signature du traité de Ryswick, mais les hostilités entre les Français, leurs alliés autochtones et les Iroquois se poursuivent jusqu'à la toute fin du XVIIe siècle.

Au début des années 1680, les Iroquois avaient remporté d'importants succès militaires, notamment contre les Illinois et les Miamis. Mais à partir des années 1690, le vent tourne en faveur des Français et de leurs alliés autochtones, qui infligent de sérieux revers aux Cinq-Nations et les placent dans une situation militaire très délicate. Dans les années 1690, les Français conduisent ainsi deux autres expéditions militaires contre les Iroquois. La première, en 1693, visait les Agniers ; la seconde en 1696, était dirigée contre les Onontagués et les Onneiouts. Lors de l'expédition de 1693, les Français et leurs alliés brûlèrent les trois principaux villages des Agniers ; ils firent plusieurs centaines de captifs (des femmes et des enfants surtout), qu'ils durent toutefois relâcher sur le chemin du retour, parce qu'ils étaient poursuivis par les Iroquois.

À la fin des années 1690, le nombre des guerriers iroquois avait considérablement diminué. En 1689, ils étaient environ 2550 ; en 1698, ils n'étaient plus que 1230. Les observateurs français et anglais s'entendent pour souligner la position de faiblesse des Cinq-Nations à ce moment. Les Anglais craignent même que les Iroquois ne soient bientôt complètement dispersés par les Français et leurs alliés autochtones. La position militaire délicate dans laquelle se trouvaient les Cinq-Nations les incite à accepter les propositions de paix des Français. Les négociations, qui commencent en 1698, dureront toutefois plusieurs mois. Un traité préliminaire sera conclu à Montréal en 1700. Le traité définitif sera signé l'année suivante à Montréal, lors d'un grand conseil qui réunit une trentaine de nations autochtones. Ici s'arrête le récit de Desrosiers.

APRÈS 1701 : LA DIFFICILE NEUTRALITÉ DES IROQUOIS

La Grande Paix de Montréal marque un tournant dans l'orientation de la politique iroquoise, qui s'engage dans la voie de la neutralité dans les conflits entre la France et l'Angleterre en Amérique du Nord. Cette politique de neutralité ne faisait toutefois pas une unanimité absolue et inébranlable parmi les Iroquois. La ligue était en fait divisée en trois grandes factions : proanglaise, profrançaise et neutre. Ces factions se retrouvaient au sein de chacune des nations iroquoises, mais les factions pro-anglaises ou profrançaises dominaient à l'intérieur de certaines nations. Aux deux extrémités de la ligue, on retrouvait les deux courants opposés : la faction pro-anglaise dominait largement chez les Agniers, tandis que la faction profrançaise était plus forte chez les Tsonnontouans. Les Onontagués étaient les plus favorables à la politique de neutralité.

Comme la ligue iroquoise fonctionnait sur la base du consensus, la seule politique qui pouvait finalement faire une certaine unanimité était celle qui préconisait la neutralité, car les factions pro-anglaises ne pouvaient accepter de suivre une politique profrançaise et inversement les factions profrançaises ne pouvaient s'engager dans une politique d'alliance exclusive avec les Anglais. Cette politique de neutralité sera toutefois mise à rude épreuve lors des conflits franco-britanniques du XVIIIe siècle (guerre de Succession d'Espagne, 1703-1713 ; guerre de Succession d'Autriche, 1744-1748 ; guerre de Sept Ans, 1756-1763).

Dans ces conflits, les pressions des Britanniques pour inciter les Iroquois à participer à l'effort de guerre étaient fortes. Certaines nations, notamment les Agniers, étaient plus faciles à convaincre que d'autres et fourniront quelques guerriers pour des opérations militaires contre la Nouvelle-France. Mais cette participation militaire reste très limitée. En fait, il faut attendre les derniers moments de la guerre de Sept Ans pour voir les Iroquois se rallier derrière les Britanniques.

Après la Conquête de la Nouvelle-France, les Iroquois conserveront un rôle militaire et politique important pour les Britanniques, notamment lorsque les colonies américaines s'engageront sur la voie de l'indépendance. Comme à la « belle époque » des rivalités franco-britanniques, les Iroquois seront vivement sollicités par deux parties, les Britanniques et les Américains. Au début de ce conflit, les Iroquois cherchèrent à maintenir leur politique de neutralité, mais très rapidement les positions se cristalliseront et les Cinq-Nations s'engageront dans cette guerre. Jamais toutefois elles n'apparaîtront aussi divisées. Les Agniers prendront rapidement le parti des Britanniques, bientôt suivis par les Tsonnontouans, les Onontagués et les Goyogouins. Les Onneiouts et les Tuscaroras se rangeront plutôt du côté des Américains, provoquant l'éclatement de la ligue iroquoise.

En 1779, une vaste expédition américaine forcera une bonne partie des Iroquois à abandonner leur territoire. Seuls les Onneiouts et les Tuscaroras, qui combattaient avec les Américains, ne seront pas touchés par cette attaque. Après le traité de Paris (1784), qui mit un terme à la guerre d'Indépendance américaine, une bonne partie des Iroquois (surtout des Agniers, mais aussi des Goyogouins, des Onontagués et des Tsonnontouans) se réfugieront au Canada, sur des terres longeant la Grand River (rive nord du lac Érié), mais certains continueront à vivre dans l'État de New York. Jamais la ligue iroquoise ne renaîtra de ses cendres. À la fin du XVIIIe siècle, le conseil confédéral de la ligue sera en fait rallumé à deux endroits différents : à la réserve des Six Nations (au Canada) et à la réserve de Buffalo Creek (aux États-Unis). L'histoire des Iroquois venait vraiment d'entrer dans une nouvelle phase…

QUELQUES REPÈRES BIBLIOGRAPHIQUES

AQUILA, Richard, *The Iroquois Restoration. Iroquois Diplomacy on the Colonial Frontier, 1701-1754*, Détroit, Wayne State University Press, 1983.

BACQUEVILLE DE LA POTHERIE, *Histoire de l'Amérique septentrionale*, Paris, Jean-Luc Nion et François Didot, 1722, 4 vol.

BEAULIEU, Alain, *Ne faire qu'un seul peuple ? Iroquois et Français à l'« âge héroïque » de la Nouvelle-France, 1600-1660*, Thèse de doctorat, Département d'histoire, Université Laval, 1993.

CHARLEVOIX, F.-X., *Histoire et description generale de la Nouvelle France, Avec le Journal historique d'un Voyage fait par ordre du Roi dans l'Amerique Septentrionale*, Paris, Nyon Fils, 1744, 3 t. [réimpression en fac-similé : Montréal, Éditions Elysée, 1976].

COLDEN, Cadwallader, *The History of the Five Indian Nations of Canada Which Are Dependent on the Province of New York, and Are the Barrier Between the English and French in that Part of the World*, Londres, T. Osborne, 1727 et 1747, 2 vol. [réimpression en fac-similé : Toronto, Coles, Publishing, 1972].

DELÂGE, Denys, « Les Iroquois chrétiens des "réductions", 1667-1770. i : Migration et rapports avec les Français », *Recherches amérindiennes au Québec*, vol. XXI, n°s 1-2, 1991, p. 59-70 ; « Les Iroquois chrétiens des "réductions", 1667-1770. ii : Rapports avec la Ligue iroquoise, les Britanniques et les autres nations autochtones », *Recherches amérindiennes au Québec*, vol. XXI, n° 3, 1991, p. 39-50.

DICKINSON, John A., « La guerre iroquoise et la mortalité en Nouvelle-France, 1608-1666 », *Revue d'histoire de l'Amérique française*, vol. 36, n° 1, 1982, p. 31-54.

GOLDSTEIN, Robert A., *French-Iroquois Diplomatic and Military Relations, 1609-1701*, La Haye et Paris, Mouton, 1969, 208 p.

GREEN, Gretchen, *A New People in an Age of War : The Kahnawake Iroquois, 1667-1760*, Thèse de doctorat, Montréal, Université de Montréal, 1991.

HAVARD, Gilles, *La Grande paix de Montréal, 1701*, Montréal, Recherches amérindiennes au Québec, 1992.

HUNT, George T., *The Wars of the Iroquois. A Study in Intertribal Trade Relations*, Madison, University of Wisconsin Press, 1960 [1940], 209 p.

JENNINGS, Francis, *Empire of Fortune. Crowns, Colonies & Tribes in the Seven Years War in America*, New York et Londres, W. W. Norton & Company, 1988, xxiv-520 p.

JENNINGS, Francis, *The Ambiguous Iroquois Empire. The Covenant Chain Confederation of Indian Tribes with English Colonies from its Beginnings to the Lancaster Treaty of 1744*, New York, W. W. Norton & Company, 1984, xxvi-438 p.

LAFITAU, J.-F., *Mœurs des sauvages Ameriquains, comparées aux mœurs des premiers temps*, Paris, Saugrain l'aîné et Charles-Estienne Hochereau, 1724, 2 vol. [22], 610 et [12], 490 p.

MORGAN, Lewis Henry. *League of the Iroquois*, New York, Corinth Books, 1962 [1851], xvii-477 p.

PARKER, Arthur C., « The Constitution of the Five Nations or The Iroquois Book of the Great Law », dans William N. FENTON, dir., *Parker on the Iroquois*, Syracuse, Syracuse University Press, 1968, p. 7-151.

RICHTER, Daniel K. et James H. Merrell, dir., *Beyond the Convenant Chain. The Iroquois and their Neighbors in Indian North America, 1600-1800*, Syracuse, Syracuse University Press, 1987, xiv-211 p.

RICHTER, Daniel K., *The Ordeal of the Longhouse : The Peoples of the Iroquois League in the Era of European Colonization*, Chapel Hill et Londres, The University of North Carolina Press, 1992, xviii-436 p.

SCOTT, Duncan C., « Traditional History of the Confederacy of the Six Nations. Prepared by a Committee of the Chiefs », *Mémoires de la Société royale du Canada*, Section ii, 1911, p. 195-246.

SNOW, Dean R.. *The Iroquois*, Oxford UK & Cambridge USA, Blackwell, 1994.

STARNA, William A. et Ralph Watkins, « Northern Iroquoian Slavery », *Ethnohistory*, vol. 38, nº 1, 1991, p. 34-57.

THWAITES, Reuben G., dir., *The Jesuit Relations and Allied Documents. Travels and Explorations of the Jesuit Missionaries in New France, 1610-1791*, Cleveland, Burrougs, 1896-1901, 73 vol. [réimpression en fac-similé : New York, Pageant Book, 1959, 36 vol.].

TOOKER, Elisabeth, « The Structure of the Iroquois League : Lewis H. Morgan's Research and Observations », *Ethnohistory*, vol. 30, 1983, p. 141-154.

TOOKER, Elisabeth, « The United States Constitution and the Iroquois League », *Ethnohistory*, vol. 35, nº 4, 1988, p. 305-336.

TRIGGER, Bruce G., dir., *Northeast*, Washington, Smithsonian Institution, « Handbook of North American Indians », vol. 15, 1978, xvi-924 p.

TRIGGER, Bruce G., *Les enfants d'Aataentsic. L'histoire du peuple huron*, Montréal, Libre Expression, 1991, xii-972 p. [traduction de *The Children of Aataentsic. A History of the Huron People to 1660*, Montréal et Londres, McGill et Queen's University Press, 1976, 2 vol., xxiii-913 p.]

WALLACE, Anthony F. C., « The Dekanawideh Myth Analysed as the Record of a Revitalization Movement », *Ethnohistory*, vol. 5, nº 2, 1958, p. 118-130.

CHAPITRE 1

1534

Le 14 juillet 1534, à l'aube, deux petits navires quittent le hâvre de l'île Percée où ils relâchent depuis deux jours : ils se hasardent en pleine mer dans la direction de la pointe ultime qui termine là-bas la Gaspésie. Au moment de la doubler, ils reçoivent de front les coups de boutoir des rafales du nord et disparaissent dans le brouillard. Pivotant vite sur eux-mêmes, ils trouvent un refuge dans la baie de Gaspé. Pendant deux jours, ils y demeurent blottis à l'entrée. Puis le vent tourne encore un peu, il les atteint et l'un des deux perd son ancre. Cédant devant la tempête, ils courent dans un large et long couloir dominé par des hauteurs bleuâtres. Ils ne cargueront leurs voiles qu'au fond dans un bassin bien protégé. Ils y resteront mouillés cinq jours.

Rencontre de l'équipage de Jacques Cartier et des Amérindiens

Capitaines et matelots scrutent ces rivages inconnus. Ils voient sur la grève des indigènes, « tant hommes, femmes que enfants, plus de deux cents personnes qui avaient environ quarante barques ». Leur chevelure est rasée, sauf une touffe au sommet du crâne qui est longue comme une queue de cheval ; ils la portent d'ordinaire ramassée en toque et liée avec des courroies de cuir. La nuit, ils dorment sur le sol, sous des canots renversés. Sauf un brayet, ils sont nus ; mais parfois ils endossent un manteau de fourrure flottant. La chair du gibier ou du poisson, ils la dévorent mi-crue, car s'ils possèdent le feu, ils ne connaissent pas les ustensiles de métal qui faciliteraient une cuisson complète.

brayet = caleçon

Au premier abord, ces Sauvages sont nerveux, remplis de méfiance, de curiosité. Lorsque quelques matelots descendent sur la grève, ils les observent, cessant de hâler leurs rets de fil de chanvre qu'ils ramènent lourds de maquereaux. Finalement, ils abordent les goélettes des Français, se hissent à bord, examinent tout avec soin. Les Français leur donnent des couteaux à lame de fer, des grains de verroterie. Les visiteurs sont si contents qu'ils dansent et chantent dans leurs embarcations.

Rencontre de deux mondes

Indiens et Européens se découvrent. L'homme néolithique se trouve soudain placé en face de l'homme de l'époque de fer. À une date mal déterminée des âges révolus, le premier, saisi d'une folie de migration, a quitté son habitat primitif. Dans sa pirogue, armé de son arc, de sa lance, de sa hache de pierre, muni du feu sacré dont il vient de découvrir les secrets, il descend ou remonte les rivières, il affronte les océans, il arpente les continents, laissant ici et là sur sa route des groupes qui enfoncent des racines, s'accroissent, forment vite des tribus puis des peuples.

Coutumes de l'âge paléolithique

Les indigènes que les Français viennent de découvrir ont conservé des coutumes de l'âge paléolithique ; ils se peignent le corps et la figure de couleurs vives comme le vermillon, le noir. De tous les métaux, ils ne connaissent un peu que le cuivre. Ils se servent de la hache de pierre. Ils savent tisser des cordages rugueux, ouvrer l'ortie, le chanvre, la fibre de l'arbre. Dans la construction de leurs habitations ils n'emploient que les branches et l'écorce. Ils moulent des poteries qui ne manquent pas d'élégance. Ils cultivent le sol, mais ne s'attachent en particulier qu'à quelques produits : le maïs, la citrouille, le tournesol. Ils n'ont pas domestiqué d'animal. La roue, l'écriture leur sont inconnues. Parfois cependant, ils tracent des dessins crus sur des arbres, des morceaux de bois, et ces hiéroglyphes ont une signification conventionnelle.

Habitations

Placé en face de l'homme primitif, l'homme évolué ne le reconnaît plus. L'un et l'autre ont oublié qu'ils descendaient d'un ancêtre commun. « Cette gent, écrit Jacques Cartier, se peut nommer sauvage, car c'est la plus pauvre gence qu'il puisse être au monde... »

Les Français se rendent parmi les Indiens. Ceux-ci se réjouissent. Se divisant en deux ou trois groupes, ils chantent et dansent. Par méfiance, les femmes, sauf deux ou trois, ont fui dans la forêt. À celles qui sont présentes, Jacques Cartier distribue des peignes et des clochettes d'étain. Les Indiens rappellent toutes les autres ; elles accourent, entourent le capitaine, reçoivent des cadeaux à tour de rôle. Et, comme les premières, en guise de remerciement, elles lui caressent les bras et la poitrine. Elles dansent ensuite et chantent plusieurs chansons.

L'alimentation

Ces indigènes n'habitent pas ici. Chaque été, ils viennent à Gaspé pêcher le maquereau. Ils apportent du maïs, de la farine de maïs, ils en fabriquent du pain. Ils font sécher des prunes, des fruits sauvages. Ils se nourrissent aussi de pois, de fèves, qui croissent au hasard. Ils n'emploient pas le sel.

La croix de Cartier

Jacques Cartier plante une croix. Puis les Français reviennent à leurs navires. Un canot les suit bientôt. C'est le chef de ces Indiens qui le monte, avec ses trois fils et son frère. Il prononce une harangue, il montre la croix érigée là-bas, montrant la terre tout à l'entour de lui, comme s'il eut voulu dire que toute la terre était à lui. Les Européens conçoivent un plan : ils tendent au chef une hache de fer, lui indiquent qu'ils sont disposés à l'échanger pour la peau d'ours noir qui lui pend sur les épaules. Le canot se rapproche pour le troc. Un matelot en saisit soudain le rebord ; puis deux ou trois de ses compagnons sautent dans l'embarcation. Ils obligent les Indiens à monter à bord où « le capitaine » s'emploie à les rassurer. Chacun « leur montre grand signe d'amour », leur apporte à boire et à manger, leur explique par signe que la croix avait été plantée « pour faire balise », que c'était leur intention de revenir bientôt avec quantité de « ferrements et autres choses ». Jacques Cartier veut amener en France deux des fils du chef. Il les presse de quitter leurs haillons, d'endosser des chemises, des habits, de se coiffer d'un bonnet rouge, de se passer même au col une chaîne de cuivre. Leurs compagnons doivent bientôt retourner à leur canot avec « les vieux haillons des deux fils » et, pour consolation, une hachette et deux couteaux. Une trentaine d'hommes viendront tourner autour des bateaux ; mais c'est pour apporter du poisson et dire adieu à leurs compatriotes.

Les deux fils présumés du chef Donnacona : Don Agaya (Domagaya) et Taignoagny « invités » à se rendre en France.

Soudain, les voiles se déploient le long des mâts ; les navires sortent du bassin. Stupéfaits, les Iroquois les regardent partir avec deux des leurs.

1535

Une année à peine s'est écoulée. Trois petits navires remontent maintenant le fleuve. Le même capitaine, Jacques Cartier, les conduit. Les deux Iroquois embarqués à Gaspé sont à bord. L'un se nomme Don Agaya et l'autre, Taignoagny. Ils ont appris un peu de français.

Le retour des fils de Donnacona

Le Saint-Laurent est toujours l'immense cours d'eau de l'âge de pierre. Sur les rives, des forêts intouchées. La population qui s'y faufile est peu dense. Elle est mal armée pour la chasse ou la pêche : aussi le poisson abonde dans les eaux, le gibier à plumes dans l'air, le gibier à poil dans les bois. Morses, phoques, baleines, marsouins s'ébattent à la vue. Les deux Indiens fournissent des renseignements à mesure que les bateaux avancent. Ce fleuve se nomme Hochelaga. Le royaume que l'on frôle au nord est celui du Saguenay ; les Iroquois y viennent souvent, quatre de leurs canots débouchent maintenant de la rivière. Le royaume voisin est celui de Canada dont la frontière occidentale passe à un endroit mal déterminé entre les Trois-Rivières et Québec. Plus loin commence le puissant pays d'Hochelaga.

La nature laurentienne

La flottille atteint l'île « de Bascus » [Bacchus ou île d'Orléans]. La scène s'anime. Des pêcheurs ont reconnu Don Agaya et Taignoagny : la vaste tribu accourt dans ses esquifs d'écorce fine, les chefs y prononcent des harangues en face des navires d'où les écoutent des équipages penchés au-dessus de l'eau.

Des villages iroquoiens ?

Cette tribu, qui entreprend des expéditions maritimes de six à sept cents milles, fréquente le Saint-Laurent inférieur, habite-t-elle seule le royaume de Canada ? Jacques Cartier dit qu'« il y a plusieurs peuples, par villages non clos ». Plus loin, il écrira aussi qu'avant le havre Ste-Croix, il « y a quatre peuples et demourances, savoir : Ajoaste, Starnatam, Tailla, qui est sur une montagne, et Sitadin ». La bourgade suivante est Stadaconé. Donnacona en est le grand chef. Cartier mentionnera aussi Agona, un chef des environs. Après être revenu d'Hochelaga, il conversera en toute douceur et amitié, de même

Donnacona mourra en France, probablement en 1539.

que ses compagnons, avec les tribus des alentours. Tous circuleront amicalement parmi elles. Les habitants de Stadaconé cessant de venir aux navires, la population de Sitadin continuera ses visites aux Français. Une carte dessinée après 1535 portera le nom de Sitadin. Radisson racontera qu'il y avait autrefois un village iroquois aux chutes Montmorency.

Cartier se rend à Hochelaga (site actuel de Montréal).

Don Agaya, Taignoagny, la tribu dont ils font partie, s'opposent au projet de voyage de Jacques Cartier à Hochelaga. Les tribus d'aval veulent garder pour elles les découvreurs et leurs largesses. En 1613, la même aventure arrivera à Champlain sur l'Outaouais. Les Français remontent le fleuve sans guides. Une forte population fourmille sur ses bords. « Pareillement, écrit Jacques Cartier, nous trouvâmes grand nombre de maisons sur la rive dudit fleuve, lesquelles sont habitées de gens qui font grande pêcherie de tous bons poissons, selon les saisons... » C'est à Portneuf que se trouve « la demourance du peuple de Tequenonday et de Hochelay, lequel Tequenonday est sur une montagne, et l'autre en un plain pays ». Achelay ou Hochelay indiquent les rapides du Richelieu. Ces deux noms introduisent une confusion dans le récit. Quand Cartier passe pour la première fois, il y rencontre « un grand seigneur du pays, lequel fit grand sermon... » ; ce potentat voyage avec nombreuse escorte ; il veut donner deux enfants au capitaine ; celui-ci n'accepte que le plus âgé, une petite fille. Le même chef, accompagné cette fois-là de sa femme, rendra plus tard visite aux Français à leurs navires. Cartier lui décernera à cette occasion le titre de « seigneur de la ville de Hagouchanda ». Il le rencontrera de nouveau, il lui parlera en 1540, mais en le qualifiant cette fois du titre de seigneur d'Hochelay. Mais chaque fois, il s'agit du même personnage car l'auteur rappelle toujours la donation de la fillette. Aussi la récente découverte de l'emplacement d'une bourgade iroquoise entre Berthier et Lanoraie a conduit les archéologues à affirmer qu'il s'agissait d'Hagouchonda. La théorie est fort plausible.

Aux Trois-Rivières n'existe alors aucune bourgade. Après avoir dépassé le lac Saint-Pierre, le fleuve paraît habité jusqu'à l'île de Montréal. Cartier écrira la phrase suivante : « Durant lequel temps et chemin faisant, trouvâmes plusieurs gens du pays, qui nous apportaient du poisson... » À l'île, plus de mille Indiens accourent au rivage. À elle seule, la puissante bourgade d'Hochelaga contient peut-être trois mille cinq cents Indiens en ses cinquante cabanes d'écorce d'orme.

Jean-François de La Rocque de Roberval (v. 1500-1560), lieutenant général du roi François Ier au Canada

En 1541, Roberval et Cartier retrouveront à peu près les mêmes Indiens. Mais le second ne dira pas un mot d'Hochelaga qu'il a décrite avec tant de précision dans son premier récit. Par contre, il fournira d'autres détails sur la population de l'île. Le 11 septembre, il atteindra le premier rapide, « qui est à deux lieues de la ville de Tutonaguy ». Incapable de remonter ce sault trop violent, il avancera sur la rive, à pied, comme le fera plus tard Champlain. Il rencontrera un premier groupe d'Indiens qui lui fera bon accueil et lui donnera des gens disposés à le conduire plus loin. Continuant sa route avec des guides, il atteindra un second hameau qui est au-dessus du second sault. Toutefois, la distance entre le premier et le second n'est pas grande, puisque les voyageurs y arrivent le même jour et qu'ils ont faim, ne s'étant rien mis sous la dent depuis le matin. Au retour, les Français trouvent quatre cents personnes au premier hameau. Cartier désire voir, en redescendant le fleuve, le seigneur d'Hagouchonda avec qui il a laissé deux Français ; mais celui-ci s'est rendu dans une autre bourgade nommée Maisouna.

Villages amérindiens vus par Cartier.

Voilà les noms des villages qui passeront à l'histoire et dont les cartographes se serviront : Stadaconé, Sitadin, Tequenonday Tutonaguy, Maisouna, Hochelaga, Hagouchonda, Hochelay.

À quelle nation appartiennent les indigènes de la vallée du Saint-Laurent ? Et tout d'abord, sont-ils de même nation ? Cartier n'écrira jamais que deux ou trois lignes qui soient de nature à éclairer ce dernier problème. Parlant de la tribu d'Hochelaga, voici ce qu'il dit : « Tout ce dit peuple ne s'adonne qu'à labourage et pêcherie, pour vivre... ; et aussi qu'ils ne bougent de leur pays, et ne sont ambulatoires, comme ceux du Canada et du Saguenay ; nonobstant que lesdit Canadiens leur soient sujets, avec huit ou neuf autres peuples qui sont sur le dit fleuve. » De ce passage, il faut retenir que huit ou neuf peuples, probablement des tribus, habitent les rives du Saint-Laurent ; que celui de Montréal est le plus puissant et qu'il domine les autres ; et qu'en plus, il est sédentaire, cultive le sol, tandis que les autres sont nomades, vivent de chasse et de pêche. Enfin, certains vivent dans des bourgades palissadées et certains dans des hameaux ouverts.

Les Amérindiens vus par Cartier : des Iroquoiens, selon des preuves linguistiques

vocabulaires = dictionnaires

Ce peu de notations embarrasse les historiens. Une preuve linguistique existe à l'effet que les royaumes du Canada et d'Hochelaga sont iroquois [*i.e.* iroquoien]. Elle est fondée sur deux vocabulaires que Jacques Cartier a dressés et qui s'intitulent de la façon suivante : « Langage de la terre nouvellement découverte nommée la Nouvelle-France » qui est de 1534 et « Ensuite le langage du pays et royaumes de Hochelaga et Canada, autrement dits la Nouvelle-France » qui est de 1535. Les meilleurs esprits acceptent ces pièces. Des tribus de nation, d'origine, de langue iroquoiennes sont donc fixées en 1535 dans le bassin du Saint-Laurent.

La preuve que Stadaconé était une bourgade iroquoienne est exclusivement linguistique. Cartier n'a pas laissé de description des hameaux de la région de Québec, il n'a parlé ni des habitations ni des fortifications ; et les cérémonies auxquelles il a assisté ne fournissent pas d'indice. Roberval et Jean Alphonse diront clairement quelques années plus tard que les Indiens rencontrés au Cap Rouge sont nomades, qu'ils « vivent ès-bois parce qu'ils n'ont lieu certain : car ils ne font que courir d'une terre à l'autre ».

Quant aux groupes établis entre Montréal et Québec, leur nationalité iroquoienne n'est prouvée que d'une façon bien générale par la preuve linguistique qui s'applique à Stadaconé. Sauf pour Hagouchonda. L'archéologie s'est ici prononcée sans hésitation. On ne saurait non plus souhaiter un témoignage plus probant. Les innombrables articles que les chercheurs ont découverts dans le sable portent leur révélation.

Pour Hochelaga les preuves archéologiques sont assez pauvres. Des doutes se sont élevés sur l'emplacement de cette bourgade. Les preuves linguistiques sont bonnes. Mais la description des palissades et des cabanes, la description des cérémonies qui accueillent le visiteur, constituent le témoignage le plus sûr qu'il soit possible de trouver. Non seulement elles cadrent dans tous leurs détails avec celles que feront plus tard Champlain et Sagard, mais elles leur fournissent des modèles d'une précision irrécusable. Bien plus, il existe un parallélisme déconcertant entre l'arrivée de Jacques Cartier à Hochelaga en 1535, et l'arrivée du père Simon Le Moyne — Ondessonk — à Onnontaé, capitale de l'Iroquoisie, en 1654. On dirait que les deux passages ont été calqués l'un sur l'autre. Le lecteur a l'impression que la vie s'est subitement arrêtée, comme une eau qui devient stagnante, pour réfléchir deux événements pareils à un siècle de distance. C'est la même forêt parmi laquelle cheminent les visiteurs ; ce sont les mêmes ambassadeurs qui viennent les attendre à la même distance de la ville ; ce sont les mêmes discours de bienvenue, la même halte dans la marche ; ce sont les mêmes sentiers qui aboutissent dans les mêmes vastes champs de maïs et de citrouilles ; ce sont les mêmes palissades, les mêmes cabanes d'écorce d'orme, les mêmes approvisionnements. Cartier n'a pu inventer, avec un tel luxe de détails, une scène aussi particulière que celle-là. Pour la rendre avec un tel bonheur d'expression, il l'avait vue.

Description d'Hochelaga par Cartier : caractéristiques d'un village iroquoien

Aucun archéologue cependant n'a trouvé dans la province de Québec si ce n'est à Hagouchonda, les débris abondants et bien caractérisés qui marquent de si nombreux emplacements dans l'ancienne Iroquoisie, la Huronie et le pays des Neutres. Ce fait indiquerait que le séjour des Iroquois sur la rive du Saint-Laurent a été bref.

Diamond Jenness a présenté la dernière théorie relative à la présence des Iroquois dans la Nouvelle-France. Vers l'an 1200, poussés par des nations plus puissantes, ils auraient quitté la vallée du Mississippi et la rivière Ohio, après avoir appris la culture du maïs. Remontant dans la direction du nord-est, ils auraient atteint la rivière Détroit. Là, ils se seraient divisés en deux groupes : l'un aurait suivi la rive sud pour forcer l'entrée des territoires où habiteront bientôt les Ériés, les Iroquois proprement dits, et les Andastes. Après avoir traversé le fleuve, le second groupe aurait suivi la rive nord, pénétré largement dans l'Ontario, puis ensuite dans le Québec. Cartier serait venu dans la Nouvelle-France au moment précis où cette pénétration avait trouvé sa plus grande profondeur. Très récente alors, celle-ci aurait été éphémère.

Les Ériés, à l'est du lac Érié ; les Andastes au nord de la baie de Chesapeake et de la vallée de la Susquehannah

Nombre d'historiens ont présenté des conjectures sur l'identité des Iroquois du Québec. Formaient-ils une, deux, trois tribus distinctes qui ont péri et dont les restes se seraient incorporés dans d'autres tribus plus puissantes ? Les a-t-on découverts longtemps après leur fuite sous le nom de Tuscaroras ? Étaient-ils des Hurons ? Ou bien des Iroquets ? Est-ce la Confédération iroquoise ou bien des tribus de la Confédération ou bien des Agniers qui ont habité les rives du Saint-Laurent et qui en ont été chassés ?

Qui étaient les Iroquois vus par Cartier ?

Les solutions fourmillent, les conjectures abondent. Chacune apporte une version différente avec preuves ou semblants de preuves. Les examiner toutes exigerait un volume. Et avec la quasi-certitude d'aboutir à un résultat illusoire. Tout d'abord, les traditions indiennes n'ont pas assez de solidité pour fournir un fondement historique inattaquable. Des missionnaires qui en ont recueilli ont mis eux-mêmes les historiens en garde. Les fouilles archéologiques ne sont pas assez avancées ; elles progressent péniblement et les archéologues sont parfois incapables de lire dans leurs reliques muettes les réponses qu'on leur demande. La linguistique offre parfois quelques précisions. Toutefois, les tribus iroquoises ont été nombreuses, toutes parlaient des dialectes finement nuancés de la même langue, on connaît très mal ou l'on ne connaît pas du tout les dialectes de quelques-unes.

Aujourd'hui, les spécialistes distinguent deux grandes familles linguistiques : l'algonquienne (ou algique) et l'iroquoienne. (Voir le texte d'Alain Beaulieu en introduction, principalement page xv.)

En plus des Hurons de la baie Géorgienne plus d'une tribu peut à ce moment parler le huron, tout comme plusieurs tribus se servaient de l'iroquois. En un mot, des éléments manquent et avec eux la certitude finale et absolue.

Toutefois, il faut rappeler que les Français qui ont habité la Nouvelle-France durant la première période auront leur thèse à eux. Elle s'établit assez tôt. Elle a probablement ses origines dans les récits des premiers coloniaux — Champlain, Pont-Gravé, Brûlé, etc. — qui ont connu des Indiens qui étaient nés en 1550 et même antérieurement et qui avaient assisté à l'expulsion des Iroquois du Saint-Laurent par les Algonquins. Elle s'exprime sous des formes diverses dans de nombreux documents. En voici quelques-unes. Sagard habite, par exemple, pendant quelques semaines, la Thébaïde qu'est le premier couvent franciscain de la rivière Saint-Charles ; il parle d'un emplacement situé sur le flanc de la colline et que l'on appelle encore en 1623 « le fort des Iroquois ». Remontant le fleuve Saint-Laurent, de Québec aux Trois-Rivières, en 1634, le père Paul Le Jeune écrira la brève notation suivante : « Les sauvages m'ont montré quelques endroits où les Iroquois ont autrefois cultivé la terre. » Parlant des Iroquois et des Algonquins, les *Relations* diront ce qui suit : « C'est une chose pitoyable de voir périr devant nos yeux ces pauvres peuples (algonquins) à mesure qu'ils embrassent la foi... ; la maladie, la guerre et la famine sont les trois fléaux dont il a plus à Dieu de frapper nos néophytes... Cette maladie n'eut pas plutôt cessé, que la guerre, qui jusques alors leur avait été si avantageuse qu'ils s'étaient rendus maîtres du pays de leurs ennemis et les avaient battus partout, commença, et a continué depuis à leur être si funeste qu'ils ont perdu tous leurs meilleurs guerriers, ont été chassés de leur propre pays, et ne font plus maintenant autre chose que fuir la cruauté

Premières mentions d'une présence iroquoise

des Iroquois... » Sœur Morin apporte un témoignage plus direct encore : « Ce qui soit dit à la louange des premiers habitants du Montréal méritèrent par leur valeur de passer tous unanimement pour bons soldats par les coups généreux qu'ils firent contre les ennemis, qui de leur part leur en voulais aussy, plus qu'aux autres terres habitées du Canada, à cause, disent-ils, que celles-ci leur appartient et que leurs ancêtres y ont toujours demeuré comme en leur habitation de choix et d'élection. » Et ce témoignage ne manque pas de valeur, car des Iroquois étaient souvent soignés à l'hôpital et c'est pour ainsi dire leurs paroles qui sont rapportées. Nombre de passages confirment ces vues. Et la conviction collective s'exprima plus tard dans le mémoire de La Chesnaye où se trouve le passage suivant : « C'était une tradition qu'ils [les Algonquins] avaient chassé les Iroquois dudit lieu du Québec et des environs où était autrefois leur demeure. L'on nous montrait leurs bourgades et leurs villages couverts de bois [envahis par la forêt] ; et à présent que les terres sont en valeur par le défrichement, les laboureurs y trouvent des outils, haches et couteaux de leur ancienne façon. Il faut croire que les Algonquins étaient bien alors les maîtres des Iroquois puisqu'ils les ont obligés de se transplanter si loin. Personne n'a pu me dire rien de certain sur l'origine de cette guerre ; mais elle s'est toujours faite bien plus cruelle entre ces deux nations [les Algonquins et les Iroquois] qu'entre les Iroquois et les Hurons qui parlent même langue ou à peu près. L'on a seulement su que les Iroquois ont commencé les premiers à brûler [leurs prisonniers], importunés de leurs ennemis qui venaient leur casser la tête, lorsqu'ils travaillaient dans leurs déserts [champs], ils s'imaginaient que de si cruels tourments leur donneraient du relâche. »

Les Algonquins auraient chassé les Iroquois.

Encore une fois, des derniers voyages de Cartier et de Roberval jusqu'en 1600, il ne s'écoule que soixante ans ; des témoins oculaires de tous les événements de cette période subsistent encore. La tradition française peut plonger ses racines dans des mémoires vivantes. D'autant plus que les premiers événements militaires auxquels assistent les Français qui ont écrit, que les régions occupées par les combattants, que toutes les dispositions topographiques des tribus, la confirment en tous points.

La prudence s'impose.

Il faut ensuite se hâter de proclamer son ignorance et ses incertitudes. Les voyages de Jacques Cartier et de Roberval n'ont été que de brefs coups de réflecteurs sur un pays qui est resté baigné par la nuit. D'immenses régions sont demeurées dans le noir. Ainsi les tribus algonquines habitent certainement en 1535 des territoires situés entre les bourgades iroquoises, ou derrière elles, ou sur leurs flancs. Il le faut puisque très prochainement, elles détruiront ou chasseront les Iroquois. Mais aucun document n'en parle.

Chapitre 2

1603

À peine levé sur la vallée du Saint-Laurent, le rideau retombe tout de suite. Mais non pas complètement. Dès son premier voyage, en 1534, Jacques Cartier a rencontré deux navires dans le golfe. D'autres viennent après lui et remontent plus ou moins loin dans le fleuve. Mais leurs capitaines ne prennent la plume que pour apposer leur signature à des actes notariés, parfois. L'histoire enregistre à peine en courant leurs odyssées. Mais les négliger, c'est introduire un vide dans l'histoire du Canada ; le lien serait brisé entre les causes et leurs conséquences ; le fil des événements se perdrait.

La Nouvelle-France entre Cartier et Champlain

Aussi faut-il relire sans cesse l'ouvrage de H. P. Biggar qui porte le titre suivant : *The Early Trading Compagnies of New-France,* de même que certains passages des œuvres de Champlain. Après 1550, un nombre de navires difficile à déterminer, mais de plus en plus considérable, à mesure que les années se succèdent, envahissent le golfe et le fleuve. Tadoussac devient un lieu de traite avant 1560. Basques, Normands, Bretons fréquentent ces parages pour la pêche, pour le troc des pelleteries. Ce dernier se développe si rapidement que vers 1588, des gens influents commencent à solliciter un monopole. Ce sont d'abord les neveux de Cartier, qui se disent engagés dans ce négoce depuis plusieurs années et qui ont, eux aussi, ramené en France des indigènes. Ils obtiennent les privilèges exclusifs qu'ils ont sollicités, mais pour les perdre aussi vite : les États de Bretagne ont protesté : déjà, trop de personnes sont intéressées dans la traite et perdraient les profits réguliers qu'elles en tirent. Pierre de Chauvin demande la même faveur en 1594 : il a dépêché jusqu'à quatre navires dans le golfe. Pont-Gravé en a fait autant ; celui-là se rendra jusqu'aux Trois-Rivières pour troquer ses marchandises contre des fourrures.

Neveux de Cartier

Pierre Chauvin de La Pierre, marchand de Dieppe et de Honfleur, commandant intérimaire à Québec en 1609-1610

Une phrase de Champlain ouvre une large vue sur tout le commerce qui se conduit en Nouvelle-France depuis 1540. En 1610, il se présente à bonne heure au printemps à Tadoussac, et voici ce qu'il ajoute : « Le 26 du mois arrivâmes à Tadoussac, où il y avait des vaisseaux qui y étaient arrivés dès le 18, ce qui ne s'était vu il y avait plus de soixante ans, à ce que disaient les vieux mariniers qui voguent ordinairement audit pays. » Champlain affirme donc qu'aucun navire n'est arrivé plus tôt depuis soixante ans, c'est-à-dire depuis 1550 ; il précise surtout que des navigateurs viennent régulièrement en Canada, et il implique que d'autres venaient avant cette date. Lescarbot fait également dans ses œuvres une remarque du même genre.

François Gravé du Pont, ou Pont-Gravé (v. 1554-après 1629), commandant à Tadoussac, à Port-Royal et à Québec

Aussi, quand Champlain débarque en Nouvelle-France, au printemps de l'année 1603, pour inonder de lumière la scène canadienne, il marche sur les pas de nombreux prédécesseurs. Le public n'assiste pas à un commencement, mais à une continuation, à une suite. Les événements dont il est témoin sont les résultantes d'actes antérieurs. Par ailleurs, Champlain n'est cette année-là qu'un simple observateur, comme il l'a bien précisé lui-même. Il est revenu des Antilles en France ; il a vu le commandeur de Chaste qui lui a demandé s'il n'aimerait pas faire le voyage du Canada « pour voir le pays ». Il a donné son assentiment tout de suite, mais en le subordonnant à la volonté royale ; et le roi a donné ordre à Pont-Gravé « pour me recevoir en son vaisseau et me faire voir et reconnaître tout ce qui se pourrait en ces lieux... ». Champlain vient donc comme géographe, cartographe, observateur parmi des gens qui sont de vieux habitués et connaissent déjà le Canada.

Aymar de Chaste, titulaire du monopole commercial de la Nouvelle-France

Le lendemain de son arrivée, le 28 mai, Champlain part de Tadoussac en compagnie de Pont-Gravé et de deux Indiens que celui-ci ramène de France ; il traverse l'embouchure du Saguenay et il descend à la Pointe-aux-Alouettes. Il se rend tout de suite à la cabane d'un grand chef algonquin, Anadabijou. Les Français découvrent ce personnage en plein festin, au milieu d'une compagnie de quatre-vingts à cent guerriers. Ils se trouvent bientôt assis par terre à la mode indienne « et tous les sauvages arrangés les uns auprès des autres des deux côtés de la dite cabane ».

Anadabijou, chef montagnais selon Elsie McLeod Jury

Champlain observe les Amérindiens.

Un conseil indien se tient aussitôt. Champlain observe avec curiosité les indigènes en face desquels il est subitement placé. Il note leurs cérémonies. L'un des Indiens, qui revient de France, se lève et parle le premier. Il décrit longuement à ses auditeurs le pays qu'il a visité. Enfin, il raconte une entrevue qu'il a eue avec le roi, Henri IV ; et, poursuit l'orateur, celui-ci voulait que tous les Algonquins « s'assurassent que sa dite Majesté leur voulait du bien, et désirait peupler leur terre, et faire paix avec leurs ennemis (qui sont les Iroquois), ou leur envoyer des forces pour les vaincre ».

Le calumet circule ; chacun pétune ; Champlain et Pont-Gravé inhalent à leur tour des bouffées de fumée. À peine descendu sur le sol canadien, le premier assiste donc à une discussion sur l'alliance des Français et des Algonquins contre les Iroquois. Il apprend que le roi est déjà saisi de cette affaire et même qu'il a posé ses termes. Il veut, par exemple, établir des colonies en Nouvelle-France ; il assure les Algonquins de son amitié ; il sait qu'une guerre sévit entre ces derniers et les Iroquois. Il ménagera la paix entre eux si c'est possible ; sinon il accordera son assistance militaire aux Algonquins.

Le roi de France assure les Algonquins de son amitié.

L'affaire est évidemment engagée depuis un certain temps et elle a des racines dans le passé. Henri IV n'a pas parlé ainsi sans avoir été mis d'abord au courant des faits canadiens. Des coloniaux, Chauvin, de Chaste, Pont-Gravé, l'ont probablement renseigné. Que lui ont-ils dit ? Que les Français pratiquaient la traite avec les Algonquins, que cette peuplade était engagée dans un conflit qui pouvait mal tourner pour elle, qu'il était urgent de l'assister ?

Anadabijou se lève pour donner la réponse de son peuple à la proposition du roi de France. Il parle du milieu de ses compagnons de guerre. Il connaît l'importance du moment. Il intercale des pauses entre ses phrases. Et bientôt il déclare aux siens « que véritablement ils devaient être fort contents d'avoir sadite Majesté pour grand ami, ils répondirent tous d'une voix, Ho, Ho, Ho, qui est à dire, Oui, Oui. Qu'il était fort aise que sadite Majesté peuplât leur terre, et fit la guerre à leurs ennemis, qu'il n'y avait nation au monde à qui ils voulussent plus de bien qu'aux Français ; enfin il leur fit entendre à tous le bien et utilité qu'ils pourraient recevoir de sadite Majesté. »

Vive les Français !

Le chef algonquin accepte donc les propositions du roi. Les mots, traité ou pacte verbal, paraissent prétentieux en l'occurrence ; mais les phrases précédentes indiquent à n'en pas douter un accord formel. Anadabijou laisse tomber l'offre du roi de ménager la paix entre son peuple et les Iroquois ; il accepte franchement l'assistance militaire. Pourquoi les Français font-ils cette importante concession ? Parce que sans doute des intérêts importants sont en jeu : le commerce des fourrures, la fondation d'une colonie en Canada. Et les Français savent, dès ce moment, à quoi peut les engager un jour l'offre d'assistance militaire ; dans le moment, le conflit fait rage. Les Algonquins veulent le continuer ; mais ils sont les plus faibles, « craignent trop lesdits Iroquois, qui sont en plus grand nombre que lesdits Montagnais, Etchemins et Algonquins ».

Les Algonquins choisissent l'assistance militaire.

Le conseil se termine bientôt. Ni Champlain ni Pont-Gravé ne se doutent que la politique qui vient de s'élaborer devant eux dominera le siècle qui s'ouvre et suscitera des événements d'une portée telle qu'ils auront un immense retentissement international. C'est ici que se décident vraiment les guerres iroquoises.

Les assistants évacuent la cabane. Tout de suite commencent quelques-unes des cérémonies brutales et pittoresques que Champlain aime à peindre. C'est que l'occasion est solennelle. Les Algonquins du bas du fleuve viennent de remporter une grande victoire sur les Iroquois, probablement les Agniers. Le printemps venu, ils ont opéré une concentration de guerriers, plus de mille. Jamais après la présente date, un de leurs partis de guerre n'atteindra même de loin ce chiffre. Ce détachement n'était pas levé pour une guerre offensive, loin de là ; au contraire, il s'est posté à l'embouchure du Richelieu. Et, là, il a défait une grosse bande ennemie qui était arrivée au Saint-Laurent. Une centaine d'Agniers sont demeurés sur le champ de bataille. Leurs chevelures pendent maintenant dans le dos des Algonquins victorieux.

Le lendemain, le grand sagamo fait le cri. Les wigwams se démontent. Deux cents canots remplis d'hommes, de femmes et d'enfants traversent les eaux saguenayennes. Les Indiens continuent sur les sables de Tadoussac les cérémonies de victoire : courses, danses, tabagies, festins. À la tête d'un groupe algonquin se distingue déjà Tessouat, le potentat de l'île aux Allumettes, que

Tabagies = festins organisés par les Amérindiens.

Tessouat ou le Borgne de l'Île (?-1636), chef algonquin. (Il y aura plus d'un Tessouat.)

Champlain rencontrera souvent plus tard. Et ces réjouissances révèlent des nations païennes robustes, fermes, pleines de vitalité ; et qui ne ressemblent en rien aux piteux débris que connaîtront plus tard les colons français.

Champlain, qui a lu les voyages de Jacques Cartier, peut recueillir tout de suite des observations préliminaires. La guerre contre les Iroquois semble se centrer à Tadoussac en ce moment. Pendant une période encore, elle aura là sa source. Les Montagnais, qui ont adopté Tadoussac comme lieu de rassemblement, comptent parmi les ennemis les plus cruels, les plus actifs, les plus persévérants des Iroquois. Ils ont mis le Saguenay sous leur domination. Aucun canot iroquois ne s'y engage ou n'en sort plus comme en 1535-1536. Les Etchemins qui prennent part à la bataille sont-ils venus du Nouveau-Brunswick, ou forment-ils cette tribu canadienne dont les Iroquois détruiront les restes, non loin du lac Saint-Jean, cinquante ans plus tard ? Champlain se demande-t-il comment, pourquoi, des ennemis dont les habitants sont séparés les uns des autres, par des centaines de lieues, se livrent une guerre si dure, si tenace, si active ? N'est-ce pas évidemment parce que ces peuples ont été un jour en contact, voisins peut-être et que leurs rapports se sont tellement envenimés qu'il en est sorti un conflit éternel ?

Les Montagnais, maîtres de Tadoussac

Les Etchemins (ou Malécites)

Sur sa barque, les yeux bien ouverts à tous les spectacles, Champlain remonte le fleuve en 1603, comme autrefois Jacques Cartier. Mais le contraste se marque tout de suite entre les deux voyages. Les tribus accueillantes n'accourent plus en leurs canots ; elles ne lancent plus de pains ou de poissons par-dessus les bastingages ; elles ne prononcent plus de harangues remplies d'émerveillement et d'amitié. Toutes les bourgades, soit ouvertes, soit palissées, ont disparu ; il ne reste rien ni de celles de la région de Québec, ni de celles de la région de Montréal. La vallée du Saint-Laurent est morte, dépeuplée ; celle du Richelieu ne conserve plus d'habitants. Tout l'Ontario central n'est maintenant que forêts. Enfin, la proue de l'embarcation ne fend que le silence, la solitude, le vide. Comme une balafre à travers le pays, une zone neutre s'étend maintenant du golfe jusqu'au centre de l'Ontario ; elle continuera à s'allonger après la venue de Champlain ; elle atteindra le lac Huron, traversant deux provinces entières sur une largeur de deux à trois cents milles. Et tout le long de son parcours, elle suit au nord le Saint-Laurent et ensuite l'Outaouais.

Champlain remonte le fleuve : les bourgades vues par Cartier ont disparu.

Un cataclysme a sévi. C'est la guerre. Elle exerçait déjà ses ravages en 1535. Les Iroquois de Québec avaient des ennemis au sud. Cartier a vu des scalps chez eux. Les Iroquois de Montréal se défendaient contre des antagonistes de l'ouest. Les peuplades des sources du Richelieu étaient engagées de même au sud dans de violents conflits. Quelques anciens auteurs décrivent les méthodes de combat. Le fait militaire le plus important du demi-siècle qui suit est l'expulsion des Iroquois qui vivaient dans la vallée du Saint-Laurent.

Cartier a vu des scalps. Information révélatrice d'une pratique déjà établie.

Le début du conflit entre les Algonquins et les Iroquois

C'est dans une phrase incidente que Champlain révélera, beaucoup plus tard, la date de l'ouverture du conflit entre les Algonquins et les Iroquois. En 1621, ces deux peuples entament en effet des négociations de paix, et il écrira alors que les uns et les autres étaient « las et fatigués des guerres qu'ils avaient eues, depuis plus de cinquante ans ». Le long duel aurait donc commencé vers 1570, et même quelques années plus tôt, c'est-à-dire une trentaine d'années après le voyage de Roberval, une vingtaine d'années après que Tadoussac fut devenu un lieu régulier de traite. Des Français ont donc suivi de loin les principales péripéties de ce grand combat ; s'ils avaient écrit, nous les connaîtrions probablement aujourd'hui.

Poètes et historiens ont assigné des causes diverses à cette guerre. Quelques traditions parlent d'une Hélène iroquoise, d'amours et d'infidélités ; d'autres racontent des aventures de chasse, des meurtres et des trahisons. Tous s'accordent pour affirmer qu'une période de paix entre les deux nations a précédé le conflit. Cette époque peut avoir suivi l'invasion iroquoise. Sagard affirmera que les Algonquins habitaient dans des bourgades et cultivaient le sol ; que les Iroquois les ont chassés et les ont rendus nomades. Mais ensuite les antagonistes vivent dans une tranquillité profonde, les uns à côté des autres et même les uns parmi les autres.

Les auteurs modernes n'ont pas de sentimentalité. Ils cherchent des causes économiques. Il se peut que devenues trop nombreuses, ces deux nations aient eu difficulté à subsister ensemble dans la vallée du Saint-Laurent. En 1535, les Iroquois de Québec ne souffrent-ils pas déjà de famine ?

Le conflit a été plus vaste aussi qu'on ne le représente ordinairement. Il a embrasé tôt, si ce n'est au début, l'Ontario comme le Québec. Quand Champlain traversera la première province, en 1615, il observera de vastes espaces que la guerre avait dépeuplés. En 1590 et en 1610, des débris de groupes indiens se joindront aux deux tribus principales qui habitaient la Huronie depuis l'an 1400, comme les Hurons l'affirmeront plus tard. En un mot, l'offensive aurait été générale ; elle aurait été menée sur un front immense, de Tadoussac au lac Huron, dans la direction nord-sud. Une tradition veut que les Hurons aient combattu avec leurs cousins, les Iroquois, pendant un certain temps avant de s'allier aux Algonquins pour former la Coalition laurentienne.

Alliances des Hurons avec les Algonquins : la Coalition laurentienne

L'histoire n'apprendra jamais les incidents de cette longue lutte. Elle tournerait vite contre les Iroquois car ils auraient perdu, dans le souci unique de l'agriculture, leurs anciennes vertus militaires. Mais un fait est certain : leur pénétration dans l'est n'avait pas de profondeur ; elle se limitait à des bourgades postées en des lieux stratégiques sur les rives du fleuve ; elle ne s'étendait pas dans l'hinterland où se pressaient les tribus algonquines ; elle était vulnérable.

Tout d'abord, les Algonquins auraient remporté de grandes victoires. La destruction de deux ou trois bourgades occasionne-t-elle chez les Iroquois, comme plus tard, chez les Hurons, chez les Neutres, chez les Ériés, une terreur panique qui déracine toute la nation en quelques jours et l'emporte par les routes mortelles de la migration ? Les Agniers sont tellement décimés « qu'il n'en paraissait presque plus sur la terre... » durant la fin du XVIe siècle. Un autre fait bien établi est la destruction subséquente d'une bourgade iroquoise, celle des Onneyouts. Deux *Relations* en parleront ; mais la première attribue ce fait d'armes aux Hurons et la seconde aux Algonquins de l'île aux Allumettes. Les Agniers doivent fournir un contingent d'hommes aux femmes onneyoutes pour empêcher l'extinction de la tribu.

Les Agniers (ou Mohawks), tribu iroquoise

Les Onneyouts (ou Onneiouts), tribu iroquoise

En un mot, les événements importants de cette période de trente ans n'ont pratiquement laissé aucun souvenir certain dans la mémoire des hommes. Tout n'est que conjectures. Il faut s'en tenir presque exclusivement aux récits de Cartier et de Champlain : le premier trouve une grosse population iroquoise dans la Nouvelle-France ; le second y trouve une population algonquine, mais en état de guerre avec un peuple iroquois qui habite au sud du lac Ontario et du fleuve Saint-Laurent. En 1603, ces Iroquois d'Iroquoisie ne sont pas sur la défensive. Ils se sont ressaisis. C'est à l'embouchure du Richelieu que leur incursion de 1603 a été arrêtée. Les Algonquins n'avaient mobilisé leur mille guerriers que pour leur défendre l'accès du fleuve.

Champlain n'a que bien peu de temps à sa disposition pour étudier tous ces faits. Il remonte rapidement le fleuve désert. Bientôt, il atteint la zone dangereuse : les Trois-Rivières. Il examine rapidement le lieu, il décrit les îles. La plus grande pourrait être facilement fortifiée, dit-il, « car sa situation est forte de soi ». Pourquoi ce projet imprévu de fortifications ? « Aussi, dit-il, que l'habitation des Trois-Rivières serait un bien pour la liberté de quelques nations qui n'osent venir par là, à cause desdits Iroquois, leurs ennemis, qui tiennent toute ladite rivière du Canada bordée ; mais étant habité, on pourrait rendre lesdits Iroquois et autres sauvages amis, ou à tout le moins sous la faveur de ladite habitation, lesdits sauvages viendraient librement sans crainte et danger ; d'autant que ledit lieu des Trois-Rivières est un passage. » Pourquoi les Indiens d'amont veulent-ils descendre le fleuve ? Pourquoi est-il important qu'ils puissent le faire ? Pourquoi les Français veulent-ils tellement leur faciliter le passage qu'ils parlent d'encourir les dépenses de construction d'un poste, les frais d'entretien d'une garnison ? Évidemment, il s'agit du commerce des fourrures. La navigation doit être libre, pour que le transport des pelleteries et des marchandises de traite le soit. Car déjà, à cette date, les Algonquins de l'Outaouais viennent à la traite. Les Hurons aussi. Champlain l'apprendra quelques jours plus tard dans la région de l'île d'Orléans ; ses conducteurs lui parleront des « bons iroquois » qui viennent offrir sur le fleuve des objets de cuivre afin d'obtenir en retour des articles d'Europe. Et dans la *Relation* de 1639, le père Jérôme Lalemant écrira le passage suivant : « Il y a environ quarante ans que ces peuples pour la première fois se résolurent de chercher quelque route assurée pour venir traiter eux-mêmes avec les Fran-

Champlain veut élever des fortifications aux Trois-Rivières.

Le fleuve : voie utile au transport des fourrures

çais, dont ils avaient eu quelque connaissance... » Ils avaient pris part à une expédition de guerre ; ils s'étaient rendus à Tadoussac, ils avaient reçu des traiteurs le nom qui devait leur rester.

Il faut encore remonter plus haut dans l'histoire. Un courant de fourrures, venant du Saint-Laurent supérieur, s'est certainement établi bien avant le premier voyage de Champlain, en 1603. Le fleuve est déjà voie commerciale quand il s'y engage ; il est artère du commerce des pelleteries. L'hinterland laurentien peut contenir d'autres chemins secondaires qui mènent à Tadoussac, mais si longs, si tortueux, si difficiles, qu'ils ne sont pas pratiques.

Et c'est cette voie, cette artère du Saint-Laurent, de l'Outaouais, que les Iroquois bloquent en 1603 par leurs incursions, comme ils la bloqueront plus tard après 1642. Ces Indiens ne reçoivent en ce moment aucune marchandise européenne ; ce n'est qu'en 1609 que Hudson remontera le fleuve qui porte son nom ; ce n'est qu'en 1615 que Fort Nassau sera érigé dans les alentours de Fort Orange, aux portes de l'Iroquoisie. Par contre les Algonquins, surtout ceux du Saint-Laurent, de Tadoussac à Montréal, obtiennent des articles de traite de fabrication européenne et française, depuis quarante à cinquante ans. Le commerce régulier des fourrures est plus ancien en Nouvelle-France qu'en Nouvelle-Hollande.

La raison des attaques iroquoises

Aussi les attaques iroquoises que les Algonquins et les Hurons repoussent quand Champlain vient en observateur, s'expliquent facilement de la façon suivante : les Agniers veulent empêcher une partie des tribus de la Coalition laurentienne de s'approvisionner à Tadoussac et de s'emparer d'objets de traite. Lors du premier combat qu'il leur livrera, Champlain trouvera de vieilles haches de fer entre leurs mains ; ils les avaient volées à des Algonquins.

Tous ces faits sont d'une importance primordiale pour les Français qui songent à établir une colonie fondée sur les bénéfices de la traite des pelleteries. À cet effet, il leur en faudra de grosses quantités. Champlain doit donc songer immédiatement à libérer la voie par laquelle elles viennent du caillot de sang qui l'obstrue en construisant aux Trois-Rivières un poste fortifié.

Champlain atteint le Richelieu.

Champlain s'avance ensuite en barque dans le secteur dangereux du fleuve. Il atteint le Richelieu déjà célèbre sous le nom de « rivière des Iroquois ». Un premier détachement a remporté à l'embouchure une première grande victoire au printemps ; un second détachement est maintenant posté au même endroit. Il occupe l'un des angles : « leur forteresse est faite de quantité de bâtons fort pressés les uns contre les autres, laquelle vient joindre d'un côté sur le bord de la grand'rivière, et l'autre sur le bord de la rivière des Iroquois ». Les canots sont rangés sur la grève. Des morceaux d'écorce de chêne couvrent le réduit.

Descriptions de l'Iroquoisie

Entre les forêts de pins, Champlain suit la rivière jusqu'aux premier rapides. Les guides lui expliquent la topographie du pays. Ils lui donnent connaissance du lac Champlain, du lac Saint-Sacrement, de l'Hudson, de l'Iroquoisie elle-même : « Tout le pays des Iroquois est quelque peu montagneux, néanmoins pays très bon, tempéré, sans beaucoup d'hiver, que fort peu. »

À Montréal encore, Champlain recueille des renseignements sur le grand conflit. Les Algonquins empruntent la rivière Saint-Hubert pour atteindre le bassin de Chambly et de là se rendre en Iroquoisie. La Coalition laurentienne remonte aussi la rivière Oswego, qui se jette dans le lac Ontario, pour déboucher en plein cœur du pays ennemi, à Onnontaé, la capitale. Cette région est « terre montaigneuse » ; cependant les campagnes y « sont très bonnes et fertiles, et meilleures qu'en aucun endroit qu'ils aient vu : lesdits Iroquois se tiennent à quelques cinquante ou soixante lieues dudit grand lac ». Il y pousse « quantité de blé d'inde, et autres fruits qu'ils [les Algonquins] n'ont point en leur terre ».

Onnontaé, capitale iroquoise

Cette guerre obsédera Champlain jusqu'à la dernière minute. Au cours d'un rapide voyage à la baie des Chaleurs, il apprendra que par la rivière Saint-Jean, des Indiens de la Côte de l'Acadie conduisent des expéditions de guerre contre les Iroquois. Revenant de l'île Percée à Tadoussac, il rencontrera les Algonquins qu'il a vus précédemment à l'embouchure du Richelieu ; las d'attendre l'ennemi, ils ont avancé jusqu'au lac Champlain ; ils y ont rencontré trois canots occupés par des Iroquois et ils ont remporté leur seconde victoire de l'année ; de nouveaux scalps s'ajoutent à ceux du printemps. Ces victorieux ont aussi une prisonnière qu'ils veulent torturer. Les Français obtiennent sa libération. Ils la conduiront en France de même que le fils de Tessouat et quatre autres Algonquins.

Champlain bien informé des guerres amérindiennes.

Champlain retourne dans sa patrie avec une idée nette du conflit qui sévit dans l'est du Canada. Il possède la carte des lieux. Il connaît la virulence de la guerre ; il sait les noms des antagonistes qui s'affrontent, leurs forces, les cases que chacun occupe sur l'échiquier. Comme il fait le voyage avec des marchands engagés dans la traite des pelleteries, pour des gens qui en ont fait leur négoce, il peut calculer les répercussions de cette lutte sur ce grand commerce ; il peut élaborer les mesures à prendre. Et si une colonie s'établit sur les rives du Saint-Laurent ? Les Algonquins se défendent énergiquement ; ils forment une race saine et forte. Mais ils sont les moins nombreux ; et déjà, dans ce fruit sauvage, est éclos un ver rongeur : « ...Tous ces peuples pâtissent tant quelquefois, qu'ils sont presque contraints de se manger les uns les autres pour les grandes froidures et neiges : car les animaux et gibier desquels ils vivent se retirent aux pays plus chauds. »

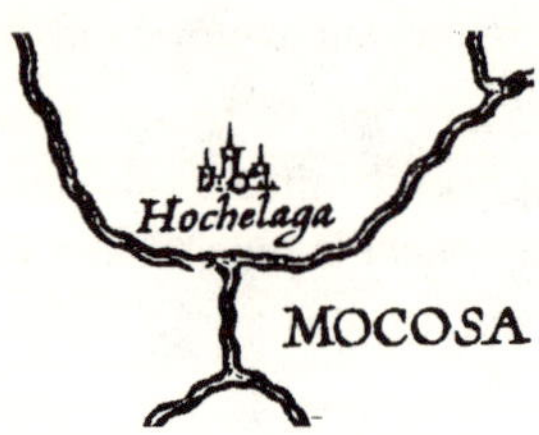

Chapitre 3

1608

Pierre Du Gua de Monts (1558-1628) ; en échange du droit exclusif de la traite, il devait fonder des établissements.

En 1604, la France ajourne ses projets de colonisation au Canada. Champlain se rend en Acadie où il dépensera trois années. Il s'enrichit d'expérience et d'observations. De retour à Paris, il s'abouche avec le sieur de Monts. Il a visité la Nouvelle-Écosse, les côtes de la Nouvelle-Angleterre où les Puritains doivent bientôt aborder. Son choix est fait. Il opte délibérément pour le Canada. Cette décision paraît maladroite. Quels en sont les motifs ? Il est convaincu que la France consacrera peu d'argent et peu d'hommes à cette entreprise. La future colonie doit se fonder dans un lieu où, faible pendant longtemps, elle pourra se défendre avec peu de forces, ou sera pratiquement hors de la portée de l'agresseur. L'Acadie, les côtes du continent, sont trop exposées aux attaques. En second lieu, vu l'incurie des pouvoirs publics, la future colonie doit se trouver des ressources pour vivre et subsister. Champlain croit que le commerce des fourrures peut les fournir ; et qu'en ce cas, le fleuve Saint-Laurent est tout indiqué : il s'enfonce loin dans l'intérieur et de nombreuses tribus, il le sait, viendront faire le troc des pelleteries.

Champlain établit sa colonie au Canada.

Champlain est responsable du choix de l'emplacement de la Nouvelle-France. Mais pour y arriver, il a dû s'enfermer dans les limites étroites du possible. Il convainc ensuite de Monts, le grand seigneur influent. Celui-ci obtient la commission royale. Mise au courant « de la bonté, et fertilité des terres dudit pays » et du fait « que les peuples d'icelui sont disposés à recevoir la connaissance de Dieu », Sa Majesté veut continuer l'habitation de la Nouvelle-France ; comme le sieur de Monts s'offre pour cette entreprise, elle veut, pour lui donner « quelque moyen et commodité d'en supporter la dépense », lui accorder le droit exclusif « de trafiquer de pelleteries et autres marchandises ». Puis Henri IV signe cette pièce officielle où sont liés d'intime façon la fondation d'une colonie et le commerce des fourrures. D'un coup, ce dernier acquiert une importance nationale : selon qu'il sera plus ou moins lucratif, qu'il apportera plus ou moins de recettes, la nouvelle colonie sera plus ou moins florissante. S'il est jamais ruiné, la colonie tombera avec lui.

Pont-Gravé chargé des « affaires extérieures ».

Le voyage de fondation s'organise. Champlain est chargé de la « lieutenance » ; il hivernera au Canada. Quant à Pont-Gravé qui connaît le pays depuis longtemps, il « était député pour les négociations, avec les sauvages du pays, et ramener avec lui les vaisseaux » ; c'est lui qui conduira pour ainsi dire les affaires extérieures.

Fondation de Québec

Champlain revient sur le fleuve qu'il a si bien observé en 1603. Cinq ans se sont écoulés. L'habitation se construit à Québec dans le même temps que la traite ordinaire se poursuit à Tadoussac. Les Algonquins y accourent très nombreux. Parmi eux se trouve le fils d'un chef indien du Haut-Canada, Iroquet. Pont-Gravé et Champlain ont une entrevue avec lui. Ils lui expriment leur volonté de « les assister contre leurs ennemis, avec lesquels ils avaient, dès longtemps, la guerre, pour beaucoup de cruautés qu'ils [les Iroquois] avaient exercées contre leur nation, sous prétexte d'amitié ». Comme cette décision rentre dans le chapitre des relations avec les Sauvages, c'est Pont-Gravé qui en est responsable au premier chef. Pourquoi a-t-il pris cette décision ? Aucun récit ne nous renseigne sur les péripéties de la guerre entre Algonquins et Iroquois, de 1603 à 1608, c'est-à-dire durant les cinq précédentes années. Peut-être y trouverait-on une explication. Champlain reste muet. Lescarbot aborde le problème sous un autre aspect. Il parle des « Algonquins, qui nous reçurent chez eux afin que nous les aidassions dans leurs guerres contre un autre peuple aussi de Sauvages appelé les Iroquois, dont ils étaient ennemis depuis longtemps ». C'est à ce prix également que Champlain obtiendrait l'assistance des Algonquins pour faire ses découvertes : « ...N'y a autre moyen de pénétrer dans ces terres que par armes, et promesses à ceux desquels vous voulez vous servir, de venger leurs querelles. » Voilà donc les deux motifs exprimés par Lescarbot. L'assistance militaire est promise de nouveau aux Algonquins contre les Iroquois, selon le pacte de 1603, pour obtenir en retour le droit de fonder des colonies dans le pays, et l'aide des Algonquins dans les voyages de découvertes. Car Champlain, s'il est un fondateur, est aussi un explorateur invétéré, surtout durant la première période de son séjour au Canada ; il ne consentirait jamais à vivre sur la côte, comme l'ont fait tant d'Européens, sans connaître tout l'arrière-pays. Ce n'est pas caprice chez lui : c'est pour la France qu'il entreprendra la fatigue de ces prises de possession.

Iroquet, chef algonquin vers 1609-1615

Champlain explorateur

Est-ce aussi pour rendre la navigation libre sur le Saint-Laurent, et faciliter ainsi le commerce des fourrures ? Ni Lescarbot ni Champlain n'en parlent, bien que cette raison économique, commerciale, soit encore plus forte que les deux autres.

Le conflit ne s'est pas apaisé. Les Algonquins des Trois-Rivières jusqu'à Tadoussac sont assemblés à Québec vers la mi-septembre pour la célèbre pêche aux anguilles. Mais ils ne peuvent la pratiquer en paix. Un soir, en 1608, une panique éclate soudain : les Iroquois, croit-on, sont sur le point d'attaquer. Les Français laissent entrer dans le fort femmes et enfants. Cinq à six d'entre eux se mêlent aux Indiens qui, faute d'espace, doivent demeurer au pied des palis ; ils forment un groupe qui explore inutilement la forêt : les Iroquois ne sont pas là. « Ils sont fort craintifs, dit Champlain, et appréhendent infiniment leurs ennemis, et ne dorment presque point en repos en quelque lieu qu'ils soient. » Et cette nervosité provient de ce que « leurs guerres ne se font que par surprises, de nuit obscure, ou à la lune, par embûche, ou subtilité ».

Palis : pieux assemblés pour former une palissade.

C'est encore la guerre de l'âge de pierre : la forêt entoure la cabane ; l'ennemi s'y glisse avec habileté et il tombe la massue à la main, sur la tribu qui n'a pas décelé son approche et qui est plongée dans le sommeil. Voilà l'alpha et l'oméga de l'art militaire indien. La bataille rangée, ouverte, soit dans les bois, soit sur l'eau, est pratiquement inconnue. Toute l'ingéniosité s'exerce à produire l'attaque par surprise. Les uns et les autres sont passés maîtres dans cet art. Et c'est pourquoi les tribus tremblent à la moindre panique comme feuille au vent. Champlain morigène les Algonquins : pourquoi ne pas monter la garde pendant que la bande dort ? Pourquoi ne pas tenir ses armes prêtes ? Ces intelligences incultes se rient de la prudence. Et l'homme de l'âge de pierre continue ses sommeils troublés.

L'art militaire amérindien

Dans les tableaux que dressent Champlain et les missionnaires, les Algonquins apparaissent comme un peuple jeté brusquement et récemment dans le nomadisme, et qui ne s'y est pas encore habitué. Ils n'ont pas de prévoyance. Ils consomment rapidement ou gaspillent leurs provisions d'anguilles fumées ; si l'hiver n'apporte pas ensuite, ou apporte trop tard ses neiges épaisses, qui permettent de tuer le chevreuil, l'orignal, d'affreuses famines se déclarent et durent pendant des mois. Le cannibalisme sévit. Une bande affamée revient ainsi à Québec pendant l'hiver de 1608-1609 ; elle dévore les charognes les plus repoussantes. Les faits de ce genre se répètent continuellement. Des peuples plus septentrionaux que celui-là ont pourtant résolu de façon plus satisfaisante le problème de la subsistance. Tout abondant en ressources qu'est le Saint-Laurent, il ne suffit pas à cette nation. Et c'est déjà comme une blessure par laquelle s'échappe le meilleur sang.

La difficile subsistance des Algonquins

Champlain a donc le loisir d'examiner les alliés que la France s'est donné en Amérique. Au printemps de l'année 1609, il se rend à Tadoussac. Comme le temps est venu d'exécuter les promesses de l'été précédent, il organise avec les Montagnais une expédition de guerre contre les Iroquois. Une grande préoccupation le hante : découvrir. De retour à Québec, il ordonne d'armer une chaloupe et de la garnir de vivres. Le 18 juin, il remonte le fleuve. À quelques lieues de Québec, il rencontre de deux à trois cents Sauvages « cabanés » près de l'îlot Saint-Éloi. L'invitation que les Français ont faite en 1608 au fils du chef Iroquet a porté ses fruits : ce jeune homme l'a répandue parmi les tribus et maintenant les guerriers accourent : « Ayant toujours depuis désiré la vengeance, ils avaient sollicité tous les Sauvages que je voyais sur le bord de la rivière, de venir à nous, pour faire alliance avec nous ». Et Champlain ne recule pas devant les conséquences de l'engagement de l'été précédent : « Je n'avais autre intention que d'aller faire la guerre, ne portant avec nous que des armes, et non des marchandises pour traiter, comme on leur avait donné à l'entendre et que mon désir n'était que d'accomplir ce que je leur avais promis... » Des conseils ont lieu, des discours se prononcent. Champlain apprend que le détachement qu'il vient de rencontrer se compose d'Iroquets et de Hurons. La plupart des Indiens voient des Européens pour la première fois. Ils

Printemps de 1609

Iroquets = membres de la tribu du chef Iroquet

sont curieux. Ils veulent entendre le bruit des mousqueteries, visiter Québec qui leur paraîtra une merveille d'ingéniosité. Les festins se succèdent. Pont-Gravé arrive de Tadoussac avec deux barques. Et le départ pour l'expédition de guerre a lieu dans l'enthousiasme général.

La décision qui doit avoir tant de retentissement dans l'histoire vient donc d'être prise sans retour. Elle a fourni matière abondante à des divagations. Si l'on examine les textes tout d'abord, la responsabilité retombe non pas sur Champlain, le nouveau venu, mais sur Pont-Gravé, le vieux colonial. Elle retombe sur les compagnons de ce dernier qui ont informé de telle façon la Cour de France que celle-ci, dès 1603, a offert l'alliance militaire aux Algonquins à des conditions bien déterminées. Champlain conduira le parti de guerre ; pour attirer les fourrures à la compagnie qu'il représente, pour lui donner un avantage certain sur ses concurrents, il fera grand état, auprès des Indiens, des services militaires qu'il leur rend. C'est un truc commercial. Mais le fond du problème n'est pas là. Il n'est même pas dans les raisons pourtant fortes mentionnées par Lescarbot et Champlain lui-même : l'aide militaire promise en retour de la permission de fonder des colonies et de faire des découvertes dans le pays.

Les Français opposés aux Iroquois pour permettre la circulation des fourrures.

Le conflit franco-iroquois est inévitable dès le début, car il est dans la nature des choses. Rien ne saurait l'empêcher. Une colonie se fonde à Québec elle a pour assise le troc des pelleteries ; elle ne peut subsister, se développer, que s'il arrive beaucoup de fourrures ; que si les tribus du Saint-Laurent, de l'Outaouais, des Grands Lacs peuvent descendre aux postes de traite. Si une peuplade indienne bloque la navigation, il faut à tout prix la refouler chez elle.

Et la navigation est facile à bloquer. Les postes de traite, Tadoussac et Québec, sont fort éloignés des lieux d'où partent les pelleteries. Toute tribu hostile peut facilement se mettre à l'affût dans la forêt, sur le bord du fleuve. Par contre, Albany est aux portes de l'Iroquoisie d'où elle recevra ses fourrures ; leur flot circule au cœur du pays des Iroquois et ne peut être facilement arrêté par des Indiens venant de loin. Aussi les Hollandais pourront facilement rester neutres dans le conflit entre Algonquins et Iroquois, tandis que les Français sont obligés d'intervenir.

Puis les Algonquins sont les plus faibles, les moins nombreux. Les Hollandais peuvent assister au conflit de loin, sans y prendre part, parce que leurs pourvoyeurs de fourrures, les Iroquois, n'ont pas besoin de secours. Il n'en est pas de même des Français. Si les Algonquins sont détruits, ou contraints de se retirer, qui viendra à leurs postes de traite ? Un commerce important, et qui s'élargit de jour en jour, peut périr ; et périr en même temps les œuvres qu'il alimente. Car dans cette vaste Amérique, une solidarité étroite va s'établir entre acheteurs et vendeurs de fourrures ; les uns et les autres ont des intérêts communs.

Le conflit éclate dès la fondation de la colonie française, parce que, durant cette période, les Iroquois sont singulièrement agressifs et dirigent continuellement leurs partis vers le Saint-Laurent. L'Iroquoisie du moment n'est pas un pays timide, replié sur lui-même. Champlain ne la provoque pas chez elle. En 1603, un gros parti iroquois n'était-il pas arrivé jusqu'à l'embouchure du Richelieu ? C'est là que l'armée algonquine lui inflige une défaite et lui tue une centaine de personnes.

Partis = détachements, bandes armées

Champlain et ses alliés en battront un second au lac Champlain, en 1609, mais celui-là aussi était en route vers la Nouvelle-France. Enfin, en 1610, ils en annihileront un troisième, mais sur les rives du Saint-Laurent même, au-dessus de l'embouchure du Richelieu. Les Français et les Algonquins ne vont pas provoquer les Iroquois chez eux, ils n'excitent pas la rancune des gens inoffensifs. Tout au contraire, ils repoussent en leur propre pays, des attaques venues du dehors ; ils tentent d'y mettre fin.

Enfin, étant donné que les Iroquois tardent à recevoir des marchandises européennes, à avoir à proximité des postes de traite, alors que les Algonquins jouissent depuis longtemps de ces commodités, il est pratiquement certain que dès ce moment, ils conduisent leurs incursions en Nouvelle-France, soit pour s'emparer de ces marchandises, soit pour empêcher les Algonquins d'augmenter leurs forces en les recevant. Sinon, c'est un vieux conflit qui sévit ; et il est, lui aussi, au détriment des Français et des Indiens du Canada, soit en menaçant de destruction les pourvoyeurs de fourrures des Français, soit en rendant précaire l'établissement d'une colonie française.

Expédition de 1609 de Champlain contre les Iroquois

L'expédition quitte donc Québec, Champlain est capitaine d'une barque, Pont-Gravé d'une autre. Cette dernière rebrousse chemin quelques jours plus tard. La flottille de canots s'avance sur le fleuve. Elle séjourne deux jours à l'embouchure du Richelieu dans une grande abondance de venaison. La discorde éclate dans le détachement. Nombres d'Indiens ont amené femmes et enfants ; leurs canots portent des marchandises de traite ; ils ne peuvent s'aventurer ainsi en pays ennemi ; ils retournent chez eux. Diminuée des trois quarts, la troupe remonte la rivière. Des pins énormes chargent les rivages ; noyers et chênes préfèrent les îlots. Voici le bassin de Chambly qui s'entoure de prairies naturelles. Champlain explore le portage. La barque ne peut remonter les rapides. La plupart des Français hésitent à s'aventurer plus loin ; deux seulement accompagnent leur chef.

« Et pris avec moi deux hommes de bonne volonté », raconte Champlain.

Champlain navigue maintenant dans le canot d'écorce algonquin ; il vit à l'indienne. Bientôt les chefs font une revue. Il reste à peine soixante guerriers. Ce détachement se divise en trois corps ; l'arrière-garde qui chasse pour nourrir les hommes ; le centre qui est toujours sous les armes ; l'avant-garde qui cherche des traces de l'ennemi. À deux ou trois jours du pays des Agniers, le détachement se regroupera en une seule unité ; il n'avancera plus que la nuit ; le jour, il dormira au profond de la forêt, pétunera, se nourrira de sagamité.

pétuner = fumer

sagamité = bouillie de maïs et de viande

Des sorciers accompagnent le parti. Chaque soir, l'un d'eux érige une cabane ; et « tout le peuple est autour de la cabane assis sur leur cul comme des singes ». Il se contorsionne, écume, prophétise. Enflammés par ce jeu, les chefs entraînent les guerriers dans des clairières ; ils enfoncent dans le sol des bâtonnets qui représentent des soldats ; chacun occupe sa place dans une bataille imaginaire qui se livre sous les yeux des assistants ; à chacun de ceux-ci est assigné un rôle qu'il doit se rappeler au début du prochain combat. Après cette leçon de stratégie, tous dorment dans un fortin érigé pour la nuit. Jamais une sentinelle n'est postée nulle part.

L'absence de sentinelle s'explique par la foi que les Indiens ont dans les rapports des avant-coureurs qui vont sans cesse en découvertes.

L'armée poursuit sa route. La rivière est paresseuse et large ; des îles défilent, lourdes de gibier, de prairies, de forêts. Le lac s'ouvre soudain. Dès le premier abord, Champlain voit quatre îles longues « qui autrefois ont été habitées par les sauvages, comme aussi la rivière des Iroquois ». Et le mot « sauvages », indique probablement des Algonquins, comme le soutiendra un chef de l'île aux Allumettes, du haut du mont Royal ; un après-midi de dimanche de l'an 1642. La guerre a dépeuplé le Richelieu, le lac Champlain, comme elle a dépeuplé le Saint-Laurent.

Champlain demeurera trois semaines sur le lac, explorant pour la France. Le danger grandit à mesure que la flottille descend vers le sud. Un soir, vers dix heures, au bout d'une pointe, elle se trouve soudain face à face avec un contingent d'ennemis. Iroquois et Algonquins poussent en même temps leurs clameurs de guerre. Les premiers atterrissent. Les seconds poussent au large dans l'obscurité ; ils laissent porter, les canots rangés flanc contre flanc et consolidés en un bloc solide par des perches. Mais ils se tiennent à peu de distance du rivage. Ils écoutent l'ennemi qui commence « à abattre du bois avec des méchantes haches qu'ils gagnent quelquefois à la guerre, et d'autres de pierre, et se barricadent fort bien ».

Crown Point, N.Y. ou Ticonderoga

Ce premier combat se livre à la façon de ceux de l'*Illiade*. Deux canots algonquins s'approchent du rivage. Ils demandent si l'ennemi désire la bataille. Les Iroquois répondent qu'ils sont prêts, mais qu'il vaut mieux attendre le jour. Les Algonquins trouvent la réponse raisonnable. Les heures s'écoulent au milieu d'un duel de danses, de chansons guerrières, d'injures.

L'aube vient. Champlain et ses deux compagnons se cachent au fond des canots ; ils préparent leurs armes à feu. Les Algonquins abordent au rivage et se forment en pelotons. Les Iroquois sortent de leurs retranchements, ils n'ont aucune crainte, ils sont deux cents peut-être contre soixante. Ils approchent lentement, conduits par trois chefs à la tête ornée de plumes. Les Algonquins courent au-devant d'eux sur une distance de deux cents verges ; puis ils ouvrent leurs rangs et Champlain se met à la tête. À partir de ce moment, il les précède d'une vingtaine de pas. Les armées se rapprochent. Soudain les Iroquois aperçoivent le Français et font halte. Ils bandent leurs arcs. Mais dans le même moment, Champlain épaule son arquebuse où il a placé quatre balles. Il tire le premier, il tue deux des chefs et blesse mortellement un troisième ennemi. Les Algonquins redoublent leurs clameurs. Des flèches volent. Deux Français s'étaient glissés dans la forêt avec quelques compagnons ; et maintenant ils tirent à leur tour ; le quatrième chef iroquois mord la poussière. C'en est trop cette fois, la panique saisit l'armée iroquoise ; elle lâche pied, elle fuit dans la forêt, l'ennemi à ses trousses. Elle perdra une douzaine de prisonniers et nombre de morts.

Champlain tire de l'arquebuse. Les alliés lui avaient montré la façon d'identifier les chefs ennemis. « Ceux qui avaient trois grands panaches étaient les chefs. »

Pendant trois heures, les Algonquins pillent les maïs, les farines, les cadavres de l'ennemi. Ils chantent et ils dansent. Puis ils s'embarquent et après avoir pagayé pendant huit lieues, ils se gîtent pour la nuit. Alors commence le supplice affreux des prisonniers. Les Algonquins en choisissent un, le brûlent avec des brandons, lui arrachent les ongles, le scalpent, lui laissent choir sur le crâne, goutte à goutte, de la résine bouillante, lui grillent le bout des doigts, lui percent les bras aux poignets, tirent et arrachent les nerfs... Champlain examine avec stupeur cette cruauté sans nom. Il manifeste son mécontentement à ses alliés et tue le malheureux d'un coup d'arquebuse. Mais le cadavre à peine tombé par terre, les Algonquins se précipitent sur lui, lui coupent les membres, donnent le cœur à manger à un autre Iroquois prisonnier. « Voilà comme ces peuples se gouvernent à l'endroit de ceux qu'ils prennent en guerre : et mieux vaudrait pour eux mourir en combattant... » C'est une cruauté enflammée par des rancunes héréditaires.

Le supplice des prisonniers

Champlain abandonne le lac. Mais cette même année 1609, Hudson, un Anglais au service des Hollandais, entrera dans une baie qui s'ouvre bien au sud sur l'Atlantique. Lui, il remontera vers le nord, par une rivière dont l'axe est absolument le même que celui du Richelieu ; sur la carte, on dirait un même trait droit qui part de New York pour aboutir à Sorel, séparant du continent les vastes provinces de l'Est. Mais l'une coule vers le nord, l'autre vers le sud, et un bourrelet de terre et de forêt les empêche de se joindre au lac Champlain. Les deux hommes, Champlain, Hudson, se rendront à une cinquantaine de milles l'un de l'autre ; puis ils retourneront vers leurs pays. Toutefois, d'autres Européens passeront par cette route qui vient d'être découverte, et bientôt les Iroquois, eux aussi, auront à leurs portes une factorerie où ils trouveront des marchandises européennes.

Henry Hudson est là en septembre.

factorerie : comptoir commercial

Au bassin de Chambly, des Hurons et des Algonquins quittent l'expédition, avec une partie des prisonniers. Ils sont « fort contents de ce qui s'était passé en la guerre, et de ce que librement j'étais allé avec eux ». Ils se dirigent vers Montréal. Champlain continue sa route avec une poignée de Montagnais. La crainte leur donne des ailes. Ils fournissent des journées de plus de vingt lieues ; les canots volent. Ils ont de mauvais rêves, la nuit, à l'embouchure du Richelieu ; et malgré le vent et la pluie, ils vont continuer leur sommeil dans les « grands roseaux » d'une île prochaine. Deux jours plus tard, ils sont à Québec ; après un court séjour, ils partent pour Tadoussac. Avant d'arriver, ils

Les Montagnais rentrent à Tadoussac.

pendent les scalps de leurs ennemis au bout de longs bâtons ; ils chantent des mélopées qui révèlent aux femmes et aux enfants sur la rive, le nombre des morts et des blessés ; les femmes plongent dans l'eau glaciale, elles atteignent les canots, elles se saisissent des scalps, les pendent à leur cou, chantent et dansent. Et quelques jours plus tard, Champlain recevra le cadeau d'un scalp et « d'une paire d'armes » iroquoises.

1609

Champlain à Fontainebleau

Le même automne, Champlain est à Fontainebleau. Il présente le rapport de ses voyages au sieur de Monts. Il expose l'importance de la grande province qu'il a découverte au sud du Saint-Laurent. Il trace des rivières et des lacs dans les vides des cartes. Et maintenant il faut tirer parti des promesses des Ochateguins ou Hurons. Ceux-ci veulent également le conduire en leur pays, l'y admettre, à la charge de les assister comme des frères.

Champlain lui-même voit le roi. Il lui répète son récit. Il offre une ceinture indienne fabriquée avec du poil de porc-épic, deux oiseaux incarnats et un spécimen de poisson inconnu en provenance du lac Champlain. Le sieur de Monts est un vieil ami d'Henri IV : lui aussi il a des entrevues avec Sa Majesté sur les affaires du Canada.

De Monts se rend à Rouen. Il y rencontre Legendre et Collier. Les trois associés élaborent un programme d'action pour l'année 1610. Ils prennent la résolution « de continuer l'habitation, et parachever de découvrir dedans le grand fleuve Saint-Laurent, suivant les promesses des Ochateguins, à la charge qu'on les assisterait en leurs guerres comme nous leur avions promis ». Découvrir est acquérir titre de possession. L'assistance militaire sera peu de chose si elle donne d'immenses provinces à la France. Ces hommes élaborent la politique coloniale de leur pays. Songent-ils également à organiser la traite au fond de ces régions éloignées ? Champlain n'en souffle mot. Pourtant les promoteurs sont des négociants.

Les arrangements pris, de Monts et Champlain reviennent à Paris. Ils y séjournent jusqu'en février pour solliciter de nouveau le monopole exclusif des fourrures. Le roi refuse. Ils le demandent alors pour les territoires que Champlain a découverts. Ils échouent, l'opposition est trop forte. Maintiendront-ils alors l'habitation de Québec ? Ils prennent une décision affirmative, mais provisoire.

1610

Retour de Champlain

Leurs navires mouillent devant Tadoussac le 26 avril 1610. Les Montagnais les attendaient « de jour en autre pour aller à la guerre avec eux ». Champlain leur affirme que les Français les accompagneront. Mais il pose une condition : au retour, les Montagnais le conduiront à la baie d'Hudson par la voie du Saint-Maurice et ils le ramèneront par le Saguenay. Les Montagnais ne veulent s'engager que pour l'année suivante. Champlain rappelle qu'il a promis aussi une assistance militaire aux Hurons, et aux Algonquins mais à la charge pour ceux-ci, dit-il, « de me faire voir leur pays, et le grand lac [Huron] et quelques mines de cuivre et autres choses qu'ils m'avaient donné à entendre ».

À Québec, Champlain trouve Batiscan, capitaine algonquin et ses guerriers. Son arrivée est le signal de chants, de danses, de festins. À cette troupe s'ajoutent tout de suite soixante Montagnais. Ils importunent Champlain, ils ne veulent pas partir sans lui. « Je les assurai, et promis derechef, leur demandant s'ils m'avaient trouvé menteur par le passé. » Alors, ils tournent en dérision tous les autres traitants qui ne pensent qu'à leurs fourrures.

Batiscan, chef algonquin de la région de Trois-Rivières, vers 1610-1629

Le 14 juin, Champlain part pour le Richelieu où il a donné rendez-vous aux Hurons, Algonquins et Montagnais. À quelques lieues de Québec, il apprend que deux cents guerriers alliés seront au poste dans deux jours et que Iroquet en amènera deux cents autres. Il hâte sa marche. Le 19 juin, il aborde dans une île en face de l'embouchure du Richelieu. Les Montagnais nettoient une place pour danser et se ranger en bel ordre de bataille.

Seconde expédition de Champlain contre les Iroquois

Voici venir un canot algonquin à toute force de rames : les Iroquois sont sur le fleuve. Ils se sont construit de puissants retranchements. Les Algonquins les ont rencontrés et ils attendent les Montagnais et les Français pour donner l'assaut.

Subitement l'excitation la plus folle règne dans le camp. Tout n'est que confusion. Chacun saute en son canot avec ses armes. Mais parmi les Français, seul Champlain s'embarque pour la bataille avec quelques compagnons indiens. Les autres demeurent sur le rivage parmi les clameurs de dérision des Indiens.

Le canot de Champlain vole sur le fleuve ; il atterrit au-dessus de l'embouchure du Richelieu. Puis chacun court, armé de sa rondache, d'arcs et de flèches, de masses d'armes et d'épées fixées au bout de perches. Cinq Français, Champlain compris, demeurent en arrière ; ils sont moins agiles ; ils se perdent dans la forêt ; ils marchent une demi-lieue dans des terrains marécageux, de l'eau aux genoux ; leurs corselets de piquier les accablent, les maringouins les dévorent. Enfin, ils aperçoivent deux Indiens qui les guident, et bientôt un troisième qui était à leur recherche et leur donne des nouvelles : les Algonquins et les Montagnais se sont portés à l'assaut, mais ils ont été repoussés. Quelques-uns des plus vaillants guerriers sont morts, d'autres sont blessés.

rondache = bouclier circulaire

Ce guide est le grand capitaine des Algonquins. Enfin, après une autre marche de quelques minutes, s'entendent les hurlements du combat. Ils redoublent quand les Blancs se montrent.

Champlain examine le terrain. Les Iroquois se sont construit sur le rivage un fortin à leur manière, c'est-à-dire une haute clôture circulaire de troncs d'arbres, bien agencés, bien liés les uns aux autres. Ils se sont retirés à l'intérieur et ils attendent l'attaque. Comment les forcer là-dedans ? Algonquins et Montagnais sont presque impuissants devant cette fortification ; excités, nerveux, indisciplinés, ils ont lancé un assaut qui leur a coûté cher. Et ainsi, les Iroquois, malgré leur défaite de l'an précédent, malgré la terreur des armes à feu, sont revenus sur le fleuve pour livrer bataille aux canots qui passeraient. À trois milles environ au-dessus de Sorel, ils ont occupé ce cap qui permet de surveiller la rivière.

Les Français tirent tout d'abord entre les troncs d'arbres. Leur feu n'est pas effectif. Ils ne voient pas l'ennemi. Celui-ci lance, « menu comme grêle », ses flèches armées de pointes de pierre ; l'une perce le bout de l'oreille de Champlain et lui pénètre dans le cou. Il l'arrache lui-même. L'un de ses compagnon est blessé au bras.

Champlain est blessé.

Le combat est mal engagé. Champlain l'arrête pour lui donner une forme. Les Indiens, ses alliés, se couvriront de boucliers ; ils s'approcheront du retranchement et ils attacheront de bons cordages à quelques rondins ; pendant cette opération, les Français les couvriront du feu de leurs arquebuses. D'autres couperont des arbres très longs, qui, dans leur chute, écraseront la palissade.

Les barques des concurrents de Champlain croisent au large pendant ce temps. Ils entendent les détonations. Un maître de barque, Des Prairies, de Saint-Malo, n'y peut tenir : il éclate, il crie à ses compagnons que c'est une honte de laisser Champlain se battre seul. Accompagné de quelques hommes, il pousse au rivage, échoue son embarcation juste en face du fortin. Champlain donne ordre d'arrêter net les opérations en cours et les nouveaux venus exécutent « quelques salves d'arquebusades ».

Champlain, stratège

Puis le combat se poursuit. Placés à chaque bout du retranchement, deux groupes de Français tirent continuellement sur l'ennemi, le forçant à se coucher par terre ; les Indiens halent les cordes attachées aux poteaux et aux rondins et ils les arrachent ; des arbres choient sur la fortification. Une brèche est bientôt pratiquée. Champlain commande l'assaut. Vingt à trente Indiens sautent dans l'enceinte et attaquent les Iroquois maintenant épouvantés ; ceux qui ne sont pas blessés tentent de fuir. Mais Algonquins et Hurons forment un cercle autour de l'ouvrage : ils massacrent les fugitifs, ils les assomment à la nage dans le fleuve. Ils en capturent une cinquantaine qu'ils réservent pour les supplices.

C'est la troisième grande victoire enregistrée par l'histoire depuis 1603. Et toutes trois ont coûté environ deux cents cinquante guerriers aux Agniers. C'est une perte grave pour une tribu aux effectifs réduits.

De 4000 environ vers 1600, le nombre passe à plus de 7700 en 1634, selon Dean R. Snow (1994).

Et maintenant, quels sont les résultats ? Après cette défaite de 1610, les Iroquois sont refoulés dans leur pays ; ils ne reviendront plus sur le fleuve avant 1634. La navigation devient libre. Les Algonquins et les Hurons peuvent descendre avec leurs pelleteries aux postes de traite et remonter avec leurs marchandises. Sur cette grève même où vient de se livrer ce dernier combat auront bientôt lieu les foires annuelles. Champlain peut organiser un commerce de fourrures qui sera assez abondant pour assurer la fondation de la colonie. Celui-ci pourra bientôt pousser ses racines jusqu'aux Grands Lacs et même au-delà.

La victoire gagnée, les autres barques françaises s'approchent ; leurs occupants dépouillent de leurs robes de castor les cadavres encore chauds pendant que les Algonquins les scalpent. C'est ensuite le retour à l'île, les Alliés comptent trois morts, une cinquantaine de blessés, mais les réjouissances suivent leur cours. La traite a lieu. Par sa politique d'assistance militaire, la compagnie que Champlain représente a déjà attiré nombre de tribus, mais elle n'obtient pas plus de pelleteries que ses concurrentes. « C'était, dit-il, leur avoir fait un grand plaisir de leur être allé chercher des nations étrangères, pour après emporter le profit sans aucun risque ni hasard. » Ce dépit trahit Champlain. L'alliance avec les Algonquins devait permettre les découvertes, mais elle devait aussi décupler le volume du commerce.

Puis commence l'ordinaire, long et minutieux supplice des prisonniers. Les alliés en tourmentent deux ou trois. Leur science raffinée dans ce domaine étonne les Français. Ils soignent les autres : ceux-ci recevront la mort aux mains de leurs femmes et filles « qui en cela ne se montrent pas moins inhumaines que les hommes, encore elles les surpassent de beaucoup en cruauté : car par leur subtilité elles inventent des supplices plus cruels, et y prennent plaisir, les faisant ainsi finir leur vie en douleurs extrêmes ».

Pont-Gravé et Champlain se rappellent alors leur mission de découvreurs. Incapables de se mettre eux-mêmes à la tâche, ils envoient un jeune homme, Brûlé probablement, hiverner avec le capitaine Iroquet dans la région qui s'étend entre Kingston et Ottawa.

Étienne Brûlé (v. 1592-1633) découvreur, explorateur, interprète

Chapitre 4

1611

La traite de 1611 contribue à former les idées de Champlain. La liberté du commerce règne dans toute son ampleur. Les traiteurs présents sont très nombreux. Quelques-uns forcent les indigènes à pratiquer le troc avec eux plutôt qu'avec leurs voisins ; ils en viennent jusqu'à la batterie, mécontentant ces nations fières. Ochateguin, Iroquet, Tregouarato sont venus. Ils notent tout de suite que leurs compatriotes échangent leurs pelleteries avec tous les marchands présents ; mais que tous aussi, sauf Champlain, refuseront de prendre part à la guerre. Pour eux, la traite est une faveur faite aux Français et qui doit se payer par l'assistance militaire. C'est à ce moment un sentiment de même qu'une volonté.

batterie = querelle, bagarre

Commerce des fourrures déficitaire

Fragmenté de cette façon, le commerce des fourrures ne donne plus de profits. Tous enregistreront des pertes cette année. Aucun n'apportera sa contribution à la fondation d'une colonie.

Pendant les loisirs et les longues attentes de cette foire, les Indiens parlent vaguement d'une nouvelle expédition. Ils iront à la guerre si Champlain se joint à eux ; sinon, ils retourneront en leur pays. Les Hurons en particulier ne sont pas rassurés. Les tactiques des négociants, leurs puissantes barques leur inspirent de l'inquiétude. Un prisonnier iroquois, remis à Champlain en 1610, s'est évadé peu de temps après ; ce fait a donné naissance à une rumeur à l'effet qu'un guet-apens était organisé à Montréal, et que six cents Iroquois seraient dans les alentours pour tailler les Hurons en pièces au bon moment. Aussi, ils s'éloignent vite de l'île.

Champlain a profité de toutes les occasions pour demander des renseignements sur le pays. Déjà, il possède des connaissances rudimentaires sur la région de l'Outaouais et celle des Grands Lacs. Il a appris, par exemple, l'existence des Andastes. Ces amis des Hurons, d'origine iroquoienne eux aussi, vivent au sud, par-delà l'Iroquoisie. Ils leur ont envoyé des ambassadeurs l'hiver passé. Ce peuple communique avec l'Atlantique ; il fabrique les grains de nacre qu'ils vendent aux tribus, qui leur servent de monnaie, d'instruments diplomatiques. Champlain désire visiter un jour la Huronie : les indigènes l'approuvent ; ils voudraient que les Français fondent un établissement chez eux ; ils dressent le plan d'une grande expédition contre les Iroquois.

Les Andastes (ou Susquehannock, de la famille iroquoienne)

Cette traite ne se termine pas sans quelques actes de guerre. Car le combat de 1610 n'a pas mis fin au vieux conflit. Une tribu nouvelle s'est fondue récemment dans la nation huronne, mais on ne sait ni d'où elle vient, ni de quelle nationalité elle est. Et maintenant dix Hurons décident de pousser une pointe du côté de l'Iroquoisie pour se livrer à la petite guerre, c'est-à-dire capturer quelques hommes, quelques femmes, en dehors des palissades ou les massacrer sur place. Leur chef s'est déjà vu par trois fois prisonnier de l'ennemi. Il a les doigts coupés ; des brûlures et des blessures le balafrent partout. L'idée de la vengeance le tient bien.

Les Algonquins se présentent après le départ des Hurons. Anadabijou, leur grand chef, est mort. Plusieurs d'entre eux sont partis pour la petite guerre. D'autres partiront après la traite. En un mot, des partis vont et viennent dans l'Ontario et le Québec, bien que les Iroquois aient abandonné le Saint-Laurent. Mais personne ne connaîtra jamais leurs aventures.

Champlain à Paris

Champlain retourne à Paris. Son grand dessein s'est maintenant complété. Il veut former une société, y faire entrer les marchands, obtenir pour elle le monopole de la traite des pelleteries en Nouvelle-France, lui donner un protecteur puissant capable de maintenir ses privilèges, à la charge pour elle de maintenir les colonies canadiennes et de compléter la carte du monde en explorant le continent. Voilà la partie qui peut s'exécuter à partir de la France. La partie qui s'exécutera au Canada est la suivante : créer, en faveur de cette société, un volumineux courant de fourrures qui partira des Grands Lacs, qui coulera vers Québec, et qu'alimenteront des tribus de plus en plus nombreuses.

Champlain devient lieutenant général, i.e. *gouverneur.*

Après de laborieuses et longues négociations, Champlain réussit en 1612 à constituer la société dont il rêve. Il obtient dans cette affaire la lieutenance générale du Canada, soit le poste de gouverneur. Avant, il était un comparse ; maintenant, il est un chef. Une commission définit bien ses pouvoirs. Il reçoit l'autorisation de « traiter, contracter à même effet, paix, alliance, et confédération, bonne amitié, correspondance et communication avec lesdits peuples, et leurs Princes... entretenir, garder et soigneusement conserver les traités et alliances dont il conviendra avec eux... Et à ce défaut, leur faire guerre ouverte... » C'est à partir de ce moment que Champlain est maître des relations entre Français, Algonquins ou Hurons et Iroquois. Auparavant, il était un sous-ordre.

Chercher la route qui conduit à la Chine.

Le même document prescrit à Champlain d'explorer le Canada. Il doit chercher la route qui conduit à la Chine ou aux Indes orientales, question qui passionne en ce moment et à juste droit l'Europe savante. Mais encore hier, Champlain affirmait aux sociétaires que les Indiens du Canada ne le conduiraient pas sur les routes du continent à moins de recevoir des secours militaires.

Et ainsi, dès ce moment, trois affaires importantes, la traite, les découvertes, la permission de fonder des colonies, dépendent de l'assistance que la France donnera à la Coalition laurentienne contre les Iroquois. C'est toujours le même cahier des charges.

1612, Champlain est absent.

Champlain n'a pu venir au Canada en 1612. Mais il avait promis aux Indiens qu'il serait présent, et qu'il les conduirait à la guerre. Demande instante lui avait été faite à cet effet. Deux cents Sauvages se sont assemblés au Sault. Ils ont été marris de ne l'y pas trouver. Quelques traitants leur ont expliqué loyalement les motifs de son absence. D'autres, pour remporter sur lui un avantage commercial, ont affirmé qu'il était mort.

1613, Champlain est de retour.

En 1613, il part au printemps. Il amène avec lui « le sieur l'Ange » qui l'assistera dans ses découvertes. Le 21 mai, il descend dans l'île de Montréal. Une barque l'a devancé cependant. Les matelots qui la montent ont rencontré une bande d'Algonquins qui revenaient de la « petite guerre » chez les Iroquois et qui ramenaient deux prisonniers. « Ceux de la barque leur firent entendre, raconte Champlain, que j'étais venu avec nombres d'hommes pour les assister en leurs guerres, suivant la promesse que je leur avais faite les années précédentes ; et de plus, que je désirais aller en leur pays, et faire amitié avec tous leurs amis. » Ces Indiens ont promis de revenir plus tard avec nombre de leurs compatriotes.

Trois jours plus tard, d'autres Algonquins paraissent en trois canots. Ceux-là racontent une tout autre histoire : en 1612, disent-ils, les Indiens ont reçu de mauvais traitements aux mains des Blancs, mille deux cents guerriers s'étaient rassemblés pour une expédition de guerre ; comme question de fait, ils l'ont exécutée, mais aucun Français présent à la traite, n'a voulu les suivre. Désappointés et dégoûtés, ils ont résolu de ne plus apporter leurs pelleteries.

On ignore quel a été le résultat de cette grosse expédition. Mais les Indiens tiennent la promesse qu'ils se sont faite à eux-mêmes : ils ne paraissent pas. Alors, tout l'édifice de Champlain s'écroule par la base : pas de fourrures, pas d'habitation, pas de découvertes, pas d'empire français en Amérique.

Et comment ramener ces peuples à la traite ? Ils n'ont pas contracté le besoin de marchandises françaises. Le voyage qui les conduit à Montréal est long, pénible, dangereux. Les armes à feu ne sont pas entrées dans le commerce avec les indigènes et ne peuvent les allécher. Que faire ? Il ne reste qu'un moyen : faire jouer le puissant ressort qui meut ces Indiens : l'assistance militaire. Champlain décide donc de les visiter pour la leur promettre et pour faire des découvertes.

Expédition de Champlain dans l'Outaouais

La force des circonstances conduit donc Champlain quand il s'embarque pour remonter l'Outaouais avec quelques compagnons. Un Algonquin le conduit. Il lui indique en passant la rivière Châteauguay par laquelle on peut se rendre chez les Iroquois. À l'entrée du lac Saint-Louis, les voyageurs construisent un retranchement pour la nuit, crainte des Iroquois « qui rôdent par ces lieux pour surprendre leurs ennemis ». Ils montent la garde.

Dans la région de L'Orignal, les Français rencontrent une quinzaine de canots algonquins. Ceux qui les montent sont déjà au courant de l'arrivée de Champlain. Un conseil a lieu tout de suite dans une île. Champlain déclare publiquement qu'il est de retour pour exécuter ses promesses ; si les Algonquins veulent organiser une expédition de guerre, il les accompagnera ; quelques-uns de ses compatriotes le suivront. Les Indiens sont satisfaits.

Champlain poursuit sa route. Les renseignements que ses guides lui donnent, à chaque pas, indiquent combien est ancien et toujours violent le conflit qui met Iroquois et Coalition laurentienne aux prises. Ici, il apprend que, pour éviter la zone dangereuse de l'Outaouais inférieur, les Algonquins et les Hurons remontent la Gatineau, atteignent le Saint-Maurice par des portages et des lacs, pour enfin aboutir aux Trois-Rivières ; et là, il examine la rivière Rideau, qui est un chemin d'invasion ; les Iroquois la suivent pour surprendre leurs ennemis dans les embarras du portage de la Chaudière.

Nibachis, chef algonquin

Champlain est bientôt l'hôte de Nibachis, chef algonquin dont la tribu cultive le maïs au lac des Rats Musqués. Dès son arrivée, il déclare qu'il est en Canada pour assister les Algonquins en leurs guerres. Puis il passe outre. Il atteint l'île aux Allumettes où il rencontre Tessouat, le chef qu'il a connu en 1603. La tribu dont ce dernier est le chef a choisi cette île comme habitat, parce qu'elle est difficile d'accès et défendue par des rapides. Ici, les Algonquins sont en dehors de la portée de leurs ennemis. L'âpreté des lieux, comme ils disent, leur sert de boulevard. Ils se transporteraient immédiatement dans l'île de Montréal, si les Français y construisaient une habitation.

Tessouat offre un grand festin pour son hôte. Après avoir pétuné en même temps que les autres convives, Champlain assure à l'assemblée qu'il a le désir « de les assister en leurs guerres » ; nombre de Français sont aussi au sault Saint-Louis dans ce dessein. Tessouat parle à son tour. Il affirme que c'est deux mille guerriers qui se sont assemblés au sault Saint-Louis en 1612 pour prendre part à une expédition de guerre ; mais aucun des Français présents n'a voulu se joindre à eux ; et leur désappointement a été si grand « qu'ils avaient résolu entr'eux de ne plus venir au Saut ». Toutefois, une troupe de mille deux cents guerriers était allée quand même à la guerre. Dans le moment présent, les Algonquins ne peuvent pas se mettre en campagne : les hommes sont presque tous absents ; les villages sont vides. Il faut remettre l'expédition à l'année suivante.

Les Indiens, habiles négociateurs

Champlain arrête ici sa course. Il revient sur ses pas. Menacée d'une façon vitale et profonde par les Iroquois, la Coalition laurentienne a mis en œuvre tous les moyens pour obtenir l'assistance militaire de la France ; elle a dit : pas de secours militaires, pas de fourrures. Car ces indigènes sont des négociateurs rusés. Et ils ont gagné leur point. Ils ont obligé Champlain à répéter sa promesse d'assistance militaire dans toute la région de l'Outaouais ; celui-ci a renouvelé le traité de 1603.

Ces promesses obtenues, les Algonquins s'ébranlent pour venir immédiatement à la traite. Quarante canots suivent bientôt le canot de Champlain ; et cette flottille en rejoint bientôt une seconde de soixante ; et une escadrille de vingt nouveaux canots formera l'avant-garde. La nouvelle a couru l'Outaouais comme un feu dans la paille.

Champlain constate combien ces Indiens mènent une existence tremblante. À une douzaine de lieues en aval de l'île aux Allumettes, quelques-uns d'entre eux rapportent qu'ils ont aperçu quatre embarcations iroquoises. La nuit vient. Les hommes dorment sur le rivage, les femmes, dans les canots. Un peu avant l'aube, l'un d'eux rêve que l'ennemi attaque ; il pousse des clameurs, il se lance dans la rivière. Instantanément, c'est une folle panique. Tous se jettent à la nage, un Français avec eux. D'autres Indiens qui dormaient plus loin arrivent à la rescousse ; ils distinguent leurs compatriotes dans l'eau, ils ne découvrent aucun ennemi, et ils s'étonnent. Un éclat de rire termine l'incident. À la chute de la Chaudière, les Algonquins accomplissent le sacrifice du pétun pour s'assurer la protection du dieu contre leurs ennemis ; ils ne s'aventurent pas hors des chemins, car les Iroquois « les surprennent là : ce qu'ils ont quelquefois fait ». Après une seconde alerte à l'entrée du lac des Deux-Montagnes, le convoi aborde à l'île de Montréal. Mais dans l'île même, une panique se produit encore la nuit. Les Français doivent monter la garde et aller en reconnaissance.

Tous ces incidents, en même temps qu'ils révèlent l'étendue du conflit, son ancienneté, indiquent que le combat de 1610, n'a pas mis fin à la guerre ; celle-ci se poursuit, bien que personne n'en raconte les épisodes. Champlain peut aussi constater que les tribus iroquoises sont une menace beaucoup plus grave pour la route des fourrures, qu'il ne l'avait cru en 1603. Ce n'est pas le secteur seul de Sorel qui est exposé à leurs attaques ; c'est en plus celui de Montréal et de tout l'Outaouais. L'ennemi est dangereux car sur des centaines et des centaines de milles de solitudes, il s'est déjà mis à l'affût, et peut interrompre maintenant le flot des pelleteries.

1615

Champlain absent en 1614

En 1613, Champlain a multiplié les promesses de secours militaires. Il ne les a pas exécutées. Malgré les engagements pris, il ne revient pas en Canada en 1614 ; des affaires urgentes le retiennent en France. En 1615, il se présente au rendez-vous sur l'île de Montréal. Algonquins et Hurons l'attendaient « sur l'espérance qu'ils avaient que nous leur donnerions quelques-uns d'entre nous pour les assister en leurs guerres contre leurs ennemis ». Ils croient que l'heure est maintenant venue d'honorer la traite tant de fois souscrite.

Les Hurons, des alliés plus précieux que les Algonquins

Un facteur nouveau, de grande importance, s'ajoute en 1615 aux anciens. Beaucoup de Hurons sont présents. Les traitants, Champlain lui-même, sont maintenant en possession de nombreux renseignements sur cette tribu iroquoise lointaine. Ils savent approximativement dans quelle région elle habite, combien d'âmes et de bourgades elle compte : que la Huronie est compacte, populeuse, sédentaire, agricole ; qu'elle est douée d'un génie commercial sans pareil et assure les échanges de marchandises entre des tribus qui occupent des régions vastes comme des provinces. Champlain comprend le rôle que les Hurons peuvent jouer dans le troc des fourrures ; et combien aussi leur adhésion à ses plans serait plus précieuse que celle des Algonquins nomades, peu nombreux, clairsemés. Il leur donne la préférence. Les missionnaires l'imitent. Au premier abord, ils saisissent que l'évangélisation peut se conduire plus facilement parmi une population dense et stable. Autorités séculières et ecclésiastiques jettent leur dévolu sur ces Indiens.

Le problème qui se pose à Champlain est alors double : accorder l'assistance militaire contre l'Iroquoisie et de façon à établir des relations précieuses entre la Nouvelle-France et la Huronie. Et, pour le régler, il appelle en consultation, comme il l'a fait si souvent déjà, Pont-Gravé, le vieux loup de mer, l'ami fidèle comme un père, le vieux compagnon des aventures coloniales. Tous deux examinent de nouveau les arguments qui militent pour ou contre une nouvelle expédition militaire. Et ils aboutissent à la conclusion que cette fois, les Français ne peuvent plus se dérober. Champlain n'a jamais été homme à se décider à la légère, et il consigne ces nouvelles délibérations dans ses œuvres.

Libérer la grande route des fourrures : l'Outaouais, le Saint-Laurent.

La première raison qu'il donne, celle qui est la plus importante, et qui subsiste en son entier depuis 1603, depuis même plus longtemps encore, est qu'il faut rendre la navigation libre sur l'Outaouais, le Saint-Laurent, libérer la grande route des fourrures. L'accomplissement de ce devoir devient plus urgent encore : les Hurons viennent et viendront à la traite, ils demeurent très loin, et ils peuvent être attaqués à tout endroit du long parcours qu'ils suivent. Ils lui ont remontré « que malaisément ils pourraient venir à nous si nous ne les assistions : parce que les Iroquois leurs anciens ennemis, étaient toujours sur le chemin qui leur fermaient le passage ». Le blocus partiel de l'Outaouais se fait donc dans le moment présent. Les combats de 1609 et de 1610 n'y ont pas mis fin. Il faut encore refouler les Iroquois chez eux, sinon le commerce huron des pelleteries ne pourra se développer ; il en sera de même du commerce algonquin des nombreuses tribus qui habitent l'Outaouais : Petite Nation, Iroquets, Indiens de l'île aux Allumettes, Népissingues, qui sont nombreux et dont les fourrures sont belles.

Les tribus de l'Outaouais

Importance pour Champlain de connaître l'arrière-pays.

En second lieu, les deux hommes se souviennent de la mission de découvertes que le roi leur a confiée. C'est un point que les étrangers ont toujours mal compris. Les Anglais, par exemple, se sont établis sur les rivages de la mer sans jamais entretenir le souci d'explorer l'hinterland. Au contraire, une soif de connaître le continent, d'ajouter à la science géographique de l'époque, anime le roi de France, Champlain et le groupe qui l'entoure. Champlain accordera donc l'assistance militaire, pour « moyenner la facilité, dit-il, de mes entreprises et découvertures, qui ne se pouvaient faire en apparence que par leur moyen ». Comment s'aventurer dans l'intérieur du continent sans le canot et sans les guides algonquins ou hurons ? Sans les avis et la protection de quelques amis sûrs ? Autrement, il faudrait une expédition armée jusqu'aux dents. Champlain a éprouvé lui-même sur la côte du Maine des mésaventures qui l'ont rendu prudent. Les naturels sont facilement hostiles. Les Indiens du Canada mettent leur assistance à un haut prix. Mais d'un autre côté, est-ce que le jeu n'en vaut pas la chandelle ? Champlain a déjà visité les vallées du Saint-

Laurent, de l'Outaouais, du Richelieu. Cette fois, il atteindra les Grands Lacs. La possibilité d'un immense empire français se dessine dans son esprit. Il veut « jeter les fondements d'un édifice perpétuel » ; il dira combien est grande son espérance d'aboutir par de pénibles travaux à un résultat qui dépassera les plus grands rêves. Il ajoutera ce qui suit : « Ce que je tiens pour certain selon les relations des peuples, et ce que j'ai pu conjoncturer de l'assiette [du pays]... me donne une grande espérance, que l'on peut faire une chose digne de remarque, et de louange... » Et pour arriver à cette fin, Champlain est disposé à écouter ses alliés sauvages et à les « contenter par quelque moyen que ce soit... » Il ne recule pas devant les expressions énergiques ni devant la hardiesse des conceptions.

assiette = position topographique

Champlain mentionne ensuite quelques motifs secondaires. Il veut donner aux Français l'amitié des tribus qui habitent les immenses vallées par lesquelles ils entrent dans le nouveau monde. Le pays appartient à l'Indien. Procéder sans son consentement peut entraîner des difficultés fatales. Toute l'histoire des établissements européens de l'Atlantique indique combien cette politique était sage : elle est en effet remplie du récit des démêlés et des guerres entre les Indiens et ceux qui les déplaçaient. Champlain établit dès le premier jour son œuvre sur une base plus satisfaisante ; et ses successeurs suivront cette même conduite.

Christianiser Algonquins et Hurons.

Enfin, Champlain veut disposer les Algonquins et les Hurons à embrasser le christianisme. Leur tenir parole, être loyal à leur égard, les aider dans leurs guerres sont de nature, croit-il, à ouvrir leurs âmes à la foi.

Cette décision, de même que celles des années précédentes, sont conformes à la politique française exprimée à Tadoussac en 1603 et qui plonge ses racines dans la préhistoire. Après l'avoir adoptée, Champlain et Pont-Gravé rassemblent les Indiens. Ils la leur communiquent. Algonquins et Hurons promettent de former un parti de deux mille cinq cents guerriers et ils demandent à Champlain d'amener un gros contingent de soldats français.

Champlain doit revenir à Québec pour mettre ordre à des affaires urgentes. Il ne veut y séjourner que quatre ou cinq jours ; mais il y passe dix jours complets. Les Indiens croient à Montréal que les Iroquois l'ont capturé ou bien que la mort l'a surpris. Dépités, ils quittent l'île ; une douzaine de Français, parmi lesquels se trouve le père Joseph Le Caron, se joignent tout de même à eux pour contrecarrer ces sentiments et pour les assister dans la guerre.

Le père Joseph Le Caron (v. 1586-1632), Récollet

Champlain apprend ces événements. Il aurait voulu partir à loisir. Il avait l'intention de choisir des Français habitués au maniement des armes. Enfin, il se précipite sur les pas de ses alliés avec un serviteur, un interprète et dix Indiens.

Il connaît bien le trajet jusqu'à l'île aux Allumettes. Au-delà, il entre dans l'inconnu. Il écoute ses compagnons, il observe. Il atteint le lac Nipissing. Il lie connaissance avec la tribu qui y vit. Elle compte sept à huit cents âmes, fait

Les Népissingues

un peu de culture, chasse, pêche et conduit de grandes relations commerciales. Il dresse une description délicieuse du lac. Puis, par la rivière des Français, il débouche dans la baie Géorgienne et découvre le lac Huron. C'est à ce moment qu'il rencontre une nation appelée à jouer beaucoup plus tard un rôle de premier plan dans le commerce des fourrures et dans l'histoire de la Nouvelle-France : les Outaouais, ou Cheveux-Relevés, parce qu'ils ont les cheveux « relevés et agencés, et mieux peignés que nos courtisans ». Ils ont aussi les narines percées, c'est pourquoi on les appellera souvent Nez-Percés. Ils se peinturent volontiers le visage. Champlain les visite, admire les ouvrages des femmes, il donne une hache de fer au chef. Ces Indiens n'habitent pas ici ; ils sont venus pour la récolte des bleuets, qu'ils mangent l'hiver. Leur armement est celui de l'homme de l'âge de pierre : arc, flèche, bouclier de cuir bouilli et durci.

Les Outaouais ou Cheveux-Relevés (de la famille algique)

Champlain navigue sur l'immense lac Huron, la Mer Douce des premiers Français. Il capture des truites de quatre pieds et demi de long, des brochets et des esturgeons monstres. Enfin, il aborde à Toanché, en Huronie, dans le territoire du clan de l'Ours.

Expédition de Champlain au lac Huron

Désormais, ses descriptions rappelleront celles d'Hochelaga par Jacques Cartier. Le pays lui paraît « fort beau, et la plus grande partie désertée, accompagnée de fortes collines, et de plusieurs ruisseaux, qui rendent ce territoire agréable ». Au sortir de la forêt, il débouche dans les champs de maïs où les hommes se perdent ; il mange de la citrouille américaine et du poisson. Il chemine avec plaisir dans ces campagnes belles et bonnes. Il atteint Carhagouha. La palissade qui défend cette bourgade est semblable à celle d'Hochelaga ou des bourgades iroquoises. Les palis ont trente pieds de hauteur à partir du sol ; ils forment trois rangées ; ceux du milieu sont plantés droit ; ceux de l'intérieur et de l'extérieur inclinent vers la rangée du milieu qu'ils rejoignent au sommet. Champlain entre par la porte, il aperçoit les longues cabanes d'écorce d'orme gras, sans fenêtre, au toit bombé.

La Huronie

Les Hurons s'apprêtent aussitôt pour la guerre. Mais une concentration de troupes est difficile à opérer en été ; les hommes sont partis pour les lointaines expéditions de chasse, de pêche ou de commerce. Elle doit se faire à Cahiagué. Champlain s'y rend avec dix Français. Il parcourt une cinquantaine de milles. Il s'arrête dans cinq des principaux hameaux, enclos eux aussi de palissades. Cahiagué est un des plus vastes, il compte deux cents cabanes. Pendant ce voyage, l'enthousiasme se glisse en lui. La Huronie est un pays en bonne partie défriché et très beau. Le maïs y vient en perfection tout comme la citrouille et le soleil ou tournesol dont les Hurons savent tirer l'huile. Des ruisseaux rafraîchissent ces campagnes. Vignes sauvages, fraisiers, framboisiers, pommettiers, noyers, citronniers sauvages, pruniers, cerisiers, bouleaux jaunes y abondent ; çà et là s'élèvent de puissantes futaies de chênes, de hêtres, de pins et d'ormes. Et c'est sur ce territoire ondulé, accidenté, que vit une

Cahiagué : sur le lac Simcoe

Cultures et forêts de la Huronie

population dense qui entoure l'Ontario et le Québec du réseau de ses relations commerciales. S'embarquant dans ses minces canots d'écorce, circulant sur les rivières et les lacs qui tracent des chemins dans la forêt, elle se rend chez un grand nombre de tribus, achetant ou vendant son maïs, son tabac, les grains de nacre, les filets qu'elle fabrique, les fourrures dont elle a besoin, divers articles qu'elle manufacture. Champlain apprend ainsi à mieux connaîtrc cc monde indien de l'intérieur du continent : chaque tribu ne vit point dans un compartiment étanche ; les unes communiquent avec les autres ; les peuples y ont des relations amicales ou hostiles ; la paix ou la guerre y règne.

C'est le 17 août 1615 que Champlain entre à Cahiagué. L'armée n'est pas prête : dès le printemps, en effet, les Hurons avaient remis l'expédition de guerre à l'année 1616. Mais ce délai n'est pas inutile. Il permet de recevoir des nouvelles des Andastes.

Les Tsonnontouans, tribu iroquoise

Ces Alliés des Hurons vivent à trois journées de marche au sud de la Confédération iroquoise. Ils lui livrent une guerre continuelle, tout comme la Coalition laurentienne. Ils se maintiennent en trois bourgades parmi des tribus hostiles. Pour se rendre les uns chez les autres, Andastes et Hurons doivent contourner à l'ouest le pays des Tsonnontouans.

Les Hollandais

Les Mohicans ou Loups (de la famille algique)

À sept journées de marche du pays des Andastes, se trouve maintenant un poste où les Iroquois pratiquent le troc des pelleteries avec les Hollandais. Est-ce Albany, est-ce New York, que l'on veut ainsi indiquer ? En 1609, Hudson, dans son navire le *Half Moon*, a établi des contacts avec des Indiens, dans l'Hudson supérieur, probablement les Mohicans à qui appartiennent les deux rives. En 1610, des marchands de Hollande ont dépêché des bateaux pour la traite à New York. D'autres sont revenus et ont pratiqué le troc sur le fleuve lui-même. Cette année même, en 1615, les Hollandais construisent une redoute à Orange, aujourd'hui Albany, et l'hiver prochain, une garnison l'habitera. Ils se sont établis dans une île. Un village mohican s'érige sur la rive gauche. Les Iroquois sont en bons termes avec ces Indiens, ils peuvent traverser leurs territoires pour venir au fort. Ils offrent des peaux de castor, de loutre, de chat sauvage, de renard, d'ours. Ils semblent habiles dans leurs relations commerciales. Ils craignent toujours les armes à feu et fuient devant le mousquet.

Les Andastes veulent l'appui des Français et offrent leur concours.

Champlain apprend nombre de ces détails par des députés andastes qui sont en Huronie. Il apprend aussi qu'en 1614, les Hollandais avaient prêté leur appui aux Iroquois contre les Andastes. Ces derniers ont capturé trois Hollandais au cours d'une expédition de guerre. Ils les ont libérés sans leur faire aucun mal. Ils ne veulent pas s'attirer les représailles d'ennemis qui emploient les arquebuses. Placés dans une situation difficile, les Andastes sollicitent en Huronie l'assistance des Français contre les Iroquois et les Hollandais. Ils sont disposés à lier amitié avec eux. Ils sont prêts aussi à seconder les Hurons dans l'expédition qui s'organise présentement. Ils enverront un contingent de cinq cents guerriers au lieu de jonction qu'on leur indiquera.

Les nations européennes qui s'espionnent si bien s'établissent l'une après l'autre, dans quelque coin du nouveau monde. Aussitôt débarqués, les colons nouent des liens commerciaux avec les tribus avoisinantes ; ils sont tous intéressés par la traite ; et peu à peu s'ébauche l'Amérique de demain, où les rivalités, les haines des pays européens, s'introduisant dans les relations entre tribus indiennes, aggravant les inimitiés, consolidant les alliances, produiront l'Amérique de demain, sanglante et sordide, où les batailles livrées outre-mer se répercuteront dans de petits combats obstinés et féroces, des actions de forêt et des supplices sans fin.

L'armée huronne se met en marche le 1er septembre 1615. Elle côtoie le lac Simcoe et y séjourne un peu. C'est de là que partent les messagers chargés d'annoncer aux Andastes le lieu et la date du rendez-vous. Étienne Brûlé se joint à eux. En compagnie de douze Indiens, naviguant en deux canots, il commence un long voyage qui est l'une des plus extraordinaires aventures de cette période féconde en odyssées de cette sorte.

Le long voyage d'Étienne Brûlé

Les Hurons s'avancent alors vers le pays ennemi. Ils traversent le lac à l'Esturgeon, descendant les rivières Otonabée et Trent ; ils sortent de la forêt à la baie de Quinté, sur le lac Ontario. Champlain découvre le second des Grands Lacs. Il explore tout l'Ontario central, où les terres sont fertiles, la forêt belle et plaisante. Mais ici encore, il se trouve, comme dans le Québec, en une zone neutre dépeuplée, dévastée par la guerre entre Algonquins et Iroquois. « Tous ces pays, dit-il, ont été habités au temps passé des Sauvages, qui depuis ont été contraints l'abandonner pour la crainte de leurs ennemis. » Quand Champlain écrit sauvages, pense-t-il aux Algonquins et Hurons ? Évidemment.

Expédition de Champlain et des Hurons contre les Iroquois

Par un immense détour, Champlain est maintenant revenu à peu de distance de l'île de Montréal ; s'il se laissait glisser en canot au fil de l'eau, il l'atteindrait en deux ou trois jours. Mais l'armée qu'il accompagne poursuit sa marche. D'île en île, elle franchit le fleuve au moment où celui-ci sort du lac. Elle aborde sur la rive droite en arrière de l'ancienne Pointe à la Traverse. Aussitôt, les Hurons dissimulent leurs canots dans les taillis ; et ils poursuivent leur route à pied « tirant au Su, vers les terres des ennemis ». Ils franchissent de vingt-cinq à trente lieues. Attaquent-ils ensuite le village des Onneyouts ou la capitale de toute l'Iroquoisie, Onnataé ? Le texte fournit si peu de détails topographiques qu'un grand débat s'est élevé sur cette question.

Onnontaé, capitale de l'Iroquoisie

Le 9 octobre 1615, les Alliés sont à quatre lieues de la bourgade. Ils capturent onze Indiens qui s'en vont à la pêche, soit quatre femmes, trois garçons, une jeune fille et trois hommes. Le capitaine Yroquet coupe un doigt à l'une des prisonnières ; Champlain réprouve énergiquement cette action ; mais Yroquet répond que les Iroquois agissent de même.

Le lendemain, les troupes arrivent en vue de la bourgade. Rien n'a encore décelé leur présence. Mais elles mettent, semble-t-il, trop de confiance dans les armes à feu des Français ; et, au lieu de tenter une attaque par surprise, à l'indienne, elles se découvrent et commencent à escarmoucher. Elles abandonnent les plans préparés avec soin. L'armée secourt ces guerriers imprudemment engagés ; Champlain lui-même doit intervenir. Enfin les Iroquois lâchent prise, abandonnent des morts et des blessés parmi le maïs et les citrouilles qu'ils récoltaient.

Le problème militaire qui se pose devant Champlain n'est pas facile à résoudre. La bourgade se dresse devant lui, entourée de quatre palissades de gros troncs d'arbres ; ceux-ci sont solidement liés les uns aux autres ; entre eux, aucun espace de plus de six pouces ; ils ont une trentaine de pieds de long ; au sommet court un parapet bien protégé par des pièces de bois ; il y a un étang tout près, et l'ennemi a aménagé des gouttières par où coulera l'eau pour défendre les palis contre le feu ; de grande quantités de pierres s'ébouleront sur les assaillants si jamais ils atteignent le pied de ce rempart. Comment détruire ces fortifications, prendre la bourgade, avec des arcs, des flèches et quelques arquebuses ? D'autant plus que l'ennemi, quand il voit cette armée, emploie chaque minute à perfectionner, compléter ses préparatifs de défense.

Champlain fait construire un cavalier.

Champlain esquisse un plan ingénieux. Les guerriers construisent un cavalier, échafaud très élevé ; deux cents d'entre eux le mettent en place le lendemain. Trois arquebusiers y montent. Ils dominent la galerie. Bien protégés par des pièces de bois, ils tirent sur les Iroquois qui voudraient y demeurer. Postés dans d'autres endroits avantageux, d'autres Français exécutent la même tâche. Pendant un certain temps, les ennemis ripostent avec des flèches, des pierres ; puis, abandonnant la partie, ils se mettent à couvert.

mantelets = machine de guerre composée de madriers

Ces simples préparatifs ont malheureusement porté à son paroxysme l'excitation de ces troupes nerveuses. Celles-ci exécutent mal leur partie. Au lieu de pousser lentement les mantelets jusqu'aux palissades, en se tenant soigneusement à l'abri, d'allumer au pied une flambée qui embraserait toute la ville, elles deviennent une cohue que personne ne peut plus guider ; elles poussent des clameurs, elles lancent par-dessus le mur des flèches qui ne peuvent nuire à personne ; elles s'exposent inutilement. Elles n'ont pas amassé assez de bois sec. Un soldat réussit à allumer un brasier, mais au mauvais endroit puisque le vent repousse le feu et la fumée vers les assiégeants ; chacun apporte un peu de bois, mais en trop petite quantité. L'excitation croissant sans cesse, personne ne peut plus se faire entendre. Champlain vocifère, commande, mais inutilement.

Enfin, il se lasse, car le combat ne fait aucun progrès. Lui et les Français se contentent maintenant de tirer sur les Iroquois qui s'exposent. Ils en tuent plusieurs. L'ennemi profite de la confusion pour éteindre les feux, décocher des flèches dans cette multitude qui tournoie et blesser quelques guerriers.

Ochateguin, chef huron

La vaine bataille dure trois heures. Ochateguin, chef huron, un autre capitaine du nom d'Orani, et treize guerriers ont reçu des blessures. Les uns parlent immédiatement d'une retraite, les autres d'attendre les Andastes. Ils se réfugient dans un fortin qu'ils ont construit tout près. Aucune discipline ne règne plus. Champlain lui-même est blessé : il a reçu une flèche dans le genou et une autre dans la jambe ; mais il veut profiter des heures de repos pour communiquer à l'armée indienne un courage nouveau, lui recommander l'ordre, lui imposer le sang-froid et le calme qu'il faut. Mais ses paroles ne touchent personne. Les Hurons ne pensent qu'à la tâche de transporter en forêt leurs camarades blessés ; ils refusent de renouveler l'attaque en observant soigneusement le plan. Pendant quatre jours encore, disent-ils, ils attendront les Andastes ; si ceux-ci ne se présentent pas, ils retourneront chez eux.

Champlain de nouveau blessé

Pendant deux jours de suite souffle un impétueux vent d'automne ; le moindre feu allumé au bon endroit raserait en une heure tout le bourg. Champlain voit que l'occasion est belle. Mais les Indiens refusent de s'exposer ; ils ne prennent part à aucune attaque concertée. Toutefois ils s'engagent dans des escarmouches inutiles ; et comme d'habitude, les Français doivent dégager ces téméraires. Les Iroquois crient à ceux-ci de ne pas se mêler à ces combats entre Indiens ; et que les Alliés ont bien peu de courage de demander cette assistance étrangère ; enfin, ils tentent de les émouvoir.

Comme les Andastes n'arrivent toujours pas, Algonquins et Hurons construisent des espèces de paniers pour le transport des blessés à dos d'homme. Ils sont arrivés le 10 devant la place, ils en partent le 16 sans avoir fait beaucoup de mal aux Iroquois, si ce n'est leur avoir tué quelques guerriers. L'ennemi les poursuit sur une distance d'une demi-lieue, escarmouche un instant avec l'arrière-garde, puis il abandonne la poursuite.

Cet échec n'a rien pour surprendre. L'Indien n'est propre qu'à la guerre de surprise. Il a trop de nervosité, d'impatience, il manque trop de discipline pour les opérations de siège. Il ne contrôle pas ses nerfs. De plus, le séjour au pied d'une bourgade assiégée permet aux autres tribus de concentrer des troupes pour venir au secours. Le danger pourrait venir de ce côté.

L'embuscade, oui ; le siège, non.

Quand l'armée atteint le fleuve, Champlain demande qu'on le conduise directement à Québec. Quatre hommes se présentent pour l'accompagner. Mais les chefs répondent qu'aucun canot n'est disponible, que les troupes ont besoin de toutes les embarcations. Champlain n'est pas content. Il n'a jamais envisagé un hivernement en Huronie. Mais leur expédition manquée, les Hurons redoutent des représailles. Ils préfèrent garder les Français avec eux pour mieux se défendre le cas échéant. Et ceux-ci assisteront à leurs conseils ; ils écouteront les délibérations « pour résoudre ce qu'il convenait faire à l'avenir contre leurs dits ennemis pour leur sûreté et conservation ». Bon gré, mal gré, Champlain se laisse convaincre et demeure avec l'armée.

Champlain séjourne en Huronie.

Celle-ci se débande en bonne partie après avoir traversé le fleuve. Des guerriers, redevenus chasseurs, veulent poursuivre l'ours, l'orignal, le chevreuil. D'autres regagnent directement la bourgade d'où ils sont partis. En compagnie d'un chef du nom de Darontal, Champlain chasse pendant quelques

Darontal, ou Atironta, chef huron

semaines dans le sud-est de l'Ontario, district giboyeux dont il laisse des descriptions charmantes. Le mois de décembre venu, la bande s'achemine lentement vers la Huronie. Elle y parvient enfin en compagnie d'Yroquet, l'Algonquin, de son fils, et de quelques compagnons qui viennent hiverner avec leurs alliés.

Champlain met à profit ce séjour forcé en Huronie. Il visite la région qui borde la rive orientale du lac Huron. Il se rend chez la nation du Pétun qui compte sept bourgades, cultive le tabac que les Hurons revendent aux tribus des alentours, et qui jouera plus tard un rôle de premier plan dans le commerce des fourrures et la guerre contre les Iroquois.

Les Neutres

Il reçoit un bon accueil plus au sud chez les Outaouais. Ils descend jusqu'à la frontière de la nation Neutre. Ses compagnons lui fournissent des renseignements sur ce peuple. Il est fort nombreux, comptant environ quatre mille hommes de guerre. Il se tient à l'écart du grand conflit qui met aux prises Coalition laurentienne et Confédération iroquoise ; des individus de l'un et de l'autre groupe se rencontrent souvent dans ses bourgades, mais sans jamais s'y attaquer. Cependant, il prête main-forte à l'occasion aux Cheveux-Relevés qui, eux, portent la guerre chez la nation du Feu — les Mascoutens — des alentours de la rivière Détroit. Déjà, les Outaouais sont de grands trafiquants ; ils se rendent à quatre et cinq cents lieues pour échanger des marchandises. Ils sont propres, ils fabriquent certains articles avec une netteté d'exécution remarquable. Enfin, Champlain peut observer à loisir les Népissingues qui viennent hiverner à peu de distance des Hurons, achetant le maïs et la farine de maïs que ces derniers mettent en vente.

Les Mascoutens (la Nation du Feu)

Les Népissingues, (de la famille algique)

Les Hurons sont un peuple iroquois ; les gens du Pétun, les Neutres, les Andastes également. Mais les autres tribus sont algonquines. Tous vivent cependant dans la paix et la concorde. Ils échangent leurs produits. Et le spectacle qu'offre alors cette région aide sans doute à comprendre le tableau que Jacques Cartier a brossé de la vallée du Saint-Laurent.

Champlain ajoute de nouvelles tribus à la traite des fourrures.

C'est durant ces visites que Champlain met la dernière main à l'organisation de la grande traite. Désormais, les pelleteries ne viendront plus seulement des tribus de la Côte Nord, de Tadoussac, du Saint-Laurent et de l'Outaouais : par l'intermédiaire des Hurons, des Népissingues, des Cheveux-Relevés, elles partiront de vastes et immenses régions qui comprendront tout le nord jusqu'à la baie d'Hudson, tout l'ouest jusqu'au lac Supérieur, tout l'Ontario habité, et en même temps tout le nord de Québec. Les relations commerciales existaient déjà, conduites en bonne partie par les Hurons ; mais un article de grande importance, les pelleteries, deviendra objet de négoce ; et ceux qui récolteront les fourrures, offriront bientôt en retour les marchandises de traite, se réservant un profit précieux.

En un mot, le commerce des fourrures devient dans la Nouvelle-France et dans l'État français, l'un de ces vastes intérêts, l'une de ces grandes affaires dont le gouvernement ne peut se désintéresser parce que la prospérité générale et le bien-être de trop d'individus en dépendent. Par la même occasion, il ne peut se désintéresser de la voie que ce commerce suivra ; la liberté de la navigation sur l'Outaouais et le Saint-Laurent devient plus précieuse et plus nécessaire qu'elle ne l'a jamais été. Les Iroquois la menaçant gravement, Champlain est condamné à consolider la Coalition laurentienne qui la défend et en a besoin.

De plus, le commerce dépend de certaines tribus. Leur extinction ou leur affaiblissement lui porterait un coup mortel. Champlain doit donc les protéger, les défendre. Surtout contre des ennemis qui dériveraient ces marchandises vers d'autres postes de traite, d'autres colonies, d'autres pays européens.

La logique des événements entraîne donc Champlain, non seulement dans une assistance militaire de plus en plus grande mais encore dans une opposition de plus en plus nette à la Confédération iroquoise. Si, en effet, les Algonquins et les Hurons étaient de beaucoup les plus forts, Champlain pourrait se désintéresser de ces questions : les Indiens trouveraient bien seuls le moyen de descendre à Québec. Mais justement, comme il l'a appris dès 1603, la Coalition laurentienne soutient difficilement l'assaut de ses ennemis. L'incident suivant qui se déroule pendant que Champlain est en Huronie nous le fait saisir. Un conflit se produit soudain entre le clan huron de l'Ours et les Algonquins du capitaine Iroquet ; il s'envenime et ces derniers se voient bientôt dans un grave danger. Champlain doit partir à ce moment pour découvrir les régions du Nord, mais il abandonne toute idée de voyage pour régler le conflit. Les parties l'acceptent pour arbitre. Et au cours des conseils qui ont lieu, il leur parle durement et franchement. Il leur remontre qu'ils ont déjà assez de difficultés à se défendre contre les Iroquois, sans se battre entre eux ; l'ennemi les poursuit souvent, les bat la plupart du temps, et les suit jusque dans leurs villages. S'il apprend les divisions qui règnent actuellement, il concevra bientôt l'espérance d'assister à la ruine de la Coalition laurentienne ; ce sera pour lui le moyen de « se rendre maître de leurs constrées ». Les uns et les autres doivent adopter la solution qu'il leur propose ; ensuite, les Français seront bien disposés à les assister comme par le passé. Sinon, ils doivent descendre à la traite. Avec la collaboration des capitaines de navires, Champlain tentera de régler la querelle et « de donner ordre pour les garantir de leurs ennemis, à quoi il fallait penser ».

Nécessité de l'entente entre Hurons et Algonquins

En un mot, Champlain éprouve des doutes quant à la solidité de la Coalition laurentienne. Il n'est pas suffisamment rassuré. Algonquins et Hurons subissent des défaites ; les Iroquois viennent déjà se mettre à l'affût autour des bourgades de la Huronie, tout comme les Algonquins et les Hurons vont se poster autour des villages iroquois, pour la petite guerre, c'est-à-dire pour surprendre quelques individus, quelques groupes hors des palissades, les massacrer ou les capturer. Champlain peut les abandonner à leur sort. Mais alors adieu le commerce des pelleteries, adieu la Nouvelle-France.

Champlain acquiert des connaissances précieuses au cours de ce voyage de près d'une année. Sa description de la Huronie est très complète. Ce pays lui rappelle incontestablement la Bretagne. Il compte dix-huit hameaux, dont six sont enclos de palissades à triple rangs supportant une galerie au faîte. Les Hurons comptent environ deux mille guerriers, soit un peu moins à eux seuls que les Iroquois. Ces derniers leur livrent une guerre sans merci. Les Onontagués, par exemple, les ont forcés à reculer leur frontière orientale de quarante à cinquante lieues ; ils les ont refoulés dans le nord-ouest de la péninsule. Le rétrécissement graduel de la Huronie est commencé.

Les Onontagués, tribu iroquoise

Chapitre 5

1618

En 1617, Champlain passe très rapidement au pays. En 1618, il tente d'intéresser à fond la France dans la fondation d'un empire français en Amérique. Les régions qu'il a vues lui inspirent un plaidoyer vigoureux. Puis il revient en Nouvelle-France.

Le 5 juillet, il quitte Québec pour remonter le fleuve. Il rencontre des chaloupes qui viennent prendre de nouvelles marchandises de traite, car « il était venu un grand nombre de Sauvages, à dessein d'aller faire la guerre ». C'est aux Trois-Rivières que le grand conseil a lieu. Les Alliés demandent à Champlain s'il les assistera « encore en leurs guerres contre leurs ennemis », selon la promesse ancienne, car, par eux, « ils sont cruellement molestés et travaillés ». Ici encore, Champlain ne donne aucun détail sur les derniers épisodes de cette guerre. Il pense à l'assassinat de deux Français commis à Québec par des Algonquins, il faudrait que justice soit rendue. Les Alliés, eux, pensent à la guerre. Comment s'entendre ? Champlain répond cependant que ses intentions n'ont pas changé : « ...Mais, ajoute-t-il, ce qui m'empêchait de les assister était, que l'année dernière, lors que l'occasion, et l'opportunité s'en présentait, ils me manquèrent au besoin, d'autant qu'ils m'avaient promis de venir avec bon nombre d'hommes de guerre, ce qu'ils ne firent. » En un mot, en 1617, Champlain était prêt pour une expédition militaire, mais Algonquins et Hurons ne l'étaient pas ; en 1618, c'est le contraire, les Alliés sont prêts, mais Champlain ne peut quitter la colonie. Les délibérations continuent. D'un commun accord, décision est prise de retarder l'expédition de guerre jusqu'à l'an 1619. Les Alliés s'engagent à fournir un bon nombre de guerriers ; de son côté, Champlain suppliera le roi de lui accorder des soldats et d'autres secours militaires, afin de « les faire jouir du repos par eux espéré, et de la victoire sur leurs ennemis ». D'autres conseils ont lieu les jours suivants. Enfin, les Indiens obtiennent satisfaction ; ils festoient et dansent « sur l'espérance de la guerre à l'avenir où, dit Champlain, je les devais assister ».

Le grand conseil des Trois-Rivières de 1618

Un serrurier et le matelot Charles Pillet, probablement tués par le chef montagnais Cherououny dit ke Réconcilié.

Champlain n'est pas loquace. Il ne compose pas le récit de la petite guerre qui sévit toujours entre Coalition laurentienne et Confédération iroquoise. Certaines phrases lèvent à peine le rideau. On le voudrait prolixe.

C'est à cette traite que Champlain retrouve Brûlé. En compagnie de douze Hurons, celui-ci en 1615 étant descendu directement de la Huronie vers le lac Ontario, il avait probablement franchi la rivière Niagara ; il avait contourné le territoire des Tsonnontouans en décrivant un vaste cercle vers l'Ouest. Le

L'expédition d'Étienne Brûlé

Les Tsonnontouans

groupe dont il faisait partie avait attaqué des Tsonnontouans revenant vers leur bourgade et en avait tué quatre ; il en avait capturé deux ; il avait atteint Carantouan, vaste bourgade du pays des Andastes. Ceux-ci avaient tenu des conseils, donné des festins, mobilisé cinq cents guerriers. Brûlé avait pressé leurs préparatifs, mais inutilement. Enfin, après des délais, le détachement andaste s'était mis en marche ; en trois jours, il était arrivé devant le village iroquois que les Hurons, en compagnie de Champlain, avaient assiégé. Ceux-ci étaient partis depuis deux jours après leur siège inutile. Brûlé était revenu à Carantouan, hameau fortifié à la manière des villages iroquois et si populeux qu'à lui seul, il pouvait fournir huit cents guerriers. Désormais inoccupé, il avait visité les tribus voisines, descendu la rivière Susquehanna, débouché dans la baie de Chesapeake. À son retour à Carantouan, il avait enfin trouvé des compagnons de route et repris le chemin de la Huronie. Subitement attaquée par les Tsonnontouans, la petite troupe est dispersée. Brûlé se retrouve seul : il erre dans la forêt ; il suit un sentier et tente de parler à trois Indiens qu'il rencontre. Ce sont des Iroquois qui le conduisent à leur village. Et là, premier Français à connaître cette pénible expérience, il subit un commencement de supplice ; les Tsonnontouans lui arrachent des ongles avec leurs dents, le brûlent avec des tisons, lui arrachent la barbe. Un orage éclate à-propos, interrompt la torture, produit une forte impression sur ces gens féroces. Après avoir promis de réconcilier les Iroquois avec les Français et leurs alliés, Brûlé obtient permission de continuer sa route. Il revient en Huronie et continue à visiter des peuples et des tribus.

Les Andastes

Étienne Brûlé torturé par les Tsonnontouans.

Brûlé avait reçu des instructions ; il ne devait pas oublier le commerce des pelleteries. Aussi, partout, il fait des alliances avec des Indiens, « à la charge qu'ils viendraient faire traite avec nous, et que je les assisterais en leurs guerres ». Il faut noter la phrase précédente. Elle exprime l'entente entre la Coalition laurentienne et les Français. En termes clairs et nets, Champlain répète que la France s'engage à fournir l'assistance militaire à ces tribus contre les Iroquois, à condition que celles-ci apportent leurs fourrures à la traite.

Champlain encourage Brûlé à retourner dans le nord-ouest. Il l'incite à poursuivre son ouvrage, à revenir l'an prochain, avec de nouveaux Indiens ; lui, il viendra au rendez-vous avec bon nombre d'hommes « pour assister les sauvages, ses amis, en leurs guerres, comme par le passé ». Brûlé emploie donc la tactique même dont Champlain s'est servi en 1613, sur l'Outaouais, et qui lui a si bien réussi.

Le rapport de Brûlé est infiniment précieux à son chef. Il agrandit pour lui les frontières des terres et des peuples connus. Désormais, les Français pourront compter sur les Andastes, ces alliés lointains de la Coalition laurentienne, ces hardis guerriers qui, par leurs courses audacieuses au sud de l'Iroquoisie, sauveront sans doute la Nouvelle-France, ou lui apporteront un soulagement précieux. La *Relation* de 1660 dira en effet, qu'au temps où les Hollandais s'établissaient en Amérique, les Andastes « firent si bonne guerre »

Des alliés importants : les Andastes

aux Agniers, « pendant dix années, qu'ils [les Agniers] furent renversés pour la seconde fois, et la nation en fut presque éteinte, du moins tellement humiliée, que le nom seul d'Algonquin les faisait frémir, et son ombre semblait les poursuivre jusques dans leurs foyers ». Le missionnaire place trop tard, cependant, semble-t-il, cette guerre qui, d'après les ambassadeurs que les Andastes envoient en Huronie, et d'après les nouvelles que Champlain apprend en 1615, peut avoir eu lieu entre 1605 et 1615.

1621

Le temps passe, les années 1619 et 1620 s'écoulent. Champlain est assiégé de soucis. Il n'accorde pas l'assistance promise aux Trois-Rivières en 1618. Cependant, les Indiens apportent toujours leurs fourrures aux traitants, soit au cap du Massacre, soit aux Trois-Rivières. D'un autre côté, les Hurons et les Algonquins, de même que les Iroquois, se fatiguent de leur ancien conflit. C'est l'époque où s'ouvrent les négociations de paix.

Quelle date assigner à la première de ces ouvertures ? Charlevoix est affirmatif et net : « Ce fut, dit-il, immédiatement après la dernière expédition de M. de Champlain... qu'ils [les Iroquois] traitèrent avec la Nation Huronne... » et que la guerre prit momentanément fin. Cependant, en 1618, comme on l'a vu, Hurons et Algonquins demandent encore à Champlain des secours militaires. La paix n'est pas faite. Charlevoix peut très bien avoir parlé de cette façon d'une trêve générale qui commencerait vers 1619.

L'expédition de Jean Nicollet (v. 1598-1642)

Les documents fournissent plus de précisions au sujet des Algonquins de l'île aux Allumettes. Nicollet, par exemple, arrive au pays en 1618 ; il se rend immédiatement chez la tribu précédente, pour apprendre la langue. Il y demeure deux ans. Voici les paroles que l'on trouvera dans la *Relation* de 1643, à la suite de sa mort : « Il accompagna quatre cents Algonquins, qui allaient en ce temps-là faire la paix avec les Iroquois, et en vint à bout heureusement. Plût à Dieu qu'elle n'eût jamais été rompue, nous ne souffririons pas à présent les calamités qui nous font gémir et donneront un étrange empêchement à la conversion de ces peuples. » Ce voyage a lieu durant l'hiver 1619-1620. Plusieurs auteurs ont cru que le nombre des guerriers composant l'ambassade indiquait que les Algonquins forçaient les Iroquois à la paix. Mais on ne sait dans quelle bourgade, ni chez quelle tribu ils se sont rendus. On ignore s'ils négociaient pour eux-mêmes seulement ou pour toute la Coalition laurentienne.

Algonquins et Hurons font la paix avec les Iroquois.

Le mouvement vers la paix entraîne bientôt les autres tribus du « Canada », si elles n'y avaient pas pris part tout de suite. Le problème se pose aussitôt devant Champlain. Celui-ci fournit des détails en 1621. « Il y a quelque temps, dit-il, que nos sauvages moyennèrent la paix avec les Iroquois, leurs ennemis ; et jusques à présent, il y a eu toujours quelque accroche pour la méfiance qu'ils ont les uns des autres ; ils m'en ont parlé plusieurs fois, et assez souvent m'ont prié d'en donner mon avis ». Champlain n'a pas hésité ; il s'est prononcé tout de suite. Pour sa part, il trouve bon « qu'ils vivent en paix les uns avec les autres... ». L'affaire est à son avis aussi importante que délicate. Les Alliés doivent bien mûrir leur projet s'ils négocient avec un peuple dont la mauvaise foi serait patente. Les Français se réjouissent de la fin possible du conflit : le volume du commerce des pelleteries augmenterait infailliblement, se disent-ils, l'exploration du continent deviendrait facile. Algonquins et Hurons chasseraient en paix, et même dans la zone neutre, où le gibier foisonne.

Le 6 juin 1621, deux Iroquois se présentent aux Trois-Rivières. Le capitaine algonquin du lieu en donne aussitôt avis à Champlain. Celui-ci expédie incontinent deux canots à Québec, pour les ramener, ce qui exprime de sa part un fort désir de faciliter les négociations ou de les surveiller. Lorsque ces députés arrivent à Québec, le 9 juin, il les loge au camp des Algonquins. Il s'y rend bientôt en compagnie d'un fonctionnaire de la compagnie du nom de Sentein, et de cinq autres Français, armés de mousquets que les Européens sont encore les seuls à posséder dans cette partie de l'Amérique. Mahigan Aticq, chef algonquin, les deux Iroquois à ses côtés, les autres Indiens en arrière d'eux, accueillent les visiteurs ; et, la main dans la main, ils vont à la cabane du chef où la foule attend, chacun placé en son rang. Mahigan Aticq prononce sa harangue. Il est honoré de la venue des Français. Les Iroquois pourront dire en leur pays que l'entente la plus parfaite existe entre Français et Algonquins. Puis des danses ont lieu. Des Algonquins dansent avec les Français. Femmes et filles entrent plus tard dans la ronde. Les réjouissances suivent leur cours. Au moment où elles prennent fin, Champlain prie Mahigan Aticq de lui rendre visite le lendemain avec douze de ses compatriotes et les deux Iroquois.

Mahigan Aticq Ouche, ou Miristou, serait, selon Elsie McLeod Jury, plutôt un Montagnais (DBC, I : 520).

Les invités se présentent à l'heure dite. Champlain leur offre un festin à l'indienne. Puis il les interroge sur la nature du traité qu'ils veulent conclure. Ils répondent que durant les conseils qui vont avoir lieu, les Iroquois promettront de ne pas leur nuire et de ne pas les empêcher de chasser dans tout le pays ; eux, Algonquins, ils feront la même promesse aux Iroquois. Une fois cet engagement réciproque pris, la paix, sans autre cérémonie, existera entre les deux pays. Apparemment, la question des territoires de chasse est d'une importance primordiale, et, une fois réglée, rien n'empêche plus l'amitié.

Algonquins et Iroquois se disent las des guerres.

Champlain est étonné de cette simplicité. Il exige d'autres formalités. Les auditeurs l'interrogent avec anxiété, car ils sont las « des guerres qu'ils avaient eues, depuis plus de cinquante ans ». Et ce long conflit entre ces deux peuples a été si terrible que « leurs pères n'avaient jamais voulu entrer en traité, pour le désir de vengeance qu'ils avaient ». Phrase qui indique avec suffisamment de précision que l'année 1621 voit en présence les mêmes antagonistes que dans les années 1570-1580. Alors Champlain demande à ces deux personnages s'ils sont venus comme particuliers ou comme ambassadeurs, si c'est leur nation qui les a députés, ou s'ils sont partis de leur propre mouvement. Les Iroquois répondent qu'ils sont venus de leur propre chef : ils désiraient revoir des parents et des amis capturés depuis longtemps par les Algonquins et vivant avec eux ; aucune crainte ne les a retenus, car les négociations étaient amorcées depuis longtemps ; une trêve règne entre les deux partis depuis le commencement de ces pourparlers ; les attaques réciproques ont cessé, aucun acte d'hostilité ne se commet plus, l'état de paix existe provisoirement tant que la paix véritable ne sera pas conclue ou que les négociations n'auront pas échoué.

Champlain écoute attentivement cette réponse. Il conseille ensuite aux Algonquins de traiter ces deux visiteurs avec tous les égards possibles, même avec amitié ; mais non pas comme des ambassadeurs, puisque de leur propre aveu, ils ne le sont pas. Il importait quand même de se réjouir. Si les Algonquins désirent conclure une paix raisonnable et solide, ils doivent choisir parmi les mieux doués quelques-uns de leurs compatriotes, pour accompagner les deux visiteurs en Iroquoisie ; ces députés inviteraient officiellement les Cinq Cantons à envoyer des négociateurs à Québec ; ceux-ci obtiendraient avant leur départ l'autorisation de régler en Nouvelle-France les problèmes dont la solution conduirait à la paix. La Confédération iroquoise mettrait plus de confiance dans les négociations, si elle savait que les Français y étaient mêlés.

Les Algonquins acceptent ces conseils judicieux. Ils décident que deux de leurs capitaines partiront en compagnie des Iroquois avec la qualité de députés.

Ils achètent des présents d'une valeur de cent castors pour les offrir, selon la coutume, en exposant leurs propositions. Sur ce montant, Champlain contribue trente castors : il montre ainsi jusqu'à quel point il approuve ces projets. Et lorsque toute l'affaire est terminée, il écrit : « Voilà un bon acheminement. »

La paix des Trois-Rivières

Mais ensuite, il oublie cette négociation. Pendant trois ans, il n'en dira mot. En 1624, il mentionnera brièvement que la paix entre Coalition laurentienne et Confédération iroquoise vient de se consommer aux Trois-Rivières. Ce dernier événement est-il le fruit des délibérations de 1621 ? Existe-t-il un lien entre les deux ? Le long intervalle a-t-il été rempli par les allées et venues des ambassades, par les cérémonies de ratification ? Les protagonistes multiplient les procédures et les formalités, de sorte que cette version est plausible. Mais d'un autre côté, une reprise de la guerre a-t-elle interrompu les pourparlers engagés en juin 1621 ? Voilà la version qu'il faudrait accepter selon certains auteurs, entre autres le père Chrestien Le Clercq et Charlevoix.

Chrestien Le Clercq (1641-ap. 1700) Récollet, missionnaire, auteur de La Nouvelle Relation de la Gaspésie *(1691) et* Premier établissement de la Foy dans la Nouvelle-France *(1691)*

Ce dernier fait grand état d'une attaque que les Iroquois auraient lancée directement contre les Français durant l'été de 1621. Il affirme qu'ils « parurent en armes jusque dans le centre de la Colonie. Ces Barbares, craignant que si les Français se multipliaient dans le pays, leur alliance ne fit reprendre aux Hurons et aux Algonquins, la supériorité sur eux, résolurent de se délivrer, avant qu'ils eussent eu le temps de se fortifier davantage. Ils levèrent donc trois grands partis, pour nous attaquer séparément... » Le premier aurait atteint l'île de Montréal où il aurait trouvé des Français. Bien peu nombreux, ces derniers se défendent avec énergie car ils ont eu vent de l'attaque. Quelques Indiens leur prêtent main forte et ils repoussent l'ennemi, lui tuant quelques guerriers et capturant quelques prisonniers. Mais ils apprennent ensuite que les Iroquois ont fait prisonnier le père Guillaume Poulain, récollet, et ils les poursuivent. Ils les repèrent, ils leur envoient comme parlementaire l'un des prisonniers qu'ils détiennent ; ils le chargent de négocier l'échange du missionnaire contre un chef qui est entre leurs mains. L'émissaire arrive au bon moment : l'ennemi est « prêt pour brûler le Religieux ». L'échange des captifs a lieu immédiatement.

Arrivé en 1618, le père Poulain sera d'abord missionnaire aux Trois-Rivières avant de gagner la Huronie en 1622. Il meurt en France en 1623.

Naviguant en trente canots, le second parti se rend à Québec. Il évite les habitations de la Basse-Ville et vient investir le couvent des Récollets sur la rivière Saint-Charles. Incapable d'assiéger cet édifice de pierre, il se rejette sur des Hurons campés non loin de là. Il surprend quelques-uns de ces derniers et les soumet au supplice du feu. Avant de reprendre le chemin du retour, il ravage les environs.

Pierre-François-Xavier Charlevoix, prêtre, Jésuite 1682-1761), auteur de Histoire et escription générale de la Nouvelle-France

Charlevoix ne donne aucun détail sur les gestes du troisième parti. Il affirme que Champlain est absent de Québec à ce moment et que les Français n'osent attaquer ces envahisseurs. La faiblesse de la Nouvelle-France en cette occasion aurait porté le gouverneur à envoyer en France le père Le Baillif pour demander du secours.

Georges Le Baillif, prêtre, Récollet, missionnaire. Il fut ıussi agent général des Récollets du Canada.

Charlevoix dit qu'il a lu ce récit dans un mémoire. Chrestien Le Clercq donne comme autorité une madame Couillard alors très âgée. Sagard ne mentionne pas cet incident bien qu'il doive arriver au pays, en 1623. Champlain ne raconte pas le fait. Il est pourtant prolixe sur les événements de l'an 1621. Bien plus, l'attaque mentionnée par les autres auteurs se serait produite immédiatement après les négociations de paix qu'il décrit en détail, immédiatement aussi après le départ des députés algonquins en compagnie des deux Iroquois. Ce silence est pour le moins étrange. Est-il possible que les Iroquois qui, à cette date, ne possèdent pas d'armes à feu se soient aventurés aux portes mêmes de Québec ?

Toutefois, certaines phrases indiquent que la paix n'a peut-être pas régné complètement et entre toutes les tribus de 1621 à 1624. Par exemple, en 1623, Sagard descend de son navire à Tadoussac. Il va visiter tout de suite sur la falaise « un village de Canadiens, fortifié de fortes palissades pour la crainte de leurs ennemis qui tenaient la campagne ». Mais les ennemis sont-ils des Iroquois ? N'est-ce pas plutôt des Etchemins qui habitent les montagnes du Saguenay, lesquels, en 1603, étaient des alliés des Montagnais et des Algonquins, mais que ces derniers ont décimés depuis ?

Les conflits entre Iroquois et Hurons se poursuivaient.

S'il est mal établi que l'état de guerre subsiste entre Algonquins et Iroquois, de nombreux documents prouvent qu'Iroquois et Hurons sont toujours aux prises. Champlain raconte lui-même que du Vernay et d'autres Français reviennent de la Huronie en 1623 avec la flottille des fourrures ; le même été, d'autres Français partent avec la même flottille afin de protéger ces Alliés « contre leurs ennemis, et ainsi leur donner courage de revenir avec plus d'affection ». Les Hurons s'éloignent et ils conduisent onze Français avec eux « pour la défense de leurs villages contre leurs ennemis ». Huit demeureront en Huronie en 1624 ; les autres reviendront en Nouvelle-France.

Gabriel Sagard (v. 1614-1636), frère Récollet, auteur de Le Grand Voyage du Pays des Hurons *(1632) et d'une* Histoire du Canada *(1636).*

Si les Hurons ont eu depuis 1619 des velléités de conclure la paix, ils ont bien vite changé d'idée. Tout l'ouvrage de Sagard fourmille de faits qui indiquent un état de guerre fort actif entre eux et les Iroquois. Tout de suite après son arrivée en Nouvelle-France, ce récollet se rend en Huronie où il passe l'hiver 1623-1624. Et ses observations offrent un grand intérêt.

Coalition laurentienne et Confédération iroquoise ont les mêmes méthodes de guerre. Si Algonquins et Hurons vont se poster autour des bourgades de l'Iroquoisie, pour y assommer et y capturer quelques victimes, les Iroquois viennent se mettre à l'affût autour des bourgades huronnes. « Notre bourgade écrit Sagard, était de ce côté-là, la plus proche voisine des Iroquois, leurs ennemis mortels, c'est pourquoi on m'avertissait souvent de me tenir sur mes gardes, de peur de quelque surprise... ».

Les Hurons organisent une assez grosse expédition militaire pendant que Sagard est là ; « ...Le temps d'aller en guerre contre les Iroquois étant arrivé », un jeune guerrier offre à lui seul le festin du départ qui est composé de maïs concassé, de grands poissons boucanés, d'huiles. Dès l'aube, ces ingrédients mijotent en l'une des grandes cabanes ; après le conseil, les hommes s'y rendent et s'empiffrent. Les guerriers se dirigent ensuite à un point de la frontière où doivent les rejoindre les partis venus des autres bourgades, l'armée se rend en Iroquoisie où elle capture une soixantaine de prisonniers, « la plupart desquels furent tués sur les lieux, et les autres amenés pour faire mourir aux Hurons par le feu, puis mangés en leur assemblée, sinon quelques membres qui furent distribués à des particuliers pour leurs malades ».

Les méthodes de guerre

Sagard décrit bien les méthodes de guerre de la Coalition laurentienne et de la Confédération iroquoise : « Leurs guerres ne sont proprement que des surprises et déceptions plutôt que des batailles... Tous les ans au renouveau et pendant tout le temps que les feuilles couvrent les arbres, cinq ou six cents jeunes hommes Hurons ou plus, s'en vont... s'épandre dans le pays des Iroquois », en petits groupes ou partis différents ; là, ils « se couchent le ventre contre terre par les champs et les forêts, et à côté des grands chemins..., et la nuit venue ils rôdent partout jusques dans les villes, bourgs, et villages pour attraper quelqu'un de leurs ennemis, lesquels ils emmènent en leur pays pour les faire passer par les tourments ordinaires ». Pendant les six semaines que durent ordinairement leurs expéditions, ils subsistent du produit de leurs chasses et d'un petit sac de farine de maïs qu'ils ont apporté. Leurs armes offensives

Les armes offensives et défensives

sont la masse, l'arc, la flèche armée d'une pierre aiguë, et qui y est jointe avec de la colle de poisson. Les armes défensives sont la cuirasse composée de baguettes de bois bien lacées ensemble, et le bouclier de cuir bouilli ou de bois de cèdre. Les Indiens sont si vifs qu'ils peuvent tirer dix flèches pendant qu'un arquebusier recharge son arme.

Lorsque les Hurons appréhendent une attaque, ils détruisent les bourgades qui sont rapprochées de la frontière et qui sont trop faibles. Les habitants se réfugient dans les villes bien fortifiées où ils se construisent des maisons. Les hommes réparent les palissades, transportent des pierres dans les galeries, mettent les provisions en sûreté. Des éclaireurs surveillent au loin les sentes de la forêt, des sentinelles se postent dans les guérites. Si l'attaque se concentre sur un hameau, les guerriers des villages voisins accourent aussitôt, s'y introduisent la nuit pour s'enfermer avec les défenseurs.

Sagard est accompagné de deux autres Récollets : Nicolas Viel et Joseph Le Caron

Sagard est témoin d'une partie de ces manœuvres. Car pendant son séjour, un grand vieillard robuste se fait l'avocat d'une guerre contre les Neutres. Ceux-ci peuvent aligner six mille guerriers tandis que les Hurons n'en ont que deux mille. Alors, quand le conflit est sur le point d'éclater, ces derniers mettent en état de défense le bourg où habite Sagard. Ils érigent un « fort réduit en forme ronde, et en un lieu assez fort d'assiette de tous côtés ». Sagard et ses confrères se prononcent fortement contre cette guerre dangereuse pour la nation huronne ; ils exercent toutes leurs influences pour la paix et obtiennent gain de cause. Les Hurons n'ont-ils pas assez de leurs ennemis actuels, car « la chance se tourne aussi souvent du côté des Iroquois ». La forêt est à proximité de la plupart des bourgades et c'est un jeu pour l'ennemi de faire des victimes.

Il arrive à Québec le 16 juillet 1624.

Sagard, comme Champlain, revient de la Huronie avec toute une moisson d'informations. Il déclare, par exemple, que les Iroquois ont cessé depuis quelques années de venir attaquer les Hurons à la Chaudière, sur l'Outaouais. Toutefois, les Alliés sont toujours prudents quand ils arrivent à ce passage dangereux. Autrefois, ils se rendaient jusqu'à Tadoussac en passant par la Gatineau et l'intérieur des terres.

Les jeunes Algonquines : des nymphes

L'Outaouais est tout fourmillant de vie lorsque Sagard y passe. L'âme fraternelle et bonne, il examine tous les spectacles avec sympathie. À la rivière des Français, de jeunes Indiens ont capturé deux jeunes ours qui gambadent et luttent. Les esturgeons et les brochets du lac Nipissing sont célèbres. D'un haut poste d'observation, les Algonquins de l'île aux Allumettes découvrent les étrangers qui entrent dans leur pays. Ils sont superbes et courtois ; ils savent s'habiller et se parer. « ...Les jeunes femmes et filles semblaient des nymphes, tant elles étaient bien ajustées, et des comédiennes, tant elles étaient légères de pied... » Les Indiens de la Petite Nation ont souffert de la famine l'hiver précédent. Puis on assomme un chien que l'on mange ensuite avec appétit ; les bleuets sont délicieux. Tout le long de la route, les tribus convoitent les farines de maïs des Hurons ; elles tentent de les extorquer, de les voler, de les échanger. C'est l'un des principaux articles du commerce des Hurons.

Champlain revient sur le sujet de la paix en 1624, peu de temps avant le retour de Sagard. Il veut alors calmer un chef algonquin, Simon dit « le furieux », qui tente d'organiser une expédition de guerre contre les Iroquois. C'est mal choisir son temps, Iroquois et Algonquins sont « en pourparler de paix » depuis « trois ou quatre jours ». Champlain le raisonne : Simon infligera un mal grave à son peuple ; il ne faut pas manquer à la parole donnée ; l'individu doit respecter la volonté de la nation ; les Indiens ne doivent pas mécontenter les Français. Mais ce forcené demeure récalcitrant, Champlain doit employer la menace. Il croit avoir réussi, mais le sentiment de la vengeance est tout imprégné dans le sang de ce primitif.

Ce Simon est sans doute Pieskaret, chef algonquin considéré comme la « terreur des Iroquois ».

En cette circonstance, Champlain donne des pois pour un festin, « comme est leur coutume, quand il est question de faire accord, ou autres choses semblables ».

Peu de temps après, des Montagnais partent pour l'Iroquoisie avec la qualité d'ambassadeurs. Ils reviennent au début de juillet, après un voyage de six semaines, entrepris « pour contracter amitié » avec les Iroquois. Ils apportent d'excellentes nouvelles. Ils ont été « très bien reçus des Iroquois qui leur firent tout plein de bonne réception, pour achever de faire cette paix... ». Un incident a failli tout gâter : le dénommé Simon faisait partie de l'ambassade ; à peine hors des portes de la bourgade, il a tué un Iroquois rencontré par hasard. Ses compagnons ont réparé ce crime avec bien de la difficulté. Et Champlain ajoute : « ...il ne faut parmi tels gens qu'un tel coquin, pour faire rompre toutes sortes de bonnes entreprises ». Aucune organisation policière ou judiciaire, soit chez les Algonquins, soit chez les Iroquois, ne réprime de tels abus de la liberté individuelle ; et les particuliers peuvent impunément agir contre la volonté et les sentiments de la majorité. C'est un point important qu'il ne faut pas oublier.

Délégation des Montagnais chez les Iroquois

Simon (Pieskaret) sera assassiné par un Iroquois en 1647.

Une notation très brève de Champlain indique plus tard que ces négociations sont couronnées de succès. Le 25 juillet 1624, il signale en effet l'arrivée d'une barque venant des Trois-Rivières qui apporte de bonnes nouvelles. Nonobstant le meurtre commis par Simon, six ambassadeurs iroquois se sont en effet présentés aux Trois-Rivières, à la date indiquée. Ils sont venus expressément « pour confirmer l'amitié avec tous les sauvages ». L'Iroquoisie avait jugé que l'acte d'un particulier ne devait pas retomber sur la nation.

1624, la paix malgré le meurtre commis par Simon.

Et voilà la sobriété avec laquelle Champlain annoncera ce grand événement. Il n'ajoutera pas un mot aux phrases citées plus haut. Pourtant, c'est la première pause dans le conflit qui, depuis 1570, dresse Algonquins, Hurons et Iroquois les uns contre les autres ; les Français sont partie à ce traité, ils ont pris aux négociations une vaste part ; l'accord a probablement aussi des sous-entendus commerciaux d'une vaste importance. Mais Champlain s'en tiendra à ces sèches paroles. Il faut les commenter et dire que « amitié avec *tous* les sauvages », implique nécessairement la paix non seulement avec les Algonquins, mais encore avec les Hurons.

Chrestien Le Clercq n'a pas imité cette sécheresse. Il est venu à la fin du même siècle avec un tel luxe de détails et une telle abondance de renseignements, qu'on s'est pris à douter de ses sources. Il révèle en effet que c'est Champlain lui-même qui avait envoyé, durant l'hiver de 1623-1624, le père Joseph Le Caron, compagnon de Sagard, chez les Algonquins de l'Outaouais et les Hurons. Il lui aurait confié une mission diplomatique, celle de préparer ces tribus à la paix. Deux Français en plus auraient visité les Népissingues et d'autres peuples pour leur demander d'envoyer des députés à l'été. Ces agents, recevant les instructions de Champlain, auraient remporté un plein succès. À la suite de leur bon travail, soixante canots seraient partis en juin de la Huronie avec deux cents hommes ; les Népissingues seraient venus en treize canots ; pas moins de vingt-cinq canots iroquois auraient soudain paru sur le Richelieu, se dirigeant paisiblement vers les Trois-Rivières ; enfin, les Algonquins étaient présents en grand nombre. Jamais l'embouchure du Saint-Maurice n'avait été témoin de cérémonies si grandioses et si solennelles. Grâce aux dispositions prises par Champlain, elles s'étaient déroulées dans un ordre impressionnant et parfait. Il y avait des interprètes pour toutes les langues. Festins et danses se seraient succédé. À la fin aurait eu lieu la ratification solennelle du traité par les Iroquois et tous leurs ennemis d'hier, y compris les Français. Aucun événement ne peut favoriser mieux le développement des missions et les Récollets décident d'appeler les Jésuites à la rescousse.

Autre version de la paix des Trois-Rivières

Après le sobre récit de Champlain, celui de Chrestien Le Clercq paraît romancé. Mais la paix de 1624 est un fait indéniable. La Nouvelle-France conclura d'autres traités avec les Iroquois ; et si l'on en juge par la procédure habituellement suivie, il est tout à fait plausible que Champlain ait envoyé des agents parmi les tribus alliées à l'automne de 1623 pour vaincre leurs dernières répugnances, prononcer les derniers plaidoyers, organiser des ambassades, les amener aux Trois-Rivières à la date convenue. Toute cérémonie indienne de ce genre s'accompagne nécessairement ensuite d'une série de présents symbolisant les propositions des parties, de harangues à chaque présent, de conseils où l'on pétune d'un air morose, de festins, de danses, d'un cérémonial élaboré pour l'arrivée et le départ. Deux faits demeurent un peu étranges : l'absence de Champlain qui s'explique probablement par le fait que les chefs de la Société étaient sur les lieux ; et le silence de Sagard qui vient d'arriver de la Huronie et qui a vécu des mois avec le père Le Caron.

Mais ce dernier a écrit une phrase que tous les historiens ont notée, et c'est la suivante : « Je m'étais autrefois voulu entremettre d'une paix entre les Hurons et les Iroquois, pour pouvoir planter le S. Évangile partout, et faciliter les chemins de la traite à plusieurs Nations qui n'y ont point d'accès, mais quelques messieurs de la Société me dirent qu'il n'était pas expédient, et pour cause d'autant que si les Hurons avaient paix avec les Iroquois, les mêmes Iroquois mèneraient les Hurons à la traite des Flamands, et les divertiraient de Québec qui est plus éloigné ». Charlevoix réfléchit cette même pensée, lorsque, lui aussi, il lancera plus tard l'affirmation suivante : « Cette même année M. de Champlain fut averti de bonne part, que les Hurons songeaient à se détacher de notre alliance, et à s'unir avec les Iroquois ; ce qui l'obligea de leur envoyer le P. Joseph Le Caron, que le P. Nicolas Viel, et le Fr. Gabriel Sagard, son confrère, qui venaient d'arriver de France, voulurent bien accompagner. »

Les Iroquois auraient voulu détourner la traite vers les Hollandais.

Ces phrases ont fourni des indices sur les négociations menées par l'Iroquoisie pour détourner vers Albany ou New York, le courant volumineux des fourrures huronnes, ou pour du moins conclure avec la Huronie une paix qui se négocierait dans le dos des Français.

Dans l'État de New York, la situation est la suivante. En 1614, la United New Netherland Company obtient le monopole de la traite ; elle construit Fort Nassau dans la localité où s'élèvera bientôt Fort Orange. Mais son privilège ne dure que trois ans. Une seconde période de commerce libre s'ouvre ensuite. En 1623, à l'automne, la Dutch West India Company obtient à son tour le monopole et fonde en 1624 le célèbre Fort Orange, dans une île, à côté d'une bourgade mohicane.

Kiliaen van Rensselaer

Durant ces années, le commerce des fourrures ne semble pas avoir été très régulier dans les terres de l'Hudson supérieur, sauf peut-être durant les trois années où Fort Nassau a existé. Il se conduit probablement dans des navires qui viennent à des dates incertaines. Le pays des Agniers, et, en conséquence, l'Iroquoisie, ne touche pas à l'Hudson. Une bande de terre de vingt-cinq lieues environ l'en sépare ; elle appartient comme le dit van Rensselaer « à la libre, à la riche et à la célèbre nation des Mohicans, qui possède un langage propre ». Il le sait bien, puisqu'il achètera en 1630 des parcelles de cette région et que ces faits seront consignés dans des contrats. Les Iroquois forment donc alors une tribu confinée dans l'intérieur.

Guerre entre Mohicans et Agniers

Bien plus, en 1624, la guerre s'ouvre entre les Mohicans et les Agniers. Une amitié assez bonne existait entre les deux tribus ; mais un commis hollandais du nom de van Krieckebeeck « engagea et entraîna ces mêmes Mohicans dans des guerres inutiles avec la belliqueuse nation des Agniers, leurs anciens amis et voisins ». À cette époque, les Mohicans comptent environ mille guerriers, soit approximativement deux fois plus que les Agniers. À partir de 1624, la guerre, qui semble avoir été peu favorable tout d'abord à ces derniers, se continuera pendant plusieurs années.

En 1623, des colons arrivent aussi en Nouvelle-Hollande avec l'instruction d'y habiter « et de faire le commerce, surtout en fourrures qui abondent dans ce pays ». Mais tout de suite, van Rensselaer conçoit le projet de limiter la traite. Si elle est libre, plaide-t-il auprès des autres directeurs, le gibier à poil disparaîtra vite ; il arrivera trop de pelleteries sur le marché et les prix s'affaisseront. Afin d'assurer à la compagnie un revenu régulier et stable, Rensselaer argumente si bien auprès de ses collègues « que ceux-ci jugent qu'il est à propos de restreindre un peu la traite pendant un temps ».

Pendant la période 1620-1624, les Iroquois encore confinés dans l'intérieur, trouvent le moyen de venir à l'Hudson pour la traite. La phrase suivante, écrite à la dernière des deux dates, par le Hollandais van Meteren, le prouve suffisamment : « Au moins cinquante lieues plus haut se trouvent également plusieurs bourgades, et toutes viennent de l'intérieur sur ce fleuve pour la traite... » Il est difficile de ne pas reconnaître dans ces bourgades les villages des Iroquois. L'état de guerre, alors, n'existe pas encore entre Agniers et Mohicans, de sorte que les premiers peuvent probablement circuler sur les terres des seconds. Mais Fort Orange n'est pas fondé ; la traite n'est pas organisée sur une base régulière ; l'Iroquoisie n'accède pas directement à l'Hudson ; le commerce n'a pas épuisé les ressources pelletières de l'Iroquoisie, loin de là. Les Agniers, peut-être aussi les Onneyouts, ont pris contact avec les Hollandais, mais les autres tribus les connaissent peu. Est-il plausible que dans ces conditions la Confédération iroquoise ait entamé des négociations sérieuses avec les Hurons, ou, en général, avec la Coalition laurentienne pour devenir leurs intermédiaires et disposer de leurs fourrures ? La question paraît prématurée. Ne s'agirait-il pas plutôt d'appréhensions ? Toutefois cela n'est pas impossible.

L'Iroquoisie face à la Nouvelle-Hollande

Les Français et les Hollandais bénéficient des guerres amérindiennes.

Champlain a très bien compris les avantages et les bienfaits d'une paix entre Coalition laurentienne et Confédération iroquoise. Il s'y est consacré. Mais Nouvelle-France et Nouvelle-Hollande sont en réalité entre les mains de deux vastes sociétés ; elles distinguent immédiatement toutes deux, ou peu de temps l'une après l'autre, les conséquences dangereuses que peut avoir pour elles un traité de paix entre ces tribus ennemies. Elles jouissent d'un monopole ; pour cette raison, elles donnent peu de marchandises aux Indiens pour leurs pelleteries, elles les obtiennent à bon compte, étant maîtresses de la situation. Lescarbot,Sagard, le père Le Caron signalent pour la Nouvelle-France les bas prix versés pour les fourrures. Quand l'état de guerre règne, les Indiens canadiens ne peuvent se rendre à Fort Orange pour solliciter et obtenir un paiement plus élevé ; ni d'ailleurs, les Indiens de la Nouvelle-Hollande ne peuvent se rendre à Québec, avec le même dessein. Mais que l'état de paix s'établisse, et les Indiens se rendent chez le voisin ; et alors c'est la hausse des prix. Deux grandes nations européennes apprennent donc vite que la guerre entre Algonquins et Hurons d'une part, et Iroquois d'autre part, est plus favorable à leurs intérêts que la paix, car alors chacune peut garder dans les limites de ses colonies les pelleteries qui y sont produites et les payer le prix qu'elles veulent. De là à la désirer, à la fomenter, à l'entretenir, à intriguer contre les traités de paix, il n'y a qu'un pas.

Il ne s'agit pas de vaines paroles. On ne sait pas exactement à quelle date, par exemple, les Algonquins ont commencé de fréquenter Fort Orange. Mais en 1626, un Hollandais y enregistre leur passage : « Les tribus qui, du côté du Nord, viennent des lieux les plus éloignés, sont les Indiens du Canada français. » Ne se rendent-ils là que depuis la paix de 1624 ? Les Mohicans sont leurs amis et ils les laissent sans doute passer librement.

Des débats se continuent entre historiens sur la quantité des fourrures canadiennes qui, dès le début, ont passé par l'Hudson ; des renseignements précis manquent. Par ailleurs, un mouvement commercial en sens inverse se produit aussi à la même époque. D'après Chrestien Le Clercq, des Iroquois apportent des pelleteries en Nouvelle-France en 1624 ; d'autres faits se produiront plus tard et révéleront un commerce clandestin qui a pu avoir de l'ampleur. L'Iroquoisie n'a pas alors épuisé ses réserves de fourrures. Ces incidents avaient attiré peu d'attention tout d'abord ; puis les historiens se sont aperçu que les tribus indiennes avaient de grandes relations commerciales avant l'arrivée des Blancs ; que le cuivre, les grains de nacre, les pierres de flèches circulaient, par exemple, dans tout le continent. Ils ont noté alors que les indigènes avaient compris rapidement le mécanisme de la traite, de la concurrence, des échanges, les bénéfices des intermédiaires et tous les autres phénomènes relatifs au commerce.

Mais il faut bien noter qu'en conformité d'une politique prudente, les Agniers ne veulent pas en 1624 combattre deux ennemis à la fois : la puissante Coalition laurentienne au nord et les Mohicans à l'est. C'est probablement la raison principale du traité de 1624. À ce moment, les tribus iroquoises sont encore faibles ; les Agniers versent probablement des tributs à quelques-unes de leurs voisines. Elles vivent une existence précaire et menacée.

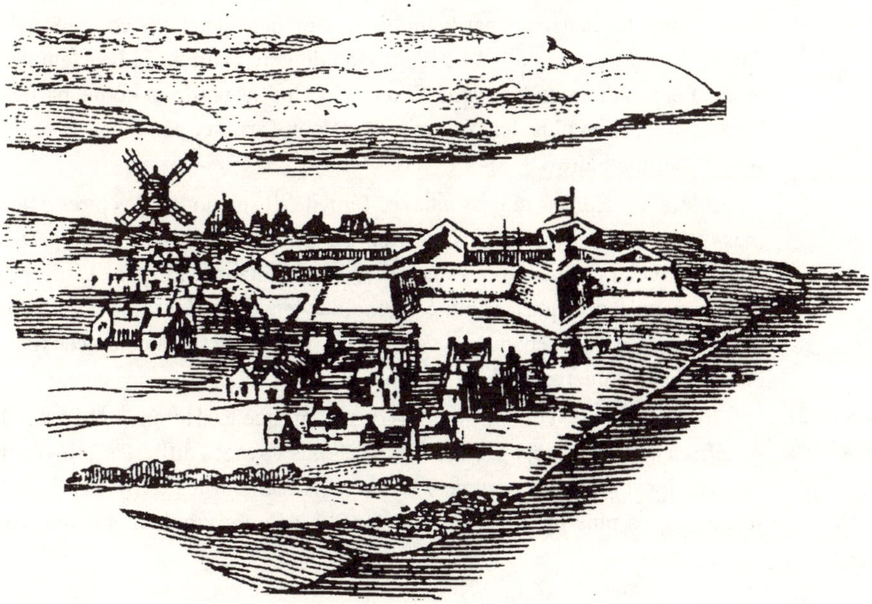

Chapitre 6

1626

Joseph de La Roche Daillon, prêtre, Récollet, premier missionnaire chez les Neutres

Pendant que la paix règne, en 1626, durant les mois d'automne, le père Joseph de La Roche Daillon continue les explorations de Champlain. En compagnie de Grenoble et de La Vallée, il quitte la Huronie et visite la nation du Pétun. Il descend ensuite chez les Neutres. Il y visite plusieurs hameaux « pour faire alliance et amitié avec eux, et pour les inviter de venir à la traite ». Les Neutres habitent vingt-huit bourgades, sans compter les hameaux qui ne renferment que sept ou huit cabanes. Fort belliqueux, ils sont en guerre avec dix-sept tribus. Un chef fameux est le roi incontesté du pays.

Yroquet (Iroquet), chef algonquin

Le missionnaire se rend compte que les Neutres peuvent atteindre facilement les lieux de traite du Saint-Laurent en suivant le lac Ontario et le fleuve Saint-Laurent. Cette route serait directe et courte. Les Neutres ne semblent pas, ou ne veulent pas la connaître. Yroquet, qui vient à la chasse et récolte vite cinq cents peaux de castor, ne veut pas révéler la location d'une mystérieuse rivière des Iroquois, qui est probablement la rivière Niagara.

Les Pétuns habitent alors la péninsule de Bruce.

Les Hurons prennent vite ombrage des agissements du père Daillon. La traite des fourrures se concentre entre leurs mains. Ils servent d'intermédiaires aux Neutres pour leur commerce extérieur, vendant leurs produits, et leur apportant les marchandises de l'extérieur. Ils sont aussi les intermédiaires de la nation du Pétun, achetant leur tabac et le revendant à meilleur prix. Ils accumulent ainsi les bénéfices par la multiplication des opérations commerciales. Alors, ils sont opposés à fond à la mission du père Daillon. Si les Neutres se rendent eux-mêmes en Nouvelle-France, les Hurons perdront bonne partie de leurs profits. Bien plus, les Neutres pourraient s'arroger peu à peu la profession d'intermédiaires.

Alors, les Hurons réagissent avec férocité. Ils répandent les pires calomnies contre les Français. Ils les accusent de tous les crimes, d'être en particulier des sorciers, des empoisonneurs, des incendiaires. Le père Daillon est maltraité, volé, presque assommé. Grenoble vient de la Huronie pour le ramener ; la rumeur s'est répandue qu'il était mort. Ainsi se défendent avec ruse et énergie les commerçants de la Huronie.

Les Neutres habitent alors autour du lac Érié.

Toutefois, les Neutres ont moins de raisons que les Hurons à chercher des bénéfices dans la traite, le commerce, les longs voyages difficiles à travers les rapides, les chutes, les portages, la forêt. Ils habitent les territoires les plus fertiles et les plus productifs qui soient. Le pétun s'y cultive sur une large échelle. Le gibier y abonde : cerfs, dindons sauvages, orignaux, chats sauvages, écureuils noirs y produisent de belles fourrures. C'est une tribu qui subsiste facilement, agréablement. « ...On devrait plutôt s'y habituer qu'ailleurs », en particulier la Huronie nordique, pense le missionnaire. La traite pourrait aussi s'y organiser plus facilement. En dix jours au lieu de trente, les flottilles atteindraient les postes de traite ; malheureusement pour eux, les Neutres ne connaissent pas la navigation.

Les Neutres
Les Cheveux-Relevés (ou Outaouais)
La Nation du feu

Les Neutres « assistent les Cheveux-Relevés contre la Nation du feu, desquels ils sont ennemis mortels », dit le missionnaire. Et il ajoute encore qu'aux foyers des Neutres s'assoient en paix les Iroquois et les Hurons ; ils y mangent parfois ensemble ; mais en dehors du pays, ils se font la guerre « sans qu'on ait encore pu trouver moyen de les réconcilier et mettre en paix, leur inimitié étant de trop longue main enracinée et fomentée par les jeunes hommes de l'une et l'autre nation, qui ne demandent qu'à se faire valoir dans l'exercice des armes et de la guerre pour la patrie... ».

La Coalition laurentienne est placée en face d'un ennemi invétéré : la Confédération iroquoise. Doit-elle s'allier à tout peuple qui combat cet ennemi, lorsque l'occasion est propice, comme en 1624, et l'abattre avec le concours de cet auxiliaire ? Car elle recevra alors des offres de paix de l'Iroquoisie et si elle les accepte, elle pourra demeurer pendant un temps en dehors du conflit et se reposer. Mais pendant ce temps-là, les Iroquois pourront battre leur ennemi et se retourner ensuite contre elle avec des forces accrues et la conscience de leur force nouvelle. Machiavel n'aurait pas hésité : il aurait conseillé à la Coalition laurentienne de s'unir en n'importe quel temps à tout ennemi des Iroquois.

Guerres entre Agniers et Mohicans

Le choix s'était posé en 1624 : les Algonquins auraient pu s'unir aux Mohicans et infliger aux Agniers des désastres graves. Toutefois, conduits par Champlain, mal informés peut-être, Algonquins et Hurons avaient accepté la paix. Deux années plus tard, en 1626, le même problème se pose de nouveau. Et dans les mêmes conditions. Les Agniers sont de nouveau en guerre, ou continuent à être en guerre avec les Mohicans. La Coalition laurentienne peut se joindre à ces derniers et mettre hors de combat des ennemis qui entrent insensiblement dans une période d'expansion.

Champlain précise que les Hollandais (ou Flamands) sont « au 40 degré, côtes attenantes à celles des Virginies où l'Anglais habite ».

Le 22 juillet 1626, un canot arrive en effet à Québec ; il vient du Richelieu, peut-être de Fort Orange. Les Indiens qui le montent apprennent à Champlain que les Agniers ont tué cinq Hollandais « qui par ci-devant avaient été leurs amis ». Voici ce qui s'était passé. David van Krieckebeeck, commandant de Fort Orange, avait pris part, avec six de ses hommes, à une expédition de guerre des Mohicans contre les Agniers. Le choc s'était produit à une lieue de l'Hudson. Les ennemis avaient attaqué avec furie. Ils avaient lancé une grêle de flèches. Ils avaient forcé les Mohicans et les Hollandais à fuir. Ceux-ci s'étaient probablement servi d'armes à feu, mais sans effet. Dans la déroute, le commandant hollandais avait été tué, de même que trois ou quatre de ses compatriotes. Le cadavre de l'un d'eux sera même mangé après avoir été convenablement rôti.

Plus tard, Pieter Barentz rendra visite aux Agniers. Ceux-ci lui diront « qu'ils espèrent qu'on leur pardonnera cette action, parce qu'ils ne se sont jamais opposés aux Blancs, et ils demandent pourquoi ceux-ci se sont mêlés de leurs affaires : autrement, ils n'auraient pas tué les Hollandais... ». Un autre commis assume le commandement à Fort Orange ; la population civile craint une attaque des Agniers et elle est évacuée sur New York. Il ne reste qu'une garnison de seize soldats. Pendant un temps, les relations sont fort tendues. Enfin, l'alliance des Hollandais avec les Mohicans signifie sans doute que les premiers reçoivent des seconds presque toutes les pelleteries qu'ils achètent au poste.

Par ailleurs, les Agniers ne remportent pas cette année-là une victoire complète. Ils souffrent même un revers éclatant. Un voyageur hollandais se rend en effet dans l'Iroquoisie orientale à la fin de l'année 1634 ; il revient au printemps de l'année 1635 ; à cinquante milles environ de Fort Orange, il découvre les restes d'une bourgade détruite et abandonnée ; ses guides lui expliquent qu'elle a été incendiée neuf ans plus tôt, soit en 1626 ; c'était le village le plus oriental de l'Iroquoisie, celui qui était le plus rapproché de l'Hudson. Il était probablement situé même en territoire mohican.

1627

Les Mohicans veulent l'appui des Algonquins contre les Iroquois.

Champlain n'apprend pas tous ces détails quand le canot lui apporte des nouvelles en juillet 1626. Mais d'autres viendront plus tard. Durant l'hiver 1626-1627, des Algonquins se rendent en effet chez les Mohicans. Ceux-ci les sollicitent vivement de se liguer avec eux contre les Agniers. Les Hollandais entreraient probablement dans la coalition. Peut-être même les Français pourraient-ils fournir leur assistance. Les Mohicans voient que l'occasion est belle de former une ligue puissante contre leurs ennemis ; l'Iroquoisie pourrait être refoulée à l'intérieur du continent et plus amplement affaiblie. Alors ils offrent à leurs visiteurs les bandes de grains de nacre qui symbolisent leurs propositions. Ces derniers pourront les transmettre aux chefs de leurs tribus respectives, le Réconcilié et les autres, afin de les induire à entrer dans la ligue, à dénoncer le traité de 1624, et à déclarer la guerre.

Le Réconcilié, plus connu sous le nom de Cherououny.

L'offre allèche la Coalition laurentienne. Dans le cœur des Algonquins, la haine ancestrale jaillit. N'est-ce pas une occasion unique de porter un coup mortel aux tribus iroquoises ? Les colliers sont en conséquence offerts aux chefs montagnais qui prennent sans plus la résolution d'assembler leurs compatriotes, de convoquer les Algonquins et peut-être aussi les Hurons. Ils désirent former le plus tôt possible un gros détachement qui descendrait sur l'Hudson, s'unirait à un parti de guerre mohican pour prendre d'assaut les bourgades iroquoises.

Cependant, l'unanimité ne règne pas chez les Montagnais. Plusieurs d'entre eux ne favorisent ni une rupture avec l'Iroquoisie ni une guerre dans des régions éloignées. La désunion se fait vite jour. Parmi les partisans de la paix se trouve Mahigan Aticq, l'ami de Champlain, un grand capitaine algonquin. Il ne veut prendre aucune décision sans consulter ce dernier. Il se rend donc à Québec et il lui explique les propositions des Mohicans. Les deux hommes discutent, ils supputent les conséquences d'une destruction des Iroquois.

Champlain veut maintenir la paix.

Champlain n'hésite pas. Il ne saurait tolérer les négociations qui se poursuivent malgré le traité existant. Maintenir la paix à tout prix, voilà la décision qu'il prend. Il est atterré du fait que le Réconcilié et d'autres capitaines ont déjà accepté les présents des Mohicans : les accepter, c'est en même temps souscrire aux propositions dont ils sont le symbole. Ainsi le veut la diplomatie indienne. Comment a-t-on lancé la Coalition laurentienne dans la guerre sans même lui en donner avis ? N'est-ce pas lui qui a dirigé les négociations qui ont amené la paix actuelle ? Son œuvre, de plus, a été bienfaisante : les tribus voyagent librement sur le Saint-Laurent et ses tributaires, elles chassent partout sans courir de dangers. Veulent-elles vraiment retomber dans tous les dangers anciens ? Rompre le traité, pense Champlain, c'est malice pure. Puis Montagnais et Français ont fait la promesse solennelle de ne jamais plus attaquer les Iroquois sans que ceux-ci aient fourni au préalable des sujets de plainte et une raison sérieuse de dénoncer le traité.

Champlain suppute aussi sans doute les résultats immédiats des nouvelles hostilités : la navigation de nouveau entravée, la chasse restreinte, la quantité des fourrures diminuée.

Alors il s'élève hardiment contre les fauteurs de la guerre. Si ceux-ci persévèrent dans leur dessein, il les traitera comme des ennemis ; il ne veut plus les voir à Québec. Et partout où il rencontrera des Iroquois, il les assistera comme des amis, il leur fournira même son assistance contre les Mohicans. Il n'aura plus à l'avenir aucune relation avec le Réconcilié, si celui-ci ne renvoie pas les présents qu'il a reçus. Et il ne peut les garder et en même temps ne pas conduire ses hommes à la guerre.

Mahigan Aticq est du même sentiment. Il conseille à Champlain de se rendre immédiatement aux Trois-Rivières pour assister au grand conseil qui décidera de la paix ou de la guerre. Il n'y a pas une minute à perdre puisque les Algonquins parlent d'exécuter immédiatement un raid en Iroquoisie même avant de se joindre aux Hollandais. Lui, Mahigan Aticq, il peut y exposer les idées de Champlain, mais les Algonquins n'ajouteront pas foi en ses paroles.

Le Réconcilié fait volte-face.

Champlain obtient l'assistance imprévue d'un autre capitaine algonquin. Un beau jour, il voit arriver le Réconcilié lui-même. Il le reçoit avec froideur et il lui témoigne son déplaisir. L'autre affirme qu'il n'est pas au courant de la négociation. Il part immédiatement pour les Trois-Rivières ; et, exécutant une prompte volte-face, il se déclare opposé à cette guerre, et il en réprouve aussi vertement l'idée qu'il l'avait prônée auparavant.

Champlain délègue Eustache Boullé, frère d'Hélène Boullé son épouse.

Champlain ne peut quitter Québec tout de suite. Il envoie son beau-frère, Eustache Boullé, accompagné d'un interprète. Celui-ci part de Québec le 9 mai 1627. Il arrive aux Trois-Rivières après le Réconcilié. Quand celui-ci a prononcé son discours, nombre d'Algonquins avaient déjà quitté la traite ; ils étaient retournés en leur pays dans le dessein bien arrêté d'aller en guerre à l'insu des Français. C'est un fait d'importance capitale et dont les conséquences se développeront bientôt.

Eustache Boullé assiste à d'autres délibérations. L'unanimité est loin de régner dans le conseil. La moitié des Indiens présents sont favorables à la guerre, les autres à la paix. Enfin, les Algonquins décident de n'adopter aucune résolution définitive tant que les navires français ne seront pas arrivés, tant aussi que les Indiens ne seront pas présents en plus grand nombre au lieu de traite. C'est cette décision qu'Eustache Boullé communique à Champlain le 21 mai au moment de son retour à Québec.

Une vingtaine de jours plus tard, Émery de Caën, grand maître de la Compagnie, arrive de France. Champlain le met au courant de la question en délibération parmi les Indiens ; il lui demande d'exercer son influence en faveur de la paix. De Caën part pour les Trois-Rivières.

L'Algonquin Mecabo (ou Mécabou), dit Martin

L'Algonquin Nepagabiscou

Des Algonquins brisent la paix.

Soudain, un incident déjoue toutes les mesures. Un Algonquin du nom de Mecabo ou Martin, ami des Français, a un gendre qui s'appelle Nepagabiscou, ou comme disent les traitants, Tricatin. Ce dernier se fait le capitaine d'un groupe de sept Algonquins qui, malgré parents et amis, partent pour la petite guerre contre les Iroquois. Ces dissidents atteignent le lac Champlain, rencontrent un canot monté par trois Iroquois sans défiance et ils les capturent. L'un des prisonniers réussit à s'échapper ; les deux autres sont conduits aux Trois-Rivières. Sagard décrit longuement, d'après les souvenirs de frère Gervais, l'arrivée et le séjour de ces victimes. Ils ont déjà les ongles arrachés, ils ont subi des brûlures avec des cendres chaudes et la bastonnade. Maintenant, les prisonniers chantent pendant que les Algonquins dansent. Frère Gervais demande leur libération. Les Indiens répondent « qu'il n'y avait ni paix ni trêve entr'eux et les Iroquois, mais une guerre continuelle... ». Ils ont décidé de les mettre à mort, mais plus tard, à la grande traite de cap du Massacre, et devant toutes les tribus réunies. Et ils s'embarquent à cet effet quelques jours plus tard.

Ces Algonquins veulent ainsi forcer la main à la Coalition laurentienne, à Champlain lui-même. Comme le dit l'annotateur du Mémoire de Perrot : « l'indépendance chez les sauvages de la Nouvelle-France était absolue en principe. Elle ne reconnaissait à aucune autorité le droit de lui assigner des limites. Chaque nation, et dans chaque nation, chaque bourgade, et dans chaque bourgade, chaque famille, et dans chaque famille, chaque individu, se considérait comme libre d'agir à sa guise, sans avoir jamais de compte à rendre à personne... Un assassinat était-il commis, une paix solennellement jurée avec une autre peuplade était-elle violée par le caprice d'un seul individu : il ne fallait pas songer à punir directement le coupable... »

Les Français tentent donc de replâtrer cette paix déjà compromise. Émery de Caën s'y évertue : il remontre aux Algonquins leur peu de foi, leur manquement à la parole donnée. En désespoir de cause, il représente par écrit à Champlain l'urgence de venir lui-même. C'est le 14 juillet que celui-ci saute dans un canot, en compagnie de Mahigan Aticq. Et quand il descend sur la plage à l'embouchure du Richelieu, il apprend que le Réconcilié a coupé les cordages qui liaient les prisonniers, disant qu'avant de les mettre à mort, il fallait obtenir l'opinion de Champlain et d'un conseil général des tribus. Après avoir écouté Émery de Caën, qui lui communique les dernières nouvelles, il rend visite aux deux Iroquois dont l'un a vingt-six ans, l'autre dix-sept, et qui sont tous deux des hommes bien bâtis et robustes.

Quand le conseil s'ouvre, Champlain parle le premier. Ses paroles sont énergiques et droites. Les Algonquins, dit-il, ont commis une grande faute en laissant partir quelques guerriers ; ceux-ci ont commis une lâcheté en capturant des Iroquois qui se reposaient sur la foi des traités. Cet acte, tous les Algonquins peuvent le payer cher un jour à moins que tous ensemble, ils ne trouvent un remède. Le point difficile sera de persuader les Iroquois que les Algonquins agissent maintenant de bonne foi. Autrefois, c'est Simon qui, alors qu'il avait la qualité d'ambassadeur, a tué un Iroquois ; maintenant, ce sont des Algonquins qui capturent et torturent deux Iroquois en pleine période de paix.

Simon ou Pieskaret

Champlain rappelle à l'assemblée les malheurs de la longue guerre qui sévit depuis 1570 : les canots qui ne pouvaient plus circuler sur le fleuve ; la pêche et la chasse qui ne pouvaient se pratiquer sans courir d'horribles dangers ; nomades nécessairement divisés en petits groupes, ils étaient à la merci des partis ennemis. Leur existence n'était qu'une suite d'alarmes, de paniques, de malheurs ; incapables de vivre dans des bourgades fortifiées, ils étaient sans cesse exposés aux coups de l'ennemi.

Les Français, ajoute Champlain, n'ont aucun intérêt direct dans l'affaire. Guerre ou paix, peu leur importe. Toutefois, ils ont le souci du bien-être des Algonquins, des Hurons. C'est pourquoi, après avoir examiné l'état des affaires, ils donnent le conseil suivant : bien traiter les prisonniers, les renvoyer sans leur infliger aucune autre torture ; pour réparer la faute commise, recueillir des présents et les offrir aux bourgades d'où viennent ces prisonniers, comme le veut la coutume ; révéler aux Iroquois et répandre partout que ni les capitaines ni les anciens n'ont autorisé l'expédition des jeunes fous qui se sont rendus au lac Champlain.

Le gouverneur obtient l'adhésion du conseil à sa politique de paix. Et quelques capitaines lui ayant donné l'assistance de leurs harangues, résolution est prise de libérer les prisonniers. Le Réconcilié, deux autres chefs, les conduiront en leur pays ; ils apporteront des présents pour la réparation. Ou plutôt, pour garantir la vie de ces ambassadeurs, l'un des prisonniers iroquois demeurera en otage jusqu'à leur retour. Puis, comme les ambassadeurs demandent que des Français les accompagnent, et que plusieurs s'offrent pour le voyage, Champlain choisit Pierre Magnan.

Champlain délègue Pierre Magnan auprès des Iroquois.

Le 24 juillet, Le Réconcilié, deux autres capitaines, Pierre Magnan, l'un des prisonniers iroquois, quittent cap du Massacre pour l'Iroquoisie. « Cet arrêt, dit Sagard, consola merveilleusement tous les sauvages portés à la paix ». Ils espèrent que le traité ne sera pas rompu.

Le Réconcilié (ou Cherououny), chef montagnais

Cette ambassade court à un échec sanglant. Champlain laisse deux versions de l'affaire. La seconde lui paraît la plus probable. Le Réconcilié avait un ennemi mortel dans la personne d'un Algonquin de l'Île. Celui-ci aurait couru en Iroquoisie où il avait des parents ; se disant grand ami de la paix, il avait demandé à ses hôtes de ne placer aucune confiance dans les paroles du Réconcilié ; le voyage de celui-ci, disait-il, n'avait d'autre but que l'espionnage ; il voulait revenir plus tard à la tête d'un détachement de guerriers. C'est lui qui était l'auteur des mauvaises relations actuelles entre les deux tribus ; il avait tué deux Français à Québec en 1616. Alors les Iroquois auraient attendu les ambassadeurs. L'eau bouillait en une grande chaudière dans l'une de leurs cabanes. Les Algonquins y entrent avec Pierre Magnan. Ils s'assoient auprès du feu. Un Iroquois demande au Réconcilié s'il a faim ; sur sa réponse affirmative, ils lui coupent des lambeaux de chair sur les bras, les laissent un temps dans la chaudière, l'obligent à les manger ; ils répètent l'opération pour les cuisses et d'autres parties du corps. La mort survient bientôt. Pierre Magnan, le premier Français à mourir sous l'effet des supplices en Iroquoisie, est brûlé avec des écorces et des tisons. Un Algonquin tente de fuir et il est assommé à coups de hache. Un autre est d'origine iroquoise, il a été capturé très jeune : les Iroquois l'épargnent.

Les morts du Réconcilié et de Pierre Magnan, suppliciés par les Iroquois où ils sont en mission de paix.

D'après l'autre version, un groupe d'Algonquins de l'Île avait quitté les Trois-Rivières bien décidé à recommencer la guerre. Il s'était rendu au pays des Onontagués et il en avait massacré cinq. Des Onontagués se rendent ensuite au grand conseil convoqué pour étudier les propositions de l'ambassade algonquine ; ils arrivent furieux, et assomment à coups de hache les députés qui viennent du Canada.

Enfin, le jeune Iroquois, gardé comme otage en Nouvelle-France, subit aussitôt les tortures ordinaires. Les Algonquins se servent avec rage contre lui de l'alène, du couteau et du feu.

La fin de la paix de 1624

Ainsi se termine la paix de 1624. Elle avait à peine duré trois ans. « Ces nouvelles, dit Champlain, nous apportèrent un grand déplaisir. » Il n'a que bien peu de sympathie pour les victimes. Le Réconcilié avait tué deux Français à Québec en 1616 ; ce meurtre avait conduit Algonquins et Français sur le seuil de la guerre. Avant de passer en Nouvelle-France, Pierre Magnan avait assassiné un homme à coups de bâton près de Lisieux. Mais les Iroquois l'ont mis à mort alors qu'il représentait la France ; son exécution est une insulte pour elle. « ...Nous avions un légitime sujet de nous ressentir de telles cruautés barbares, exercées en notre endroit, et en la personne dudit Magnan », dit Champlain. La France doit être sensible à cette insulte ; en agissant autrement, on n'acquiert ni « honneur ni gloire parmi les peuples ». Les Indiens n'ont aucune estime pour les particuliers qui préfèrent « les biens et traite aux vies des hommes ». Mais que peuvent faire les Français impuissants ? Cet incident demeure dans les Mémoires de Champlain comme une pointe de flèche acérée. Mais vu les attaques de quelques individus algonquins, comment blâmer les Iroquois ?

Et c'est ainsi que la Coalition laurentienne perd le bénéfice des deux politiques opposées qu'elle pouvait suivre. Celle de la guerre en ne s'unissant pas rapidement aux Mohicans pour battre les Iroquois dans une circonstance singulièrement favorable. Toutefois, il faut se rendre compte que cette coalition est beaucoup plus difficile d'exécution qu'on ne peut le penser d'abord ; Mohicans et Algonquins vivent à des centaines de lieues les uns des autres ; il s'agit de groupes qui ont toujours beaucoup de difficultés à concentrer leurs forces et à concerter leurs mouvements, qui sont instables, capricieux, sujets à toutes les humeurs. En second lieu, Algonquins et Hurons perdent le profit d'une profonde politique de paix, telle que la voulait Champlain. Ils commettent quelques actes de guerre qui ne peuvent produire qu'un résultat : irriter un vieil ennemi. Les Iroquois n'auraient probablement pas été insensibles à une abstention complète des Algonquins. Toutes idéalistes qu'elles soient, les idées de Champlain renferment beaucoup de sens pratique. La paix de 1624 aurait pu avoir une carrière plus longue.

1628

À partir de 1627, le grand courant commercial créé par Champlain est de nouveau menacé. Cette conséquence ne se manifestera pas tout de suite. Les Agniers ne remportent pas d'abord des succès décisifs. Ils sont trop faibles, semble-t-il. C'est en 1628 seulement que l'Iroquoisie et la Nouvelle-Hollande se souderont vraiment, que les deux pays deviendront voisins, qu'ils auront une frontière commune. Voici un premier témoignage. « Au commencement de cette année la guerre a éclaté près de Fort Orange entre les Mohicans et les Agniers ; ceux-ci ont battu et capturé les Mohicans ; ils en ont refoulé les restes qui se sont établis dans la région du Nord, sur la rivière Fresh, comme on l'appelle [la rivière Connecticut], où ils ont commencé à cultiver le sol de nouveau ; et de cette façon la guerre s'est terminée ». Voici maintenant un extrait de lettre : « Le commerce des fourrures est stagnant parce que la guerre

Les Agniers chassent les Mohicans.

règne de nouveau entre les Agniers et les Mohicans sur le cours supérieur de cette rivière. Les deux parties se sont rendues coupables de meurtres cruels. Les Mohicans ont fui : leurs terres sont inoccupées ; elles sont très fertiles et plaisantes. Il nous peine de n'y voir pas d'habitants et que les Honorables Directeurs ne donnent pas d'ordre pour l'occupation de ces territoires... »

Cette fois la victoire des Agniers est complète et définitive. Ils peuvent accéder de plain-pied à Fort Orange. Ils ne redoutent plus, sur la rive gauche de l'Hudson, en face de la factorerie, la bourgade mohicane d'où peuvent sortir des guerriers pour harceler ceux qui viennent à la traite. À partir de 1628, les pelleteries échangées au comptoir hollandais proviennent sûrement des Iroquois, tandis qu'avant cette date, elles provenaient mi-partie des Mohicans mi-partie des Agniers. Le volume de la traite augmente. En 1624, le total était de cinq mille peaux contre six mille en 1625 ; en 1626, il passe à huit mille peaux ; l'année 1627 apporte une autre augmentation. En 1628, le chiffre est dix mille, et en 1632, il aura sauté à trente mille d'après les calculs les plus serrés. Ce dernier chiffre indique le développement subit de la traite aux mains des Agniers et des Iroquois.

La jonction des Agniers et des Hollandais est d'une importance primordiale dans l'histoire de l'Amérique. Les premiers l'ont-ils voulue ? Ont-ils combattu pour l'obtenir ? Il semble bien que non. Ils étaient trop faibles à ce moment. Provoqués par les Mohicans, ils se sont énergiquement défendus. Et ils ont chassé leurs ennemis de la lisière de terre qui les séparait de la Nouvelle-Hollande.

Bientôt découragés, les Mohicans vendront cette lisière à van Rensselaer qui en fera la seigneurie de Rensselaerswyck ou s'élèvera bientôt Schenectady. Pour cette raison, l'Iroquoisie ne s'étendra jamais plus loin à l'est.

L'alliance de l'Iroquoisie et de la Nouvelle-Hollande rendue possible

L'année où l'Iroquoisie vient en contact direct avec la Nouvelle-Hollande est très importante dans l'histoire de l'Amérique.

Tout d'abord, Fort Orange devient par le fait même une grande rivale de Québec dans le commerce des pelleteries. La nation mohicane ne s'étendait pas en profondeur dans le continent ; les cinq tribus iroquoises, au contraire, s'échelonnent sur une longue ligne qui va de l'est à l'ouest et qui pénètre dans les territoires producteurs de fourrures ; elle atteint les Grands Lacs et ainsi les peuplades riveraines dont plusieurs vivent de chasse. Les riches convois descendent toujours de ces immenses réservoirs. Une seconde route commerciale, parallèle à celle du Saint-Laurent, se développera au sud. Et de cette dernière à la première auront tendance à se former continuellement des canaux de dérivation qui priveraient Québec d'une partie de ses produits. En 1628, les Hollandais ne le comprennent pas encore : ils sont fort indisposés contre les Agniers qui ont battu les Mohicans des alentours de Fort Orange, et ils le resteront pendant quelques années.

En second lieu, l'accès direct à Fort Orange est le dernier d'une série de facteurs qui vont favoriser le développement des Iroquois. C'est le plus important sans aucun doute. Encore en ce moment, ils ne se sont signalés d'aucune façon. Ils n'ont montré aucun talent supérieur si on les compare, soit aux Neutres, soit aux Ériés, soit aux Hurons, soit aux Algonquins, soit même aux Mohicans. Aucune qualité fondamentale ne les a portés vers la puissance. Ils subsistent, maintenant leur existence, mais avec peine. Leurs ennemis nombreux les tiennent en échec. Andastes au sud, Coalition laurentienne au nord, Mohicans à l'est les surveillent de près. Mais en devenant voisins des Hollandais, les Iroquois se mettent en mesure de récolter les bénéfices des relations commerciales avec les Européens ; et, ce qui est rare, sans en subir en même temps les désavantages. Les tribus indiennes de la côte de l'Atlantique ou du Saint-Laurent, parmi lesquelles les Blancs s'établissent depuis une trentaine d'année, seront vite contaminées, moralement et physiquement par le voisinage de ces derniers. Elles connaîtront l'alcoolisme, par exemple ; elles deviennent tout de suite sujettes aux maladies et épidémies de l'Europe, grippe, variole, autres maladies des voies respiratoires. Puis le pays qu'elles habitent est tout de suite convoité par les colons ; ceux-ci examinent continuellement ces territoires rapprochés, couverts de magnifiques forêts, d'une fertilité prodigieuse. Ils veulent se les approprier ; leur présence chasse ou détruit le gibier ; très vite ces habitats passeront aux Blancs, ou ne fourniront plus à la tribu les moyens de subsister. Et de ces faits sortiront des conflits violents ou des déchéances sans nom. Par contre, les Iroquois touchent à une factorerie, mais construite sur le cours supérieur d'un fleuve, loin de la mer, très loin de la colonisation, à l'intérieur du continent, dans une forêt vierge. Et l'Iroquoisie n'entoure pas le poste ; elle n'y touche que par son ultime pointe orientale ; la première bourgade est à quarante-cinq milles ; et les dix-huit à vingt autres sont largement espacées, à des distances de plus en plus considérables, la dernière est dans la région de Niagara. Ces Iroquois ne subiront pas le choc des cultures avant deux siècles. Bien plus, les Hollandais, gens placides, n'ont pas le goût de l'exploration et ne visiteront même pas l'Iroquoisie en entier. Alors ces indigènes seront abandonnés à eux-mêmes ; la rareté des contacts, de même que le climat plus doux, seront des obstacles suffisants aux épidémies. Ils resteront un peuple de l'intérieur ; mais en obtenant tout ce que les peuples de l'intérieur ne se procurent que bien difficilement, les marchandises européennes et les armes à feu. Et plus tard.

Effets de la rencontre des Blancs et des Amérindiens

Les éléments qui avantagent les Iroquois.

L'habitat des Iroquois s'étend ensuite sur des territoires dont la position stratégique est avantageuse. Les Iroquois y ont probablement été refoulés. Pressés par des ennemis, ils ont abandonné les rives des lacs, celles des grands cours d'eau. Et maintenant, ils sont réfugiés sur une hauteur des terres. De ces lieux élevés, l'eau coule, de chaque côté, par des cascades ou des rapides, vers la mer lointaine. L'ennemi qui veut maintenant les atteindre doit remonter des rivières de plus en plus étroites, des ruisseaux de plus en plus difficiles. Qu'il vienne du sud, de l'est, du nord, de l'ouest, il se heurte à ces obstacles naturels, il a chance d'être découvert avant d'atteindre un noyau de population. Et l'Iroquois, lui, s'il veut attaquer, n'a qu'à livrer son embarcation au courant rapide qui le conduit promptement chez son ennemi.

La position de l'Iroquoisie vis-à-vis de la Nouvelle-France est excellente. les Iroquois se meuvent aisément dans la forêt, sur l'eau ; ils peuvent facilement venir se poster sur le Saint-Laurent ou l'Outaouais. Par contre, cette même distance, parmi la même forêt les met presque complètement à l'abri des attaques françaises. Les armées européennes ne savent pas voyager dans le continent boisé ; elles ont besoin de convois de munitions et de vivres qui se heurtent aux chutes, aux rapides ou aux arbres. L'Iroquoisie est ainsi presque invulnérable aux coups que la Nouvelle-France peut vouloir lui porter, tandis que la Nouvelle-France est ouverte tout entière aux coups de l'Iroquoisie.

Mœurs des Iroquois

Les Iroquois sont sédentaires et agricoles. La culture de terres riches leur fournit une excellente assiette économique. Ils se nourrissent bien et ne souffriront jamais de famine, même passagère. D'abondantes réserves leur éviteront toujours toute inquiétude. Comme les femmes s'occupent de la culture du sol, les hommes pourront, en tout temps, partir pour les expéditions de guerre, un petit sac de farine de maïs sur le dos.

Avantages de la route commerciale créée par Champlain.

Il est d'autres faits qui s'imposent à ce moment précis, 1628 : l'histoire décrira leurs développements. Ainsi la grande route commerciale que Champlain a créée suit une latitude beaucoup plus septentrionale que celle d'Albany et de l'Iroquoisie ; elle serpente à la frontière sud des territoires algonquins, c'est-à-dire des tribus qui vivent uniquement de chasse et de pêche, sont nomades et se déplacent continuellement. Le climat y est beaucoup plus froid, les neiges y séjournent une bonne partie de l'année. C'est dire qu'ici les pelleteries seront beaucoup plus riches, plus variées, plus abondantes. Elles exciteront continuellement l'envie des populations du sud. Les convois de fourrures de l'Outaouais et du Saint-Laurent représenteront souvent des valeurs fabuleuses et qui rappelleront les galions transportant l'or du Pérou et du Mexique.

En second lieu, cette route est beaucoup mieux dessinée que sa rivale du sud. Elle suit des fleuves, de vastes cours d'eau, des lacs. Celle du sud, au contraire, empruntera sur une longue partie de son parcours, si ce n'est sur tout son parcours, la grande piste en forêt qui traverse toute l'Iroquoisie, d'est en ouest. Les pelleteries devront s'y transporter à dos d'homme au lieu d'emprunter le canot. Le chemin fluvial qui servira parfois est malcommode, difficile ; il est mal dessiné. Ce désavantage sera toujours un obstacle naturel difficile à surmonter. Par contre, la route de l'Iroquoisie traverse les bourgades l'une après l'autre et sera à peu près inattaquable ; tandis que celle du Saint-Laurent circule, sur d'immenses distances, dans des contrées vierges, inhabitées ; tout parti de guerre pourra s'y mettre en sûreté à l'affût et attendre les convois qui descendront.

Mais l'une et l'autre aboutissent aux Grands Lacs, ces vastes réservoirs intérieurs ; l'une et l'autre ont tendance à se confondre dans le milieu du continent, à se partager les pelleteries des peuplades du nord-ouest, de l'ouest, que personne n'a encore exploitées, où aucune frontière n'est encore définitivement fixée.

Les Iroquois ne sont pas de bons commerçants...

Enfin, l'une et l'autre route des fourrures ont pour cheville ouvrière un peuple de race iroquoise : les Hurons pour celle du nord, les Iroquois pour celle du sud. Ces derniers, comme l'observera Pierre Boucher, n'ont guère de talent pour le commerce.

... mais les Hurons le sont.

Ils manquent d'entregent, de souplesse, de rouerie ; ils ont le goût de recourir tout de suite à la force. Ils laissent passer les meilleures occasions et ne savent même pas recueillir l'héritage commercial des rivaux qu'ils détruisent. Ainsi, la situation de l'Iroquoisie, qui est si forte du point de vue militaire, est moins bonne du point de vue commercial. C'est tout le contraire pour la Huronie. Les Hurons sont placés sur l'extrême frontière entre les tribus iroquoises sédentaires, agricoles, et les tribus algonquines du nord, qui sont nomades et vivent difficilement de la chasse et de la pêche ; bien plus, la Huronie s'avance comme une pointe dans les territoires algonquins. Alors les avantages commerciaux qui s'offrent à eux sont infinis ; ils recueillent les produits des tribus iroquoises, Neutres, Gens du Pétun, pour les échanger contre ceux des tribus algonquines. Ils offrent à ces dernières le maïs, la farine de maïs, le chanvre, les produits du chanvre comme les filets, le tabac ; ils rapportent en retour les fourrures, le poisson boucané, la viande fumée. Intermédiaires entre des civilisations, des économies différentes, ils ont toujours des produits à offrir de quelque côté qu'ils se tournent. Ils ont la souplesse, les méthodes rusées, l'activité inlassable, la roublardise des vrais commerçants. Aucun voyage, si lointain soit-il, ne les rebute. Ils savent rouler leurs concurrents et recourir au besoin à la manière forte. Ils ne manquent pas de patience et savent subir des avanies quand il le faut. Ils ménagent les tribus algonquines : ainsi, chaque année, ils endureront les exigences des Algonquins de l'île aux Allumettes sans jamais recourir aux armes. Par ailleurs, la Huronie est toute petite, bourrée de bourgades ; en quelques années, les derniers animaux à fourrure seront sacrifiés au nouveau commerce ; mais la Huronie n'en a cure : elle trouvera facilement les pelleteries dans le cours ordinaire de ses échanges commerciaux ; personne n'a d'inquiétude sur ce point. L'Iroquoisie, beaucoup plus grande, moins densément peuplée, trouve plus de ressources en son territoire ; mais après ? L'une et l'autre, si elles veulent être mêlées au commerce des fourrures et obtenir des Blancs des marchandises européennes, doivent être des intermédiaires purs et simples entre peuples qui récoltent les pelleteries et les factoreries qui les achètent.

Aujourd'hui, on écrirait « iroquoiennes ». Sans doute, algonquines pour algiques ou algonquiennes.

Les Montagnais, les Algonquins, les Népissingues et le rôle d'intermédiaires

Et ce rôle d'intermédiaires, toutes les peuplades indiennes du nord-ouest de l'Amérique en connaissent maintenant les bénéfices. Au Canada, c'est de l'histoire ancienne. Depuis longtemps, par exemple, les Montagnais de Tadoussac obtiennent des marchandises européennes et vont les échanger bien à l'intérieur contre d'autres pelleteries qu'ils revendront aux Blancs. Tous les Algonquins pratiquent ce troc, depuis ceux des Allumettes qui envient l'empire commercial des Hurons, jusqu'aux Népissingues qui se rendent à la baie d'Hudson, ou tout près, pour rafler les fourrures des peuplades du nord. Les Indiens de la Nouvelle-Angleterre, de la Nouvelle-Hollande sont nés plus tardivement à ce type de négoce. Il ne semble pas que les Iroquois aient pratiqué le grand commerce des pelleteries avant 1628. Mais à cette dernière date, ils en connaissent probablement les secrets, comme quoi la peau d'un castor, d'une loutre peut leur procurer des haches de fer, des chaudières de cuivre, des couvertures de laine, des couteaux, des alènes ; comme quoi les Européens pourchassent avec une insatiable avidité, une avidité éhontée, inouïe, insensée, les peaux de bêtes, de quelque sorte qu'elles soient ; comme quoi enfin, les intermédiaires, les agents entassent des profits aux dépens des uns, des autres, et peuvent en vivre.

Et maintenant, le rideau étant levé, la grande pièce peut commencer.

La rupture de la paix de 1624, durant le mois de juillet 1627, attriste Champlain d'une façon profonde. C'est la navigation de nouveau menacée sur le Saint-Laurent et l'Outaouais, ce sont les Alliés en danger, c'est le commerce des fourrures livré au hasard, c'est un Français, Pierre Magnan, tué alors qu'il représentait la France, et que personne ne peut venger. Des appréhensions envahissent le fondateur de Québec ; il n'a plus confiance en la solidité de son œuvre. Il pressent des heures plus difficiles encore.

Controuver = inventer une chose fausse

Pourtant, aucun événement extraordinaire ne suit l'assassinat des ambassadeurs. Une rumeur circule à l'effet qu'un gros détachement de guerriers ennemis s'approche de la Nouvelle-France, l'excitation règne un moment, mais la nouvelle était controuvée. Plus tard, Champlain voit passer à Québec des Montagnais qui ont à leur tête un capitaine décrépit ; il n'a plus foi dans leur courage ; il notera plus tard que l'expédition est revenue « sans avoir fait mal à personne » ; elle ne s'est pas rendue assez loin pour découvrir aucun ennemi. Au printemps suivant, le 28 mai 1628, vingt et un Montagnais défilent encore devant Québec en sept canots ; ils se rendent en Iroquoisie pour se mettre à l'affût autour de quelque bourgade. Mais Champlain ne donnera aucune nouvelle ultérieure.

Les Anglais sont dans le golfe et menacent la Nouvelle-France.

Claude Roguemont de Brison, amiral de la flotte de 4 navires envoyée par les Cent-Associés.

Il a d'autres soucis. La famine règne dans la colonie. Puis les Anglais raflent tout d'abord les navires français qui naviguent dans le golfe. Un peu plus tard, ils détruisent la grande flotte de Roquemont qui transporte en Nouvelle-France les colons, les approvisionnements, les marchandises qu'envoie la nouvelle et puissante Compagnie des Cent-Associés. Ils découragent ainsi la première tentative sérieuse de colonisation. C'est un échec d'une exceptionnelle gravité : Richelieu n'imprimera pas sa marque sur le pays.

Déjà affamé au printemps, le groupe français du Canada ne reçoit aucun ravitaillement en 1628. La superficie des terres en culture ne dépasse pas vingt-cinq arpents. Champlain est réduit aux expédients les plus désespérés. Un instant, il a la velléité de former un détachement de cinquante à soixante Français ; de lui associer un corps de guerriers fourni par la Coalition laurentienne et de se rendre à leur tête en Iroquoisie. Avec cette armée, il pourrait prendre une bourgade d'assaut, s'y fortifier, y subsister jusqu'à l'an prochain, les Iroquois ayant toujours d'abondantes réserves de maïs. Et qui sait si durant son séjour dans le pays, il ne pourrait imposer une paix stable à toutes ces tribus, et ainsi rendre à jamais libre la navigation sur les cours d'eau du Canada. Ce projet ne manque pas de bon sens, mais il aurait fallu le mettre en œuvre avec beaucoup d'allant et d'audace, à la façon des conquistadors.

Erouachy (ou Eroachy), chef des Montagnais des environs de Tadoussac

Les Etchemins veulent s'allier aux Français.

Erouachy, capitaine algonquin, a déjà fourni des renseignements à Champlain sur le meurtre des ambassadeurs. Il lui parle maintenant des Etchemins, qui semblent bien être les Abénaquis que l'histoire connaîtra mieux plus tard. Ils habitent à huit journées au sud de Québec. Ils cultivent la terre. Ils « désiraient faire une étroite amitié avec nous, nous priant de les secourir contre les Iroquois, perverse et méchante nation entre toutes celles qui étaient dans ce pays ». Ils sont persuadés que les Français vont venger l'assassinat de Pierre Magnan « en détruisant ces peuples » ; ils désirent s'unir à eux dans ce dessein.

Voici une autre tribu qui, située aujourd'hui à une immense distance de l'Iroquoisie, est aussi en guerre avec elle. Elle a probablement habité autrefois le lac Champlain, avec d'autres groupes algonquins elle a dû reculer vers l'est, mais en ne pardonnant jamais aux Iroquois. Champlain a rencontré déjà ces ennemis de la Confédération dans les provinces maritimes. Il est prêt à lier partie avec ces nouveaux alliés. Mais dans le moment, il est impuissant. « ...Pour cette année je ne pouvais assister ces peuples en leurs guerres. » Cependant, si des navires arrivent à l'automne, il accordera l'assistance demandée. Il promet le secours d'une centaine d'hommes pour l'année 1629. Il donne des explications sur les machines de guerre à construire pour s'emparer des bourgades ; il songe à envoyer les Français, pour l'hiver, chez les Etchemins ; le printemps venu, ils conduiraient les guerriers à la rivière des Iroquois où s'opérerait la concentration des troupes. Il pourrait ainsi entretenir l'amitié des Indiens et les préparerait à l'expédition destinée à venger le meurtre de Pierre Magnan.

1629

Mais ce sont velléités plutôt que plans mûris. L'hiver se passe dans l'inaction. Le 16 mai 1629, Champlain envoie l'un de ses hommes de confiance avec des présents pour les Etchemins ; des guides algonquins le conduisent. Celui-ci doit observer la tribu, faire le relevé de la route qui y conduit, estimer la superficie des terres cultivées et de la quantité de grains qui pourrait être disponible.

Cet agent est de retour le 15 juillet. Il a compté les portages et examiné les rivières. Il a circulé sur la Kennebec que Champlain a reconnue aux jours lointains de Port-Royal. Les Etchemins persévèrent dans leur volonté de nouer une étroite alliance avec les Français. Un de leurs chefs arrivera bientôt lui-même avec un convoi de maïs.

Pendant ces négociations, la guerre des Algonquins contre les Iroquois reste stagnante. Le 20 mai 1629, vingt guerriers robustes de Tadoussac passent à Québec pour se rendre en Iroquoisie. Quelques jours plus tard, ils sont de retour. Ils ont en effet rencontré deux canots algonquins qui reconduisaient en son pays un prisonnier iroquois. Les Indiens l'avaient chargé de présents pour entamer de nouvelles négociations de paix. Au fond c'était un échange de bons procédés. L'automne précédent, en effet, les Iroquois avaient tué un Algonquin et capturé quelques femmes et quelques enfants. Mais ils avaient ramené leurs prisonniers un peu plus tard. Les Mohicans seraient, eux aussi, disposés à faire la paix. Un moment, il semble que le conflit rallumé va s'éteindre tout de suite. Toutefois, des guerriers des Trois-Rivières arrivent quelques jours plus tard ; ceux-là se sont rendus dans les alentours de la première bourgade des Agniers ; ils ont réussi à y tuer un homme et sept femmes occupées à la culture du maïs. Ils ont retraité rapidement les scalps à la main, pendant que la panique régnait dans la bourgade où l'on avait cru, de prime abord, que l'ennemi était nombreux. Et cet attentat replonge toutes ces tribus dans la guerre.

Québec aux mains des Anglais

Peu de jours plus tard, Québec et toute la Nouvelle-France tombent aux mains des Anglais.

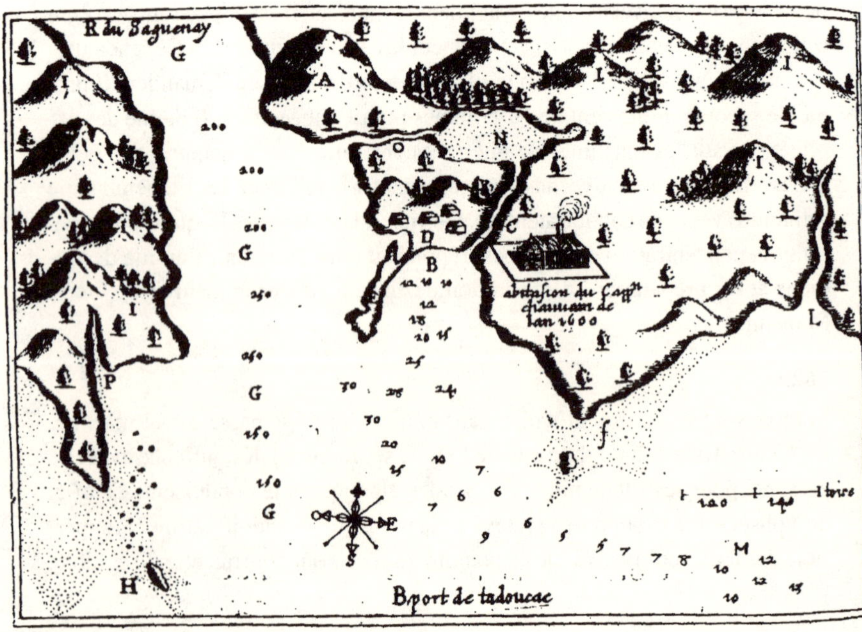

Chapitre 7

1632

Par le traité de Saint-Germain-en-Laye de 1632, l'Angleterre restitue la Nouvelle-France à la France.

Les Anglais demeurent pendant trois années en possession de la Nouvelle-France. Ils bénéficient de la traite huronne et algonquine organisée avec tant de soin par Champlain. Les Français estiment qu'elle apporte pour trois cent mille livres de pelleteries en Nouvelle-France en 1630. Mais ils ne fournissent aucun renseignement sur la guerre qui continue à sévir entre la Coalition laurentienne et la Confédération iroquoise. Toutes les hostilités se bornent, semble-t-il, pendant cette période, à une guérilla assez molle. Mais elles empêchent les Indiens du Canada de porter eux-mêmes leurs fourrures à Fort Orange, ou de les céder aux Iroquois, en leur qualité d'intermédiaires. Aucun douanier n'a plus d'autorité qu'elles, pour prohiber tout échange.

Retour des Français

Quand les Français reviennent en 1632, ils retrouvent donc une situation identique à celle de 1629 : la guerre poursuivie avec un demi courage, avec, à l'arrière-plan, la volonté de négocier un nouveau traité de paix. Les deux adversaires n'ont pas plus d'ardeur l'un que l'autre.

Paul Le Jeune (1591-1664), supérieur des Jésuites de 1632 à 1639, missionnaire de 1639 à 1649, procureur de la mission canadienne de 1649 à 1664

C'est dans la dernière semaine du mois de juin 1632, que les navires arrivent à Tadoussac. Entre autres passagers, ils transportent le père Paul Le Jeune qui fondera d'une façon définitive les *Relations de la Nouvelle-France* et qui en écrira lui-même plusieurs. Tous lient connaissance avec les Montagnais, qui se peignent la figure en rouge ou en bleu, comme « ces masques qui courent en France à Carême prenant ». Ils n'ont pas épargné les couleurs, car ils reviennent triomphants d'une petite expédition de guerre contre les Iroquois. Ils ont capturé neuf prisonniers. Trois leur ont été abandonnés, tandis que les Algonquins de Québec se réservaient les autres.

Les Français se rendent aux wigwams formés de trois larges et longues bandes d'écorce déroulées sur trois perches. L'une de ces cabanes est « longuette » ; trois feux y pétillent à une distance l'un de l'autre d'environ cinq ou six pieds. Chacun s'assit sur la terre couverte de branchettes de sapin. Les prisonniers iroquois entrent aussitôt. Ils s'assoient parmi les autres Indiens. Le plus âgé a soixante ans, le second trente, le dernier est un adolescent d'une quinzaine d'années. Ils commencent à chanter, comme le veut la coutume ; le chant est monotone, il est coupé de mots, toujours les mêmes. Puis ils dansent et chantent en même temps, allant d'un bout à l'autre de la hutte, frappant le sol des pieds. Les Montagnais battent des mains, ou se battent les cuisses des mains, criant en mesure : « Ah-ha, Ah-ha, Ah-ha ». Quand les prisonniers s'arrêtent, ils crient : « O-ho, O-ho, O-ho ». Ancien comme les tribus, le rite de la mort se déroule en face de l'immense fleuve. Quand les Iroquois doivent-ils mourir ? demande Émery de Caën. Demain, lui est-il répondu.

Le sort de prisonniers iroquois

Le père Le Jeune revient un peu plus tard. Les trois pieux sont plantés. Demain, les Montagnais y attacheront leurs ennemis et la torture fouillera jusqu'au tréfonds de leur chair. Les ongles sont déjà arrachés ; une profonde morsure se marque sur un bras ; les dents ont sectionné partie d'un doigt. Demain avec le supplice, ce sera une bien autre histoire. « Si nous étions pris des Iroquois, peut-être nous en faudrait-il passer par là », note tout de suite le Jésuite avec prescience. Les femmes se signalent par leur cruauté raffinée. « Je serais touché, eussé-je le cœur de bronze. » Le père Le Jeune veut sauver les trois Iroquois ; Émery de Caën s'intéresse au sort de l'adolescent. Mais, ainsi le veut encore la coutume, leurs bourreaux ne s'en départiront qu'au prix de riches présents.

Soudain, des Montagnais arrivent de Québec. Il faut surseoir au supplice : les Algonquins veulent engager des pourparlers de paix avec les Iroquois. Ces Indiens renvoient tout d'abord des prisonniers à cet effet, en les chargeant de présents pour la nation. Si ces ouvertures sont agréées, des négociateurs partent ensuite. Voilà un répit. Mais il est bien court : le 2 juillet arrive de Québec la nouvelle que les prisonniers des Algonquins ont subi la torture. L'espoir de paix est mort-né. Les prisonniers de Tadoussac se préparent à la mort. Le père Le Jeune s'adresse à qui veut l'entendre pour les sauver. Il acquittera les frais de leur pension durant leur traversée en mer ; il trouvera en France des personnes charitables pour les recevoir. Il communique son projet au lieutenant, monsieur du Plessis. Celui-ci est fort touché, lui aussi. Et le soir, il oriente la conversation sur ce sujet ; c'est à la table du capitaine ; il faudrait en somme peu d'argent pour racheter les Iroquois ; n'y aurait-il pas lieu même de les réclamer en réparation pour les Français que les Algonquins ont assassinés autrefois ? L'un des convives manifeste une cruauté inouïe : ces ennemis, proclame-t-il, doivent mourir, ce sont de dangereux coquins, il a donné avis à un Indien de Québec de les mettre à mort. Émery de Caën réprouve cette insensibilité. Mais l'affaire en reste là. Le vent est bon le lendemain, les Français partent, laissant ces « trois pauvres abandonnés » entre les mains de bourreaux impitoyables qui en tortureront deux.

Charles du Plessis-Bochart, officier de marine, commis général de la Compagnie des Cent-Associés

Les navires français remontent le fleuve parmi les orages. Les Français trouvent l'habitation brûlée. La messe se célèbre dans la maison des Hébert. Chacun pleure. Le Père Le Jeune questionne le pasteur de la garnison anglaise qui vient de passer six mois en prison parce qu'il est luthérien, que ses chefs sont calvinistes, et que des disputes se sont produites. Les Montagnais, répond cet homme, voulaient négocier la paix avec leurs ennemis par l'intermédiaire des prisonniers. Celui qui les gardait avait promis de respecter leur vie. Mais il a bu de l'eau-de-vie qu'il avait obtenue d'un Anglais en échange de fourrures ; dans son ivresse, il a commandé à l'un de ses frères de tuer l'un des prisonniers à coups de couteau. Celui-ci a obéi. Le meurtre a mis fin instantanément aux velléités de paix. Les Algonquins ont tout de suite parlé de supplicier les autres prisonniers ; ils ont demandé au chef anglais s'il désirait racheter quelques-uns d'entre eux. Mais aussi inhumain que nombre de Français, cet homme a refusé d'offrir les cadeaux nécessaires. Le cérémonial de la torture a commencé aussitôt. Les Iroquois ont déjà subi quelques tourments ; maintenant les Indiens leur coupent les doigts ; ils leur lient des cordes autour des poignets et leur brisent les os ; puis ils les lient au poteau d'exécution. Femmes et filles donnent des présents aux hommes pour obtenir le privilège d'infliger quelque peine particulière ; criant, hurlant, trépignant, elles appliquent le fer et le feu aux parties les plus sensibles du corps ; elles mordent à pleines dents, enfoncent des alènes, creusent des estafilades dans la chair avec des couteaux, dessinent des entrelacs sur les corps avec des charbons ardents, appliquent des cendres et des sables brûlants. Enfin, des guerriers scalpent les victimes au milieu des clameurs qui couvrent les plaintes et les gémissements.

Le cérémonial de la torture

Le supplice le plus effroyable est celui que doit endurer un capitaine, peut-être un sachem iroquois. Il a dit avec joie : « Allons, j'en suis content, j'ai pris quantité de Montagnards, mes amis en prendront encore, et vengeront bien ma mort. » Il raconte ses exploits, il chante son adieu au monde. Tous les tourments énumérés plus haut trouvent en lui une âme indomptable. Ses bourreaux le détachent ensuite. Il court au fleuve pour se rafraîchir un peu. Les Algonquins le lient de nouveau ; ils le soumettent une seconde fois à la torture du feu : « Il était tout noir, tout grillé, la graisse fondait et sortait de son corps, et avec tout cela il s'enfuit encore pour la seconde fois. » La troisième fois, les Indiens le brûlent à mort ; ils lui arrachent le cœur pour le donner en pâture à leurs enfants.

« Mes amis vengeront bien ma mort. »

Voilà le genre de récit que les missionnaires écoutent à leur arrivée dans la Nouvelle-France. Le ministre luthérien a voulu adresser des reproches au geôlier algonquin responsable de cette affaire. Celui-ci a rétorqué que ce sont les Anglais eux-mêmes qui devaient porter la responsabilité : c'est eux qui lui avaient donné l'eau-de-vie qui a égaré sa raison. Et le père Le Jeune débride pour la première fois une seconde plaie, qui après celle des famines, sapera la vitalité de la Coalition laurentienne : l'alcoolisme. Pendant la courte occupation anglaise, les liqueurs fortes sont devenues article d'échange pour les précieuses pelleteries. Algonquins et Montagnais ont commencé à s'enivrer. Ils désirent l'eau-de-vie avec une frénésie impossible à réprimer ; pour en obtenir quelques gouttes, ils peuvent sacrifier les plus belles fourrures. Faute d'entraînement, ils tombent tout de suite dans l'ivresse la plus grossière, la plus brutale, la plus bruyante qu'il soit possible de trouver. Les femmes mêmes, les enfants sont bientôt gris. Ce sont des orgies démoniaques fertiles en adultères, incestes, blessures, meurtres, impudeurs infernales. « Depuis que je suis ici,

Alcoolisme et orgies

écrit le père Le Jeune, je n'ai vu que des sauvages ivres ; on les entend crier et tempêter jour et nuit, ils se battent et se blessent les uns les autres... » Il ajoute encore : « ...Passé huit heures du matin il ne fait pas bon les aller voir sans armes, quand ils ont du vin. » Mais une fois dégrisés, ils supplient les Français de ne plus leur donner de liqueurs alcooliques.

Tout espoir de paix est perdu. Les Algonquins sont de nouveau en proie aux anciennes alarmes. Émery de Caën voudrait qu'ils lui fournissent un messager qui se rendrait chez les Hurons pour les avertir du retour des Français. Cette tribu n'est guère venue à la traite depuis trois ans, il faudrait la ramener. Mais aucun Indien ne veut se risquer sur le fleuve. Tous savent que les Iroquois — les Agniers très probablement, comme très probablement les prisonniers étaient des Agniers —, ont envoyé des partis de guerre sur le fleuve pour exercer des représailles ; les Algonquins aussi bien que les Montagnais ne veulent pas tomber entre leurs mains. Mais dans le même temps, ils se portent à l'attaque. Le 24 octobre, quelques Montagnais reviennent d'une expédition de guerre ; l'un des leurs a été tué, un autre capturé. La bande a fui à toute vitesse. Elle apporte la panique dans sa retraite. Les Algonquins des alentours de Québec abandonnent la chasse aux castors, à l'ouest ; ils viennent poser leurs wigwams sous les murs de l'habitation. Se rassembler, c'est augmenter leurs forces ; mais qui nourrira alors ce peuple qui vit de chasse ? Aussi, il doit bientôt se disperser.

Le capitaine actuel des Montagnais est un fier homme. Une fois, il avançait dans le pays ennemi à la tête d'une avant-garde ; soudain, il se trouve face à face avec un éclaireur de l'ennemi. Très robuste, celui-ci propose à l'Algonquin de régler le combat entre eux deux, sans engager leurs compagnons. L'Algonquin accepte. La lutte s'engage, et il est si fort que peu à peu, il terrasse complètement son adversaire, le lie, l'emporte sur son dos vers les siens comme un vulgaire colis.

Les Algonquins veulent se réfugier auprès des Français.

Le 12 novembre 1632, des Indiens rapportent que des Iroquois ont paru dans le voisinage de Québec. C'est la même panique qu'au temps de Champlain. Les Algonquins viennent se placer sous la protection du fort. Les Français refusent de les laisser pénétrer à l'intérieur. Quelques arquebusiers sont prêts à leur prêter main-forte. Ces nomades ne peuvent pas établir des enceintes palissadées pour résister aux attaques ; ils sont continuellement en mouvement ; alors toute surprise les prend au dépourvu, et ils n'ont qu'une idée en tête, fuir dans la forêt prochaine et se dérober. Ils demandent aux Français de construire une vaste habitation qui leur serait un refuge en cas de danger ; les arquebusiers leur fourniraient alors une assistance précieuse. Les missionnaires reçoivent cette requête encore plus favorablement que les chefs : ce serait un excellent moyen de rassembler les Indiens pour les évangéliser.

La Coalition laurentienne est heureuse du retour des Français ; pendant l'occupation, elle avait demandé aux Anglais des secours militaires contre les

Iroquois. Les Anglais avaient refusé. Maintenant, elle croit que la France l'aidera dans cette lutte séculaire et lui procurera un peu de sécurité.

1633

Après une absence de quatre années, Champlain revient en Nouvelle-France à la fin du mois de mai 1633. C'est grâce à ses efforts que l'Angleterre a lâché sa proie. Il conduit avec lui une petite escouade de soldats armés de piques et de mousquets.

Retour de Champlain après 4 ans d'absence

Champlain trouve à Tadoussac des navires anglais qui ont obtenu permission de faire la traite dans le Saint-Laurent. Pour parer à ce danger, il établit un poste temporaire à l'île Sainte-Croix, en amont de Québec, aux rapides du Richelieu. Le lieu se défend facilement et les bateaux qui voudraient remonter jusque-là, devraient passer sous le canon de Québec. Champlain envoie encore un interprète parmi les Indiens pour leur rappeler que, lui, il a pris part à leurs guerres, les a défendus et secourus. Il tient à Québec un long conseil avec les Algonquins des Trois-Rivières qui étaient arrivés en dix-huit canots, voulaient traiter avec les Anglais qui sont sur le fleuve afin d'empêcher les Anglais de la Nouvelle-Angleterre de s'unir aux Iroquois. Champlain rappelle à leur chef Pieskaret, qu'il a combattu aux côtés de son père dans une bataille contre les Iroquois où il a été blessé lui-même d'une flèche. Les Algonquins ont déjà demandé qu'on construise une habitation en leur pays « pour les défendre contre les incursions de leurs ennemis » : Champlain était disposé à commencer cette œuvre quand les Anglais ont capturé Québec. Dans le moment présent, il doit réparer les ruines que ces mêmes Anglais ont laissées dans la ville. Mais un peu plus tard, le gros œuvre accompli, il construira un poste aux Trois-Rivières.

Pieskaret dit Simon, chef de la tribu des Tessouats

Les Algonquins acceptent cette promesse ; ils y mettent beaucoup de finesse et d'ironie. Ils se rendent bien compte que Champlain la leur a faite pour empêcher leurs pelleteries de passer aux mains des Anglais. Mais ce projet a des origines plus anciennes qu'ils ne soupçonnent. Champlain en a parlé dès sa première visite au pays en 1603 ; il le caressait encore dans les mois qui ont précédé la prise de Québec. Il mettra ses hommes à l'œuvre dès l'an prochain, 1634. Le fort des Trois-Rivières commencera alors sa carrière mouvementée. Mais ce n'est pas contre les Anglais que Champlain le construit, c'est contre les Iroquois ; et c'est aussi contre ces derniers qu'il servira.

Dans le moment même, les Iroquois sont sur le fleuve. Il s'agit probablement de partis de guerre Agniers. C'est la première fois que Champlain note leur présence depuis le lointain combat de 1610. Il apprend le fait dès son arrivée à Québec. Il attend, en effet, cette année, la grande flotte huronne. Pour l'escorter dans le secteur le plus dangereux du fleuve, soit de Montréal à Québec, il envoie une barque et une chaloupe armées l'attendre à la rivière des Prairies. Les deux embarcations remontent aussitôt le fleuve. Le long des îles du lac Saint-Pierre, la chaloupe devance la barque ; pour aller plus vite, les matelots qui la montent sautent sur la rive et ils tirent à la cordelle. Maintenant, ils doublent une pointe ; soudain, une trentaine d'Iroquois s'élancent sur eux, en poussant leurs cris de guerre. La surprise est si prompte, si parfaite, qu'ils tuent d'abord deux Français à coups de hache ; ils décochent des flèches sur les autres ; s'enhardissant, ils poussent leurs canots de l'avant pour monter à l'abordage. Mais un Français d'esprit vif les couche en joue avec une arquebuse qu'il trouve sous sa main, mais qui n'est pas chargée. D'autre part, la barque a envoyé vitement à la rescousse une chaloupe remplie d'hommes qui s'approche rapidement. L'ennemi prend la fuite, mais il scalpe au passage les deux cadavres étendus sur le sol. Il laisse quatre blessés.

Des Iroquois attaquent des Français au lac Saint-Pierre.

L'un deux se nomme Robert Mellon ; quelques jours plus tard, il succombera à Québec aux six blessures qu'il a reçues, portant ainsi à trois le nombre des victimes.

Cet incident se produit le 2 juin. Huit jours plus tard, un parti d'Algonquins revient d'une expédition de guerre. Il n'a pas rencontré d'ennemis. Le 20, douze canots montés par des Népissingues se présentent à l'île Sainte-Croix. Ils se sont heurtés, eux, à des bandes iroquoises postées sur leur passage à deux ou trois endroits différents. Mais ils étaient sur leur garde, ils avaient toujours les armes à la main, ils se tenaient sur le qui-vive. Ils ont repoussé facilement toutes les attaques par surprise. Deux d'entre eux ont toutefois été blessés. « Ils appréhendent grandement cette nation, dira le *Mercure de France*, n'aspirant notre assistance que pour les conquérir et défaire pour avoir le pays libre ; ou autrement les passages seront tellement fermés qu'ils ne pourront venir que l'année en autre, ce qu'ils feraient plus souvent si les rivières étaient libre d'ennemis... »

Les Népissingues

La grande flotte huronne n'apparaîtra que vers la fin du mois de juillet. Des groupes de dix à douze canots se présentent d'abord ; ensuite c'est le convoi de cent quarante canots montés par cinq à sept cents Hurons. Ni les uns ni les autres n'ont été inquiétés. S'ils arrivent si tard, c'est que les Algonquins de l'Île ont voulu les empêcher de descendre à Québec. Des Hurons ont en effet assassiné Brûlé, l'aventurier hardi. Il s'était paraît-il, constitué l'agent des Anglais pendant l'occupation ; il avait été collaborationniste ; puis quelques penchants détestables avaient entraîné sa mort en Huronie. Le Borgne de l'Île représente alors aux Hurons que les Français attendent la première occasion pour se venger. Ces derniers hésitent longtemps à partir pour Québec. Mais ils se décident à la fin : autrement les Algonquins s'arrogeraient le rôle d'intermédiaires dans le commerce des pelleteries et eux, ils perdraient une source abondante de revenus.

La grande flotte huronne descend à Québec.

L'assassinat d'Étienne Brûlé eut lieu vers juin 1633.

De grands conseils ont lieu à Québec. Les Hurons offrent à Champlain les présents ordinaires de fourrures. Ils renouvellent leur traité avec les Français. La vieille amitié, l'ancienne confiance renaissent. L'accord se fait aux mêmes conditions qu'autrefois. De la part du roi de France, Champlain prend de nouveau l'engagement de leur fournir l'assistance militaire : son maître, dit-il, l'a envoyé pour leur donner sa protection. Il exécutera fidèlement sa mission vu qu'il considère lui-même les Hurons comme ses frères.

La Huronie tourne encore dans l'orbite de la France ; les fourrures qu'elle traîne aboutiront à Québec. Personne n'oublie cependant la religion. Des Jésuites se préparent à évangéliser la Huronie. La veille du départ, des difficultés surgissent. Un Français a été assassiné. Champlain découvre que le coupable est un Algonquin de la Petite Nation. Il peut lui appliquer la sanction de la justice française, la pendaison. Comme d'habitude, il se heurte à la justice indienne qui n'exige que des réparations sous forme de présents. Le Borgne de l'Île intervient encore. Il ne veut pas que de nouveaux liens se forment entre la Nouvelle-France et la Huronie, ni, en conséquence, que des missionnaires se rendent là-bas. « Ces peuples, disent les *Relations,* voudraient bien que les Hurons ne descendissent point aux Français pour traiter leurs pelleteries, afin de remporter tout le gain de la traite, désirant eux-mêmes aller recueillir les marchandises des peuples circonvoisins pour les apporter aux Français ; c'est pourquoi ils ne sont pas bien aises que nous allions aux Hurons... » En un mot, les Algonquins de l'Île convoitent le rôle d'intermédiaires et de voituriers. Le Borgne de l'Île affirme alors hautement que les compatriotes du meurtrier, soit les Algonquins de la Petite Nation, attendront au passage le convoi huron pour attaquer les Français qui pourront s'y trouver. Les Hurons redoutent un coup de force ; ils ne veulent pas être mêlés à cette affaire. L'intrigue est si habilement ourdie que Le Borgne a gain de cause, que les missionnaires demeurent sur le rivage et que leur départ est remis à l'an prochain.

Projet d'évangéliser la Huronie.

Au sujet de ce meurtre, Champlain s'est servi d'un langage dur pour ses alliés indiens. Depuis 1609, c'est le cinquième Français assassiné à Québec. Il menace, il tempête, mais inutilement : les indigènes obéissent à leurs impulsions premières. Cependant, il doit s'interdire d'en venir à la rupture. Il veut avant tout que la Coalition laurentienne conserve toute sa force. Au cours des conseils, il aborde largement le problème iroquois. La mort violente des trois Français aux îles du lac Saint-Pierre, les attaques dont les Népissingues ont été l'objet, la présence de partis d'Agniers sur le Saint-Laurent lui ont non seulement rappelé que la Coalition laurentienne, dont dépend la vie de la Nouvelle-France, est gravement menacée, mais encore que la grande route commerciale qu'il a créée est profondément vulnérable. Toute son œuvre, cet ennemi du sud peut la détruire facilement. Il constate de nouveau, comme il l'a fait dans le passé, que l'Iroquoisie constitue un danger fondamental pour la Nouvelle-France ; que celui-ci provient de la nature des choses, de la distribution des tribus dans des territoires donnés, du commerce qui naît. C'est ainsi un conflit profond. Tout indique aussi que Champlain possède plus de renseignements que ceux qu'il a communiqués. Il n'a raconté que bien peu de faits militaires.

Harangue de Champlain aux Hurons

Voici, d'après le *Mercure Français*, un extrait de la harangue de Champlain : « Ce discours achevé le sieur de Champlain leur traite succinctement de la guerre et entreprise contre les Iroquois, qui faisaient un tel dégât dans les contrées ravageant et empêchant le commerce autant qu'ils pouvaient, et qu'il les fallait détruire pour rendre le pays et les rivières libres. Pour ce sujet il y avait longtemps qu'il avait dessein de cela, ayant une grande connaissance du pays de leurs ennemis, de leur façon de se fortifier et combattre, comme il fallait les attaquer. Et que pour venir à bout de cette entreprise, il en écrirait cette année au Roi et au Cardinal Duc, qu'il leur plût nous envoyer cent vingt hommes aguerris et tels qu'il faudrait pour exécuter cette entreprise ; qui lui faisait les prier de venir à ce printemps pour en savoir les nouvelles. Et pour les y convier il leur fit présent de sept gros vignots... » Les Hurons accueillent naturellement cette harangue avec enthousiasme ; détruire ces ennemis « est la chose qu'ils désirent le plus en ce monde ». Et le journaliste qui tient la plume a déjà exprimé les mêmes idées sous une forme énergique : « Revenons à nos Iroquois, a-t-il dit, qu'il faut tôt ou tard détruire, et empêcher qu'ils ne donnent du trouble aux peuples qui doivent être libres sur les lacs et rivières d'aller et venir trafiquer paisiblement et librement avec les Français. »

vignots = mollusques appelés aussi bigorneaux ou bourgots

Et ces paroles représentent en 1633 l'opinion bien arrêtée de Champlain. Car il les confirmera d'une façon officielle en écrivant le 15 août au cardinal de Richelieu une lettre qui expose les mêmes projets.

Positions de Champlain sur le problème iroquois

Le puissant ministre, dira-t-il, doit accabler les Anglais de sa puissance. En plus, son attention doit s'étendre « à un sujet qui se présente en ces lieux de faire une paix générale parmi ces peuples qui ont guerre avec une nation appelée Iroquois, qui tiennent plus de quatre cents lieues en subjection, qui fait que les rivières et chemins ne sont pas libres. Que si cette paix se fait nous jouirons de tout, et facilement ; ayant le dedans des terres, nous chasserons et contraindrons nos ennemis, tant Anglais que Flamands, à se retirer sur les côtes, en leur ôtant le commerce avec lesdits Iroquois, ils seront contraints d'abandonner le tout. Il ne faut pas que cent vingt hommes armés à la légère pour éviter les flèches, ce que ayant avec deux à trois mille sauvages de guerre nos alliés, dans un an l'on se rendra maître absolu de tous ces peuples en y apportant l'ordre requis, et cela augmentera le culte de la religion et un trafic incroyable. » Voici maintenant d'autres détails. Les soldats que Champlain demande devront être « nourris à la fatigue », être habitués à s'alimenter de la même façon frugale que les Indiens ; ils porteront des vêtements de cuir et une armure souple, à petites lames d'acier, qui leur tombera jusqu'aux jarrets. Quelques-uns connaîtraient le maniement des pétards de fonte et autres petits canons capables de détruire ou brûler les palissades ou les bourgades iroquoises ; d'autres pourraient construire sur place des appareils de siège comme cavaliers ou mantelets. Ce détachement allié peut se rendre chez les Iroquois en douze jours, et y commencer le siège des villages, « n'y ayant que cinq de leurs villes qui soient de conséquence ». Enfin, les fantassins français se serviraient des armes à feu que les Iroquois redoutent.

Ces extraits forment le testament de Champlain sur le problème iroquois. Ils renferment les conclusions auxquelles il est arrivé après un séjour de trente ans en Nouvelle-France. Champlain n'est pas une tête chaude. Il ne se décide qu'après des considérations appliquées et longues. Il énumère ordinairement les raisons qui l'ont influencé. Mais à ce moment, c'est l'expérience, les connaissances de toute une existence, mille facteurs souvent subtils qui le dirigent.

Les idées qu'il exprime ici ne sont pas nouvelles. Champlain a travaillé incessamment à maintenir la paix entre les diverses parties de la Coalition laurentienne, c'est-à-dire entre les ennemis des Iroquois ; il a voulu qu'elles maintiennent un front uni contre l'ennemi commun. L'Iroquoisie les menace gravement dans leur existence, et eux, ils sont les Indiens du Canada, de la Nouvelle-France, c'est-à-dire des sujets, les pourvoyeurs de venaison et de pelleterie, les guides des explorateurs, les néophytes des missionnaires. Les attaques iroquoises portent sur le fleuve Saint-Laurent et l'Outaouais, soit une distance de quatre cents lieues ; elles visent les tribus qui vivent sur ce long parcours ; elles empêchent les communications de peuple indien à peuple indien, ou de tous ces peuples indiens à la Nouvelle-France ; elles troublent les chasses, elles sont un obstacle au libre transport des fourrures ou des marchandises françaises ; elles constituent un risque pour le commerce, elles en diminuent le volume et le rendent difficile ; en tout temps, elles peuvent le bloquer. La Confédération iroquoise, dès ce moment, est une menace grave contre l'existence même de la Nouvelle-France.

Champlain ne croit plus à la paix entre tribus amérindiennes.

Encore en 1627, Champlain mettait sa confiance dans une paix entre ces vieux ennemis. Après le meurtre de Pierre Magnan, et des trois Français du lac Saint-Pierre, il désespère complètement. Pourquoi ? Il ne le dit pas. Mais une politique de paix est essentiellement fragile. L'une et l'autre partie, bien plus, les individus de l'une et de l'autre partie, peuvent la briser pour un caprice ; ces peuples n'ont ni le caractère ni les institutions nécessaires à une paix durable. S'attacher à l'établir, c'est s'attacher à une œuvre vaine.

Champlain propose la destruction de l'Iroquoisie.

Alors, placé en face de ce problème difficile, Champlain propose une solution radicale et cruelle : la destruction de l'Iroquoisie. C'est la première fois que le mot est écrit ; les coloniaux les plus en vue le répéteront pendant au-delà d'un siècle. Pourquoi ? Parce que les deux pays, apparemment, ne peuvent subsister en même temps : Iroquoisie ou Nouvelle-France, il faut choisir. Tous les facteurs qui seront à l'œuvre pendant plusieurs décades sont déjà apparus, ils sont clairs et nets. La paix est impossible, et la guerre est une menace grave non seulement pour la Coalition laurentienne mais encore pour la colonie française.

Non seulement Champlain veut détruire le peuple iroquois, mais il désire en plus s'emparer de son territoire. Ici, il se fait l'interprète d'une politique expansionniste. Une fois disparu le danger qui menace la Nouvelle-France, il désire conserver ces terres de l'intérieur pour obliger les Hollandais et les Anglais à se confiner sur le rivage de la mer.

Et le plan proposé est bon. Champlain a établi des contacts intimes avec les chefs des tribus de la Coalition ; il a de l'influence sur eux, il peut obtenir, comme il l'a déjà fait, une importante concentration de guerriers ; il est lui-même explorateur, il est habitué au canot, et il se mettrait à la tête d'une armée indigène ; la présence de cent vingt soldats français donnerait à celle-ci de la consistance, de la cohésion, la confiance en elle-même ; les soldats devraient être adaptés au pays, c'est-à-dire être aguerris, protégés contre les flèches, se nourrir de peu pendant la marche ; ils auraient des armes à feu, les Iroquois n'en ont pas encore, et cette supériorité peut encore être à ce moment un facteur décisif. Toutefois, aucun succès n'est jamais assuré : les Indiens ne forment que des troupes instables, capricieuses ; les Iroquois, au lieu d'attendre l'ennemi dans leurs bourgades, peuvent fuir en forêt et éviter ainsi la destruction.

Champlain vante les mérites du continent américain.

enter = greffer

Champlain ne se risquerait point dans cette entreprise s'il ne connaissait pas la valeur de ce continent vierge qui s'offre à l'Europe. C'est, dit-il, « un nouveau monde, et non un Royaume, beau en toute perfection ». Il ajoute que la « beauté de ces terres ne se peut trop priser ni louer ». Il faut obliger les Français qui viendront à « travailler à la culture de la terre, avant toutes choses... » ; ils doivent défricher, jardiner, planter, enter, semer. « Le pays mérite d'être habité et cultivé par les Français », s'écrie-t-il encore. Outre la culture du sol, il y a les mines, les pêcheries, les forêts, les fourrures. Champlain veut donner le Nouveau Monde à sa patrie. C'est une conception d'une grande hardiesse pour l'époque.

Champlain a-t-il exposé toutes les raisons qui militent dans ce sens ? Non, très probablement, bien qu'il faille lire avec grand soin toutes les phrases qu'il a écrites sur le sujet et qui exposent l'essentiel. Après les grands conseils, il cause encore avec ses amis et alliés. Il leur expose plus longuement ses plans. Les Indiens ont la velléité d'envoyer leurs jeunes guerriers hiverner au lac Champlain, à cinq journées des ennemis, pour la chasse au castor ; au printemps, tous partiraient pour la guerre afin de venger la mort des trois Français. Enfin, le gouverneur fixe le lieu de traite aux Trois-Rivières pour l'année 1634. C'est là que Champlain communiquera à la Coalition les nouvelles qu'il aura reçues de la France ; c'est là que les décisions définitives seront prises.

Un peu plus tard, à l'automne, un parti de guerre algonquin partira pour la petite guerre en Iroquoisie.

Chapitre 8

1634

Quelques documents hollandais fournissent des renseignements sur le conflit qui s'amorce. Le principal est peut-être le mémoire de Kiliaen van Rensselaer au Conseil des dix-neuf de la Dutch West India Company.

Positions des Hollandais

Les Hollandais veulent s'établir solidement dans leur colonie américaine. Le meilleur moyen à cet effet est l'agriculture et le défrichement. Ils élaborent, en 1628, une espèce de régime seigneurial. Les « patrons » obtiennent de nombreux privilèges, mais pas tout d'abord celui de faire la traite des fourrures. Ils le gagneront l'année suivante, en 1629, prêtant ainsi le flanc à la critique ; on affirmera qu'ils sont plus intéressés dans ce commerce que dans l'agriculture, qu'ils veulent même l'enlever à la Compagnie. Rensselaer discute ce point. La Compagnie, dit-il, doit l'abandonner aux seigneurs ; mais elle peut imposer en même temps un droit sur les pelleteries qui sortiront du pays. Elle réalisera ainsi de beaux profits sans dépenses et sans peines. Les seigneurs, de leur côté, conduiront la traite et y prendront leur profit ; ils pourront exploiter, développer leurs domaines ; ils pourront amener des colons et les établir. De cette façon, ils augmenteront la force de la Nouvelle-Hollande. Et quand celle-ci sera puissante, la traite des fourrures prendra plus d'ampleur. Et Rensselaer prouve ce dernier point de la façon suivante : en 1633, les Agniers sont plus puissants que les Hollandais ; ils refusent à des tribus situées au loin, et particulièrement aux tribus canadiennes, qui ont beaucoup plus de fourrures qu'eux, la permission de traverser leur pays pour venir aux postes de l'Hudson. Mais quand les Hollandais seront les plus forts, les Agniers devront abandonner cette politique ; et alors la Nouvelle-Hollande pourra recevoir chez elle les Indiens du Canada et s'alimenter aux sources pelletières canadiennes.

Les Agniers

Il faut citer textuellement ces phrases dont l'importance est grande : « ...Parce que les sauvages, qui sont maintenant plus forts que nous, ne veulent pas permettre à d'autres Indiens qui sont hostiles et qui habitent plus loin, et qui ont de nombreuses fourrures, de passer sur leurs territoires ; cette situation changerait si nous avions des seigneuries plus puissantes. Oui, les Agniers, ne veulent pas permettre aux Indiens français, qui font maintenant la traite au fleuve du Canada, et, qui vivent plus près de nous que d'eux de passer pour venir jusqu'à nous, pourraient, par la persuasion ou par la peur, être portés à le faire plus tôt ; et de ces Indiens, on pourrait obtenir plus de fourrures qu'il ne s'en échange maintenant dans toute la Nouvelle-Hollande. »

Les Iroquois se veulent des intermédiaires du commerce de la fourrure.

Ces phrases expriment pour la première fois un point cardinal de la politique des Iroquois, politique qui ne variera pour ainsi dire jamais : empêcher les Indiens, qui vivent soit au nord, soit à l'ouest, de traverser leur propre pays avec des pelleteries pour aller les échanger eux-mêmes à Fort Orange. Il se complétera bientôt de la façon suivante : empêcher les Hollandais eux-mêmes de traverser l'Iroquoisie pour aller faire la traite avec les Indiens éloignés. Mais pourquoi ? Pour assumer eux-mêmes le rôle d'intermédiaire et retirer les bénéfices de cette fonction. Ils veulent acheter eux-mêmes les fourrures des Indiens éloignés, les revendre aux Hollandais, et toucher les bénéfices de ce négoce. Ils ambitionnent donc de jouer un rôle semblable à celui des Hurons.

Mais le point qui a le plus d'importance, et qui comporte plus de conséquences que celles que mentionne van Rensselaer, est le suivant : du jour où la Nouvelle-Hollande sera forte, elle imposera sa politique à sa voisine. La Nouvelle-Hollande d'aujourd'hui, l'État de New York de demain, est contiguë à l'Iroquoisie ; leurs frontières sont communes. Les Iroquois peuvent être à l'abri des attaques venant de la Nouvelle-France, la distance les protégeant dans cette direction ; mais la distance ne les protège pas contre les Hollandais ou les Anglais qui leur succéderont. Aussitôt que ces derniers auront acquis quelque puissance, l'Iroquoisie devra les redouter, les surveiller, les étudier ; elle devra devenir souple, deviner les volontés, les désirs de ces voisins. Toujours se jouera un jeu subtil entre les puissants Hollandais ou Anglais et les Iroquois ; mesurer la force de l'autre et s'arrêter dans l'opposition avant le point précis qui amènerait une rupture. L'Iroquoisie est vulnérable pour ceux qui habitent l'Hudson, Fort Orange est à quarante-cinq milles de la première bourgade des Agniers ; les Français demanderont même un jour la permission de passer par là pour détruire le peuple iroquois. Les sagaces sachems seront-ils incapables de comprendre ce fait important pour eux et ses conséquences ? De plus, il faut le noter tout de suite : toutes les tribus iroquoises ne sont pas à égale distance de la Nouvelle-Hollande ; un détachement hollandais atteindrait facilement les Agniers ; plus difficilement les Onneyouts ; ce serait une entreprise difficile que de se rendre chez les Onontagués, les Goyogouins ou les Tsonnontouans. Alors, il y aura des degrés dans la souplesse iroquoise : les Agniers apprendront très vite qu'ils sont à la merci de leurs voisins européens ; les Onneyouts seront fort souples aussi ; la résistance ne durcira parfois que plus à l'ouest, chez les tribus hors de la portée d'une attaque. Ce sont des faits qu'il faut garder en mémoire.

Les Onneyouts

Mais pendant que se développe Rensselaerswyck, la future Schenectady, que les quelques seigneurs hollandais combattent pour obtenir le privilège de la traite, le commerce des fourrures à Fort Orange augmente par sauts et par bonds. D'après quelques estimés, il atteint environ trente mille peaux en 1633. Il a plus que triplé en cinq ans. Et cette fois, les pelleteries sont presque exclusivement d'origine iroquoise. Il n'en vient plus de la Nouvelle-France ; les

Mohicans, semble-t-il, ont déserté ce poste. C'est l'exploitation des ressources en fourrures de l'Iroquoisie qui marche à grande allure. Rensselaer se serait-il trompé et ces territoires ont-ils plus de gibier qu'il ne pensait ? L'épuisement qu'il a prévu aura-t-il lieu ? Pourtant, la Nouvelle-Hollande peut faire mieux encore. Le commis qui est en charge des affaires à Fort Orange ne serait pas l'homme qu'il faudrait. Rensselaer propose de le changer. Des troubles ont éclaté entre Agniers et Hollandais à Fort Orange. Un chef agnier est fait prisonnier. Et les Agniers se vengent en tuant du bétail, à Rensselaerswyck. *Les Mohicans*

La compagnie ne peut maintenant s'arrêter dans le développement du commerce des fourrures. « La Compagnie n'a pas apparemment retiré encore des profits de la Nouvelle-Hollande. Mêmes les fourrures ne donnent pas un rendement suffisant... » Alors, il faut tout faire pour augmenter les bénéfices.

1634

Fondation des Trois-Rivières

L'hiver tranquille se déroule dans la neige et le froid. Le vieux conflit semble de nouveau dormant. Le 1er juillet 1634, une barque quitte Québec portant les fondateurs des Trois-Rivières. Les Indiens indiquent au passage les emplacements d'anciens villages iroquois. D'autres ruines de cette guerre les poursuivent aux Trois-Rivières. Les ouvriers commencent les excavations ; et le père Le Jeune se rendra bientôt sur les lieux pour « voir les reliques d'une bonne palissade, qui a autrefois entouré une bourgade, au lieu même où nos Français ont planté leur Habitation. Les Iroquois ennemis de ces Peuples ont tout brûlé ; on voit encore le bout des pieux tout noirs. Il y a quelques arpents de terre défrichée, où ils cultivent le blé d'Inde. » La bourgade était algonquine. Pieskaret sait que le sol était fertile. Il se peut que la destruction soit de date récente. Les Algonquins des alentours ont eu leur demeure sur l'une de ces îles. Ils songent maintenant à y retourner, à y vivre sous la protection des Français. Les missionnaires désirent les stabiliser pour les évangéliser plus facilement. *Pieskaret*

Par la fondation des Trois-Rivières, Champlain pose plus haut sur le fleuve le grand poste de traite du Saint-Laurent ; il soustrait ainsi le commerce des fourrures aux contrebandiers basques ou autres et aux Anglais qui rôdent dans le golfe. En second lieu, il met en œuvre son premier projet de 1603 : l'habitation des Trois-Rivières tiendra en échec les Iroquois qui, par le Richelieu, débouchent sur le Saint-Laurent presque en face : leurs partis de guerre infestent d'abord ce secteur. Des fortifications bien défendues peuvent assurer la liberté de la navigation, permettre aux tribus de la Coalition laurentienne d'apporter leurs fourrures en toute sécurité et de rapporter des marchandises.

Le convoi huron retarde. Enfin, une petite flottille chargée de pelleteries apparaît dans le lointain. Quelques canots suivront plus tard. Mais ni par le nombre des canots ou des canotiers ni par la quantité des pelleteries, le convoi de 1634 ne rappelle, même de loin, ceux des années précédentes. Les Hurons en donnent vite la raison : ils viennent de subir une grande défaite militaire. Ils avaient au printemps levé un parti de cinq cents guerriers pour lancer une incursion en Iroquoisie. Mais les Iroquois ont reçu assez tôt des avis de leurs espions. Ils ont levé à leur tour une armée de mille cinq cents guerriers. Ce sont les Tsonnontouans, qui font face aux Hurons, à l'extrême ouest du champ de bataille, qui les auraient fournis. Ce détachement s'est rendu au-devant du parti huron ; il l'a surpris, il l'a entouré, il a tué sur place environ deux cents ennemis, il en a capturé une centaine. Et parmi les captifs, il faut signaler Louis Amantacha qui est le protégé des Jésuites et qui a fait un voyage en France.

Les Tsonnontouans attaquent les Hurons.

Louis Amantacha, Huron éduqué en France, mort probablement en 1636 dans l'Iroquoisie.

Vu les effectifs en présence, cette défaite est importante. La Coalition laurentienne n'en a pas subi de pareille depuis que les Français sont en Canada. Les Hurons s'attendent maintenant à ce que les Iroquois poussent leur avantage et envahissent leur pays. Alors, ils n'osent le quitter pour leurs voyages habituels de commerce. C'est sans aucun doute sous l'impression de ces mauvaises nouvelles que Champlain écrira de nouveau, le 18 août 1634, au cardinal de Richelieu. « Lesquels nous donnent bien ici de l'exercice venant de bien loin épier nos gens pendant qu'ils sont au travail et les tuant en trahison. Pour les vaincre et réduire en l'obéissance de Sa Majesté », il ne faudrait que cent vingt soldats Français avec des Indiens. Ces troupes « suffiraient pour les exterminer ou les faire venir à la raison. Je connais leurs forces et façons de faire la guerre... L'expérience que j'ai acquise... fait qu'avec ce secours je me promettrais une assurée victoire. » Champlain revient à la charge tout simplement, mais sans plus de succès.

Voir la lettre déjà citée du 15 août 1633.

Par ailleurs, de bonnes nouvelles se répandent. Les Tsonnontouans n'ont pas le désir d'exploiter à fond leur victoire, bien qu'ils soient des ennemis particuliers des Hurons. Ils entament des négociations de paix. « On nous rapporte, dit la *Relation* de 1634, que ces Iroquois triomphants ont renvoyé quelques capitaines aux Hurons pour traiter de paix, retenant par devers eux les plus apparents, après avoir cruellement massacré les autres. » Les missionnaires se préparent à profiter d'un accord. Dans l'éventualité d'une paix solide, ils enverraient quelques-uns de leurs confrères chez les Iroquois pour les évangéliser ; ils tenteraient de maintenir la paix entre les Hurons et les Indiens du Canada. Des espérances naissent de nouveau.

Les missionnaires qui arrivent en Huronie s'établissent à Ihonatiria. Ils y apprennent tout de suite les méfaits du Borgne de l'Île qui intrigue toujours pour enlever aux Hurons le rôle d'intermédiaires. « De plus si nous fussions allés ailleurs, ceux de ce village eussent cru être encore en la disgrâce des Français et eussent peut-être abandonné le commerce avec eux, vu mêmement que cet hiver dernier le Borgne de l'Île a fait ici courir le bruit, que Monsieur de Champlain n'en voulait pas demeurer là, pour la mort de Brûlé, et qu'il demandait quatre têtes ; et il est croyable que si nous n'eussions été

Ihonatiria, village situé dans la péninsule de Penetanguishene, aussi appelé Saint-Joseph

Pieskaret

ici, et si nous n'y demeurions comme pour gages [otages], plusieurs craignent d'être arrêtés, soit pour leurs fautes, soit pour celles d'autrui, ne retourneraient plus à la traite. »

Les épidémies en Huronie

Mais ces manœuvres secrètes ne sont rien en comparaison du troisième fléau — les deux premiers étant les famines et l'alcoolisme — qui frappe maintenant la Coalition laurentienne. Ce sont les épidémies. Elles seront beaucoup plus dangereuses que les deux autres qui font pourtant bien des ravages. Le père Le Jeune affirme en effet que « ces nouvelles boissons de vin et d'eau-de-vie qu'on leur apporte, dépeuplent leurs pays... Il est vrai qu'ils meurent en grand nombre, mais je m'étonne encore comme ils peuvent si longtemps résister... Depuis qu'ils se sont adonnés aux boissons de vin et d'eau-de-vie, ils meurent en grand nombre. » Et maintenant, c'est la première maladie contagieuse que l'histoire d'ici enregistre. Elle règne à Québec, et surtout aux Trois-Rivières quand les Hurons y arrivent pour la traite : « il y a eu quelque espèce d'épidémie cette année, dit la *Relation...* c'était une façon de rougeole, et une oppression d'estomac ». Les Français n'en meurent pas. Les Hurons sont malades à l'arrivée ou ils contractent la maladie aux Trois-Rivières. Ils refusent tout d'abord d'amener des missionnaires et l'une des excuses qu'ils donnent est « leurs maladies ». Le voyage commence et le père de Brébeuf écrit « ...Nos sauvages sont tous malades... Les peuples par où ils passent sont quasi tous malades, et meurent en grand nombre. » Les Algonquins éprouvent donc des pertes sensibles. Et les canots qui reviennent de la traite répandent l'épidémie dans la Huronie. Elle « a été si universelle parmi les Sauvages de notre connaissance, que je ne sais si aucun en a évité les atteintes. Tous ces pauvres gens en ont été fort incommodés... » Le maïs et les autres récoltes sont en partie demeurés sur les champs ; puis un « grand nombre de personnes sont mortes ; il y en a encore à présent qui ne sont pas guéries ». En plus de la rougeole, la dysenterie a fait des ravages. Bref, les missionnaires parlent de « maladie universelle de quasi tous les Sauvages... » et d'« une si grande et si universelle contagion ».

La première épidémie frappe tous les peuples de la Coalition laurentienne. Elle dura au-delà d'un an. Ni les uns ni les autres, les Français pas plus que les Indiens, ne savent se défendre contre ce fléau.

Nouvelle paix entre les tribus

Mais l'année se termine mieux qu'elle n'a commencé. Dans l'ouest, ce sont les Tsonnontouans qui ont pris l'initiative des négociations de paix ; dans l'est, ce sera les Algonquins. Le 23 octobre 1634, une vingtaine de ces derniers reviennent de l'un de leurs raids en Iroquoisie avec un prisonnier agnier. Rassemblant leurs canots en ordre régulier, ramant en cadence, poussant leurs hululements ordinaires, ils se présentent aux Trois-Rivières. La foule les accueille avec des clameurs. Le captif est debout dans l'un des canots, il danse bien qu'il soit lié de trois cordes, il chante. Lorsqu'il saute sur le rivage, c'est l'exploitation de la haine héréditaire. Il est battu, maltraité, les Algonquins soutiennent que cet Agnier faisait partie de la troupe qui a tué trois Français l'an précédent. Ils ne lui évitent aucune torture. Mais soudain, ils se ravisent. Pourquoi ne pas entamer des pourparlers de paix par l'entremise du prisonnier ? L'occasion est unique. Aussitôt dit, aussitôt fait. C'est un prompt revirement. Et « ces barbares ennuyés de la guerre, parlèrent à ce jeune prisonnier, qui est homme fort et d'une riche et haute taille, de faire la paix... ». Des négociations s'engagent entre Agniers et Algonquins.

L'histoire manque de détails. Ainsi, il est probable que la paix existe déjà à ce moment entre les Hurons et les Tsonnontouans. Les missionnaires affirment que ces deux tribus arrivent vite à une entente. La *Relation* huronne datée du 27 mai 1645 contient les phrases suivantes : « Encore ont-ils déjà la paix avec les Tsonnontouans, depuis qu'ils furent par eux défaits l'année passée au printemps. Les députés de tout le pays sont allés à Tsonnontouan, pour confirmer cette paix, et dit-on que les Onontagués, Goyogouins, Onneyouts et Agniers, veulent entrer en ce parti. Mais ce n'est pas chose assurée ; que si cela est, voilà une belle grande porte ouverte à l'Évangile. On m'a voulu mener audit Tsonnontouan, mais je n'ai pas jugé à propos d'aller encore en aucune part... » Le fait est exact, mais il n'est pas daté. On peut affirmer que la paix, sinon les dernières formalités, sont tout probablement de l'année 1634.

1634

L'historien enveloppe l'histoire dans des formules rigides ; mais soudain surviennent des documents où coule la vie avec toute sa souplesse, sa diversité et son imprévu ; qui révèlent pour ainsi dire les pulsations du cœur et l'odeur de la peau.

Journal de van den Bogaert, chirurgien-barbier de Fort Orange

Une pièce de ce genre est le journal d'un voyage dans l'Iroquoisie orientale, probablement écrit par van den Bogaert, chirurgien de Fort Orange et édité par van Laer. Il s'ouvre le 11 décembre 1634. L'auteur expose tout d'abord pourquoi il s'aventure hors du fort avec deux compagnons : « ...Les Agniers et les Onneyouts venaient très souvent à notre commis Marten Gerritsen et à moi, avec l'affirmation qu'il y avait des Indiens de la France [du Canada] dans leur pays, qu'ils avaient négocié une trêve avec eux ; de façon que les Agniers en particulier voulaient ouvrir avec eux un commerce de fourrures parce qu'ils voulaient recevoir un prix aussi élevé pour leurs pelleteries que les Indiens de la France en recevaient. » Ces assertions semblent exactes car « le commerce allait très mal ». Ayant obtenu son congé, Bogaert part immédiatement pour conduire une enquête, savoir en particulier si les Indiens du Canada offrent un prix plus élevé et s'ils ont du succès.

Les raisons de cette première expédition officielle des Hollandais

Les Hollandais n'ont parmi eux aucun explorateur du genre de Champlain. Ils ne s'aventureront jamais que bien timidement hors de leurs palissades, et ne dépasseront pas le pays des Onneyouts. Bogaert laisse une bonne description de cette partie orientale de l'Iroquoisie. Il parle des longues cabanes d'écorce, des forêts, des mœurs, de la topographie en général. En route, il apprend des Agniers qu'il y a actuellement des Sauvages canadiens chez les Onneyouts : « Je lui demandai, dit l'auteur, s'il y avait là des Indiens français avec les Onneyouts. Il me répondit : oui, et je me sentis content et j'eus bon espoir d'en arriver à mes fins. »

Bogaert identifie huit villages agniers et atteint la bourgade des Onneyouts.

Le 30 décembre 1634, les voyageurs atteignent la bourgade des Onneyouts, proche de l'emplacement actuel de la ville de Munsville, dans le comté de Madison. Des montagnes élevées se montraient dans les environs ; une rivière, Oriskany Creek, y coule ; et dit l'auteur, « les sauvages me dirent que les Français venaient pour le commerce sur cette rivière ». Les Hollandais tirent des coups de feu pour satisfaire la curiosité des naturels qui connaissent encore mal les armes des Européens.

Des conseils ont lieu. Un chef demande aux voyageurs quel est le motif de leur expédition ; il veut connaître immédiatement aussi quelle sorte de présents ils ont apportés. Ceux-ci répondent qu'ils sont simplement venus en visite et qu'ils n'ont pas apporté de présents. Le chef « dit alors que nous étions des vauriens parce que nous ne lui avions pas apporté de présents. Et il nous affirma que lorsque les Français étaient venus ici pour la traite avec six hommes, ils leur avaient donné de beaux présents ; ils avaient fait le commerce sur la rivière au mois d'août de la présente année. Nous vîmes de très bonnes haches pour couper le sous-bois, des chemises françaises, des gilets et des rasoirs ; et ce chef nous dit que nous étions des chenapans, des vauriens, parce que nous ne leur donnions pas un prix assez élevé pour leurs peaux de castor. Ils nous assurèrent que les Français donnaient six mains de grains de nacre pour un castor et toutes sortes de choses du même genre. Les sauvages nous entouraient étroitement, nous avions à peine l'espace suffisant pour nous asseoir. S'ils avaient désiré nous molester, nous aurions à peine été capables de nous défendre ; mais il n'y avait pas de danger. »

Où sont les présents ?

Le lendemain, 31 décembre, le chef de la bourgade et un compagnon reviennent. Et l'auteur ajoute : « Ils nous dirent qu'ils revenaient de chez les sauvages de la France... » c'est-à-dire d'une rencontre, d'un rendez-vous avec les Indiens du Canada, et comme le prouvera la suite de l'histoire, d'un voyage au Canada. Les Hollandais recueillent des renseignements, dressent des cartes, calculent les distances. Ils causent aussi avec leurs hôtes ; ceux-ci leur affirment que sur les hautes terres qui entourent la bourgade « on prenait aussi beaucoup de castors, mais qu'ils n'osaient pas aller si loin à cause des sauvages français ; et qu'en conséquence, ils avaient pensé qu'il était préférable de faire la paix ».

1635

Les visiteurs passent un 1er janvier malheureux. La différence entre les prix que les Hollandais donnent et ceux des Français met ces âmes frustes dans une colère qui peut devenir vite sanguinaire. C'est la réaction première de ces hommes. Ils se croient trompés. Ils parlent d'un ton comminatoire. Les Hol-

Traité de paix entre les Onneyouts et les Algonquins

landais se tirent de ce mauvais pas avec du sang-froid, de la dextérité, quelques cadeaux. Le soir du même jour, un incident important se déroule. En voici le récit dans le texte original : « Le soir venu, les sauvages suspendirent une bande de grains de nacre, et d'autres objets en grains de nacre que le chef avait rapportés avec lui, qui venaient des Indiens de la France, et qui étaient un symbole à l'effet que la paix existait et que les sauvages de la France pourraient venir en confiance chez eux... » Le chef chante alors certaines paroles. L'auditoire paraît satisfait. « ...Et après ceci, ajoute encore Bogaert, une autre bande de grains de nacre est suspendue. » Les Indiens chantent encore, les uns répondant aux autres : « Après une longue délibération, ils firent la paix pour quatre années, et bientôt après chacun retourna dans sa cabane. »

Les Hollandais assistent donc à la ratification du traité de paix entre les Onneyouts et les Algonquins. C'est probablement, quant à ces derniers, la fin des négociations entamées par l'intermédiaire du prisonnier des Trois-Rivières, au mois de novembre. Les Onneyouts ont acquiescé, non seulement afin de chasser sans être harcelés par les Algonquins, mais pour avoir des prix plus élevés pour leurs fourrures. Et la période de la paix est même fixée à quatre ans.

La colère des Onneyouts a-t-elle pour seule cause une différence dans les prix ? Les Algonquins ou les Français n'ont-ils pas prononcé des paroles habiles pour les exciter contre les Hollandais ? On ne le sait. Mais les trois Hollandais ne sont pas plus rassurés qu'il ne faut. L'attitude des hommes semble menaçante ; les vivres accordés sont à peine suffisants. Ensuite, la situation s'améliore. Les Hollandais reçoivent des présents de peaux de castor. Mais leurs hôtes demandent qu'à l'avenir les facteurs leur donnent un meilleur prix pour leurs pelleteries ; ils spécifient même quelle quantité de grains de nacre ou d'étoffe ils veulent recevoir pour chaque peau de castor. Ils exposent leurs griefs : « ...Ils devaient aller bien loin avec leurs fourrures ; et, très souvent, lorsqu'ils arrivaient en nos parages ils ne trouvaient ni étoffe, ni grains de nacre, ni haches, ni chaudières, ou bien ils n'en trouvaient pas assez pour eux tous, de sorte qu'ils s'étaient donné bien du trouble pour rien et qu'ils devaient revenir en rapportant de nouveau leurs marchandises sur une distance fort longue. »

facteurs = agents, commis

Puis ils mettent les Hollandais au pied du mur : auront-ils ou non quatre « mains de nacre » pour chaque peau de castor ? Le chef des Hollandais répond qu'il n'a pas qualité pour prendre des engagements ; il dressera un rapport pour le grand chef à Manhate ; il leur donnera une réponse, au printemps, lorsqu'il les visitera de nouveau. Les Onneyouts lui enjoignent de ne pas mentir, de revenir au printemps et de leur donner des nouvelles. « Et si vous nous donnez quatre mains de grains de nacre, nous ne vendrons nos fourrures à aucun autre que vous. » Après ces pourparlers, les Onneyouts paraissent plus heureux, ils chantent, ils accordent aux visiteurs la permission d'aller et venir librement en leur pays, ils sont prêts à les fournir de tout : « ...Et si je voulais

Manhate = Manhattan (auj. une partie de la ville de New York)

aller chez les Français, ils me guideraient jusque chez eux et ils me ramèneraient... »

Janvier 1635, les Hollandais sont toujours chez les Onneyouts.

Les Hollandais ne quittent pas si vite le terrain. Le 9 janvier, ils sont encore sur les lieux. Ils signalent l'arrivée de dix Onontagués, six vieillards et quatre femmes. C'est la délégation. D'autres conseils ont lieu. Les Hollandais reçoivent l'invitation de se rendre à Onnontaé, la capitale iroquoise, au printemps. Ils y recevraient de beaux présents. « ...Et, après ceci, dit Bogaert, ils me donnèrent quatre autres peaux de castor et ils me demandèrent en même temps qu'un meilleur prix leur soit accordé pour leurs fourrures. Ils nous en apporteraient une grande quantité si nous nous rendions à leurs demandes ; et si je venais l'été prochain en leur pays je devrais amener trois ou quatre sauvages avec moi ; je pourrais alors faire le tour du Lac et ils me montreraient l'endroit où les Français viennent à la traite dans leurs barques. » (Le lac dont il s'agit est vraisemblablement le lac Champlain ou le lac Saint-François ; et les Indiens du Canada sont certainement les Algonquins des Trois-Rivières et ceux de l'île aux Allumettes.)

Retour de Bogaert à Fort Orange

Enfin, le 24 janvier, les Hollandais quittent la bourgade onneyoute. Ils rapportent des présents et des provisions comme saumons, pain, chair d'ours, etc. Après un retour pénible, ils réintègrent Fort Orange. Le chirurgien s'est dressé un plan qu'il ne révèle pas pour faire échec aux Indiens du Canada et aux Français. Dans le domaine commercial, manœuvre appelle vite contre-manœuvre. L'été 1634 a été mauvais à la factorerie de Fort Orange ; le mal demande un remède.

Ce récit montre bien les agissements du monopole hollandais envers ses Indiens. Il offre de si bas prix que ceux-ci vendent leurs fourrures au Canada ; tout comme quelques années plus tôt, le monopole canadien offrant de bas prix, les Indiens de la Nouvelle-France allaient à Fort Orange.

Au début de l'année 1635, l'état de paix existe donc aux deux extrémités du vaste champ de bataille que constituent l'Ontario et Québec. Hurons et Tsonnontouans ont conclu un traité à l'extrémité occidentale ; à l'extrémité orientale, les Algonquins de la Nouvelle-France en ont conclu un avec les Onneyouts et probablement aussi avec les Agniers. Parlant des Algonquins, et de la paix, la *Relation* de 1635 dira en effet ce qui suit : « ...Ils ont été longtemps à la traiter, mais enfin ils l'ont conclue. » L'auteur ne croit pas que cette convention puisse durer. Le moindre caprice du premier individu, croit-il, peut tout remettre en question.

La paix a tendance à faire tache d'huile. Mais les autres tribus iroquoises, Agniers, Onneyouts, Goyogouins, refuseront d'entrer dans le traité Huron-Tsonnontouan. C'est ce qu'il faut inférer de certains documents. La *Relation* de 1637 raconte, par exemple, le supplice d'un prisonnier iroquois ; et voici l'indication précieuse qu'elle expose soudain : « Ce prisonnier n'était pas proprement du pays des ennemis ; il était natif de Sonontouan ; néanmoins, d'autant que depuis quelques années les Tsonnontouans avaient fait la paix avec les Hurons, celui-ci n'ayant pas agréé cet accord s'était marié parmi les Onontagués, afin d'avoir toujours la liberté de porter les armes contre eux. » Pour les Hurons, le pays ennemi, comme disent les Jésuites, c'est celui des Tsonnontouans. Ils se soucient assez peu des attaques des autres tribus iroquoises, qui sont moins puissantes, plus éloignées, et présentent un danger moins grave. La Huronie jouit en conséquence d'un ample répit.

Mais les documents ne disent point pourquoi, après avoir remporté une belle victoire, les Tsonnontouans offrent la paix à leurs ennemis ; ni à quelles conditions se fait cette paix ; ni pourquoi les autres tribus iroquoises refusent de devenir parties au traité.

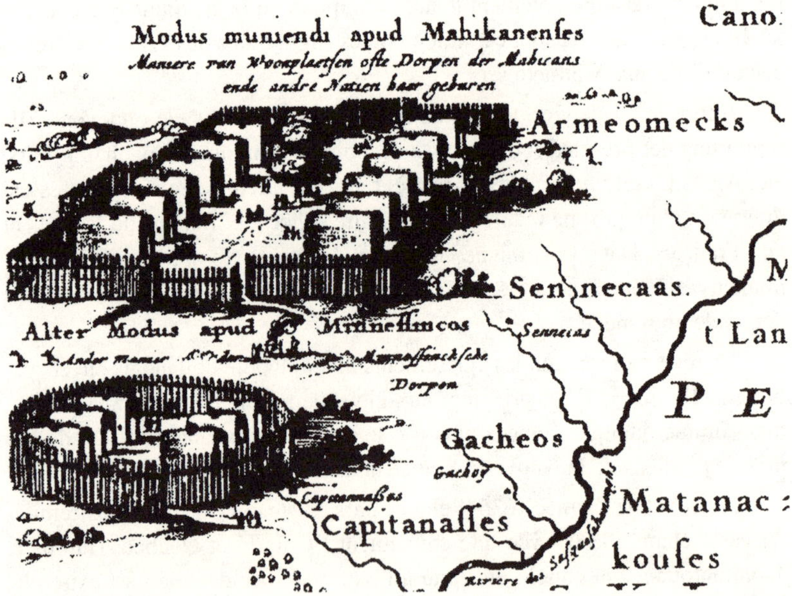

Chapitre 9

1635

L'épuisement des fourrures

L'épuisement des fourrures commence à jouer un rôle important dans l'histoire à partir, probablement, de l'année 1635. Et c'est tout d'abord dans la vallée du Saint-Laurent qu'elle se manifeste. La traite s'y pratique sur une grande échelle depuis le début du siècle ; et elle s'y pratique sur une petite échelle depuis plus longtemps encore, soixante-quinze ans environ, puisqu'elle y est née vers 1560.

Tadoussac, chasse-gardée des Montagnais

Les Montagnais de Tadoussac semblent en manquer les premiers. Ils sont depuis longtemps les intermédiaires entre les Français et les tribus de l'intérieur. Ils empêchent par exemple les Bersiamites, tribu plus faible, de venir à la traite. Ces derniers récoltent nombre de peaux de castor et voudraient en disposer auprès des Blancs. En 1635, ils se hasardent à Tadoussac. Les Montagnais les accueillent humainement « et quand ils les eurent en leur puissance, ils les mirent à mort traîtreusement ». La région est peu peuplée ; les peuples de l'intérieur — du Saguenay, du lac Saint-Jean et du versant de la baie d'Hudson —, sont nombreux, de sorte que les Montagnais peuvent se tirer d'affaire.

Les Bersiamites victimes des Montagnais

La situation est plus grave aux Trois-Rivières. Après avoir marqué qu'une autre famine grave a ravagé ce pays durant l'hiver de 1634-1635, la *Relation* de 1635 dit que les missionnaires veulent réapprendre la culture du sol aux Algonquins du lieu. Ces derniers ne mourraient alors plus de faim « et les castors se multiplieront beaucoup. Ces animaux sont plus féconds que nos brebis de France : les femelles portent jusques à cinq et six petits chaque année ; mais les Sauvages trouvant une cabane, tuent tout, grand et petits, et mâles et femelles ; il y a danger qu'en fin ils exterminent tout à fait l'espèce en ces pays, comme il en est arrivé aux Hurons, lesquels n'ont pas un seul castor, allant traiter ailleurs les pelleteries qu'ils apportent au Magasin de ces Messieurs. » Les Jésuites veulent imposer des règlements aux Algonquins dans le cas où ces derniers se stabiliseraient : « ...Que chaque famille prenne son quartier pour la chasse, sans se jeter sur les brisées de ses voisins ; de plus on leur conseillera de ne tuer que les mâles, et encore ceux qui seront grands. S'ils goûtent ce conseil, ils auront de la chair et des peaux de castor en très grande abondance. » Ces paroles sont inspirées par une vive inquiétude et par la rareté du gibier. De plus, c'est une coutume indienne que chaque membre de la tribu chasse sur la bande de territoire qui lui est assignée ; comme on le voit, les Algonquins du lieu la brisent continuellement et chacun tente de chasser sur la parcelle du voisin, ce qui indique un état de choses peu satisfaisant.

Favoriser la reproduction du castor.

Les Algonquins de l'Île se tirent mieux d'affaire. Ils cultivent un peu le sol, tout comme les Hurons, et ils ont quelques produits agricoles à offrir aux peuples du Nord ; ils peuvent obtenir leurs pelleteries et les revendre. Les Népissingues sont industrieux et offrent leur poisson fumé ou séché. Quant aux Hurons, leur pays très petit, densément peuplé n'a jamais dû produire abondance de pelleteries. Aussi l'extermination du castor ne peut modifier leur économie. Avec leurs produits agricoles et industriels, ceux des Neutres et de la nation du Pétun, ils se procurent dans le nord de l'Ontario et surtout de Québec d'immenses quantités de fourrures qu'ils revendront aux Français, réalisant à chaque transaction un bénéfice précieux.

Pour les tribus algonquines du Saint-Laurent, de l'Outaouais, du nord-est du lac Huron, la rareté ou la disparition du gibier n'est donc pas un malheur complet. Pour un temps, elles ont du jeu, de la marge ; à leur frontière du sud, s'étend la zone neutre qui pullule d'animaux à fourrures, où il est dangereux, mais non impossible de s'aventurer ; à leur frontière du nord s'échelonnent jusqu'à la baie d'Hudson des tribus de même sang, mais timides, qui attendent des intermédiaires et les accepteront pour peu qu'on leur offre des articles de traite.

L'épuisement du gibier en Iroquoisie

Malgré tout ce que l'on dit, il est fort difficile de se prononcer sur la situation exacte de l'Iroquoisie en 1635. Ce pays a connu la petite traite de 1615 à 1618 environ ; puis une traite un peu plus considérable de 1624 à 1626. À partir de cette année, et surtout de 1628, il s'est lancé dans la grande traite ; le nombre des fourrures reçues à Fort Orange a augmenté par sauts et par bonds. Or, l'Iroquoisie, avec ses montagnes, ses belles forêts, ses hauts plateaux, ne semble pas aujourd'hui un habitat propice pour le castor. D'après certains observateurs, elle ne peut jamais en avoir abrité un grand nombre. Aussi, une fois la politique du commerce restreint, préconisée par Rensselaer, abandonnée par tout le monde, le gibier de l'Iroquoisie ne pouvait durer bien longtemps. Et les tribus qui en manqueraient les premières seraient évidemment celles qui seraient les plus rapprochées de la factorerie, et qui pourraient y aller facilement, comme les Agniers et les Onneyouts. Mais les tribus iroquoises, le jour où le castor serait pratiquement exterminé chez elles, se trouveraient en face d'un problème difficile. Pour elles aussi, il y aurait en premier lieu la zone neutre ; mais à l'est, au sud, au nord, à l'ouest aucun espoir de s'en procurer par des moyens pacifiques.

Ainsi commence à se développer en 1635 une situation tragique, autant pour les tribus indiennes que pour les colonies européennes. La frontière de la carte des fourrures recule à l'intérieur du pays par suite de l'extermination du gibier ; les peuples indigènes qui se trouvent en dehors de cette ligne manqueront de pelleteries ; alors elles ne pourront plus obtenir des factoreries les marchandises européennes dont elles ont pris l'habitude ; leur civilisation ne pourra que rétrograder ; et leurs forces militaires vis-à-vis des voisins diminuera, de sorte qu'elles se trouveront bientôt en état d'infériorité parmi leurs ennemis. Si parmi ces peuples, quelques-uns ont l'esprit clair et veulent survivre, quels combats ne livreront-ils pas pour se tenir à flot et subsister ?

Les pelleteries : question de vie ou de mort

Le problème n'est pas moins tragique pour certaines colonies. La Nouvelle-Hollande et la Nouvelle-France sont fondées en Amérique, plus que n'importe quelle colonie, sur le commerce des pelleteries. Sans cet aliment, elles s'affaisseraient comme des ballons vidés de leur air chaud ou de leur gaz. Il leur en faut de prodigieuses quantités, coûte que coûte, sous peine de s'éteindre lentement et de mourir. Elles sont sur le même pied que les tribus indiennes, et pour les unes comme pour les autres, trouver ou non des fourrures est une question de vie ou de mort. Et c'est ainsi que se prépare une terrible lutte pour la vie qui déchirera pendant un siècle le nord-est du continent.

1635

La paix de 1634 entre Algonquins et Agniers-Onneyouts s'accompagne donc d'une exportation en Nouvelle-France des pelleteries iroquoises. Elle aura forcément contre elle les Hollandais de Fort Orange qui veulent retenir ces fourrures en Nouvelle-Hollande. Le journal du chirurgien Bogaert le prouve assez. De plus, ces Hollandais veulent attirer chez eux les pelleteries canadiennes. Aussi sont-ils probablement au fond des événements qui vont suivre, qui demeurent en partie mystérieux mais qui ne s'expliquent que de cette façon.

Capitanal, mort en 1634 et La Grenouille (ou Oumasasikoueie), Algonquin de la tribu de l'Île aux Allumettes, mort en 1636.

Aux Trois-Rivières, le grand capitaine, Capitanal, est mort. C'était un ami des Français. Son intelligence était sûre, ses talents remarquables. Un autre Algonquin, natif tout probablement de l'île aux Allumettes, La Grenouille, acquiert ensuite de l'ascendant sur ses compatriotes. Au contraire de son prédécesseur, ses intentions ne sont pas toujours droites : « ...Ce méchant homme, dira la *Relation* de 1636, avait plus d'autorité que les Capitaines ; même son crédit s'étendait parmi toutes ces nations. » C'est lui qui a négocié le traité de 1634. Il a dû se rendre au pays des Agniers, peut-être aussi chez les Onneyouts et les Hollandais. À son retour, il tient souvent un langage qui étonne les Français. Ainsi, il dit que les Iroquois ont incité les Algonquins « à tuer quelques Hurons et de prendre guerre avec eux ». Pourquoi ? « Les plus avisés croient que c'est une ruse de ceux qui traitent avec ces Peuples, et qui s'efforcent par leur entremise de divertir les Hurons du commerce qu'ils ont avec nos Français ; ce qui arriverait, si nos Montagnais leur faisaient la guerre, et alors ils les attireraient à leurs habitations, d'où s'ensuivrait un très notable détriment pour Messieurs les Associés de la Compagnie de la Nouvelle-France. »

La Grenouille se ferait donc l'instrument des Hollandais. Ceux-ci veulent mettre la main sur les pelleteries que recueille la Huronie. Et le moyen le plus sûr d'atteindre cette fin serait une guerre entre les Algonquins-Montagnais et les Hurons. Ceux-ci ne pourraient plus passer sur l'Outaouais et le Saint-Laurent dominés par les Algonquins ; ils seraient confinés dans l'intérieur des terres, loin des océans. Pour disposer de leurs pelleteries, continuer leur commerce, ils devraient s'adresser aux Iroquois qui iraient les revendre à Fort Orange, ou aux Hollandais eux-mêmes. Sans un arrangement de cette sorte, l'existence deviendrait impossible pour eux. Voilà donc le noir dessein que les Français saisissent dans les paroles équivoques de La Grenouille.

Mais quels bénéfices les Algonquins pourraient-ils tirer d'une guerre entre eux et les Hurons ? Ils espèrent affaiblir, détruire ces derniers et s'emparer d'une partie de leur commerce. On sent souvent que les Algonquins de l'Île sont prêts à ces extrémités pour supplanter les Hurons et se porter successeurs de leur empire commercial.

La *Relation* de 1636 fournit des détails supplémentaires sur La Grenouille. Elle affirme que les Hollandais ont gagné ce chef qui veut maintenant conduire les siens à Fort Orange pour la traite des pelleteries et les porter à une rupture avec les Français. Le traité de paix qu'il a négocié était un premier pas dans cette voie. Il a des complices. Nombre de ses compatriotes parmi les plus huppés ont accepté ses idées. En un mot, les Français croient que les Hollandais ont mis ces Indiens dans leurs intérêts soit par des présents, soit par des plans dont les Algonquins tireraient de grands bénéfices.

La rupture de la paix entre Algonquins et Onneyouts : massacre de la Grenouille en 1635 ou 1636

Quels sont les faits exacts qui conduisent à la rupture de la paix ? Ils demeurent mystérieux. La Grenouille et bon nombre de ses compatriotes retournent en Iroquoisie. Ils sont tous brutalement massacrés : « Car voulant frayer le chemin chez l'Étranger [Fort Orange] par les terres de ses ennemis [Iroquois], qu'il croyait avoir gagnés, ils [les Iroquois] ont trempé leurs mains dans son sang, l'égorgeant misérablement avec tous ceux dont l'orgueil nous faisait plus de résistance. » Cette phrase n'a pas toute la clarté désirable, mais elle s'interprète de la façon suivante : désirant ouvrir une route commerciale jusqu'à Fort Orange, en passant sur le territoire iroquois, projet pour lequel il croyait avoir gagné les Iroquois, La Grenouille est misérablement massacré avec ses compagnons. Si les mots cités plus haut ont cette signification, ils cadrent bien avec la politique iroquoise telle qu'énoncée par Rensselaer, à l'effet que les Iroquois ne veulent pas laisser passer les autres tribus indiennes sur leurs territoires pour se rendre avec leurs pelleteries à Fort Orange. Et les Algonquins du Canada, ayant tenté de les jouer, à la sollicitation des Hollandais, sont assommés à la première occasion. En un mot, les Hollandais semblent bien avoir tenu tous les fils de cette affaire qui se termine au fond comme ils le désiraient : la rupture de la paix entre Algonquins et Iroquois empêchera les mêmes Algonquins et les Français de venir en Iroquoisie pour y rafler d'autres fourrures, et ainsi établir une dérivation des pelleteries iroquoises vers la Nouvelle-France. Bogaert a exécuté sa menace.

Le rôle des Hollandais

Il est bien difficile d'assigner une date précise à cet incident. Il se produit probablement très tard à l'automne, peut-être même en décembre 1635. La paix entre Algonquins et Agniers-Onneyouts aurait duré onze mois, un an tout au plus. Mais pour en arriver à cette conclusion, il faut rapailler ici et là divers passages dans les *Relations des Jésuites*. Ils tournent tous autour d'une aventure de François Marguerie, l'interprète. Il est à l'automne de 1635 chez les Algonquins de l'île aux Allumettes. Il est alors âgé de vingt-deux ans. Et dans le plus froid de l'hiver, en compagnie de quatre Indiens, il entreprend un voyage de quarante jours, et il arrive en Huronie le 28 mars. Il a dû partir le 15 février. Le trajet est d'environ cent lieues. Et le soir, pendant que ses compagnons se reposent après la longue et fatigante marche du jour en pleine forêt, dans la neige, le jeune Marguerie, toujours de bonne humeur, prépare le repas, allume le feu et exécute les autres petites besognes. Car le chef du groupe est le potentat de l'Outaouais, Le Borgne de l'Île, deuxième du nom, qui n'est en odeur de sainteté ni chez les Hurons ni chez les Français.

François Marguerie de La Haye (1612-1648.

Le Borgne de l'Île (ou Tessouat), mort en 1654

Mais pourquoi ce capitaine se rend-il en Huronie dans une saison où d'ordinaire les Indiens eux-mêmes évitent de voyager ? « L'occasion de la venue des Sauvages de l'Île en ce pays des Hurons, était la mort de vingt-trois personnes que les Iroquois avaient massacrées nonobstant la paix. Cette perfidie leur causait un grand désir de se venger. » Ce passage fournit ainsi le nombre des compagnons de La Grenouille. De plus, on en peut conclure que si les Algonquins de l'Île se donnent tant de mouvement pour les venger, c'est que, très probablement, plusieurs victimes étaient leurs compatriotes.

Le Borgne de l'Île veut soulever les Hurons contre les Iroquois.

C'est tout un vaste projet que Le Borgne porte en ce moment dans son esprit. Il apporte vingt-trois présents ; il veut soulever non seulement les Hurons mais encore les Népissingues qui hivernent près d'eux ; il se flatte que les Français lui prêtent main-forte ; il croit que d'autres tribus algonquines fourniront leur assistance dans cette croisade contre les Iroquois. Mais sa rancune se manifeste encore en cette rencontre : il n'a aucun présent pour la tribu de l'Ours, qui forme à peu près la moitié de la population huronne, parce que c'est elle qui conduit tout le commerce des fourrures avec la Nouvelle-France. Il l'ignore. Il négocie avec les autres seulement. Et ses demandes ont une allure assez précise de menace : si Hurons, Népissingues et autres n'acceptent pas ses projets militaires, il les empêchera de passer sur ses territoires pour aller à Québec, le printemps suivant. Dans son île stratégique, il commande la navigation sur l'Outaouais. Et même, ce qui est moins sûr, il irait jusqu'aux rodomontades, se flattant d'être capable de ramener tous les Français à Québec, de les obliger même à repasser la mer. Bien plus, il a des conciliabules avec les Jésuites ; il leur suggère d'abandonner la Huronie, ou du moins la nation de l'Ours ; celle-là a tué Étienne Brûlé, le père Viel et son compagnon, elle a assommé huit Algonquins de l'Île autrefois ; les missionnaires risquent leur vie en ce pays, ils devraient revenir à Québec, ou encore s'établir dans l'île aux Allumettes où un bel avenir les attend.

Nicolas Viel, prêtre, Récollet et sans doute l'Indien Ahuntsic

Tous ces discours papelards, hypocrites, tous ces mots de vantardise ne gagnent personne et n'obtiennent rien. « ...Ni les Hurons ni les Algonquins

papelards = hypocrites

n'y ont point voulu entendre, et ont refusé leurs présents... ». Les premiers se récusent en donnant pour prétexte qu'un détachement iroquois peut les attaquer au printemps ; la tribu de l'Ours jette toute son influence dans la balance pour faire échec aux projets soumis ; les Népissingues refusent parce qu'ils détestent les Algonquins de l'Île qui leur imposent des péages trop élevés.

Le Borgne et ses compagnons ne sont pas contents. « ...Ceux de l'Île se voyant éconduits s'en sont retournés fort mécontents tant des Hurons, que des Bissiriniens [Népissingues], et ont menacé qu'ils ne laisseraient passer ni les uns, ni les autres pour aller aux Français. » Cette fois la menace est précise et doit s'exécuter au printemps.

Cependant l'affaire reste en suspens ; elle ne peut être réglée de cette façon. La Huronie demeure en paix avec le pays des Tsonnontouans, mais en guerre avec tout le reste de l'Iroquoisie ; les Algonquins sont pour leur part en guerre avec toute l'Iroquoisie. Et qui connaît les Indiens sait que le massacre de vingt-trois personnes ne peut que conduire à des expéditions de vengeance.

Champlain est décédé à Québec le 25 décembre 1635.

Les Hurons conduisent une guérilla contre les tribus iroquoises qui les combattent encore. Au début de mai, un certain nombre de guerriers préparent une expédition ; ils passent près de deux nuits à chanter, à banqueter, à danser ; enfin ils partent, ils ne se rendent pas loin, ils campent et ils s'endorment d'un profond sommeil. Des Iroquois qui épiaient leurs mouvements les attaquent, assomment douze d'entre eux ; les autres parviennent à fuir dans la forêt. Ce n'est pas la dernière fois que les guerriers hurons se laisseront surprendre de cette façon.

1636

Antoine Daniel, jésuite (1601-1648)

Au printemps, le convoi de fourrures trouve le chemin bloqué à l'île aux Allumettes. Le Borgne de l'Île lui-même, le dictateur est mort. Et comme disent les Indiens, son corps n'est pas caché, c'est-à-dire que son nom n'a pas été donné à une autre personne et que des présents n'ont pas été donnés à une autre personne et que des présents n'ont pas été offerts aux parents. C'est le prétexte dont les insulaires se servent pour interdire le passage. Ils conseillent aux premiers canots de retourner en Huronie. Le père Daniel suit de près avec le gros de la flottille. Il commence les négociations et pour les Hurons et pour les Népissingues. Les Hurons, qui sont de beaucoup les plus forts, ne veulent pas se servir de la force contre leurs alliés rébarbatifs.

Enfin, après bien des palabres, le laissez-passer est donné ; et les canots poursuivent leur route vers le Saint-Laurent où se tiennent déjà, depuis un certain temps, des conseils pour la guerre.

François Derré de Gand, commissaire général de la Compagnie des Cent-Associés, après le départ de Du Plessis-Bochart

Le 4 mai, M. Gand, un colonial influent, part de Québec pour les Trois-Rivières. À son arrivée, les Indiens demandent le privilège de lui exposer leurs besoins. Et ils le supplient d'obtenir des autres chefs français « qu'on leur donnât secours pour leurs guerres ». L'orateur demande qu'on écoute moins ses paroles que celles des veuves et des orphelins qui ont perdu leurs maris ou leurs pères. Si les Français n'interviennent point, il ne restera bientôt que des femmes et des enfants. Les guerriers se proposent d'aller mourir en Iroquoisie, là où leurs capitaines ont été égorgés l'année précédente.

Les Algonquins demandent l'assistance militaire des Français.

En face de la guerre de nouveau ouverte, les Algonquins de Trois-Rivières se tournent donc vers les Français et leur demandent, comme autrefois, l'assistance militaire. Ils croient que la présence de quelques soldats parmi eux fera des miracles. M. Gand n'emploie pas de fortes expressions pour rappeler aux Algonquins, les infidélités ou les dangereuses intrigues de La Grenouille et de ses compagnons. Il est plein de bénignité, mais quelques fines pointes indiquent que les Français ont bien enregistré le coup. Il se rendra, répond-il, à leurs désirs ; il parlera aux chefs qui dirigent la colonie ; « néanmoins... il craignait que ces capitaines n'eussent non plus l'oreille pour ses paroles, que les Sauvages n'avaient montré d'affection pour les Français ». Et il précise un peu plus loin sa pensée : « En troisième lieu, si les Capitaines me demandent si vous n'allez point voir l'Étranger pour vos traites, je ne sais ce que je leur pourrai répondre. » Les vingt-trois Algonquins, dont leurs compatriotes veulent en effet venger la mort, n'ont-ils pas été assassinés au cours d'une tentative faite pour ouvrir un commerce de fourrures avec les Hollandais ? Mais M. Gand ne pose pas brutalement la question. Il leur reproche de ne pas donner leurs filles comme épouses aux Français, de ne pas venir aux instructions des missionnaires, de ne pas se convertir : « Si vous eussiez fait cela dès notre première entrée dans le pays, vous sauriez tous maintenant manier les armes comme nous, et vos ennemis ne subsisteraient pas en votre présence ; vous ne mourriez pas tous les jours comme vous faites. » Et ces mots indiquent que les Français ont donné des armes à feu aux Indiens qui se sont convertis, et sont devenus sûrs ; ou du moins qu'ils les leur donneront à ces conditions. Provoqué par certaines paroles, M. Gand répond qu'il est exact que des Iroquois ont tué des Français. Ces derniers en rendront raison un jour ; ils sont prudents et ils prendront l'offensive quand ils seront nombreux ; « ...Nous attaquerons, et ne quitterons point la guerre, que nous ne les ayons exterminés. Si vous voulez venir avec nous, vous y viendrez, mais comme vous ne savez pas obéir en guerre, nous ne nous attendrons pas à votre secours. » Les Algonquins de Trois-Rivières sont à la fin assez satisfaits de la réponse : M. Gand soumettra leurs demandes aux chefs de la colonie.

Personnage peu connu, M. de Gand joue pourtant un rôle important à la mort de Champlain.

Tout comme Champlain, M. de Gand entrevoyait la naissance d'un peuple nouveau.

Le 2 juillet, les Montagnais de Tadoussac et les Algonquins de Québec adressent exactement la même demande aux chefs de la colonie eux-mêmes. Le massacre de vingt-trois des leurs a évidemment ému toute la nation qui ne songe maintenant, comme Le Borgne de l'Île, qu'à une vaste expédition de guerre. Le capitaine des Montagnais est même accompagné d'une bonne escouade de guerriers. Il demande une entrevue avec le gouverneur, de même qu'avec M. Du Plessis-Bochart ; le capitaine des Algonquins assiste au conciliabule, qui prend place dans le magasin de la Compagnie. Les Français s'assoient d'un côté, les Indiens de l'autre. Vêtu à la française, le capitaine de

À Québec, les Montagnais et les Algonquins demandent également le secours des Français.

Du Plessis-Bochart, commis général de la Compagnie des Cent-Associés

Propos habiles et éloquents des chefs indiens

Tadoussac harangue le premier. « Vous savez que c'est le propre des amis de secourir ceux qu'ils aiment au besoin ; le secours que vous nous donnerez dans nos guerres sera le témoin fidèle de votre amitié ; votre refus me couvrira le visage de confusion. » Et le capitaine de Québec ajoute : « ...Nous voici dans une saison de guerre fort fâcheuse, nous n'avons pas assez de force pour nous mettre à couvert de nos ennemis, nous recherchons votre abri, ne le refusez pas ; votre ami vous en conjure : si vous ne lui prêtez pas la main vous le verrez disparaître dans la mêlée de ses ennemis... » Et ces deux chefs énumèrent tous les motifs pour lesquels les Français doivent leur accorder l'assistance militaire. Un vieillard parle même « à l'antique ». Les chefs se montrent très habiles dans leurs discours ; ils savent présenter leurs arguments et ils savent les choisir. Enfin, ils laissent un présent de peaux de castor.

à l'antique = à l'athénienne, à la manière de Démosthène

Mais les Français n'ont aucune intention d'accorder les secours qu'on leur demande. Dès les premiers mots, leurs auditeurs peuvent le noter. À l'automne précédent, ils ne savaient pas que la guerre éclaterait, et ils n'ont pas demandé de soldats en France. Les Français du pays n'ont pas l'habitude de porter les armes. Des arguments s'échangent, les ripostes se donnent. La discussion suit le même sillon qu'aux Trois-Rivières : on parle de mariage entre Indiennes et Français, de conversion. La réponse définitive vient à la fin : « Pour ce qui concernait la guerre, on répliqua qu'on ne pouvait leur donner ni un grand, ni un petit nombre de Français : d'en donner un grand nombre, ils voyaient bien que la chose ne se pouvait pas faire, les vaisseaux ne se voulant pas dégarnir de leurs hommes ; d'en donner peu, nos Français ne voulaient pas aller avec eux, pour ce, disent-ils, que les Sauvages ne sauraient obéir, ni tenir pied ferme en guerre ; à la première fantaisie ils s'envolent comme des oiseaux... »

Hésitation des Français. On parle plutôt de mariages entre Indiennes et Français.

En un mot, les Algonquins, ni en Huronie, ni à Québec, ni aux Trois-Rivières, ne trouvent un accueil sympathique pour leurs projets de vengeance. Mais ils ne s'en tiennent pas là. Ils doivent se consulter de nouveau entre eux, et se consulter avec les Hurons à l'embouchure du Richelieu. Et c'est maintenant vers cet endroit que convergent les Hurons qui ont franchi le territoire des Algonquins de l'Île, les Montagnais de Tadoussac et les Indiens de Saint-Laurent. Un missionnaire part par exemple en barque pour les Trois-Rivières ; il est rejoint par une flottille de douze canots montés par trente à quarante guerriers « qui s'en allaient à la guerre ». Ils consultent leurs devins sur l'issue de l'incursion, ils prennent bientôt les précautions requises. Le 15 juillet, le général du Plessis-Bochart arrive aux Trois-Rivières ; un canot huron se présente en même temps et annonce la venue prochaine du convoi de fourrures. Les Français se réjouissent « car on nous avait comme assurés que les Hurons ne descendraient point cette année, pour les grands bruits de guerre qui couraient par toutes les nations par lesquelles ils devaient passer ». Et le 18 juillet, le général part pour le Richelieu : deux ou trois cents Indiens l'y

Du Plessis-Bochart rencontre les Algonquins aux Trois-Rivières.

attendent pour parler de leurs entreprises de guerre. La division s'est mise chez les Algonquins ; ils s'accusent mutuellement d'avoir trahi La Grenouille et ses compagnons. Un capitaine montagnais, La Perdrix, s'est même venu jeter sous la protection du général ; d'aucuns l'accusent et le veulent mettre à mort : « ...On le soupçonnait, mais à tort, d'avoir reçu des présents des Iroquois, et d'avoir trahi La Grenouille et les autres qui avaient été massacrés ; ils en pensaient autant d'un autre, qu'ils voulaient aussi égorger. » Tandis qu'au fond, il semble bien que ce sont les Hollandais qui, après avoir attiré les Algonquins, avoir organisé une expédition de traite avec eux, les ont dénoncés aux Iroquois pour que ceux-ci leur infligent des mauvais traitements ou la mort. De cette façon serait arrêtée la dérivation des pelleteries iroquoises vers la Nouvelle-France. Le père Le Jeune et le général sauvent ce capitaine. Mais celui-ci avait tout de même fait un voyage en Iroquoisie, avant le massacre de La Grenouille, comme le révélera la *Relation* de 1637.

La Perdrix, capitaine montagnais

Le général Du Plessis-Bochart trouve donc de deux à trois cents guerriers rassemblés à l'embouchure du Richelieu. Il aurait employé toute son énergie à les réconcilier et à rétablir la paix entre les diverses factions. Puis il ne leur aurait ensuite parlé que de conversion. Lui demande-t-on des secours militaires contre les Iroquois ? Les *Relations* n'en disent pas un mot. C'est pourtant probable. Mais Champlain est mort. Qui pourrait conduire à sa place une expédition de ce genre ? Au fond, l'occasion est assez belle. Le massacre des vingt-trois Algonquins a ému toute la Coalition ; elle est plus disposée à entendre une expédition vigoureuse qu'elle ne l'a jamais été depuis longtemps. Mais il semble que les Français soient contents de la punition tragique que les Algonquins ont reçue ; elle leur a fait passer l'envie pour longtemps de nouer des relations commerciales avec la Nouvelle-Hollande.

Toutefois le gros rassemblement d'Indiens, à l'embouchure du Richelieu, ne se disperse point sans que des bandes partent pour l'Iroquoisie ; des Algonquins « s'en allèrent chercher quelque pauvre misérable Iroquois : car la plupart de leurs guerres se passent dans les surprises, se guettant les uns les autres, comme on ferait un sanglier ». Le 10 août, le capitaine de Tadoussac revient le premier avec son détachement. Ils avaient trouvé, dit-il, l'emplacement d'un bivouac iroquois ; trois cents guerriers au moins y avaient passé la nuit. Une dispute s'était alors élevée parmi les Algonquins. Les Montagnais avaient décidé de revenir, les autres avaient continué leur route. Le 11 août, il est rumeur que ces derniers reviennent après avoir remporté quelques succès ; mais en fait, ils n'apparaissent pas avant le 13, agitant au bout de gaules les scalps des ennemis qu'ils ont tués. Les femmes se lancent à la nage ; elles se saisissent des chevelures pour les pendre à l'entrée des wigwams. Les Français apprennent qu'après le départ des Montagnais, une centaine d'Algonquins se sont aussi retirés, laissant le détachement fort affaibli. Les autres ont continué leur route, ils se sont approchés d'une bourgade des Agniers. Ils ont saisi une couple d'Iroquois. Ils leur ont promis la vie sauve à la condition d'apprendre dans quel lieu ils pourraient rencontrer un groupe d'ennemis. Ces deux misérables Agniers indiquent une rivière, non loin, où quelques hommes font la pêche et fabriquent avec des écorces des collets propres à capturer des orignaux ; plusieurs femmes y récoltent aussi des orties pour en faire des cordages. Les Algonquins se rendent aussitôt sur les lieux. Ils attaquent vivement la petite troupe, tuent, blessent, massacrent. Ils mettent enfin à mort vingt-huit personnes. La plupart étaient des femmes. Ils ramènent à titre de prisonniers trois hommes, une jeune femme et une jeune fille. Ils avaient capturé un nombre d'ennemis plus grand ; mais craignant d'être poursuivis, ils avaient tué en route ceux qui ne marchaient pas assez vite. Et ils avaient retraité sous la pluie, à toute vitesse, pendant plusieurs jours.

Les Algonquins peuvent maintenant dormir tranquilles. Ils se sont vengés.

Une Iroquoise amenée en France.

Toujours silencieuse, forte, n'éprouvant et ne manifestant aucune crainte au milieu de l'ennemi, la jeune Iroquoise a suivi l'armée algonquine : « ...Elle avait la face modeste, mais l'œil si assuré, que je la prenais pour un homme. » Ces Indiens ne torturent pas les prisonnières. Le lendemain, ils la donneront à M. Du Plessis-Bochart, pour remplacer l'un des trois Français tués en 1633. Alors seulement, elle pleure un peu. Puis les missionnaires lui annoncent qu'ils la conduiront en France où l'accompagneront quelques dames de la colonie. Madame de Combalet prendra charge de cette Indienne.

Madame de Combalet (duchesse d'Aiguillon), nièce du cardinal de Richelieu

Le supplice d'un prisonnier iroquois

Quant au jeune Iroquois, son sort sera plus dur. Il n'a pas mis le pied sur la grève, que les femmes et les enfants le rouent de coups ; sans même se retourner, il passe en chantant ; un boiteux le flagelle d'une corde pliée en deux ; d'autres le brûlent avec des charbons ou lui enfoncent des tisons dans la bouche. Si le supplice lui laisse quelque répit, il danse. Une femme commence de lui couper un doigt avec ses dents, elle termine avec un couteau, puis elle le lui enfonce dans la bouche ; comme il le rejette, elle le met à rôtir et l'offre à ses enfants ; enfin, un soldat le leur enlève et le jette dans le fleuve. Deux jeunes Algonquines le mordent aux bras comme des louves. Le père Paul Le Jeune leur adresse des remontrances ; mais elles répliquent que les Iroquois infligent des tourments pires aux captifs algonquins. Le missionnaire obtient à la fin que l'on mette fin à ce supplice. Mais il n'aurait pas parlé avec la même véhémence aux Algonquins de l'Île qui sont la superbe incarnée. Champlain, en effet, étant intervenu dans une occasion pareille, l'un deux avait saisi un enfant par le pied et lui avait brisé la tête sur un arbre. Le jeune prisonnier iroquois ne gagnera rien à ce délai. Expédié à Québec, il subira un supplice plus long et plus cruel que celui des Trois-Rivières. Les Algonquins l'étrangleront à la fin sur la rive droite du fleuve. Ils manifestent dans les supplices qu'ils infligent, la rage animale des brutes plutôt que la savante et froide cruauté des nations iroquoises.

En présentant la jeune Iroquoise à M. Du Plessis-Bochart, les Algonquins avaient regretté l'absence des Français parmi leur parti de guerre : « ...Il eût été bien à propos, disent-ils, de voir quelques uns de vos jeunes gens parmi nous à la guerre... » Mais le général sait leur rappeler que même en cette expédition, ils se sont querellés et ils se sont divisés ; et il ajoute que si jamais les Français attaquent l'Iroquoisie, ils ne reviendront point sans détruire des bourgades entières. Cette rodomontade plaît assez aux Algonquins.

Les Hurons à Québec : renouvellement de l'alliance avec les Français

Ce n'est que le 18 août que les Hurons arrivent à Québec. Ils renouvellent leur alliance ancienne avec les Français au cours des conseils qui ont lieu. Mais il n'y est que fort peu question de guerre. Le général dit aux visiteurs que s'ils amènent une vingtaine de leurs enfants au séminaire des Hurons, il leur enverra une vingtaine de soldats pour les aider à se défendre et pour les rassurer au milieu de leurs alarmes quotidiennes. Pour refuser cette requête, les Hurons « dirent qu'il y avait de grands dangers de descendre ça bas, pour les courses de leurs ennemis ». Car les quatre tribus iroquoises qui n'ont pas signé le traité continuent à harceler les Hurons. Durant l'été de 1635, la Huronie s'est attendue à une invasion. L'été est toujours la saison dangereuse. Tous les hommes solides partent, qui pour les traites dans le nord de Québec, qui pour celle de Québec, qui sont les deux principales, qui, pour les voyages de chasse, de pêche. La Huronie a tendance à se vider de sa population mâle. Alors les sachems répandent parfois eux-mêmes des rumeurs d'invasion pour retenir plus facilement des guerriers dans le pays. C'est eux qui donnent les permissions de s'éloigner, et parfois les jeunes sont prêts à désobéir. L'appréhension a régné aussi durant l'hiver de 1635-1636. Par deux fois, les éclaireurs sont même revenus à toute vitesse, poussant le cri d'alarme ; les habitants se sont préparés à plier bagage et à s'enfuir. Heureusement, la nouvelle était fausse les deux fois. La fuite est facile, l'été ; la population peut se cacher vite dans la forêt. Mais il n'en est pas de même l'hiver, quand la neige révèle les empreintes des pas et que les arbres n'ont plus de feuilles. « Il y a quelques villages assez bien fortifiés, disent les missionnaires, où on pourrait demeurer, et attendre le siège et l'assaut ; ceux qui peuvent s'y retirent, les autres gagnent au pied, ce qui est le plus ordinaire : car le petit nombre, le manquement d'armes, le grand nombre d'ennemis, leur font redouter la faiblesse de leurs forts. » Les Français distribuent dans les deux occasions des fers de flèches ; quatre d'entre eux possèdent des arquebuses et se tiennent prêts à courir au village qui subira l'attaque.

Le sort de la Huronie est déjà si intimement lié, économiquement, à celui de la Nouvelle-France, que les Français appréhendent l'invasion de ce pays. Ils en parlent aux sachems hurons. Ils leur demandent de planter les palis de façon à former un carré parfait ; de construire à chaque angle une tourelle où les Français pourront monter et tirer sur les assiégeants avec leurs mousquets. Les Hurons acceptent cet avis et commencent à l'appliquer, dans l'un de leurs village. Pour le moment, le danger ne paraît pas grand, car l'ennemi principal, c'est le Tsonnontouan qui observe le traité de paix.

Chapitre 10

1636

Le 2 septembre 1636, les Jésuites de Huronie apprennent l'arrivée d'un prisonnier iroquois dans une bourgade. Des Hurons se sont avancés jusqu'au lac Ontario, ils y ont découvert vingt-cinq à trente Iroquois à la pêche. Si l'excitation ne les avait pas subitement saisis, ils auraient pu envelopper tout ce groupe d'ennemis, Onontagués probablement. Mais ils se sont précipités sur les victimes et n'en ont capturé que huit. L'un est immédiatement mis à mort. Un second a été assommé, les autres ont été distribués entre les diverses bourgades huronnes.

Les Jésuites se rendent à Arontaen où doit arriver l'un de ceux-ci. Ils désirent le convertir. Celui-ci se présente bientôt, une robe de castor sur le dos, un collier de grains de nacre au col, un autre collier en forme de couronne sur la tête. Trente ou quarante Hurons l'escortent. La foule se porte au-devant de lui. Il doit s'asseoir à l'entrée du bourg et chanter. Il a déjà une main brisée, un doigt arraché ; d'un coup de hache, on lui a sectionné un pouce et un index ; on lui a brûlé un coude.

Les méthodes de torture des Hurons

Les Hurons sont de race iroquoise. Ils manifestent dans les tortures qu'ils infligent la méthodique cruauté des Asiatiques. Au lieu de se ruer sur le prisonnier, ils l'accablent de mots d'amitié ; ils lui apportent force sagamité, citrouilles et fruits ; ils le régalent avec ingéniosité ; ils lui demandent de chanter, et l'Onontagué chante avec vigueur bien qu'il ne soit plus jeune, comptant une cinquantaine d'années.

Les Hurons l'encouragent : n'est-il pas bien ainsi, parmi des parents et des amis ? Ils tuent un chien et le mettent à la chaudière pour un festin. Les mains du prisonnier sont toutes douloureuses ; « elles étaient demi-pourries et toutes grouillante de vers » ; des assistants tentent mais sans succès, de les extraire. Aussi, quand l'Onontagué veut porter un morceau à sa bouche, il défaille. Plus tard, il chante et on lui apporte des friandises.

Il loge en la même cabane que les Jésuites. Ceux-ci lui parlent de la foi chrétienne ; un auditoire se forme autour d'eux. Enfin, ils baptisent le pauvre homme sous le nom de Joseph. Les missionnaires se retirent ensuite ; les sachems causent tout doucement avec le converti ; ils l'entretiennent des affaires de la Confédération iroquoise.

Le lendemain, le prisonnier continue son voyage. Il chante toujours ; les Hurons lui préparent toujours des festins ; les missionnaires terminent son instruction. Il a maintenant atteint une seconde bourgade. C'est là que son sort doit se décider. Le conseil le donne à un Huron pour remplacer un neveu perdu. Cet homme peut lui conserver la vie, l'adopter, le traiter comme un membre de sa famille. Mais il refuse de le garder, vu les mains estropiées. Il lui annonce son supplice pour le soir même, « Sus donc mon neveu, dit-il, aie bon courage, prépare-toi à ce soir, et ne te laisse point abattre par la crainte des tourments. » C'est par le feu qu'il mourra : « Voilà qui va bien, dit Joseph, voilà qui va bien. » La propre sœur du neveu défunt lui apporte des aliments ; elle le traite comme un fils ; « elle était d'un visage fort triste, et avait les yeux comme tout baignés de larmes ». Et le Huron qui a pris la terrible décision tient lui-même le calumet pour que son prisonnier fume, il essuie ses sueurs, lui agite devant le visage un éventail de plume.

À midi, le condamné commence son festin d'adieu. S'y trouve qui veut. « Mes frères, je m'en vais mourir, dit-il, au reste jouez-vous hardiment autour de moi, je ne crains point les tourments ni la mort. » Il chante, il danse autour de la cabane. Le festin a lieu. Puis tous chantent et dansent.

Toute cette foule doit revenir à Arontaen. Les missionnaires expliquent les articles de la foi au condamné, à la multitude, des âmes s'attendrissent : on dirait une page arrachée à la Bible.

Enfin le soleil baisse. C'est l'heure. Les Hurons se rassemblent dans la cabane des Têtes Coupées qui appartiennent à un fameux chef, Atsan. C'est là que se réunissent les conseils qui débattent les affaires militaires. Les Jésuites se postent auprès du converti pour l'encourager. Vers huit heures les feux s'allument à intervalles réguliers, d'un bout à l'autre de l'habitation ; la distance qui les sépare est d'une brasse. Les vieillards se pressent le long des murs, sur l'échafaud, où les habitants dorment l'été ; les jeunes gens se rangent plus bas, nombreux à s'étouffer. Chacun se prépare un bon tison, une écorce qui s'enflamme bien ; le capitaine encourage chacun à bien faire son devoir ; il faut commencer par les jambes pour que le supplice dure la nuit entière.

L'Onontagué entre à ce moment. Une clameur l'accueille. Des bourreaux lui lient les mains. Chantant et dansant, il fait un premier tour de la cabane. Puis le capitaine le dépouille de sa robe de castor. Voilà le moment. Le captif commence à faire le tour de la cabane, en marchant ou plutôt en courant. Chacun lui inflige une brûlure au passage. « ...Cependant il criait comme une âme damnée, toute la troupe contrefaisait ses cris... ; il fallait être là pour voir une vive image de l'Enfer. Toute la cabane paraissait comme en feu, et au travers de ces flammes, et cette épaisse fumée qui en sortait, ces barbares... hurlant à pleine tête, avec des tisons en mains, les yeux étincelants de rage et de furie, semblaient autant de démons qui ne donnaient aucune trêve à ce pauvre misérable. » On brise au prisonnier les os des mains et des poignets ; on lui perce les oreilles avec des branchettes en feu.

Au septième tour, après qu'on l'a fait asseoir de force sur des braises, le prisonnier ne peut se relever malgré un tison qu'on lui applique aux reins. Les jeunes gens veulent aussitôt attiser le feu autour de lui. Les capitaines ont conservé leur sang-froid et ils s'interposent tout de suite : il faut toujours que le supplicié vive jusqu'à l'aube, sinon c'est un mauvais présage.

Les Hurons étendent le supplicié sur une natte. Ils le laissent en repos. Des feux s'éteignent. La foule s'écoule un peu. Ce n'est qu'au bout d'une heure que le malheureux revient à lui. Il doit recommencer ses chansons. Toute la jeunesse revient et la torture se continue. Les bourreaux n'ont jamais que des paroles de douceur, de bienveillance, de miel. On dirait toujours qu'ils parlent à un ami très cher. Mais leurs actes sont d'une cruauté raffinée. Ils procèdent maintenant avec méthode et lenteur ; ils imaginent des tourments douloureux, mais superficiels. Ils le ligotent avec des cordes ; ils mettent le feu aux cordes qui brûlent peu à peu et le ceinturent de feu : ils l'obligent à se tenir debout sur des haches rougies ; « Vous eussiez ouï griller sa chair » ; ils le bâtonnent ; ils l'habillent de vieilles nippes auxquelles ils mettent le feu ; les branches embrasées lui caressent continuellement les jambes.

Une assez longue trêve intervient. Des épis de maïs rôtissent dans les cendres tout à côté des haches. L'Onontagué mange et boit. Les missionnaires parlent de l'autre vie bien prochaine maintenant ; ils lui donnent les dernières instructions religieuses. Chacun parle, on cause, on tient sur la vie des propos philosophiques. Les Jésuites français disent qu'en leur pays, le supplice du feu n'est infligé qu'aux grands criminels, mais d'une façon prompte et rapide. L'Iroquois raconte la mort de quelques Hurons en son pays aux mains de ses compatriotes.

L'aube répand sa première lueur blafarde. Des feux s'allument alors au dehors du village. Deux Hurons saisissent la victime, l'apportent, la hissent sur un échafaud élevé de sept à huit pieds au-dessus du sol et construit autour d'un arbre ; ils le lient au tronc, mais de manière que les liens lui laissent la liberté de tourner autour. Cette fois, c'est le supplice à mort. Les Hurons lui brûlent toutes les parties du corps, et chacun à diverses reprises. L'Onontagué tourne et tourne, et chacun, quand il passe devant lui, lui inflige sa torture. Enfin, on le brûle en la bouche, en la gorge, dans les yeux, dans l'anus ; des haches rougies lui brûlent successivement les épaules, puis la poitrine. Ses mouvements se sont ralentis peu à peu, et maintenant, il est à bout, sans mouvements. L'un lui coupe le pied ; l'autre, une main, le troisième, la tête. Le cadavre sera l'aliment principal d'un festin qui aura lieu le jour même.

Un Huron demande au missionnaire : « Penses-tu... que... les Iroquois t'en fasse meilleur traitement s'ils viennent une fois à ravager nôtre pays ? Ce n'est pas de quoi je me mets en peine, répartit le Père... »

1636

Isaac Jogues (1607-1646), prêtre, Jésuite. Canonisé en 1930.

Le 11 septembre 1636, le père Isaac Jogues arrive en Huronie ; le 17, il tombe malade. Un domestique, qui le suit de près, s'alite en descendant du canot. Dominique, un autre serviteur, manifeste bientôt les mêmes symptômes. Le père Pierre Chastellain doit interrompre ses travaux le 24 ; et le 27, c'est le tour du père Charles Garnier. Enfin le père Le Mercier les imite au bout de quelques jours.

Pierre Chastelain (1606-1684), Jésuite et missionnaire en Huronie. Auteur du premier traité canadien de spiritualité. Surnommé Arioo par les Indiens.

Charles Garnier (1606-1649), Jésuite et missionnaire en Huronie. Canonisé en 1930 par le pape Pie XI. Surnommé Ouracha par les Indiens.

La seconde grande épidémie vient d'éclater. Les Français l'ont-ils apportée ? Non : « ...Notre cabane était encore saine et entière, qu'il y avait déjà des malades en notre bourgade et à La Rochelle... » Les religieux se soignent un peu. Ils prennent du repos ; ils absorbent des aliments légers : une poule parfois, et un œuf. Petitpré chasse, c'est l'automne, il rapporte du gibier et l'on prépare des bouillons. Un autre Français pratique des saignées. En peu de temps, chaque membre de la colonie française est sur pied.

Mais quand, le 15 octobre, les missionnaires commencent à circuler, une bonne partie de la population d'Ihonatiria est malade. Alors, ils se dévouent. Ils administrent des bouillons et des saignées. Leur petite provision de médicaments s'épuise.

L'épidémie progresse par sauts et par bonds. Les Français espèrent que « les premières froidures arrêteraient le cours de cette maladie contagieuse ». Mais il n'en est rien. Le fort de l'hiver apporte le fort du mal. Dès la mi-novembre, les villages avoisinants sont atteints. Des familles perdent plusieurs de leurs membres. Dans toutes les cabanes, il y a des malades, et dans la plupart, plusieurs meurent.

Cette maladie est sans doute la fièvre pourprée.

Pasteur viendra deux siècles plus tard. Les cabanes huronnes n'ont pas de fenêtres ; ce sont de vastes caravansérails qu'aucune cloison ne divise, où de nombreuses familles vivent dans une promiscuité grouillante. Les Jésuites se tiennent auprès des malades et des morts ; ils se transportent d'un chevet à l'autre, d'une cabane à l'autre, d'un village à l'autre, dans leurs efforts pour soulager cette immense misère. Les Français, comme les Européens, connaissent peu de remèdes efficaces ; les Hurons, moins encore. Ils sont pris au dépourvu par ces maladies étranges que leur apporte soudain la civilisation.

Alors, la maladie contagieuse, dans ce climat froid, prend les proportions d'un immense désastre. Ihanontiria « a été dans l'affliction jusques au printemps, et est presque toute ruinée » ; la bourgade sera plus tard abandonnée. À Ossossané, en décembre, les missionnaires trouvent cinquante malades ; ils affirmeront plus tard que les malades meurent tous les jours. Les Népissingues qui hivernent dans la Huronie rapporteront soixante-dix cadavres en sept canots. À Onnentisaty, plus de cinquante personnes succombent en quelques semaines. À Oenrio, à Anenata, la maladie décime les familles. Au loin, la nation du Pétun elle-même souffre de l'épidémie.

Les Népissingues

La nation du Pétun, établie à l'ouest de la Huronie, dans la péninsule de Bruce.

L'hiver passe dans cette terrible affliction. Le printemps suscite d'abord des espérances, mais vainement. Le 2 mars 1637, une femme meurt à Ihonontaria et la *Relation* dit ce qui suit : « La maladie y continuait toujours et n'en est pas encore partie » ; et même l'épidémie « est en cette saison beaucoup plus mortelle qu'elle n'était pendant les froidures de l'hiver... » À Ossossané,

« la maladie avait emporté une partie des jeunes gens ». Toute la Huronie est maintenant atteinte et quand la chronique se clôt, à la fin de juin, en 1637, le fléau poursuit partout ses ravages.

Les Jésuites soupçonnés d'être responsables de l'épidémie.

En un mot, c'est une épidémie de dimensions effroyables qui a éclaté à la fin de l'été 1636. Elle remplira des centaines de pages des *Relations* des missionnaires. Elle durera pendant des mois et des mois, ne semblant jamais devoir s'éteindre. Elle fourmillera d'épisodes. Elle déchaînera contre les missionnaires, ces derniers venus, des ouragans de soupçons, de menaces, de dangers. Elle donnera lieu à des scènes de sorcellerie, de magie tout à fait extraordinaires. Les sorciers susciteront une infinité d'intrigues, répandront une infinité d'accusations gratuites. Les Français de Huronie seront souvent sur le point d'être mis à mort. C'est une véritable tempête diabolique qui souffle sur le pays parmi les morts qui tombent, les pratiques superstitieuses et païennes, les calomnies, les terreurs.

Il faut lire ces pages brûlantes, passionnées, pour comprendre le rôle de premier plan que ces maladies contagieuses vont jouer dans le conflit ancestral entre Coalition laurentienne et Confédération iroquoise. Elles impriment à la nation huronne un ébranlement dont elle ne se relèvera jamais. Ce n'est pas seulement la chute brusque et presque mortelle dans le chiffre de la population qu'il faut noter, mais encore la disparition des chefs naturels, et l'affaiblissement permanent du moral.

C'est l'hiver. Mais c'est aussi la guerre. Les Algonquins de la Nouvelle-France retombent dans les terreurs paniques que Champlain avait le premier observées. Un soir, par exemple, les Jésuites hospitalisent les petits garçons à l'intérieur des murs de Notre-Dame des Anges ; et M. Gand héberge les fillettes autour de la cheminée pendant que les parents veillent à l'entour des fortifications.

Charles Huault de Montmagny, gouverneur de la Nouvelle-France de 1636 à 1648

Olivier Letardif (v. 1604-1665), interprète, commis général de la Compagnie des Cent-Associés

À propos des causes des épidémies

Le gouverneur offre parfois des festins à des Indiens ; il leur offre aussi des présents pour les attirer à la foi et les garder dans l'amitié de la France. Les conversations ont libre cours ; car le sieur Olivier Le Tardif, interprète, rend compte des questions et des réponses. Et voilà qu'un soir, les Algonquins « demandèrent pourquoi ils mouraient si souvent ? disant que depuis la venue des Français, leur nation se perdait entièrement : qu'auparavant qu'ils eussent vu des Européens, que les seuls vieillards mouraient, mais qu'à présent il en meurt plus de jeunes que de vieux ». L'un d'eux a même entendu son père dire « que plus il y aurait ici de Français, moins il y aurait de sauvages, et que lors particulièrement qu'on amènerait des femmes, qu'ils mourraient en grand nombre ».

Les Français écoutent ces doléances, ces sombres pressentiments, ces vérités terribles. Ils tentent de répondre. Avant leur venue, il y avait aussi des épidémies, des famines. Ni les unes ni les autres ne dépendent des Français. Qu'ont-ils eu à faire par exemple avec la faim qui durant l'hiver de 1635-1636, a ravagé les tribus du nord ? Tout au contraire, ils soulagent ces maux. Le père Paul Le Jeune pense, lui, à l'eau-de-vie. La voilà peut-être l'explication. Les Indiens boivent avec une passion déréglée ; l'alcoolisme est probablement la cause des « maladies qui les vont exterminant tous les jours ».

Selon Le Jeune : l'alcoolisme

Au mois de juillet 1637, un capitaine de la Petite Nation cause avec le gouverneur à Québec. Parlant des Indiens, il lui demande « pourquoi ils se dépeuplaient à vue d'œil, et nous autres au contraire nous vivions si longtemps ».

« Pourquoi les Algonquins se dépeuplaient à vue d'œil ? »

Qui répondrait à ces questions angoissantes ? Ni Indien ni Français ne contestent le fait de la détérioration, de la diminution des races algonquines. L'Indien a commencé à disparaître devant l'Européen, devant même le Français, celui qui le traite pourtant avec une sympathie et une bonté infinie. Qui fournira une explication ? En premier lieu, on trouve les maladies des Blancs ; en second lieu, l'alcoolisme. Mais ces réponses ne dissipent pas le mystère. Il est probablement des raisons plus difficiles à saisir. L'Indien a commencé à se vêtir de laine et de lin, lui qui n'avait porté que des peaux ; son alimentation s'est modifiée. Il erre entre deux civilisations. L'ombre puissante de l'homme blanc le domine. Et la transition est si brusque d'un mode de vie à l'autre que les corps ne s'adaptent pas assez tôt et succombent.

Algonquins de Tadoussac, des Trois-Rivières, de l'Outaouais ont déjà ressenti les atteintes d'une espèce de caducité maligne qui brise en eux ou affaiblit les ressorts puissants de la vie. Déjà Champlain ne reconnaissait plus la race saine et dure qui célébrait ses victoires à Tadoussac. Le poids du destin pèse sur elle.

caducité maligne = vieillessement précoce

1637

Les Algonquins ont pris leur vengeance en 1636. Mais ils savent que les Iroquois ne leur sont pas inférieurs en rancune. Ils s'attendent à des incursions et les paniques continuent à éclater. Le 26 février, un sorcier s'imagine que les ennemis s'en viennent à l'attaque, qu'ils sont même rendus aux Trois-Rivières. La terreur saisit la tribu ; elle se rassure à peine malgré le voisinage des Français. Le 1er mars, une autre alarme se produit. Les Algonquins tremblent de crainte : c'est « la représentation des horribles tourments que leurs ennemis leur font souffrir quand ils les prennent », qui les émeut ainsi jusqu'au fond de leur chair. Ils sont nomades, difficiles à repérer ; mais quand les Iroquois les ont une fois découverts, aucune enceinte de palissades ne les protège.

Malgré ces terreurs, les Algonquins se maîtrisent et se lancent à l'attaque. Le 24 avril, un capitaine de Tadoussac s'arrête à Québec avec un groupe de guerriers. Il voit le gouverneur, puis les Jésuites. Il est rempli de jactance, il a bonne opinion de lui-même et de son peuple. Saisissant un crayon, il dessine le chemin qui conduit à l'Iroquoisie, l'Iroquoisie elle-même, l'emplacement des bourgades.

jactance = habitude de se vanter, de se faire valoir

Après un court séjour, la bande part, pleine de confiance. Elle s'augmente en route d'un certain nombre d'Algonquins que la haine des Iroquois travaille. Elle voyage rapidement. Bientôt, elle atteint un village, probablement dans le pays des Agniers. Soudain, elle découvre un Iroquois et se lance à la poursuite. Elle s'enfonce de plus en plus avant dans le territoire ennemi. C'est le printemps ; dans un espace découvert, un défriché, le feu consomme des détritus ; une épaisse fumée emplit la clairière ; elle empêche de rien distinguer. Soudain, « ceux qui brûlaient ou fumaient leurs champs selon leur coutume », voient surgir leur compatriote poursuivi ; ils accourent, saisissent leurs armes, Montagnais et Algonquins constatent qu'ils sont entourés ; que leur chance de fuir est mince. Les deux capitaines se dévouent. Celui de Tadoussac, qui était si fanfaron, a été le premier à découvrir le grand nombre des ennemis. Maintenant, il crie à ses compagnons de fuir. Et lui, il continue le combat. Enfin, il reçoit une flèche dans la cuisse ; longtemps encore, à genoux, il se défend avec une épée contre ses assaillants ; puis il est tué. Le capitaine des Trois-Rivières n'est pas moins brave. Il ne succombe qu'après un long et violent combat. Mais leur dévouement ne sauve pas tous leurs compatriotes. Un groupe important parvient à fuir, mais quelques-uns demeurent prisonniers. Engagé trop profondément, l'un des guerriers continue sa course, s'enfonce plus loin encore dans le pays ennemi. Il se dérobe aux recherches. La nuit venue, il prend la route du retour ; il passe tout près de la bourgade et il entend les cris de ses compagnons soumis au supplice. Il réussit à revenir sans nourriture, sans vêtements, en neuf jours. Un autre reviendra en cinq jours.

La flottille approche des Trois-Rivières après cette défaite. Cette fois, les scalps ne flottent pas au vent. Les canots s'avancent sur une seule ligne ; le premier annonce le désastre : « ...Il criait d'une voix lugubre, à peu près comme ceux qui recommandent les trépassés en France ; il nomma par leur propre nom, tous ceux qui étaient morts ou pris des ennemis. » Et la *Relation* ajoute encore : « Ils retournèrent hier de leur guerre, non point chantant comme ils firent l'an passé, mais tellement abattus de deuil et de tristesse, qu'ils n'avaient pas le courage de tirer leurs canots hors de l'eau, non plus que leurs femmes qui faisaient retentir le rivage de leurs tristes et lugubres lamentations. » Le récit ne donne ni le chiffre des morts, ni celui des prisonniers, ni même celui des combattants. On ignore l'importance réelle de cette action. Avec le nombre de combats du même genre, elle constitue la menue monnaie de cette guerre.

Les fugitifs se croient poursuivis de près. Ils sèment l'alarme dans la tribu, mais aucune attaque ne se produit. Puis ils racontent, fait grave, que durant l'hiver de 1636-1637, un détachement iroquois de cent cinquante guerriers s'est approché à deux journées de marche du fort des Trois-Rivières. Les Indiens, dans des cas pareils, attachent de petits bâtons à des branches d'arbre ; ceux qui les découvrent déchiffrent cette écriture symbolique.

La défaite incite les Algonquins à commencer la culture du sol à l'abri du poste. La guerre, la maladie, les famines les déciment. La chasse commence à manquer dans un large rayon autour des Français. Les autorités coloniales les encouragent. Cette année même, Noël Brulard de Sillery envoie des ouvriers en Nouvelle-France pour les assister dans l'œuvre lourde du défrichement.

Aux Trois-Rivières, des Algonquins s'établissent près du poste des Français.

Vers la mi-mai, une nouvelle panique éclate aux Trois-Rivières. Les Algonquins supplient qu'on laisse entrer femmes et enfants dans le poste. Les Français leur répondent que le lendemain même, ils leur donneront des palis pour enclore un coin de terre où ils pourront se défendre. Le soleil à peine levé, les Indiens accourent tous, grands et petits ; et, sous le coup de la crainte, ils travaillent avec tant d'ardeur qu'en moins de quatre heures ils érigent une solide palissade. Deux familles commencent des défrichés ; elles ensemenceront un demi-arpent de terre.

Une profonde appréhension continue à régner. Les Algonquins surveillent étroitement le fleuve. Une barque française monte à la rivière des Prairies ; les matelots découvrent « un canot, qui rôdait doucement à l'entour des îles, pour voir s'il ne découvrirait point quelque Iroquois ». Deux des Français demandent aux Indiens de les ramener aux Trois-Rivières ; ils n'obtiennent ce privilège qu'avec peine : ces alliés sont persuadés que les Iroquois les tueront au retour. Ils sont nerveux et demeurent aux écoutes ; ils sont convaincus que des bandes ennemies sont en route. Leur instinct ou leurs renseignements sont sûrs. Le 27 juin, ils reçoivent des nouvelles précises. Mais c'est une victoire qui leur est cette fois annoncée et non pas une défaite. La tribu d'Iroquet l'a remportée. Les indications sont vagues. On ne connaît ni le lieu de la bataille, ni le chiffre des effectifs en présence, ni le nombre des morts et des blessés. Le combat a pris place sur le fleuve. Les canots des Algonquins, en écorce de bouleau, étaient plus légers et plus vifs que les gros canots d'écorce d'orme des Agniers. Les Indiens du Canada étaient aussi plus nombreux que leurs adversaires. Les Iroquets ramènent treize prisonniers vivants, ce qui indique des effectifs en présence assez considérables. « ...Ils se battirent fort et ferme sur l'eau », dit la *Relation*. Les Algonquins des Trois-Rivières obtiennent un captif. Le malheureux subit la torture à mort à la vue des habitants. Cette fois personne n'intervient et le long tourment suit son cours.

La tribu d'Iroquet doit son nom à Iroquet, chef algonquin

Les représailles des Algonquins sont donc bonnes. Mais le poids de crainte qui pèse sur eux ne s'allège pas. Des Abénaquis viennent rendre visite aux Indiens de Québec. Ils désirent se rendre aux Trois-Rivières. Malgré les immenses distances, les deux tribus ont de fréquentes relations. « Mais ce n'est pas le bien de Messieurs les Associés, car ces barbares viennent enlever les Castors de ces contrées pour les porter ailleurs... », c'est-à-dire aux Anglais établis dans les provinces qui bordent l'Atlantique. Montmagny n'est pas content : il appelle devant lui le capitaine des Abénaquis et celui des Montagnais ; il réprouve, leur dit-il, que « ces marchands vinssent trafiquer sur les brisées

Les Abénaquis occupaient les territoires actuels du Maine et du Nouveau-Brunswick (de la famille algique).

de nos Français, si bien qu'il menaça les Montagnais de faire défense au magasin de leur traiter aucuns vivres jusques à ce que les Abénaquis fussent partis ». Les Abénaquis se soumettent en apparence ; ils s'embarquent en leurs canots pour retourner en leur pays ; mais une fois hors de la vue, ils prennent la route des Trois-Rivières. Ils ont une certaine quantité de grains de nacre qu'ils désirent échanger contre des pelleteries. Montmagny écrit aux Trois-Rivières pour donner avis de la fugue. M. de Chateaufort, gouverneur, assemble la douzaine d'Abénaquis et des Algonquins. Les premiers affirment qu'ils n'ont d'autre désir que d'assister leurs alliés dans la guerre contre les Iroquois. Les Français fouillent quand même leurs bagages ils n'y trouvent pas de peau de castor, « mais bien trois arquebuses ».

Marc-Antoine Bras-de-Fer de Chateaufort, chevalier de Malte, gouverneur des Trois-Rivières de 1636 à 1638

La vente d'armes à feu aux Amérindiens

Et maintenant s'ouvre en Nouvelle-France, la question importante de la vente des armes à feu aux indigènes. Les contrebandiers basques en avaient traité quelques-unes avant 1629. Ensuite, les renseignements les plus précis viennent de la Nouvelle-Angleterre. Chacun accuse son prochain. Ainsi le gouverneur de Plymouth jette le blâme sur les Français de l'Acadie. Ils auraient inauguré ce commerce dangereux dès avant 1629. Trafiquant sur les côtes, des matelots anglais auraient suivi cet exemple. Puis à Plymouth même, un individu du nom de Morton, la bête noire du gouverneur, aurait enseigné aux Indiens à se servir des armes à feu, et « alors, quand ils virent l'effet d'un seul de ces mousquets, et le bénéfice qui pouvait ainsi leur échoir, ils devinrent enragés pour en avoir, pourrait-on dire, et furent prêts à verser n'importe quel prix pour en obtenir... ». Et tout de suite, la situation devient alarmante.

Est-il sage de s'arrêter à ces récriminations, à ces accusations réciproques ? Étant donné la nature humaine, la convoitise des Indiens, l'avarice des Européens, le mousquet doit tomber entre les mains des indigènes dans un avenir plus ou moins rapproché. En 1637, la vente des armes à feu se fait dans les régions voisines de la côte. Elle n'a pas atteint encore la Nouvelle-France ni l'Iroquoisie. Toutefois, quelques Iroquois, un très petit groupe, possède en ce moment des arquebuses. D'après les accusations des Hollandais, ce sont les Anglais qui leur en ont vendu quelques-unes.

Alors, la visite des Abénaquis pose l'attention sur deux points importants : les fourrures qui deviennent de plus en plus rares dans les régions où se pratique la traite, puisque les Abénaquis en cherchent en Nouvelle-France ; et le danger prochain, actuel même dans les colonies anglaises, de la vente des armes à feu aux Indiens. Ceux-ci peuvent s'en servir contre les Européens d'abord, qui ne sont que de petits groupes, dispersés ici et là, et ensuite contre leurs ennemis sauvages. La tribu qui s'armera la première, ou qui pourra se ravitailler en armes à feu plus facilement que les autres, aura de très grands avantages dans les combats.

1637

La vie en Huronie devient pour les missionnaires un véritable cauchemar. Tout l'hiver, ils ont couru d'une bourgade à l'autre, instruisant, soignant, baptisant les mourants. Le pays veut trouver la personne responsable de l'horrible malheur : la maladie contagieuse. Parfois, il l'attribue aux Andastes, parfois aux Algonquins de l'Île, puis enfin aux Français. (C'est la sœur d'Étienne Brûlé qui se venge, ce sont les missionnaires qui auraient comploté la destruction du peuple.) Les Cheveux-Relevés ou Outaouais envoient une députation à ces derniers pour leur demander de les épargner. Les chamans inventent mille moyens d'éviter la contagion. Des scènes diaboliques se déroulent souvent. Aussi habiles que des fakirs hindous, les membres d'une société huronne secrète jouent avec le feu sans se brûler. Les premières attaques du christianisme se heurtent aux superstitions, aux croyances païennes, et c'est parmi les malades et la mort, un premier choc passionné et violent.

Vie des missionnaires en Huronie

Les Cheveux-Relevés (ou Outaouais) étaient établis dans la partie nord de l'actuel état du Michigan (de la famille algique).

Quand le convoi de fourrures part en juin, l'épidémie dure depuis huit mois, et toujours avec la même intensité. Les Iroquois ont discontinué leurs attaques, laissant la maladie accomplir son œuvre plus terrible que la guerre. Les Hurons s'éloignent donc dans la paix. Leur canots ne forment pas une flottille compacte ; ils voyagent souvent par groupes qui se suivent à plusieurs journées d'intervalle. L'épidémie s'embarque avec eux et redescend le fleuve. Le père Pijart arrive « tout défait, ayant été fort fatigué et bien malade en chemin. Il était pieds nus, portant sur sa tête et sur son corps un chapeau et une soutane qui ne valaient pas deux doubles... ». Il rapporte « que la contagion étant sur tous les chemins, il avait pensé mourir... ». Et des Hurons viennent mourir aux Trois-Rivières, après avoir infecté de nouveau les tribus de l'Outaouais, comme le capitaine Aenons qui a conduit le missionnaire.

Pierre Pijart (1608-1676), Jésuite, missionnaire

Un groupe assez considérable arrive vers la fin du mois de juillet. Montmagny et quelques Français se rendent aux Trois-Rivières pour les rencontrer. Un conseil a lieu le 2 août. On discute la question d'un séminaire huron. Le père Paul Ragueneau part avec quelques Hurons. Puis le 6 août, deux canots le suivent.

Paul Ragueneau (1608-1680), missionnaire jésuite, supérieur de la mission huronne (1645-1650) et supérieur des Jésuites au Canada (1650-1653).

Et voilà qu'à dix heures, le même soir, la population des Trois-Rivières entend au loin le cri d'alarme trop connu : « Ouai, Ouai, Ouai ». Les Algonquins connaissent bien cet appel. Un canot surgit peu après : c'est l'un de ceux qui sont partis le jour même. Les occupants racontent que les Iroquois sont à l'affût sur le fleuve et que le second canot a été capturé. Aussitôt la panique éclate. Les femmes veulent envahir le fort. Des éclaireurs partent dans la nuit ; ils reviennent à l'aube, ils « remplissent toutes les cabanes de terreur, racontent qu'ils ont ouï nombre de voix, comme de larrons qui se réjouissaient de leur proie, qu'ils ont même entendu quelques coups d'arquebuses, et qu'ils s'imaginent qu'ils sont bien deux cents hommes en embuscade à l'entrée du lac Saint-Pierre... ». L'épouvante redouble : les femmes sautent dans les

Les Iroquois s'approchent des Trois-Rivières.

canots et s'enfuient à Québec ou dans le Saint-Maurice ; les hommes se présentent au fort. Les Français sont encore incrédules. Ils ne craignent point le siège dont on les menace. Mais la preuve vient vite : « Enfin on vit paraître un canot d'Iroquois au milieu du grand fleuve, présentant tantôt la pointe tantôt le flanc, toujours se promenant comme s'il nous eut voulu braver aussi bien que les sauvages ; on connut par là qu'ils étaient en nombre. » Les Français ouvrent la porte du fort aux Indiens. Une excitation sans nom règne parmi eux ; ils crient, ils courent de-ci de-là ; ils s'arment, ils se parent de plumes, ils exécutent leurs danses de guerre, ils chantent. Le gouverneur dispose froidement ses gens. Et pendant ces préparatifs, le « canot bravache » va et vient sur le fleuve afin de provoquer les Français et les Indiens. Une brise s'élève dans le jour calme. Sur les ordres du Gouverneur une barque déploie sa voile et part en reconnaissance. Elle tire droit au canot iroquois qui s'enfuit sans hâte, invitant la poursuite. Nicollet la commande. Soudain, il aperçoit les ennemis : ils sont bien cinq cents ; les uns sont dans des canots le long du rivage, les autres sur la rive, en bordure de la forêt. La barque peut difficilement approcher sans s'échouer. Un petit canon tonne ; le boulet est dirigé sur un certain nombre de guerriers qui se glissent dans les joncs ; il en tue quelques-uns, croit-on, car on semble relever là-bas des cadavres ou des blessés. Une pirogue transporte au loin des hommes dont on ne voit que la tête par-dessus le bordage : ce sont probablement les prisonniers capturés par l'ennemi.

La barque revient, Français, Algonquins, Hurons s'attendent à une attaque. Ils prennent leurs dispositions de bataille. Quelques petits canons, des armes à feu assurent la sécurité du poste. Les Iroquois, n'ayant pas réussi à attirer leurs adversaires dans un guet-apens, examinent de loin l'habitation. Dans le même temps, un Huron, du premier canot capturé, arrive aux Trois-Rivières ; il annonce que l'embarcation qu'il montait s'est jetée à la côte, que les occupants ont fui dans la forêt, et que pour sa part il s'est dissimulé dans un arbre creux et a échappé aux recherches. Les Iroquois, dit-il, sont à l'affût dans les îles, à l'entrée du lac Saint-Pierre, et ils captureront inévitablement les autres canots du convoi huron que l'on attend de jour en jour.

Et c'est alors qu'éclate la faiblesse de la Coalition laurentienne dans les actions défensives. Elle peut opérer une concentration de guerriers, pour une attaque en pays ennemi, en l'annonçant un an ou plusieurs mois à l'avance. Mais si une expédition iroquoise pénètre sur son territoire, elle reste impuissante ; il lui faut des semaines et des mois pour mettre au courant du fait les tribus qui la composent et qui sont dispersées dans un vaste pays, de Tadoussac au lac Huron.

Les Français, eux, ne sont qu'une poignée aux Trois-Rivières. Montmagny décide de demander des secours à Québec. Il faut rétablir la circulation sur le fleuve ; autrement, le convoi huron tombera dans le traquenard avec ses pelleteries. Des messagers partent en hâte.

Et l'attente commence. Le soir même un canot huron arrive aux Trois-Rivières. Il apporte de mauvaises nouvelles. Voici ce qui s'est passé. Le père Ragueneau, qui se rendit en Huronie, avait réussi à traverser le secteur dangereux du lac Saint-Pierre avant l'arrivée des Iroquois ; il ramenait l'un des trois jeunes Hurons qui avaient hiverné au Séminaire. Un peu plus loin, il avait rencontré une flottille de dix canots hurons voyageant de conserve. Celui qui la dirigeait était Tarantouan, l'oncle du jeune séminariste. L'oncle tance aussitôt le neveu qui abandonne le Séminaire, et il le persuade de revenir à Québec. Puis le père Ragueneau poursuit sa route. La flottille descendante arrive bientôt au lac Saint-Pierre. Et c'est là que Tarantouan prend sa fatale décision. Il opte de passer par le chenal du nord avec neuf des canots ; et le dixième décide de passer par le chenal du sud. C'est au nord que les Iroquois ont placé leur embuscade. Ils entourent bientôt les neuf canots. Tarantouan est dans le premier et il se défend avec beaucoup de courage et d'énergie. Mais bientôt il est fait prisonnier de même que tous ses compagnons ; et les neuf canotées de pelleteries deviennent la proie des Iroquois. C'est le premier coup de filet des Agniers. Ce sont les premières peaux qu'ils enlèvent de force à la Coalition laurentienne. Le canot qui avait choisi la voie du sud réussit à passer, mais après avoir éludé une poursuite tenace et longue. C'est lui qui vient d'arriver aux Trois-Rivières pour annoncer les mauvaises nouvelles.

Tarantouan (ou Taratwane), chef huron mort en 1637. Il fut un ami fidèle des missionnaires jésuites.

Les Iroquois attaquent les Hurons au lac Saint-Pierre.

Un peu plus tard, un autre canot, mais iroquois celui-là, paraît à la vue des Trois-Rivières. Les habitants appréhendent une surprise. Des Algonquins s'approchent pour le reconnaître. C'est bien un canot iroquois et ils prennent la fuite, en criant « Iroquois, Iroquois, Iroquois : c'est l'ennemi ». Le canonnier veut tirer dans cette direction, le gouverneur l'en empêche. La foule debout sur la plate-forme regarde évoluer l'embarcation. Elle aborde au rivage, un homme en descend. C'est le séminariste. Il n'a pour tout vêtement qu'un brayet. Il a assisté à la capture de son oncle, Tarantouan, le canot dans lequel il se trouvait a fui, poursuivi par plusieurs pirogues ennemies ; il a trouvé le rivage avant les autres. Abandonnant tout, ceux qui le montent fuient en forêt et courent, qui d'un côté, qui de l'autre. La nuit survient, et les Hurons peuvent se cacher. Le lendemain, le séminariste se dirige vers les Trois-Rivières. Il s'arrête soudain, épouvanté, devant une pirogue iroquoise échouée sur la rive. Il s'en empare bientôt et il arrive au fort. Un autre Huron racontera qu'il avait passé la nuit près du lieu où les Iroquois soumettaient aux tortures le grand capitaine Tarantouan et ses compagnons. Il l'entendait chanter aussi fortement et aussi gaiement, que s'il eut été parmi ses amis.

Toute la région des îles fourmille d'ennemis. Le soir même du jour où tant de fugitifs arrivent à bon port, un autre canot se présente encore. Celui-ci ne voyageait de conserve qu'avec un autre canot. À la sortie du lac, deux embarcations se dessinent au loin ; l'un d'eux s'avance pour les reconnaître ; il s'aperçoit trop tard du danger et il tombe lui aussi aux mains des ennemis.

de conserve = ensemble, en compagnie de

La nuit s'approche et, grâce à l'obscurité, le second canot parvient à s'échapper ; mais il est poursuivi de nouveau, et, cette fois, à peu de distance des Trois-Rivières. « C'était un grand crève-cœur à Monsieur le Gouverneur et à tous nos Français, de ne pouvoir éloigner de nous ces coureurs, à raison du petit nombre d'hommes que nous étions n'étant pas à propos de laisser notre réduit ou palissade sans défense. » Dans le chenal du nord, où les Iroquois s'étaient mis à l'affût, « leur embuscade était si bien dressée que les neufs canots furent entourés et pris, avant d'avoir pu faire un mouvement de résistance ».

Le 9 août, à la nuit, un feu s'allume sur la rive droite en face des Trois-Rivières. Les Indiens vont en reconnaissance. Ils trouvent deux compagnons du séminariste huron qui se sont échappés comme lui. Nus, sans fusil, couteau ni hache, ils ont subsisté quand même.

Achille Bréhaut Delisle, lieutenant du gouverneur Montmagny, chevalier de Malte

Les Iroquois sont arrivés sur le fleuve le 6 août. Ce n'est que cinq jours plus tard, le 11, que des secours de Québec arrivent aux Trois-Rivières. Sur réception des ordres de Montmagny, monsieur Delisle a armé deux chaloupes en toute diligence ; il a mobilisé les matelots des navires qui sont dans le port, les colons et fils de colons. Il a d'abord expédié les deux chaloupes. Quand elles arrivent aux Trois-Rivières, Montmagny n'attend pas les autres navires retenus par des vents contraires. Il monte dans sa propre barque et part en chasse. La flottille vogue toute la nuit ; au matin, elle a traversé le lac Saint-Pierre, n'ayant entendu aucun bruit et n'ayant vu personne. Mais à ce moment, le vent tourne ; les embarcations doivent s'arrêter dans les îles. Plus tard, elles peuvent se rendre à l'embouchure du Richelieu, poste vers lequel les Iroquois se sont repliés. En avançant encore, les Français aperçoivent une fumée épaisse : « Alors chacun s'efforce de ramer avec violence, on se dispose à donner dessus. » Mais l'oiseau s'est envolé du nid. Il est parti la veille, livrant aux flammes les retranchements qu'il érige toujours en pays ennemis, au cours de ses incursions. Que faire ? « ...De les suivre, c'est peine perdue, car leurs canots sont bien plus légers que nos chaloupes et que nos barques. »

Les Français descendent sur la rive. En 1636, quand monsieur Du Plessis est venu au confluent du Richelieu et du Saint-Laurent, il a érigé une croix. Cette année, les Iroquois, avant leur départ, ont décloué la planche du milieu ; sur ce bois rugueux, ils « avaient peint les têtes de trente Hurons, qu'ils ont pris ». Et pour qu'on ne manque pas de le découvrir, ils ont suspendu cet écriteau à un arbre ébranché. Algonquins et Hurons examinent maintenant ces hiéroglyphes que tous les Indiens comprennent bien : « ...Les divers traits faisaient paraître la qualité et l'âge des prisonniers... Ils avaient figuré deux têtes bien plus grosses que les autres, pour représenter deux Capitaines qu'ils tiennent entre leurs mains, dont l'un est ce brave Tarantouan... ; on y voyait aussi la tête de deux enfants, et de deux autres jeunes garçons, qu'on amenait au séminaire. Ils avaient fait des raies en forme de panache, sur les têtes des plus vaillants. Toutes ces têtes étaient griffonnées en rouge, excepté une qui était peinte en noir, pour marque que celui-là avait été tué, et que tous les autres étaient comme des victimes destinées au feu... Nous connûmes par ces marmousets... le dégât qu'avaient fait ces infidèles, lesquels s'en allaient triomphants, chargés de quantité de pelleteries, que ces pauvres Hurons apportaient au magasin de ces Messieurs. » Enfin, on retrouve un cadavre flottant sur le lac.

marmousets = petites figures grotesques

La barque et les deux chaloupes reviennent. Elles rencontrent bientôt les quatre autres embarcations envoyées de Québec. Parmi les équipages improvisés se trouvent les sieurs Couillard, Pinguet, Giffard, d'autres colons qui se sont embarqués immédiatement pour repousser l'ennemi. Aux Trois-Rivières, la flotte retrouve d'autres Hurons qui ont pu s'échapper et qui arrivent, nus, affamés, lacérés par les ronces et les épines. Une chaloupe continuera à croiser dans le lac.

Guillaume Couillard de Lespinay (v. 1591-1663)

Cent cinquante Hurons environ sont venus en traite. D'autres groupes devraient arriver incessamment. Le gouverneur se lasse. Durant les derniers jours du mois, il décide de revenir à Québec. Mais une seconde flottille montée par cent cinquante Hurons se présente aussitôt. C'est le chevalier Delisle qui les reçoit. Des conseils ont lieu vers le 5 septembre. Les Jésuites ouvrent les lettres de leurs confrères de la Huronie. L'épidémie continue à sévir, les victimes se multiplient. Dans leur ignorance et leur épouvante, les Hurons accusent maintenant les Français. Ils ne veulent plus se servir de chaudière de métal. Ils croient que les eaux sont empoisonnées. Ils redoutent le tabernacle de l'autel, craignant qu'un sortilège y soit enfermé. Ils cherchent une cause, un agent à l'épidémie ; et leurs soupçons innombrables s'accrochent à tout ce qui est étrange et inusité, à la girouette sur le toit, à l'horloge, à la croix.

Les Français soupçonnés par les Hurons ; l'épidémie se poursuit.

La maladie attaque en route les canotiers... « ...Elle avait fait rebrousser chemin à plusieurs, qui venaient en traite aux Français » ; les Hurons doivent construire des brancards pour porter le long des chutes les « carcasses languissantes » des malades et si l'un d'eux meurt, ses compagnons « l'enterraient avec autant de soin que s'ils eussent été sur le pays ». Les canots qui arrivent aux Trois-Rivières portent de nombreux malades.

Le chevalier Delisle participe largement aux conseils. Les relations sont tendues entre la Huronie et la Nouvelle-France. Les Hurons croient que les Français sont les personnes responsables, les maîtres de cette épidémie diabolique qui règne déjà depuis une année sans interruption. Les Algonquins de l'Île, qui poursuivent toujours leur rêve commercial, attisent ces soupçons en disant à la grande nation atteinte que Champlain veut les amener au tombeau avec lui. L'existence des missionnaires et des Français qui vivent en Huronie est continuellement en danger. Un meurtre, un massacre peuvent être commis à tout moment.

Chapitre 11

1637

En 1637 apparaissent donc des symptômes plus accusés de la crise de demain. L'épuisement des fourrures se marque dans les nouveaux districts et il s'avère dans d'anciens. Amis des Algonquins, les Abénaquis tentent de dériver vers la Nouvelle-Angleterre le flot des pelleteries canadiennes ; et les Agniers commencent à le canaliser par la force vers la Nouvelle-Hollande.

s'avère = se confirme

Aucun document ne spécifie de façon précise que ce sont les Agniers qui se sont postés dans les îles de Sorel pour capturer les fourrures des Hurons. Toutefois aucun doute n'est permis. Les documents français omettront souvent le nom de la tribu et ne parleront que des Iroquois. Par contre, les documents hollandais ne connaîtront pendant une trentaine d'années et plus, sauf rares exceptions, que les Agniers. Pour eux, les Iroquois se divisent en deux peuples : les Agniers et les Senèkes ou Senecas, ce dernier vocable comprenant les quatre tribus supérieures, Onneyouts, Onontagués, Goyogouins, Tsonnontouans. Ce sont toujours les Agniers qui viennent à Fort Orange, qui renouvellent le traité d'alliance, qui donnent des nouvelles ou tuent des animaux. On en vient à se demander s'ils n'y conduisent pas tout le commerce de l'Iroquoisie, en y servant d'intermédiaires aux autres tribus ; s'ils ne sont pas aussi les seuls Iroquois à nouer des relations intimes avec la Nouvelle-Hollande. C'est un phénomène curieux. Sont-ils les agents ou les intermédiaires des autres tribus pour la traite des pelleteries ?

Les Hollandais ne connaissaient d'abord que deux peuples d'Iroquois : les Agniers et les Senèkes (Senecas).

Quelques historiens ont noté ce fait, Arthur H. Buffinton a même écrit les phrases suivantes : « La bonne entente entre les Hollandais et les Iroquois était en bonne partie confinée à la tribu des Agniers... Les relations avec les autres tribus de la Confédération étaient intermittentes... » Sans doute avait-il alors à l'esprit des notations comme la suivante, écrite cinq ou six ans après 1637 : « Parmi tous les Indiens et tous les sauvages des alentours, la principale nation avec laquelle nous avons le plus de relations est celle des Agniers... » Ce point est important. Il doit être précisé dès le début. Tous les documents hollandais le prouvent d'une façon nette. Plus tard, les Onneyouts seront entraînés d'une façon particulière dans l'orbite des Hollandais, des Anglais aussi. Or, les Agniers sont particulièrement mal placés pour obtenir des fourrures des autres peuples. Au nord, vivent les ennemis héréditaires de la Confédération iroquoise : à l'est, les Indiens ont des factoreries à leur portée ; au sud, voilà d'autres ennemis, les Andastes ; à l'ouest, s'étend le domaine des quatre tribus iroquoises supérieures qui peuvent atteindre facile-

Le rôle important des Agniers

ment les Ériés, les Neutres, les peuplades qui se distribuent vers l'occident, pour acheter des pelleteries ou les échanger contre des marchandises européennes.

Les Agniers et la route du Richelieu

Ces faits imposent la conviction que ce sont les Agniers qui ont conduit l'expédition au Saint-Laurent en 1637. Le nombre de guerriers correspond à celui qu'ils mobiliseront assez souvent ; la route qu'ils ont suivie, celle du Richelieu, est bien la leur ; nombre d'autres incursions porteront les mêmes caractères généraux. Mais pourquoi sont-ils venus ? Les Algonquins, il est vrai, les ont provoqués par une guérilla opiniâtre poursuivie autour de leurs bourgades. Toutefois, le fait de placer si habilement des troupes dans les chenaux des îles du lac Saint-Pierre, pour capturer les canots hurons au passage, indique, en plus d'une volonté de vengeance, le dessin déterminé de s'emparer des pelleteries du convoi.

Les Agniers à la recherche de fourrures

L'audace même de l'entreprise est une preuve du besoin croissant de fourrures qu'éprouvent les Agniers. Pour la première fois depuis 1610, ils reviennent en nombre au Saint-Laurent qui a été témoin de leurs sanglantes défaites. Ils ne sont pas mieux armés et ils s'aventurent tout près du poste des Trois-Rivières. Ils prennent un gros risque. Tout bien examiné, leur expédition doit être classée en premier lieu dans la catégorie des raids ayant pour mobile principal le vol, le pillage des fourrures canadiennes et, en particulier, du convoi huron. Ils agissent comme des pirates de la pelleterie.

Les Agniers fournisseurs des Hollandais

La demande se fait de plus en plus grande à Fort Orange. Il y a longtemps que l'on a jeté par dessus bord les prudences du début. La Dutch West India Company possède toujours le monopole ; elle est à la veille de l'abandonner. Mais le puissant seigneur qui a fondé la colonie de Rensselaerswyck, tout autour de Fort Orange, et qui manœuvre depuis dix ans pour obtenir le droit de la traite, qui est à la veille de l'obtenir, a déjà adopté, en prévision de ce changement, une politique nouvelle. Il a commencé en 1636 à envoyer à ses mandataires des cargaisons entières de marchandises qui doivent être échangées pour des fourrures. Son domaine a des frontières communes avec le pays des Agniers.

Les armes à feu commencent à paraître. Les Abénaquis en ont apporté des provinces maritimes. Les premiers éclaireurs, qui sont partis des Trois-Rivières pour reconnaître l'armée iroquoise, ont déclaré au retour qu'ils avaient entendu des coups de feu.

Enfin, les Agniers retournent en leur pays avec un butin précieux. Leur première expérience a réussi, elle invite à la récidive. Les Français se sont montrés plusieurs jours impuissants contre eux. Ils ont été incapables de les poursuivre et de les atteindre. Le plan d'intercepter le convoi huron est excellent. C'est le fait que Champlain avait prévu et qui lui avait donné de si fortes inquiétudes. Chassés du Saint-Laurent par lui, mais non détruits, les Iroquois reviennent, et dans des circonstances plus dangereuses ; en arrière d'eux se profile maintenant une nation européenne qui les appuie, et dont les intérêts se lient aux leurs.

Enfin, cette même année, les Agniers rendent un grand service aux Anglais de la baie du Massachussetts, on pourrait dire, de Boston. Ni Anglais ni Hollandais ne résoudront jamais le problème des relations des races dans le voisinage immédiat ou dans le milieu des colonies. La guerre éclatera pour une raison ou pour une autre, et ce sera tout de suite une guerre d'extermination. Cette fois, ce sont les Péquots qui ont provoqué l'ire des Quakers. Quatre cents d'entre eux viennent d'être tués dans une seule bataille. Le sachem de cette tribu, Sasacus, son frère, cinq autres sachems, « qui s'étaient enfuis chez les Agniers pour y trouver un abri, avec leur wampum, dont la valeur était de cinq cents livres, sont surpris par eux et tués, avec vingt de leurs meilleurs hommes ». Les Agniers auront tout loisir de se rappeler cette trahison quand, dans sa marche vers l'ouest, la mise en valeur anglaise des terres aura atteint leur propre pays.

Les Péquots

Le sachem Sasacus

1637

Les ravages de l'épidémie en Huronie

L'épidémie continue à se propager comme une flamme d'un bout à l'autre de la Coalition laurentienne. En 1636, elle avait débuté dans l'est pour remonter rapidement en Huronie et s'y établir pour ainsi dire à demeure ; en 1637, elle redescend avec le convoi des fourrures en Nouvelle-France, où elle se répand de nouveau. Les Jésuites doivent ouvrir un hôpital parce qu'Algonquins et Montagnais « sont attaqués de grandes maladies ». Comme le dit la *Relation*, « la maladie s'étant jetée sur ces pauvres peuples, ...tous ceux qui avaient assisté aux instructions que nous leur donnâmes, se trouvant saisis de cette épidémie » ont tendance à se convertir ; « et pas un d'eux n'est mort sans baptême ». Le caractère épidémique est nettement marqué ; quand une famille est atteinte, tous les membres qui la composent deviennent malades à tour de rôle et la plupart disparaissent. Les missionnaires reviennent à plusieurs reprises sur le sujet. Ils écrivent des phrases comme la suivante : « Dans la Grande contagion qui a massacré quasi tous ces peuples, sans s'attaquer aux Français... », ou bien comme la suivante : « ...Les sauvages du pays ayant été malades extraordinairement... » Il faut enfin comprendre ce que les mots signifient ; ce n'est pas la première fois que les Jésuites l'emploient pour les peuples algonquins qui sont en voie de se consommer, de se fondre sur place. Et ils n'ont jamais été nombreux.

« La mortalité était partout. »

Mais pour être de nouveau revenue en Nouvelle-France, la maladie contagieuse n'a pas pour cela quitté la Huronie. L'automne de 1637 et l'hiver de 1637-1638 la voient à l'œuvre avec une malignité nouvelle. « La mortalité était partout ». Des bourgades disparaissent parce que trop d'habitants sont morts et que les autres ont pris la fuite. Les missionnaires sont chargés d'une tâche surhumaine. Ils vont d'une famille à l'autre, d'une cabane à l'autre, d'un village à l'autre, tentant de soigner, de convertir les malades, de baptiser les mourants, de répondre aux appels désespérés qui viennent de partout.

Par sa persistance indue, le fléau met la nation huronne aux portes du désespoir. Elle s'en prend toujours aux Jésuites. Ceux-ci doivent se rendre aux conseils où, accusés devant le peuple, ils se défendent par des plaidoyers énergiques. Ils se justifient. Mais leur existence est tellement menacée qu'ils s'attendent aux coups de hache, aux supplices.

1638

Le déclin des Algonquins (v. 1637)

En 1637, les Algonquins ont d'abord subi une défaite, puis ils ont remporté une victoire. En 1638, ils ne conduisent aucune incursion contre leurs ennemis. Leur déchéance peut se rattacher à cette période. Leur nombre diminue, leurs forces décroissent et le facteur militaire qu'ils représentent devient de moins en moins important.

canotée = chargement d'un canot.

Les Hurons, pour leur part, ont éprouvé certaines pertes en 1637. Le vol d'une dizaine de canotées de pelleteries s'est accompagné de la perte d'une trentaine de leurs gens. Ils ont encore assez de vitalité, malgré les maladies contagieuses, pour songer à des représailles. La paix qu'ils ont conclue avec les Tsonnontouans subsistant toujours, ils guerroient contre les autres tribus. Les documents ne mentionneront par hasard que les Onneyouts ; mais il est probable que les Onontagués et même les Agniers ont été engagés dans cette guérilla. Celle-ci est racontée dans la *Relation* huronne qui couvre la période écoulée de juin 1638 à la fin de juin 1639. Voici quelques phrases générales en guise de préambule : « De long temps, les Hurons n'ont eu plus de bonheur et l'avantage sur leurs ennemis que l'année dernière. Étant allés à la guerre avec quelques Algonquins leurs voisins, ils prirent pour un coup, de leurs ennemis environ quatre-vingts, qu'ils amenèrent en vie dans le pays. Outre cet avantage le plus considérable de tous, ils en ont eu d'autres de moindre importance, qui en tout leur ont donné plus de cent prisonniers. » L'expression, « l'année dernière » dans la phrase précédente, indique-t-elle l'année qui vient de s'écouler de juin 1638 à juin 1639, ou bien l'année antérieure ? Il semble que la première interprétation soit exacte : une relation, en effet, a couvert l'année antérieure et elle ne contient aucun récit de faits militaires.

Dernières victoires des Hurons sur les Iroquois (v. 1638)

Récit de la principale expédition de 1638

En un mot, la Huronie a probablement remporté les victoires énumérées précédemment à l'automne de l'année 1638. La principale bande huronne qui se met en campagne est composée de trois cents guerriers, presque tous hurons, sauf un petit nombre d'Algonquins voisins, Népissingues peut-être. Elle chemine, précédée de ses éclaireurs. Ceux-ci se trouvent bientôt engagés parmi les avant-gardes d'un détachement iroquois d'une centaine de personnes. Tous, à l'exception d'un seul, réussissent à se replier indemnes vers leurs forces. Un Huron qui demeure prisonnier entre les mains de l'ennemi est d'un grand courage et d'une grande habileté. Il constate que le détachement iroquois, se sachant découvert et repéré, croyant qu'il ne pourra plus maintenant accomplir aucune action d'éclat, se dispose à la retraite. Alors, il intervient dans les délibérations : « Mais le captif, les voyant en cette disposition, leur donna à entendre que ceux qui venaient après eux n'étaient pas en tel nombre qu'ils n'en puissent facilement venir à bout. » Enfin, il leur laisse croire qu'ils sont les plus nombreux et que la victoire sera facile. Alors, au lieu de fuir, les Iroquois se construisent, selon leur habitude, un fortin ou retranchement, de forme ronde, en rondins ou troncs d'arbres, où ils attendent avec confiance la bande huronne. Ils s'y retranchent. Mais quand les Hurons entourent cet ouvrage rudimentaire, les Iroquois constatent qu'ils ont été joués par leur prisonnier, et ils l'assomment tout de suite.

Ononelgaia

Ils tiennent ensuite conseil. La fuite est encore possible, « y ayant encore quelque endroit par où ils pouvaient échapper... ». La plupart des guerriers croient qu'il serait sage de le faire. Mais un Iroquois, qui sera baptisé peu après sous le nom de Pierre, et qui possède non moins de courage que le prisonnier huron, intervient avec énergie dans la discussion. Indiquant le ciel qui est dans le moment sans nuage, il dit : « Cette résolution... serait possible, si le ciel était couvert et si le soleil ne devait être spectateur de cette lâcheté ; mais cela n'étant pas, il faut combattre tant que nous pourrons, et puis un chacun avisera à ce qu'il a à faire ». Il convainc ses compatriotes qui prennent la résolution de combattre. Mais ils ont en face d'eux des ennemis qui n'ont ni moins de résolution, ni moins de courage et qui s'engagent. Algonquins et Hurons tuent de dix-sept à dix-huit Iroquois ; ils capturent tous les autres, sauf quatre ou cinq qui réussissent à fuir. C'est une très belle victoire.

Iroquois baptisés avant leurs supplices.

Les quatre-vingts prisonniers déjà mentionnés sont distribués entre les tribus huronnes et les bourgades. Les missionnaires tentent parfois de les convertir avant le supplice. « Tous ceux, dit la *Relation*, qui ont été destinés pour les Bourgs où nous avons des résidences, ou pour les voisins, ont été, grâce à Dieu, instruits et baptisés, et presque pas un sans des rencontres si particulières, qu'il y a sujet de croire qu'il y avait en leur fait quelque conduite spéciale de la divine Providence... » Le père Jérôme Lalemant décrit d'une façon particulière les tortures du capitaine des Onneyouts, « nation d'Iroquois », le fameux Pierre. Les Hurons l'attachent sur un échafaud en face de l'un de ses compagnons ; il assiste d'abord à la mort de cet homme « par l'application des flammes, des tisons et des fers ardents, avec des façons cruelles au delà de tout ce qui s'en peut écrire... ». La furie désappointée des Hurons se tourne alors contre lui. Il a déjà subi les mêmes tortures que son compagnon. Il est maintenant scalpé. Alors, il perd connaissance. Mais se relevant soudain, il saisit avec ses mains estropiées un morceau de bois en feu. Les Hurons l'attaquent en poussant des clameurs. Il se défend avec énergie, il abat les échelles qui permettaient aux ennemis de monter sur l'échafaud, il darde son arme contre tout assaillant. Aucune pitié ne naît devant son corps couvert de brûlures, ce crâne ensanglanté. Les assaillants lui lancent des charbons, des cendres rouges ; un faux pas, et il tombe sur le sol. Les Hurons se précipitent sur

La mise à mort de l'Iroquois baptisé Pierre.

leur victime, la terrassent et ils la lancent dans l'un des brasiers. L'Iroquois se relève du milieu des flammes, et deux brandons dans les mains, il attaque la foule qu'il force à reculer ; il court vers la bourgade qu'il pourrait livrer aux flammes. Mais après avoir couvert la distance d'une centaine de pas, il trébuche sur un morceau de bois qu'on lui a lancé. Aussitôt, la foule furieuse l'accable. Elle lui coupe les pieds et les mains. Des bourreaux se saisissent de ce corps tronçonné, le tournent et retournent sur neuf brasiers ardents. Enfin, le déposant au milieu du dernier, ils placent par-dessus le tronc d'un arbre presque tout en feu. Mais cet être humain carbonisé de la tête aux pieds, privé de ses mains et de ses pieds, trouve encore la force de se tordre dans les flammes, de se rouler, de sortir du brasier, de marcher sur les genoux et les coudes, mais toujours dans la direction de ses ennemis, et comme pour les attaquer encore et les obliger de nouveau à reculer. Enfin l'un de ces derniers s'arme d'un couteau, il lui coupe la tête et met fin à cette scène infernale.

Les missionnaires baptisent encore, entre autres, un Iroquois qui portera le nom de François. « Il était Agnier de nation, qui fait une des cinq des Iroquois, la plus éloignée de nos Hurons. » Voici comment il se trouve égaré dans cette bande onneyoute : il a quitté son pays pour échanger chez la tribu voisine des grains de nacre contre des peaux de castor. Mais il se laisse entraîner au jeu, il perd son modeste avoir : il ne veut pas retourner chez lui les mains vides et il attend. Une expédition de guerre s'organisant chez ses hôtes, il décide d'y prendre part. Et il aboutit en Huronie, entre les mains des bourreaux. L'un de ceux-ci l'oblige à poser les mains sur le sol ; et il les lui transperce d'une tige de fer rougie au feu ; et pour que le trou s'élargisse, il fait glisser les mains le long de la pièce de fer. Un autre Huron lui perce les pieds de la même façon. Pour terminer plus tard le supplice, un troisième lui ouvrira le côté pour en arracher le cœur.

De nouveaux combats ont également lieu à la fin de l'automne 1638. On n'en connaît pas le détail. D'autres avaient pris place plus tôt. Les *Relations* contiennent quelques notations à cet effet. Les Jésuites s'établissent par exemple à Téanaostaiaé ; ils y célèbrent la messe le 28 juin 1638. La première personne qu'ils y baptisent est un prisonnier iroquois que des Hurons conduisent pour le supplice à un bourg voisin. Les missionnaires en baptisent douze ou treize. C'est ainsi que les Hurons tirent vengeance de la perte de trente guerriers en 1637.

Téanaostaiaé (mission de Saint-Joseph II), près du Hilsdale actuel en Ontario, entre les rivières Coldwater et Sturgeon

Il semble impossible de rattacher ces combats à la guerre des fourrures. C'est l'ancienne guérilla qui se poursuit. Des bandes partent d'Huronie et d'Iroquoisie, comme c'est l'habitude, de temps immémorial, pour se mettre à l'affût autour des bourgades ennemies.

Les Hurons entrent dans une période d'optimisme. Ils se sont augmentés d'une première tribu en 1590, d'une seconde en 1610 et en 1638, une troisième accourt du sud. Le père Jérôme Lalemant raconte cette migration. Le peuple neutre, dit-il, est composé de même façon que le peuple huron, c'est-à-dire de peuplades disparates, mais toutes d'origine huronne-iroquoise. Or, l'une des tribus qui en faisaient partie, les Senrohronons, occupaient la frontière qui sépare le pays des Neutres de celui des Tsonnontouans. Ils livraient avec leurs alliés de belles batailles victorieuses ; la phrase laisse même entendre qu'à ce moment-là, Senrohronons et Neutres se défendaient contre les Iroquois. Cependant, la discorde naît plus tard. Les Neutres abandonnent les Senrohronons à leur sort. Et ceux-ci demeurent seuls, exposés aux coups des ennemis. S'ils veulent éviter l'extermination, ils doivent quitter leur pays. Alors ils députent leurs meilleurs ambassadeurs aux Hurons. Des conseils particuliers de tribu, des conseils pléniers de toute la nation, étudient les propositions qui leur sont soumises. Les Hurons décident d'adopter ces nouveaux alliés, « leur arrivée ne servant pas de peu à la défense et conservation du pays ». Ils envoient même tout un groupe d'hommes pour faciliter cette migration de six cents personnes, et pour la protéger contre les attaques des Iroquois. Le transport des enfants, des vieillards, des malades, de quelques articles de ménage présente tout un problème. Le voyage s'accomplit parmi les difficultés inhérentes à ces sortes d'entreprises. Il est si pénible que plusieurs meurent en route, d'autres après leur arrivée, que d'autres sont longtemps malades. Cette nouvelle population est distribuée parmi la population huronne. La réception est partout excellente, les meilleures places dans les cabanes attendent les nouveaux venus. Les caisses de maïs de réserve s'ouvrent pour eux.

Les Senrohronons s'unissent aux Hurons.

1639

Les documents n'apportent aucune relation cohérente des faits militaires de l'année 1639. Toutefois, divers fragments permettent de reconstituer l'événement principal, une seconde incursion des Iroquois, certainement des Agniers.

Les Iroquois s'approchent de nouveau des Trois-Rivières.

« Les Iroquois ayant paru proche des Trois-Rivières... », une convocation rassemble rapidement les Algonquins. Par un hasard heureux, un groupe important de l'île aux Allumettes est déjà arrivé au printemps. Les Indiens font des festins de guerre, ils chantent, hurlent et dansent. Ces cérémonies doivent leur attirer le succès. Mais les Indiens convertis ne se prêtent pas à ces rites superstitieux. Désirant prouver à ses compatriotes que le baptême, au lieu d'amollir l'audace, la raffermit, l'un de ces derniers reconnaît l'ennemi ; il s'approche tellement des avant-postes qu'il l'entend parler.

Cette fois encore, les Iroquois se construisent un fortin. Il semble que ce soit à l'extrémité orientale du lac Saint-Pierre, à peu de distance même du poste des Trois-Rivières. Et là, ils sont encore mieux placés qu'en 1637 pour intercepter tout canot portant des fourrures ou des canotiers ennemis. C'est l'aventure d'une vieille Algonquine qui révèle la location du fort : elle assiste au commencement de la bataille, elle s'enfuit et se dérobe aux regards, mais alors elle est proche du fortin ; puis elle s'accroupit dans un marais, et après trois tentatives vaines, elle atteint facilement les Trois-Rivières.

La version la plus probable, et que l'on ne peut établir que par des fragments de phrases puisées ici et là est la suivante : au lieu d'attendre les chaloupes, barques ou autres embarcations françaises que l'on fait venir de Québec, les Algonquins donnent seuls l'assaut. Ils attaquent le fortin directement, ou bien ils font un débarquement dans les alentours immédiats. Ils sont battus, laissant des morts et des prisonniers aux mains des ennemis.

Charles Huault de Montmagny

Le gouverneur se présente ensuite aux Trois-Rivières avec la flottille française. Le vent l'a retardé. La démonstration militaire l'entraîne-t-elle au-delà du poste, jusqu'à l'embouchure du Richelieu, comme en 1637 ? On ne sait. Il se peut que les Iroquois aient déguerpi un peu avant sa venue ou aient fui devant lui. La seule phrase qui fournisse une indication est la suivante : « Monsieur notre Gouverneur, montant aux Trois-Rivières avec une barque et quelques chaloupes bien armées, leva ces obstacles : Car encore bien que la contrariété des vents, et la précipitation des Sauvages lui eussent ôté l'occasion de défaire leurs ennemis qu'il allait trouver », les Algonquins le reçoivent avec allégresse. Mais aucun mot ne révèle soit la date de la bataille, soit les effectifs en présence, soit le nombre des morts et des prisonniers. En bref, pas d'indice sur l'importance du blocus ou du combat. Si l'on en juge par la présence d'une vieille femme algonquine parmi les prisonniers, il faut croire que les Iroquois ont tout de même capturé quelques canots voyageant sur le fleuve.

Premiers défrichements pour un établissement à Sillery

essart = sol défriché

Ces incursions iroquoises massives trouvent la race algonquine apathique. Elle ne réagit pas avec puissance comme en 1603, en organisant tout de suite des représailles. Tout au contraire. Elle ne songe qu'à « s'habituer » auprès des Français, qu'à cultiver le sol autour des postes, qu'à se placer à l'abri des canons. Les défrichements sont commencés à Sillery. Les Français veulent diriger cette œuvre de stabilisation qui, à leur avis, peut sauver ces Indiens. La construction de quelques maisons pour eux, excite un intérêt si vif que plus de huit cents Algonquins en cent canots viennent les examiner, de même que les essarts préparés par leurs compatriotes. Plus de dix tribus ont des représentants dans cette vaste délégation.

Troisième épidémie chez les Algonquins (petite vérole ou variole)

Malheureusement, cette œuvre reçoit un coup mortel dès le début : une troisième épidémie éclate en 1639 parmi les Algonquins de la Nouvelle-France. On connaît assez la phrase célèbre des *Relations* pour l'arrivée des Sœurs de l'Hôtel-Dieu : « Pour l'Hopital, les Religieuses n'étaient pas encore logées, leur bagage n'était pas encore arrivé, qu'on leur amena des malades ; il fallut prêter nos paillasses et nos matelats pour exercer cette première charité. » L'hôpital est bientôt rempli d'Indiens malades ; bientôt il faut les loger dehors sous des cabanes d'écorce. Ils « sont grandement affligés, on dit qu'ils meurent en tel nombre ès pays plus hauts, que les chiens mangent les corps morts qu'on ne peut enterrer... ». Aux Trois-Rivières, la situation n'est pas meilleure : « ...La petite vérolle, ou je ne sais quelle maladie semblable, s'étant jetée parmi les Sauvages », ils perdent l'espérance et ils crient presque tous qu'ils ne reverront pas le printemps.

L'épidémie, cette fois, vient des provinces maritimes. Des Algonquins de l'Île s'y sont rendus pour rendre visite aux Abénaquis. Ils la rapportent justement à Sillery. Le fléau dissipe les groupes d'Algonquins. Les missionnaires eux-mêmes demandent aux Indiens de Sillery de s'éloigner pendant un certain temps. Et « comme ils ont été affligés depuis quelques années de grandes maladies », dit la *Relation*, ils attribuent cette funeste visitation aux Français et à leurs sortilèges. « Depuis, disaient-ils, que nous prions, nous voyons par expérience que la mort nous enlève partout. » C'est la troisième grande maladie contagieuse en cinq ans environ. Et comme d'habitude, les résultats en sont désastreux, car on parle de « grande mortalité » pour la nation algonquine.

L'épidémie se rend chez les Hurons.

Et naturellement, cette troisième épidémie prend, comme les précédentes, la route de l'Outaouais. Les Hurons viennent aux Trois-Rivières pour la traite, et elle s'embarque en croupe sur leurs canots. Ils se mêlent au passage aux groupes algonquins et sèment les microbes mortels. Le premier Huron frappé par la maladie vient aborder à un bourg où logent plusieurs missionnaires. Il meurt immédiatement ; « sans être grand prophète, on pouvait s'assurer que le mal serait bientôt répandu par toutes ces contrées... ». En effet, au bout de quelques jours, toutes les personnes qui habitaient dans la cabane où est mort ce malade doivent s'aliter à leur tour ; « puis le mal se répandit de maison en maison, de bourg en bourg, et enfin se trouva dissipé par tout le pays ». Cette troisième maladie se superpose à la seconde qui n'est pas terminée. En conséquence, la *Relation* huronne de 1640 sera tissée comme les précédentes de toute une série de phrases qui révéleront d'immenses pertes de vies humaines. En voici quelques-unes : « La maladie ne laisse pas d'y faire ses ravages : tout ce beau et grand bourg devient un hôpital funeste. » « Dans le seul bourg de Saint-Jean Baptiste plus de cent quarante y furent baptisés, dont la plupart sont morts... » « Plusieurs autres bien éloignés de nous en des cabanes écartées au milieu des campagnes, n'attendaient que notre venue pour expirer quasi entre nos mains... » « Les autres bourgs de cette mission un peu plus éloignés, nous donnèrent bientôt après assez de peine, la maladie n'ayant pas tardé longtemps à s'y répandre. » Une septuagénaire n'a devant les yeux « que des morts, des malades, des spectacles d'horreur... ». « Les cabanes de nos chrétiens sont, dans ce bourg de la Conception, les plus affligées de la maladie. René compte dans sa cabane jusqu'à onze morts... ». Un missionnaire raconte que les Jésuites, décident de quitter Ihonatiria faute d'habitants, la plupart ayant été emportés ou dissipés par la maladie. L'une des principales bourgades a ainsi disparu sous le choc de l'épidémie. Un Jésuite dit ce qui suit : « On en a baptisé plus de mille, la plupart dans la maladie de la petite vérole... dont une bonne partie est sortie de ce monde... ; et entre eux plus de trois cent soixante enfants

La bourgade huronne d'Ihonatiria est décimée.

au-dessous de sept ans, sans compter plus d'une centaine... qui, ayant été baptisés les années précédentes, ont été moissonnés par cette même maladie. »

Les Jésuites accusés.

Alors, les accusations contre les missionnaires reprennent leurs cours. « ...Depuis notre arrivée dedans ces terres, ceux qui avaient été les plus proches de nous, s'étaient trouvés les plus ruinés des maladies, et que les bourgs entiers de ceux qui nous avaient reçus se voyaient maintenant du tout exterminés. » Les Jésuites observent ce fait avec une lucidité désolée : « ...On l'a remarqué plus de cent fois, qu'où nous étions les mieux venus, où nous baptisions plus de monde, c'était là en effet où on se mourait d'avantage... ».

Depuis 1634, les *Relations des Jésuites* présentent, année après année, des moissons de phrases du même genre, soit pour les Algonquins, soit pour les Hurons. Il n'y a qu'à les isoler, qu'à les juxtaposer pour comprendre les conséquences de ces trois grandes épidémies qui, coup sur coup, frappent la Coalition laurentienne. La médecine du temps, qui attendra encore Pasteur pendant deux siècles, ne connaît aucun moyen efficace de combattre ces fléaux. Et le peu de mesures prophylactiques que l'on connaît, les Indiens du Canada ne les appliquent pas. Les cabanes huronnes, où plusieurs ménages vivent en commun, sont des foyers d'infection de premier ordre.

C'est la destruction des forces vives de la Coalition laurentienne à laquelle l'histoire assiste pendant cette période. Algonquins et Hurons s'évanouissent pour ainsi dire devant une race européenne qui leur est sympathique, qui ne leur livre aucune guerre. Le simple contact, le simple mélange des populations sont suffisants. C'est un phénomène que la science médicale a observé plus tard. La seule présence de quelques Blancs, parmi des Indiens qui ne les connaissaient pas auparavant, les rend vulnérables à toute une série de maladies, particulièrement aux maladies des voies respiratoires. Ce résultat se marque bien dans les climats froids du nord où de nombreuses tribus disparaîtront l'une après l'autre sous le souffle empoisonné de la civilisation.

Les documents ne fournissent pas de statistiques sur les pertes des Algonquins qui sont terribles comme la suite le prouvera. Ils en apportent cependant quelques-unes sur les pertes des Hurons. Plusieurs auteurs, comme le rapporte George T. Hunt, ont fourni en effet des chiffres approximatifs sur la population de la Huronie avant les épidémies de la période 1634-1640. En 1615, Champlain parle de trente mille âmes ; quelques années plus tard, Sagard établit le chiffre entre trente mille et quarante mille ; Radisson entre vingt mille et trente mille ; le père Jérôme Lalemant parle de trente mille ; les pères de Brébeuf et Le Mercier, de trente mille également. D'autres estimations se fixent entre trente mille et trente-cinq mille. En résumé, les statistiques ne descendent pas en bas de vingt mille et montent jusqu'à quarante mille. Si l'on établit une moyenne, on arrive à pas moins de trente mille.

La population huronne avant les épidémies

Or, en 1639, les Jésuites dressent un recensement, bourgade par bourgade, de la nation huronne ; et le total auquel ils arrivent est le suivant : « Il se trouve dans ces cinq missions trente-deux tant bourgs que bourgades, qui comprennent en tout environ sept cents cabanes, de feux environ deux mille, et environ douze mille personnes. » Ce chiffre n'indique pas même toute la vérité. La troisième épidémie, celle de la petite vérole, l'une des plus terribles, éclate alors que le recensement est terminé. Plus tard, le 28 mars 1640, le père Jérôme Lalemant écrira au cardinal de Richelieu qu'en moins de dix ans, de 1630 à 1640, la population de Huronie descend de trente mille à dix mille âmes.

Malgré toutes les pages enfiévrées, envoûtantes, que les Jésuites ont consacrées à ces trois fléaux, les historiens leur ont rarement accordé l'importance qu'ils méritent. Ils n'ont pas vu fondre sous leurs yeux, jour après jour, la Coalition laurentienne. Ils n'ont pas compris le grand drame huron : une puissante nation indienne qui se détruit sous la serre de trois épidémies successives. C'est que tout d'abord notre monde moderne, depuis les découvertes de Pasteur, ne connaît plus la puissance ancienne des maladies contagieuses qui ont emporté, autrefois, jusqu'aux deux tiers des populations de certaines villes. L'imagination ne conçoit plus ces grands spectacles de terreur. En second lieu, les missionnaires ont répandu eux-mêmes une cause d'erreur, en attribuant à la guerre, autant qu'à la maladie, l'affaiblissement de la Coalition laurentienne. Ils ont mis presque toujours ces deux causes sur le même pied. Voici un bon modèle des phrases qu'ils emploient, tant pour les Algonquins que pour les Hurons : « Ces bourgs et cabanes étaient bien autrement peuplés autrefois, mais les maladies extraordinaires et les guerres depuis quelques années en ça, semblent avoir emporté le meilleur, ne restant que fort peu de vieillards, fort peu de personnes de main et de conduites. »

Cependant, les pertes militaires des Algonquins et des Hurons, pendant la période 1634-1640, ont été ridiculement basses à côté des pertes par les épidémies. Même en tenant compte des combats que les *Relations* n'auraient pas enregistrés, il est difficile d'atteindre à un total qui dépasse, pour toute la Coalition laurentienne, le chiffre de six ou sept cents. Cette estimation est même généreuse. La paix a régné presque tout le temps entre les Hurons et les Tsonnontouans ; elle a régné quelques mois entre les Algonquins et les Agniers. Ces derniers ne venaient que bien timidement encore au Saint-Laurent. Puis cette guérilla, si commode, cette « petite guerre », comme on dit, ne produit jamais qu'un chiffre bien peu élevé de victimes. Puis Algonquins et Hurons usent de représailles envers leurs adversaires. Ils sont victorieux autant de fois qu'eux ; ils leur infligent autant de pertes qu'ils en subissent.

Ce sont les trois épidémies survenant l'une après l'autre qui brisent l'équilibre ancien entre la Coalition laurentienne et la Confédération iroquoise. Elles emportent des milliers et des milliers de vies. La Huronie, avec les neuf ou dix mille âmes qui lui resteront, pourra maintenir la lutte pendant un certain temps encore ; mais elle ne se relèvera jamais du désastre, elle ne sera plus que l'ombre d'elle-même. Non seulement par la perte de population qu'elle subit, mais par l'ébranlement nerveux et moral qui en résultera. Cette nation se sent condamnée ; le fatalisme s'installe en elle ; le sang-froid est désormais perdu ; la sagesse manque dans les conseils et les partis de guerre ; l'ingéniosité, la prudence, le courage de l'offensive font désormais défaut. La confiance en soi n'existe plus. C'est l'accablement sous les deuils répétés, les coups trop rudes, les malheurs sans fin. Dès 1640, un homme comme le père Vimont, par exemple, sentira la fin : il écrira la phrase suivante qui pourra paraître prophétique à plusieurs, mais qui n'était au fond que le résultat d'observations aiguës : « Il est à craindre que le comble de leurs péchés ne s'approche, qui porte la justice divine à les exterminer, aussi bien que plusieurs autres nations, dont les restes se sont venus réfugier parmi eux ; ce qui doit exciter plus que jamais la charité et le zèle de tout le monde pour secourir ces pauvres misérables, crainte qu'ils ne tombent dans leur dernier malheur. » Toutes les pages frémissantes et héroïques des *Relations* écrites avant 1640 laissent à la fin prévoir le deuxième acte de la grande tragédie.

Barthélemy Vimont (1594-1667), Jésuite, missionnaire. Troisième supérieur de la mission du Canada (1639-1645).

Quant aux tribus algonquines, elles n'ont plus aucun trait de ressemblance avec ces peuples sains et durs que Champlain a observés à Tadoussac en 1603. Elles n'ont jamais été bien nombreuses. Ravagées trois fois de suite par des épidémies successives, elles cessent pratiquement en 1640 d'être un facteur militaire. Dans le même temps, la famine et l'alcoolisme les ont rudement travaillées. Il ne restera pour ainsi dire que des bandes peu nombreuses. Des guerriers, comme Pieskaret, accompliront des exploits dignes des anciens, mais leur valeur ne remplacera pas le nombre.

Des Algonquins affaiblis.

Pieskaret, chef algonquin à l'île aux Allumettes

Les conséquences de cet affaiblissement de la Coalition laurentienne domineront le siècle. Les tribus qui la subissent sont des alliées de la France ; leur pacte d'alliance date de 1603. Tout désastre qui les atteint ne peut qu'avoir des répercussions dangereuses sur la colonie qu'elle a fondée.

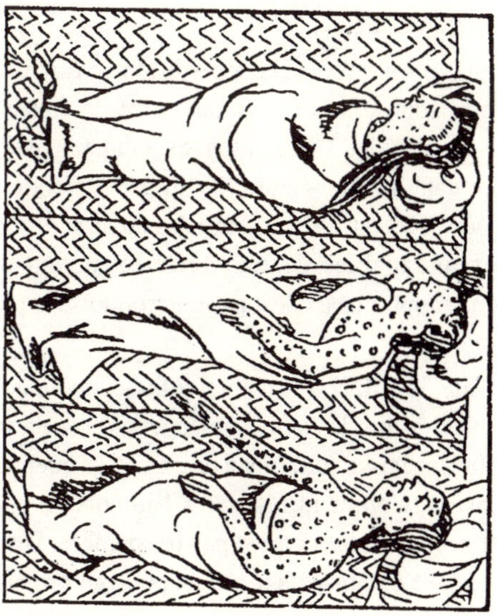

Chapitre 12

1639

Jérôme Lalemant (1593-1673), Jésuite, supérieur de la mission huronne (1638-1645)

Généalogies huronnes

Le père Jérôme Lalemant arrive en Huronie. Il ne parle pas encore la langue du pays. Il emploie son temps à rédiger les connaissances que ses confrères ont acquises. Les Hurons comptent quatre tribus. Deux d'entre elles affirment qu'elles occupent le pays depuis deux cents ans. Et ces « quatre divers amas ou assemblages de quelques souches de familles... qui toutes ayant communauté de langue, d'ennemis et de quelques autres intérêts, ne sont presque distinguées que par diverses souches d'aïeuls et bisaïeuls, dont ils conservent chèrement les noms et la mémoire ; elles s'augmentent toutefois ou diminuent par l'adoption de quelques autres familles, qui se joignent tantôt avec les unes tantôt avec les autres, et qui s'en séparent aussi quelquefois pour faire bande et nation à part... Et ces familles adoptées retenant toujours les noms et la mémoire de leurs souches, font encore diverses petites nations dans celles où elles ont été adoptées, s'y conservant un nom général et la communauté de quelques petits intérêts particuliers... » On dirait une page détachée de la Bible ; cette nation qui sépare en « souches d'aïeuls et bisaïeuls » rappelle les tribus juives qui ont porté les noms des fils de Jacob.

Une tribu nouvelle venue du sud vient donc augmenter un peu la population huronne décimée par la maladie. Est-ce l'influence de ces ennemis des Iroquois, est-ce un afflux de confiance en soi qui trouble soudain la Huronie ? Mais en 1639, elle commet une faute terrible qui, après les trois épidémies, sera la cause de sa ruine finale.

Fin de la paix entre les Hurons et les Tsonnontouans

Sans tenir compte, en effet, de la déperdition de forces qu'ils viennent de subir, les Hurons brisent, en toute connaissance de cause, le traité de paix qu'ils avaient conclu avec les Tsonnontouans, cinq ans plus tôt, en 1634. Depuis cette dernière date, ils n'avaient plus qu'à se défendre contre les quatre autres tribus iroquoises, c'est-à-dire contre des adversaires lointains, plus unifiés, plus faibles, incapables de leur faire beaucoup de mal. Mais les Tsonnontouans sont rapprochés. C'est la tribu iroquoise la plus puissante. Leur inimitié est dangereuse.

La guerre éclate de la façon suivante. « La jeunesse », comme disent les peuples indiens, c'est-à-dire les jeunes guerriers, ou le parti militaire comme on dirait aujourd'hui, se laisse entraîner à tuer en 1638 quelques Tsonnontouans rencontrés par hasard. Comment résister à l'impulsion soudaine de massacrer ? Ce premier accroc au traité n'est pas irréparable. Une négociation bien conduite, accompagnée de présents d'usage, pourrait probablement apaiser la tribu. Mais ces meurtres font sourdre dans la mémoire des Hurons, le souvenir « de ceux de leurs parents qui autrefois ont été maltraités par ces peuples... ». La soif du sang s'éveille. Une rafale de vieilles rancunes souffle et décide « tous les pays à reprendre la guerre contre eux [les Iroquois], et les attaquer, plutôt qu'à réparer la faute ».

Victoire des Hurons

Une première expédition de guerre se met donc en route peu après. Elle remporte quelques succès. Les missionnaires baptiseront « onze prisonniers de guerre, de douze qui furent amenés au pays sur la fin du mois de mai de cette présente année ». Presque tous font montre dans les tourments d'une constance remarquable. Les *Relations* parlent en particulier de l'un d'eux : « L'espace des deux premières heures de la nuit qu'il fut tourmenté de toutes les façons, avec tisons ardents, haches brûlantes et autres ferrements tout en feu qu'on lui appliquait partout, il ne branla ni remua non plus que s'il eût été de marbre. Il ne se plaignit jamais, ni ne jeta aucun cri, non pas lui-même un soupir qui témoignât de la douleur. Lui-même s'arrêtait et se présentait à ceux qui plus le voulaient tourmenter, et tandis qu'ils le faisaient, il s'entretenait aussi froidement avec tous ceux qui le voulaient questionner, de même que si c'eût été un autre qu'on eût tourmenté... » Quelques Indiens seulement atteignent à cette prodigieuse insensibilité ; mais il faut noter qu'en Huronie existe à ce moment une secte secrète dont les adhérents sont insensibles au feu ; une femme marchera dans tous les tisons ardents d'une série de foyers en pleine activité sans montrer après la moindre brûlure aux pieds ou aux jambes.

Eustache Ahatsistari, guerrier huron de la tribu des Attingueenougnahaks, habitant de Téanaostaiaé. Mort supplicié par les Agniers en 1642.

Durant l'été de 1639, un grand guerrier huron, Ahatsistari, remporte une belle victoire. Il traverse le lac Ontario à la tête d'une flottille. Soudain, il aperçoit une flottille iroquoise plus nombreuse que la sienne. Découvrant son avantage, celle-ci vire de bord et se présente au combat. Les Hurons veulent fuir, mais leur chef s'y oppose. Quand le choc a lieu, celui-ci saute dans une embarcation ennemie qui est une pirogue d'écorce d'orme ; il fend la tête d'un premier Iroquois, il en précipite deux autres dans l'eau, il y plonge derrière eux en faisant chavirer l'embarcation ; nageur émérite, il poursuit les Iroquois survivants, il les assomme à tour de rôle avec sa massue qu'il n'a pas abandonnée. Effrayés par ces actes d'énergie, les Iroquois fuient. Mais les légers canots hurons sont plus rapides ; ils les atteignent. Les Hurons remportent une victoire complète. Un nombre considérable de prisonniers reste entre les mains des victorieux.

Mais la guerre entraîne les mêmes conséquences déplaisantes. Le temps venu, les hommes des bourgs s'en vont « les uns en traite, les autres à la pêche, d'autres principalement à la guerre ». Et c'est alors que les guerriers ennemis viennent se mettre à l'affût autour des bourgades, dans les taillis, dans la forêt, dans les champs de maïs, et alors la population vit dans les « dangers continuels des ennemis du pays, qui sont tous les jours à nos portes et remplissent tout de frayeur, nouvelle arrivant à toute heure de quelque massacre ou prisonnier qu'ils ont enlevé et de leur résolution de venir brûler tout le pays... ».

Aussi les plus sages savent « bien que cela ne leur peut apporter que malheur ».

Et pour montrer jusqu'à quel point l'Iroquoisie paraît alors aux Jésuites un pays peu unifié, il faut noter la phraséologie dont ils se servent. Quand ils parlent des Tsonnontouans, voici les phrases qu'ils forment : « ...Ces douze prisonniers sont les prémisses d'une guerre qu'ils ont entreprise de nouveau cette année contre un peuple puissant, nommé Tsonnontouans, les plus proches de tous leurs ennemis, avec qui depuis quelques années ils avaient la paix. »

1639

Nouvelle-Hollande

Un autre fait d'une importance extrême se produit aussi en 1639, mais dans la Nouvelle-Hollande ; il aura pourtant de si grandes répercussions sur la Nouvelle-France qu'il faut le signaler.

Dans son ouvrage, *The Patroon's Domain*, S. G. Nissenson l'analyse avec beaucoup de précision. La Dutch West India Company a vite abandonné le monopole absolu de la traite ; l'habitant peut s'engager dans un négoce ; il doit vendre ensuite les pelleteries à la Compagnie ; mais le nombre des peaux qu'il peut vendre est limité pour chacun et fixé. Une fois ce chiffre dépassé, il doit attendre que s'ouvre une nouvelle année pour disposer de ce produit. La compagnie exerce ainsi en pratique un certain contrôle sur le volume de la traite. Elle l'empêche de grossir trop vite, elle le tient en bride si peu que ce soit.

Cependant, la Nouvelle-Hollande ne se peuple pas. Les colons ne viennent pas cultiver le sol, exploiter les ressources naturelles. Le pays reste vide. Aucune histoire ne ressemble plus à celle de la Nouvelle-France que l'histoire de la Nouvelle-Hollande. Déjà les Anglais établis au nord et au sud ont empiété sur les territoires hollandais.

Fin du monopole hollandais sur la traite des fourrures

Pour attirer les immigrants et stimuler le développement du pays, pour faire échec aux plaintes qui fusent de partout, la Dutch West India Company prend en 1639 une décision radicale : elle abandonne le monopole de la traite qu'elle détenait encore, elle permet aux premiers venus d'en partager le bénéfice avec elle, elle établit la liberté absolue.

Cette réforme est le signal d'une ruée vers le commerce des pelleteries. Toute une population se précipite vers Fort Orange. Van Rensselaer, dont le domaine entoure tout ce poste, se lance dans ce négoce avec le projet de refaire en pratique le monopole à son bénéfice. Le grand commerce iroquois ne se conduit-il pas dans sa seigneurie, ou en passant dans sa seigneurie ? Ses tenanciers l'imitent. Les traiteurs libres arrivent, pleins de ressources, d'audace, d'initiative ; ils s'établissent dans Fort Orange, ils déborderont vite sur la seigneurie. Quelques-uns sont de simples aventuriers, d'autres des hommes d'affaire avisés, solides, prudents.

Les conséquences de l'ouverture du commerce des fourrures seront donc les suivantes : abolition de toute influence restreignante ; demande pour les pelleteries qui s'accroît dans des proportions insensées ; dure concurrence qui s'ouvre entre toutes ces personnes qui, pour obtenir des peaux, hausseront les prix à l'envi, s'efforceront de trouver des marchandises de traite qui plaisent aux Iroquois ; traiteurs qui adoptent des manœuvres plus ou moins loyales consistant à aller au-devant des Indiens dans la forêt, à les accaparer, à les séquestrer pour leur enlever leurs fourrures ; ou bien à déplorer des amabilités qui dépassent, à leurs yeux, les limites du raisonnable, comme de les installer à table, de les servir soi-même, de s'humilier devant eux.

Demande grandissante de pelleteries en Nouvelle-Hollande.

Mais ce qu'il faut retenir, c'est qu'en 1639, la production des fourrures est fouettée, stimulée, d'une façon massive ; et que des gens appliqués au gain, peu scrupuleux, ou qui ne voient que le profit immédiat entrent dans le domaine de la traite à l'heure où justement l'annihilation du gibier se fait sentir nettement. Où les Indiens prendront-ils toutes ces peaux pour lesquelles cette légion de traiteurs offrent maintenant des prix si alléchants ? Les obtiendront-ils de gré ou de force des tribus voisines ?

Pour se représenter les dangers de la politique inaugurée en 1639, il n'y a qu'à rappeler une ordonnance passée le 31 mars de la même année par le directeur et le Conseil de la Nouvelle-Hollande, et publiée à Fort Amsterdam, aujourd'hui New York ; contrairement, y est-il dit, aux ordres et commandements des seigneurs des états généraux de Hollande et de la Dutch West India Company, des serviteurs de la compagnie et des colons « ont osé vendre aux Indiens des alentours des mousquets, de la poudre et du plomb, pratique qui a déjà été cause de beaucoup de mal, et qui ne peut être cause dans l'avenir que d'un mal plus grand, si l'on n'adopte aucun moyen... pour l'empêcher... ». En conséquence, l'ordonnance défend expressément à chacun de vendre aux Indiens, « sous peine d'être puni de mort », des mousquets, de la poudre et du plomb.

Des armes à feu aux mains des Amérindiens

Les chefs de la Hollande et de la Nouvelle-Hollande semblent comprendre très bien le danger de mettre des armes à feu dans les mains de la population indienne. Mais la vente est déjà commencée, comme on le voit. Et alors, tout béant, s'ouvre le danger non moindre d'introduire ces armes à feu dans la traite des fourrures, dans la grande concurrence entre nations indiennes et européennes, pour s'assurer des quantités de plus en plus considérables de pelleteries.

1639-1640

D'autre part, l'épuisement des fourrures en Iroquoisie se marque dès l'année 1639. Les documents hollandais qui jetteraient sur cette question une lumière crue, ont été en partie détruits. Ceux qui demeurent prouvent assez bien que malgré les prix élevés que les Indiens obtiennent par la concurrence et la surenchère, le nombre des pelleteries exportées en Hollande subit une diminu-

L'épuisement des fourrures en Iroquoisie

tion appréciable. Le stimulant de la liberté du commerce n'a pas d'effet sur un pays où le gibier à poil disparaît peu à peu.

La lucidité de van Rensselaer

Ce fait ressort d'une lettre que van Rensselaer adresse le 29 mai 1640 à Kieft, le gouverneur de la Nouvelle-Hollande. En voici quelques lignes : « Je ne peux revenir sur ma surprise au sujet des changements que l'on dit s'être produits dans le commerce des fourrures à Fort Orange, d'où, pendant quinze années successives, cinq à six mille peaux sont venues chaque année ; les fourrures ne manquent pas ; en conséquence, ce sont les marchandises qui doivent manquer ; ou ce résultat doit provenir du fait que Crol vend la marchandise trop cher et que les Anglais, sur la rivière Fresh, en établissant des relations avec les Mohicans qui vivent deux lieues en aval de Fort Orange, et par leur entremise, avec les Agniers, nous enlèvent tout par les routes de terre. Que mes gens aient ruiné le commerce des fourrures, ne peut être vrai d'aucune façon ; ils peuvent avoir offert des prix plus élevés, et, ainsi être la cause d'une augmentation de prix pour les fourrures ; mais cette surenchère n'aurait pas pour résultat une dérivation du flot des fourrures ; elle ne pourrait être la cause que d'une offre plus grande. En autant que je peux m'en assurer maintenant, le point difficile n'est pas dans le prix, mais bien dans la quantité des pelleteries, ce qui me paraît un grand paradoxe que je ne peux comprendre. » En un mot, alors que les traiteurs s'attendent à recevoir une plus grande quantité de pelleteries, vu la surenchère, la hausse des prix, ils reçoivent une quantité moindre. Et Rensselaer examine tour à tour diverses suppositions.

Rensselaer n'est pas un naïf. Dès 1624, comme on l'a vu, il savait que les arrivages de fourrures ne pouvaient augmenter indéfiniment à Fort Orange ; il avait porté la Dutch West India Company à adopter des mesures restrictives afin d'empêcher l'annihilation du gibier. En 1630, il signalait que pour obtenir des quantités plus grandes de pelleteries, il faudrait amener les Agniers, de gré ou de force, à laisser passer sur leurs territoires les Indiens du Canada qui faisaient la traite sur le Saint-Laurent. Si en 1640, les fourrures manquent soudain, si les Agniers en apportent moins à la factorerie, van Rensselaer connaît probablement la source du mal.

Et la solution qu'il indiquera l'année suivante, en 1641, montre à n'en pas douter qu'il connaît l'épuisement des fourrures en Iroquoisie. Au lieu, en effet, de chercher des moyens d'augmenter le volume de la traite entre Iroquois et Hollandais, il porte de nouveau ses regards plus loin, au-dehors des frontières de l'Iroquoisie. Voici ce qu'il écrit à Toussaint Muyssart le 6 juin 1641 : « Je n'ai pas perdu l'espérance, si Dieu me prête quelques années de plus, de dériver vers la colonie une grande partie des fourrures des Indiens qui font maintenant la traite avec les Français au Canada ; et rien ne m'attriste plus que le fait que nous nous disputions l'un avec l'autre au sujet de vétilles alors que nous négligeons ce qui peut produire des profits. Cependant, j'espère qu'à l'avenir on paiera plus d'attention à cette affaire ; rien ne me plairait plus que de recevoir avis et conseils de vous et de vos confrères. »

Dans un volume intitulé *The Wars of the Iroquois,* George T. Hunt accepte ces deux lettres comme une preuve de l'épuisement des pelleteries en Iroquoisie. Bientôt, d'autres faits le démontreront plus nettement. En pratique, c'est à partir des années 1637-1640 que les Iroquois tentent de s'emparer du convoi des pelleteries qui descend de Huronie en Nouvelle-France. Reçoivent-ils à cet effet des conseils des Hollandais, des employés ou des tenanciers de van Rensselaer ? L'une des lettres précédentes l'indique suffisamment. Et pour qu'ils s'exposent aux dangers qui accompagnent ces expéditions dans le voisinage des Français, pour que les Hollandais ne reculent pas devant les difficultés internationales, il faut que les pelleteries fassent singulièrement défaut en Iroquoisie.

Des Iroquois, c'est-à-dire, dans ce cas, des Agniers

Toutefois, il faut noter que dans les documents cités plus haut, il n'est jamais question que des Agniers. Ce sont les historiens qui remplacent le mot *Agniers*, par le mot Iroquois. Si l'on suit attentivement le texte, il ne peut être question que de l'épuisement des fourrures dans le pays des Agniers. Ce rappel à la lettre des écrits n'est pas inutile. Sans doute, on peut affirmer que les Agniers sont les agents des autres tribus iroquoises, leurs intermédiaires, et que s'ils n'apportent pas de pelleteries, c'est que leurs voisins n'en ont plus. Cependant, ce raisonnement ne paraît pas assez souple pour exprimer la vérité. Les trois tribus les plus occidentales — Goyogouins, Onontagués, Tsonnontouans — vivent loin de Fort Orange, n'y vont pas souvent, sont peu tentées par les marchandises européennes. Elles participent plus que leurs voisines à l'existence encore primitive de cette partie de l'Amérique ; elles peuvent obtenir des fourrures des Ériés, et peut-être, de peuples encore plus occidentaux, par voie de troc et d'échange. En fait, elles entreront plus tard dans la véritable bataille pour les fourrures. Pendant vingt-cinq ans encore, leur politique cadrera assez peu avec celle des Agniers ; et même, en maintes circonstances, elle s'y opposera.

Mais pour les Agniers la question tragique se pose maintenant : ou obtenir des pelleteries, ou rétrograder vers leur civilisation primitive, en laissant leurs ennemis recevoir à flots les marchandises européennes.

En Huronie, la petite guerre mijote pendant que la troisième épidémie suit son cours. De juin 1639 à juin 1640, des combats ont lieu ; mais pas de grandes défaites : « Quant à la guerre, disent les *Relations*, leurs pertes ont été plus grandes que leurs avantages : car le tout consistant en quelques têtes cassées sur les chemins, ou quelques captifs menés dans le pays pour les y brûler et manger sans autre intention que de ruiner et exterminer leur ennemis en les tuant, et les intimider de venir à la guerre contre eux en les traitant cruellement dans leurs supplices ; en tout cela ils y ont plus perdu que gagné. »

Ces lignes peignent bien la guérilla à laquelle se livrent ces tribus indiennes. Les résultats ne sont pas d'ordinaire bien graves. Mais les tortures infligées aux prisonniers excitent dans les populations des craintes qui se changent

Pierre-Joseph-Marie Chaumonot (1611-1693), Jésuite, missionnaire, fondateur de la mission Notre-Dame-de-Lorette

souvent en panique. « Ces pauvres misérables étant dans des frayeurs et alarmes presque continuelles, que leurs ennemis sont à leurs portes, et qu'ils viennent enlever leurs bourgs... », les Hurons n'ont que bien peu de répit. Un massacre est commis par l'ennemi. En mai 1640, un Iroquois est capturé en Huronie. Des Hurons sont attaqués à la pêche, et l'un d'eux au moins est tué. Sur l'Outaouais, dit le père Chaumonot, les Iroquois tuent des Hurons chaque année. Le 2 août 1640, une de leurs bandes attaque dans son champ de maïs un Huron converti ; ils s'étaient mis à l'affût dans un taillis voisin. Ahatsistari accomplit encore un grand exploit durant l'été. Il part pour l'Iroquoisie à la tête d'un groupe de cinquante guerriers hurons. Il rencontre un parti de trois cents guerriers iroquois. Il met en fuite l'ennemi et lui enlève quelques prisonniers. Mais les chroniqueurs n'ont conservé aucun détail sur ce combat.

Autre victoire d'Ahatsistari

Enfin, dans le cours de cette même année, les Hurons songent un moment à négocier la paix avec leurs ennemis. C'est un épisode mal connu. On ne l'apprendra que par certaines paroles du principal député des Agniers aux Trois-Rivières, lors de la paix de 1645. L'initiative venait-elle des Iroquois qui auraient voulu négocier un accord en vertu duquel les Hurons leur auraient livré des pelleteries ? Vient-elle au contraire des Hurons qui, constatant soudain leur faiblesse, auraient désiré la paix après l'avoir brisée ? S'agissait-il d'une entente entre les Hurons et tous les Iroquois, ou bien certaines tribus seulement, et, en particulier, les Agniers ? Le mystère règne sur cette affaire.

La même petite guerre sévit aussi en Nouvelle-France, mais sous une forme plus bénigne encore. Ce sont les Algonquins qui sont les agresseurs. Au printemps, ceux de l'île aux Allumettes viennent visiter les Montagnais de Sillery. Les guerriers des deux tribus organisent une expédition. En passant aux Trois-Rivières, les Algonquins commencent à consulter leurs sorciers à l'ancienne manière. Ils poursuivent leur route, et chaque soir, ils n'oublient pas les cérémonies dont Champlain a donné la description. Enfin, les Iroquois les entourent alors qu'ils sont ainsi occupés. C'est un sauve-qui-peut. Les Algonquins lâchent pied très tôt : « ...Les uns gagnent les bois, les autres les eaux, nous nous embarquâmes sur le grand lac sur lequel voguait l'ennemi, nous passâmes et repassâmes dans les dangers sans être découverts. » Et cette phrase indique que certains groupes d'Iroquois, des Agniers tout probablement, sont à l'affût de nouveau sur le Saint-Laurent et guettent le convoi de fourrures.

Les Agniers guettent les convois.

Ici comme en Huronie, la guerre occasionne les mêmes alarmes : « La crainte qu'ils ont de leurs ennemis, les empêche d'aller à la chasse, pour conserver leur vie : ils ont tous les jours et toutes les nuits des visions ; ils voient, disent-ils, des Iroquois derrière leurs blés, ils en voient dans les bois, ils voient des canots voguant, ils en voient dans les bois, ils en voient qui les poursuivent ; ils remarquent la piste de leurs ennemis sur le sable, ils reconnaissent le lieu où ils ont couché, les arbres où ils ont cueilli des fruits, ils les entendent même crier dans le profond des bois ; ils donnent mille fausses alarmes à nos Français. »

En Nouvelle-France, ce sont les Agniers que seuls on redoute. « ...Il n'y a que la seule nation des Agniers, à proprement parler, dira la *Relation*, qui se soit déclarée ennemie des Français ; elle a trois bourgades bien peuplées, situées assez proches les unes des autres, sur trois petites montagnes ». On croit que les diverses tribus « se prêtent la main en leurs guerres », mais on n'en est pas autrement sûr.

En Nouvelle-France on craint les Agniers.

1641

C'est sur la fin de l'année 1640 que soudain le conflit qui menace depuis si longtemps se dessine en traits nets. Un parti de quatre-vingt-dix Agniers quitte l'Iroquoisie. Il longe les cours d'eau que suivent souvent les Indiens de la Nouvelle-France dans leurs chasses. Il se divise. Un groupe rencontre des Algonquins au-dessus de l'île de Montréal. Il les capture et les ramène prisonniers. D'autres guerriers viennent rôder au-dessus des Trois-Rivières. Deux jeunes Français, Thomas Godefroy de Normanville et l'interprète François Marguerie, ont quitté le poste le 20 février 1641 pour chasser dans les alentours. Le parti iroquois découvre leurs pistes et les suit sur la neige. Il les aborde la nuit en poussant ses cris de guerre. L'un des deux Français épaule son arquebuse pour tirer ; mais son arme fait long feu et il reçoit un coup d'épée dans la cuisse. L'autre Français se lève d'un bond et veut tirer son épée : il reçoit une flèche. Un Iroquois s'élance sur lui, il fait un faux pas, il tombe, et il est soudain à la merci de son antagoniste ; ses compatriotes n'osent bouger. Mais le Français sait que s'il tue l'ennemi qu'il tient à sa merci, il sera instantanément massacré de même que son ami. Il se désiste ; il laisse aller son adversaire. Il est alors garrotté de même que son compagnon. Mais l'ennemi ne leur arrache pas les ongles, il ne leur brûle pas les doigts. Il retraite aussitôt avec ces deux prisonniers, et en dix-huit jours, il atteint leurs bourgades.

Des Français attaqués au-dessus des Trois-Rivières.

Thomas Godefroy de Normanville (v. 1610-1652), interprète.

François Marguerie de la Haye (1612-1648), interprète appelé « l'homme double » par les Indiens grâce à sa remarquable adaptation à leurs coutumes et langues.

Le temps s'écoule. Marguerie et Godefroy ne reviennent pas. La population des Trois-Rivières entre dans l'inquiétude. Quelques-uns vont en reconnaissance. Ils découvrent un chiffon de papier fixé à une perche ; ils y lisent les mots suivants : « Les Iroquois nous ont pris, entrés dans le bois. » Ils pénètrent sous la haute futaie ; et sur le tronc d'un arbre dont l'écorce a été enlevée, ils lisent les mots suivants : « Les Iroquois nous ont pris la nuit, ils ne nous ont fait encore aucun mal, ils nous emmènent en leur pays. » Quand ces nouvelles arrivent au fort, les Français délibèrent. Que faire ? Ils n'ont pas de troupes à leur disposition. Et comment des soldats se rendraient-ils en Iroquoisie, au milieu de l'hiver, comment assiégeraient-ils des bourgades pour délivrer ensuite des prisonniers ? Ils sont impuissants. Pour leur part, les Algonquins croient que Marguerie et Godefroy ont déjà subi le supplice du feu.

Les Agniers, semble-t-il, ont visé deux fins en cette expédition d'hiver : surprendre des groupes algonquins, massacrer des ennemis ou les capturer ;

puis s'emparer des pelleteries accumulées pendant quelques semaines de chasse.

Les deux prisonniers sont jeunes, actifs, délurés, habitués au climat. Vivre à l'indienne ne leur réserve aucune surprise. Le voyage, par la route du Richelieu, couverte de glace et de neige, ne les effraie pas. Ils arrivent aux bourgades. Pierre Magnan, Brûlé, ont vu les Iroquois chez eux. Marguerie et Godefroy y demeurent. Non seulement les Agniers, mais les Iroquois des autres tribus viennent les voir. Ils les obligent à se lever afin de mieux les examiner : « ...Quelques-uns, diront plus tard Marguerie et Godefroy, se moquaient de nous, d'autres nous menaçaient de nous brûler, d'autres nous portaient compassion. » Parmi les spectateurs se trouvent d'anciens prisonniers des Algonquins qui ont vu les Trois-Rivières et Québec ; ils savent que les Français ne torturent pas leurs prisonniers de guerre et même qu'ils n'ont que bons traitements pour eux. L'un de ceux-ci se souvient bien même des attentions que Marguerie et les Jésuites ont eues pour lui. Ces Agniers reconnaissants prendront la défense des prisonniers. Ils diront à Godefroy et Marguerie de ne rien craindre. Un Algonquin captif en Iroquoisie les avertira vite qu'ils auront la vie sauve.

Des Iroquois prennent la défense des deux prisonniers.

Cependant, si le sort des prisonniers n'avait dépendu que des Agniers, ils auraient probablement subi le supplice. Ce sont les Iroquois des autres tribus qui se montrent magnanimes : « Quelques sauvages des nations plus hautes, ne voulant pas irriter les Français, firent des présents, à ce qu'on délivrât ces deux pauvres captifs. » Des conseils généraux, où sont présents des sachems de toutes les tribus, ont bientôt lieu. La nation tout entière décide de négocier la paix avec les Français. Les Iroquois viendront à cet effet en Nouvelle-France, au printemps, avec leurs prisonniers. Deux chefs de famille auront garde de ceux-ci jusqu'au départ. Marguerie et Godefroy vivent paisiblement dans la bourgade. Ils chantent l'*Ave Maris Stella* aux heures pénibles ; ils écrivent un message à la dérobée sur une peau de castor, et ils obtiennent des vêtements des Hollandais ; ils tentent de communiquer librement avec ces derniers, mais sans y réussir. Ils ne forment aucun projet d'évasion. Ils travaillent même activement à promouvoir la paix.

Les prisonniers sont bien traités.

Au moment fixé, vers la fin d'avril, une bande de cinq cents guerriers quitte l'Iroquoisie avec Marguerie et Godefroy. Quelques-uns abandonnent bientôt l'expédition. Les autres se séparent plus tard en deux détachements : l'un se poste à l'embouchure du Richelieu et dans les îles du fleuve afin d'intercepter au passage les canots algonquins ou hurons chargés de fourrures ; les autres descendent aux Trois-Rivières. Ils y arrivent à l'aube, le 5 juin, en vingt canots : les Français les aperçoivent un peu en aval du poste ; d'autres embarcations paraissent plus tard dans le milieu du fleuve.

Retour des Agniers et de leurs prisonniers aux Trois-Rivières

La panique règne dans la factorerie des Trois-Rivières. Les Algonquins éprouvent des craintes sur le sort de leurs compatriotes qui chassent le castor dans les environs. En effet, un canot algonquin sort du Saint-Maurice, et les Agniers le capturent à la vue du poste. Un peu de temps s'écoule. Une pirogue algonquine se détache de la rive droite ; elle porte un drapeau blanc. Les Français reconnaissent vite l'homme qui le monte : c'est Marguerie. Il se rend tout de suite au fort où il a une entrevue avec le gouverneur de la place, M. de Champflour.

François de Champflour

Marguerie fait son rapport. Les Iroquois, dit-il, veulent maintenant entrer dans l'alliance des Français. C'est à cette fin qu'ils n'ont eu que de bons traitements pour leurs deux prisonniers. Mais en même temps, ils veulent continuer la guerre contre les Algonquins et les Hurons « qu'ils haïssent à mort, et qu'ils veulent exterminer entièrement ». Trois cent soixante guerriers se tiennent maintenant sur l'autre rive. Ils l'ont envoyé, lui, Marguerie, pour entamer les négociations.

Marguerie révèle encore ce fait, d'une importance capitale, que les Agniers possèdent maintenant trente-six arquebuses ; et qu'ils espèrent en recevoir une trentaine des Français. Leurs tireurs sont aussi adroits que des Européens. Ils ont des munitions. Ceux qui ne sont pas pourvus d'armes à feu ont leurs arcs et leurs flèches.

Marguerie lui-même n'est pas rassuré sur les desseins des Iroquois. Une prisonnière algonquine l'a mis en garde. Elle lui a dit en secret que les Iroquois voulaient attirer les Indiens alliés à la France, les détruire, « et se rendre maître absolus de la grande rivière ». Être maître du fleuve, c'est aussi être maître du commerce huron et algonquin des pelleteries.

Les Iroquois veulent s'emparer du commerce huron et algonquin des pelleteries.

Le jeune prisonnier révèle encore qu'il doit retourner immédiatement sur l'autre rive : Godefroy y est demeuré comme otage et répond de son retour.

Champflour lui confie une réponse dilatoire. Seul, dit-il, le gouverneur de la Nouvelle-France peut négocier une affaire aussi importante ; Montmagny est favorable à la paix, croit-il ; des messagers partiront incontinent pour se rendre à Québec et le saisir de la demande des Iroquois.

Marguerie se rembarque dans la pirogue après avoir échangé ses vêtements indiens pour des vêtements français. L'un de ses compatriotes l'accompagne. Ils apportent des présents et des vivres pour le détachement iroquois. Celui-ci se montre d'abord satisfait de la réponse de Champflour. En attendant Montmagny, il érige les retranchements habituels de troncs d'arbres. Puis l'impatience semble le saisir. Il envoie Marguerie et Godefroy aux Trois-Rivières. Ceux-ci reviennent au fort et ils disent à M. de Champflour que les Iroquois le sollicitent de se rendre sur la rive sud pour commencer immédiatement les pourparlers. M. de Champflour hésite à se mettre à la merci de ce gros détachement. Enfin, il ne s'y résout pas, et il envoie à sa place le père Paul Ragueneau et Jean Nicollet à titre d'interprètes.

Les Iroquois veulent s'allier aux Français.

L'impatience des Iroquois est naturelle. Un délai assez long doit s'écouler avant l'arrivée de Montmagny. Le père Ragueneau et Nicollet tenteront de

Le père Ragueneau et Jean Nicollet délégués auprès des Iroquois.

les calmer. Ils se présentent dans le fortin. Au cours d'un conseil qui a lieu tout de suite, ils déclarent que les Français ont été heureux de revoir les deux prisonniers ; il plaît à tous également d'entendre des paroles de paix ; ils ajoutent enfin que le gouverneur les a envoyés sur place pour apprendre exactement leurs propositions. Les Iroquois répondent qu'ils veulent tout de suite exécuter la cérémonie qui accompagne la libération des prisonniers afin de rendre leur liberté à Godefroy et à Marguerie. Ils offriront aussi des présents pour inviter les Français à construire une factorerie ou un poste en Iroquoisie ; si l'offre est acceptée, toutes les tribus iroquoises viendront là à la traite. Nicollet et le père Ragueneau répondent qu'ils prennent bonne note de ces propositions, mais enfin que seul Montmagny peut leur donner une réponse. Les Iroquois prononcent de longues harangues. Ils parlent de l'état de leur pays et « des désirs qu'avaient toutes les nations iroquoises, de se voir liées avec les Français ».

Le lendemain, une pirogue iroquoise vient se promener en face du fort. L'un des canotiers crie aux Algonquins : « Prêtez-moi l'oreille, je viens pour traiter la paix avec toutes les nations de ces quartiers, avec les Montagnais, avec les Algonquins, avec les Hurons ; la terre sera toute belle, la rivière n'aura plus de vagues, on ira partout sans crainte. » Les Algonquins qui l'écoutent n'ajoutent pas foi à cette déclaration : si les Iroquois étaient sincères, n'auraient-ils pas libéré, selon l'habitude, un prisonnier algonquin qui aurait entamé les négociations de paix ? Dans le moment même, ne tentent-ils pas de capturer tous les Algonquins qui passent à leur portée ?

Arrivée de Montmagny aux Trois-Rivières

Montmagny arrive aux Trois-Rivières cinq jours après les Iroquois, soit le 10 juin. Aussitôt après avoir reçu le message, il a fait armer une barque et quatre chaloupes. Il a quitté Québec à la tête de cette flottille. Il amène avec lui le père Vimont, supérieur des Jésuites. La barque était lourde et lente, il a pris les devants dans une chaloupe ; et il monte ainsi le fleuve avec les navires qui, trois fois déjà durant les années précédentes, ont délogé des partis iroquois.

Aussitôt qu'ils apparaissent, les Iroquois se tiennent confinés dans leur fortin. Une heure auparavant encore, ils avaient attaqué un canot algonquin, tué une femme, capturé un homme. L'un de ces Algonquins avait pu s'échapper. Et dans le même temps, le second détachement iroquois bloque toujours le fleuve plus haut, aux îles de Richelieu. Le chef de guerre des Algonquins supérieurs, Anerasi, est arrivé la veille au soir avec cette nouvelle. Il a aperçu les ennemis à l'entrée du lac Saint-Pierre « où ils gardaient toutes les avenues, par la multitude de leurs canots ».

Montmagny doit donc étudier à son arrivée des propositions peu cohérentes et qui paraissent, toutes, porter la marque de la ruse. Elles viennent sûrement cette fois des quatre tribus ; il est même possible que les cinq tribus soient représentées dans les deux détachements. Voici ce qu'elles demandent :

la paix avec les Français ; la construction d'une factorerie en Iroquoisie ; la donation d'un certain nombre d'arquebuses. Mais désirent-elles la paix ou la guerre avec les Algonquins et avec les Hurons ? Et les pelleteries que le second détachement veut capturer au lac Saint-Pierre ne s'en viennent-elles pas aux Trois-Rivières ? Comment pénétrer les intentions de ces visiteurs dont le nombre dépasse celui de tous les habitants de la Nouvelle-France ?

Le gouverneur général agit sans retard. Il s'embarque dans une chaloupe armée qui s'en vient mouiller à portée de mousquet de la rive droite ; une salve de quarante coups d'arquebuse le salue. Deux canots iroquois viennent se ranger le long de la chaloupe ; Nicollet et le père Ragueneau s'embarquent aussitôt pour le camp ennemi.

Les Iroquois sont assis en rond, silencieux. Ragueneau et Nicollet s'assoient sur un bouclier ; Godefroy et Marguerie sont assis par terre et ne portent plus que des liens symboliques. L'orateur des Iroquois, Onagan, se lève. Par droit de guerre, dit-il, les deux captifs sont maintenant iroquois. « ...Jadis, le seul nom de Français nous jetait la terreur dedans l'âme, leur regard nous donnait l'épouvante, et nous les fuyions comme des Démons, qu'on n'ose aborder ; mais enfin, nous avons appris à changer les Français en Iroquois. » Les prisonniers ont appréhendé de mauvais traitements. Mais les Iroquois leur ont dit qu'ils recherchaient l'alliance des Français et qu'ils ne leur feraient aucun mal ; ils les ont traités comme des amis ; les autres tribus ont offert des présents pour leur libération. Et maintenant, ils sont ici, ils redeviendront français ; ou plutôt, « ils seront français et Iroquois tout ensemble, car nous ne serons qu'un peuple ». L'orateur donne alors la main au père Ragueneau et à Nicollet, il les touche au visage, au menton ; « ...Non seulement nos coutumes seront vos coutumes, mais nous serons... étroitement unis... » Après diverses cérémonies, il s'approche des prisonniers, brise leurs liens, les jette par-dessus les palis. Et il dit : « Que la rivière emporte si loin ces liens que jamais il n'en soit de mémoire, ces jeunes gens ne sont plus captifs, leurs liens sont brisés, ils sont maintenant tous vôtres. » Puis saisissant une bande de grains de nacre, il la présente à Nicollet et à son compagnon : « Gardez pour un jamais ce collier, comme une marque de leur pleine et entière liberté. »

La harangue d'Onagan

Une fois ces rites terminés, dans le plus pur style indien, Marguerie et Godefroy sont libres. L'orateur offre encore deux paquets de peaux de castor pour que les deux jeunes puissent bien s'habiller. Il donne ensuite quatre présents « au nom des quatre nations iroquoises, pour marque qu'elles souhaitaient notre alliance ». L'une des tribus, on ne sait laquelle, n'a donc pas participé à l'ambassade. L'orateur souhaite encore que les Français déploient une peau de castor, sur leur fort aux Trois-Rivières, quand ils apercevront des pirogues iroquoises ; leurs occupants pourront alors aborder avec assurance. Il étend une bande de porcelaine en rond sur le sol et il dit : « Voici... la maison que nous aurons aux Trois-Rivières, quand nous y viendrons traiter avec vous, nous y pétunerons sans crainte, puisque nous aurons Onontio pour frère. »

Onontio signifie « grande montagne », traduction du nom Montmagny et qui désignera par la suite le gouverneur de la Nouvelle-France.

Nicollet et le père Ragueneau témoignent de leur satisfaction : toutes ces paroles et tous ces actes ne peuvent qu'entretenir de bonnes relations entre les Iroquois et les Français. Ils feront un rapport détaillé à Onontio, Montmagny ; et celui-ci leur répondra le lendemain. Déjà il se fait tard. Et les deux hommes reviennent avec les présents, Marguerie et Godefroy libérés. Au moment où ils sortent du fort, l'orateur leur adresse une prière : que le gouverneur général oblige les Montagnais et les Algonquins à cacher leur hache de guerre pendant les négociations. Nicollet et le père Ragueneau acceptent ce message. Les Iroquois promettent de leur part de ne poursuivre aucun canot algonquin et de ne pas se mettre à l'affût pour en capturer.

La chaloupe armée revient aux Trois-Rivières. Mais elle n'a pas plutôt gagné le port que des canots iroquois entreprennent la poursuite de quatre canots algonquins, chargés de vivres et de pelleteries, dont les occupants revenaient de la chasse. Ceux-ci réussissent à s'échapper, mais leurs pirogues restent aux mains des ennemis, de même qu'une femme et son enfant. Cet incident refroidit tous les sentiments amicaux que peuvent avoir suscités la libération des Français. « Ce sont gens résolus, auxquels il ne se faut fier que de bonne sorte », avait dit Marguerie.

Le 11 juin, il pleut, il vente. Le gouverneur ne sort pas du fort. Peut-être préfère-t-il attendre que la barque venue de Québec soit arrivée au port et qu'il ait toutes ses forces autour de lui pour donner la réponse à laquelle il pense. Les Iroquois n'auraient-ils pas formé le complot de s'emparer de lui, du père Ragueneau et de Nicollet ? C'est un projet qu'on leur prête. En attendant, les Iroquois demeurent eux aussi dans leur fortin, redoutant les Algonquins qu'ils n'épargnent pas.

Face aux Trois-Rivières, le gouverneur Montmagny se rend à la rencontre des Iroquois.

Ce n'est que le surlendemain que l'escadrille, maintenant complète, va mouiller de nouveau le long de la rive droite. Mais cette fois, les Iroquois ne bougent point. Ils n'envoient aucun canot pour ramener les négociateurs. Leurs dispositions ne sont plus les mêmes. À la fin, ils poussent une pirogue vide vers les navires. Ils crient et l'on comprend confusément qu'ils invitent le gouverneur général, le père Paul Ragueneau et Nicollet à s'embarquer pour venir parmi eux. Ce procédé peu courtois augmente la défiance des Français. Ceux-ci invitent alors les sachems iroquois à venir sur les bateaux pour écouter la réponse de Montmagny ; les ambassadeurs français n'ont pas craint, eux, hier, de se rendre dans le fortin iroquois.

Aucune réponse ne vient du rivage. Les Français demandent alors d'envoyer quelques-uns des Hurons. Les Iroquois acceptent. Deux Hurons arrivent bientôt dans un canot. Ils montent à bord. Ils cherchent de tous côtés ; ils examinent tout. Ensuite, ils donnent l'explication de leurs recherches : craignant d'être payés de leur propre monnaie, les Iroquois s'attendaient à trouver sur les navires des Algonquins qui les auraient massacrés.

Maintenant rassurés, trois capitaines iroquois s'embarquent dans une autre pirogue. Il s'approchent à portée du pistolet ; mais pas plus. Ils invitent le gouverneur à parler. Et le conseil prend place de la façon suivante : Montmagny est dans la barque, à une distance du rivage, soixante-dix hommes armés jusqu'aux dents autour de lui ; plus loin, assez loin sans doute pour qu'il faille crier à tue-tête, trois capitaines iroquois dans un canot d'écorce d'orme ; et à la lisière de la forêt, les guerriers iroquois en attente.

Un conseil se tient sur l'eau.

Par l'entremise de son interprète, le gouverneur général de la Nouvelle-France offre de riches présents : présents en échange des aliments donnés à Godefroy et à Marguerie, des nattes avec lesquelles on les a couverts, du bois dont la flamme les a réchauffés, des vêtements dont on les a habillés ; présents aussi pour les tribus qui recherchent l'alliance des Français, présents pour attirer les Iroquois à la traite. Tous sont riches et substantiels. Montmagny ne veut pas lésiner, car il est reconnaissant pour la libération des prisonniers. Mais Montmagny n'offre pas d'arquebuses.

Aucun cadeau, disent alors les capitaines, n'a été offert en remerciement pour la libération même des prisonniers. À Dieu ne plaise, répond Montmagny et d'autres présents s'ajoutent aux premiers. « Mais on ne parlait point d'armes à feu, qui était le plus ardent de leurs souhaits... »

Ce sont ensuite les Iroquois qui reprennent l'initiative. Ils offrent quatre nouveaux présents : le premier, pour réitérer leur invitation aux Français de construire une factorerie en Iroquoisie ; un deuxième pour encourager les canotiers qui devront avironner jusque-là ; un troisième, « au nom de la jeunesse iroquoise, à ce que leur oncle Onontio grand capitaine des Français, leur fît présent de quelques arquebuses » ; et le quatrième pour marquer la volonté des Cinq Nations de vivre en paix avec les Algonquins et les Hurons. Ils publieront partout la libéralité des Français ; ils dédaigneront même les Hollandais avec lesquels ils ne veulent plus traiter.

Échange de présents

Les Français se consultent. Ces propositions paraissent si extraordinaires qu'elles semblent fantastiques et à peine croyables. Montmagny donne une réponse qui ne porte que sur quelques points. Ainsi, « s'ils voulaient une paix universelle, qu'elle leur serait accordée avec une grande satisfaction des Français, et de leurs confédérés ». Puis, si vraiment les Iroquois veulent vivre en paix avec les Algonquins, qu'ils relâchent un prisonnier algonquin comme c'est la coutume.

Les négociateurs répondent qu'ils viendront aux Trois-Rivières le lendemain et qu'ils donneront alors leur réponse. Mais Montmagny redoute ce nouveau délai : les Iroquois peuvent fuir la nuit prochaine. Il demande la libération d'un Algonquin le soir même. Les Iroquois hésitent ; puis ils disent qu'ils ne peuvent prendre une décision sans tenir un conseil. Montmagny riposte qu'il attendra sur les lieux mêmes. Et, pendant ce dialogue, sept canots algonquins paraissent au loin sur le fleuve ; ils sont chargés de fourrures. Les

Les Iroquois sont-ils sincères ?

guerriers iroquois ont peine à se contenir devant la riche proie qu'ils convoitent. Mais la barque, voiles déployées, entre en scène et les canots s'échappent.

Les Iroquois se retirent en leur fortin. Pendant une demi-heure, le silence règne. La nuit tombe. Des bruits s'entendent soudain dans le fortin : coups de hache, arbres qui s'écroulent. Les embarcations montent la garde non loin de la rive. Elles veulent empêcher la fuite de l'ennemi ; elles veulent aussi explorer à fond les pensées de paix qu'il peut avoir.

guidon = drapeau

brocard = paroles mordantes

Les négociations échouent : les Iroquois voulaient des arquebuses.

Au matin, Montmagny fait équiper un canot avec un guidon pour inviter les Iroquois à continuer les pourparlers. Mais maintenant l'ennemi a pris sa décision. Il n'a que des brocards et des huées pour ces préparatifs ; il crie qu'Onontio n'a pas donné d'arquebuses. Il arbore un scalp d'Algonquin sur le fortin ; il décoche des flèches sur la chaloupe.

Montmagny donne alors le signal : pièces de fonte de la barque et pierriers des chaloupes lancent des boulets sur le fortin. Mais les Iroquois ont prévu cette attaque : ils ont transporté une partie de leur butin dans un second fort, placé plus loin dans la forêt, et « si bien fait et si bien muni, qu'il était à l'épreuve de toutes nos batteries ». Un moment de panique suit les premiers coups de canon : un Algonquin peut s'échapper des mains de l'ennemi. Il dit qu'un débarquement aurait peut-être eu quelque succès. Mais l'entreprise était dangereuse. Les Iroquois continuent ensuite le transport de leurs canots et bagages dans le second fortin. Ils s'y réfugient en bonne partie. Mais pour donner le change aux Français, ils entretiennent un feu dans le premier ; leurs arquebusiers s'y tiennent un moment ; puis s'abritant derrière les arbres, ils dirigent un feu bien nourri sur les embarcations. Ils visent avant tout la barque où se trouve le gouverneur ; mais les pavois sont solides et les balles s'y logent. À la nuit, tout le détachement iroquois débouche sur le fleuve à moins d'un mille en amont de son fortin. Les embarcations françaises découvrent trop tard les pirogues qui fuient ; elles tentent de les poursuivre, mais elles ont contre elles les vents et la marée. Des canots algonquins les prennent en chasse ; mais ils sont peu nombreux et le gouverneur les rappelle bientôt.

Les Iroquois attaquent le convoi huron chargé de pelleteries.

Jean de Brébeuf (1593-1649), Jésuite, missionnaire, fondateur de la mission huronne.

Pendant ces vaines négociations, le second détachement iroquois bloquait toujours le fleuve au lac Saint-Pierre. Il attendait le convoi huron qui ne voyageait pas en formation serrée, mais se dispersait en petits groupes souvent fort éloignés les uns des autres et faciles à surprendre. À un moment donné, il découvre deux canots qui ramenaient le père de Brébeuf et quelques Français ; ceux-ci réussissent à s'échapper. Cinq canots hurons qui les suivaient sont moins heureux. Leurs occupants sont massacrés ou capturés vivants. Quelques-uns peuvent fuir cependant. L'un d'eux atteint les Trois-Rivières ; d'autres remontent le fleuve afin d'avertir leurs compatriotes qui descendent. Les Iroquois pillent les pelleteries.

Quelques jours s'écoulent. Les pères Paul Ragueneau et René Ménard partent avec des compagnons pour la Huronie lointaine. Ils rencontrent une dizaine d'Indiens qui leur assurent que les Iroquois sont toujours aux aguets sur le fleuve.

René Ménard (1605-v.1661), Jésuite, missionnaire (1641-1651), supérieur de la résidence de Trois-Rivières (1651-1656).

Ils doivent revenir aux Trois-Rivières. Là, ils demandent une escorte aux Algonquins ; ceux-ci les renvoient aux Montagnais de Sillery. Les Montagnais sont bientôt prêts à fournir huit canots bien montés. Et Champflour promet quelques soldats intrépides. À la fin, les autorités abandonnent cette entreprise risquée. Peu après, un canot huron apportera la nouvelle que l'armée iroquoise a quitté le Saint-Laurent : les Hurons ayant été avertis de sa présence, elle ne pouvait plus y piller de pelleteries. Son butin était mince.

Comment expliquer cette négociation compliquée, enchevêtrée, incertaine ? Elle a une grande importance, comme le signalent tout de suite les contemporains : la guerre ouverte suivra. Pour en trouver le secret, ne faut-il pas remonter en Iroquoisie ? Ce pays passe depuis une quinzaine d'années par une période d'expansion. La migration des Senrohronons, dans l'ouest, a permis aux Tsonnontouans de porter leur frontière tout près de la rivière Niagara. Par leurs victoires sur les Mohicans dans l'est, les Agniers ont atteint l'Hudson. Ils ont probablement cessé, depuis un an ou deux, de payer des tributs à certaines peuplades de l'est ; ils se libéreront peu à peu de ce fardeau économique. Ils ont lié partie avec les Hollandais qui ont besoin de leurs fourrures et sont ainsi intéressés à fond dans leur survivance. Ils ont acquis quelques mousquets. Le *Journal of New-Netherland* explique toute l'affaire : « ...Quelques uns d'entre eux en avaient d'abord reçu des Anglais. » Ils avaient payé jusqu'à vingt peaux de castor pour chacune de ces armes ; et leurs munitions leur avaient coûté non moins cher. Ils connaissent la valeur de cet instrument de puissance ; leur convoitise est très forte. Ils veulent en avoir à Fort Orange : mais là, ils se heurtent à la défense de vendre, sous peine de mort, des armes à feu et des munitions aux Indiens. Cette ordonnance date de 1639, mais la colonie de Rensselaerswyck en passera une, elle aussi, le 18 juillet 1641. La vente n'entraîne plus ici la mort, mais une pénalité de cent *guilders* et le rapatriement. Le document avoue que malgré les prohibitions antérieures, la vente des armes à feu s'est continuée. L'armement des Agniers en particulier est donc en bonne voie. Les traiteurs libres, comme on les appelle, puis les « habitants de Rensselaerswyck, qui comptent autant de traiteurs qu'ils sont de personnes » conduisent ce commerce en marge de la loi. À l'été de 1641, il n'a pas donné de grands résultats encore : les Iroquois présents aux Trois-Rivières n'ont pas plus que trente-six arquebuses. Ils en veulent d'autres. C'est une volonté nationale ardente et forte. Elle est d'autant plus violente que l'épuisement des fourrures en leur pays se pose brutalement. Il leur faut ces armes européennes, soit pour chasser mieux, soit pour subjuguer les tribus qui font de belles récoltes de pelleteries, soit encore pour conquérir des territoires de chasse. En fait, c'est la nécessité, partout mère de l'ingéniosité, qui leur montre le salut dans l'arquebuse ou le mousquet. Puis enfin, en 1641, les Agniers se

Des Agniers de plus en plus forts, de mieux en mieux armés.

sont déjà familiarisés avec les Européens, et ils n'éprouvent plus à leur égard les craintes d'autrefois. La capture de Marguerie et de Godefroy, leur armement nouveau, leur donnent de l'audace. L'affaiblissement mortel de la Coalition laurentienne, à la suite des trois épidémies successives, le petit nombre des Français, qui sont au plus trois cents, leur ont certainement inspiré l'idée d'imposer leur politique à la Nouvelle-France par un mélange de force et de douceur.

Alors, ils arrivent sur le Saint-Laurent au nombre de cinq cents. Ils veulent avant tout des arquebuses. C'est le point qui ressort peut-être avec le plus de netteté. Le parti militaire en réclame ouvertement. La libération de Marguerie et de Godefroy, les présents multipliés, ne sont pour ainsi dire que des dons destinés à appeler ce don suprême, dans une surenchère que connait bien la mentalité indienne. Les offres de paix avec les Français que les Iroquois font ensuite semblent aussi fort sincères. Mais leur dessein est net : ils veulent une paix qui neutraliserait les Français. Ceux-ci se tiendraient dans leurs factoreries ; ils laisseraient se livrer autour d'eux, sans y prendre part, les batailles entre tribus indiennes ; ils ne soutiendraient plus les Algonquins et les Hurons. Leur rôle se bornerait à attendre les fourrures, soit aux Trois-Rivières, soit dans une habitation en Iroquoisie même. Le projet de paix entre Iroquois et Algonquins alliés aux Hurons n'est pas sincère. Les négociateurs le présentent au second stade des négociations, quand celles-ci sont à la veille d'échouer. Mais ils n'y mettent aucune conviction. Et la conduite de leurs compatriotes les dément à chaque pas : les uns ne peuvent s'empêcher d'attaquer les canots algonquins, les autres attendent au lac Saint-Pierre le convoi huron. Les Agniers ont un besoin qui ruine à fond leurs relations avec les Indiens du Canada. C'est de ces derniers qu'ils doivent obtenir des pelleteries. Concluront-ils des arrangements pacifiques à cet effet ? Mais tout arrangement pacifique suppose en effet que ce sont les Iroquois qui deviendront intermédiaires, réaliseront les profits, s'enrichiront. Les tribus canadiennes n'en voudront pas et les Français encore moins parce que les fourrures s'en iront à Fort Orange au lieu de venir à Québec. Il ne reste que la force. Les Iroquois sont condamnés à piller les Algonquins et les Hurons, c'est-à-dire à être en état de guerre avec eux et avec les Français. Tout traité de paix entre ces ennemis mettra fin à ce pillage des pelleteries des Indiens du Canada ; il ne sera jamais longtemps en vigueur, car les Iroquois ont un besoin vital de ces fourrures.

Les Iroquois veulent la neutralité des Français pour éliminer Algonquins et Hurons.

Toutefois, les Iroquois se sont montrés habiles diplomates. « Remarquez, disent les *Relations*... le procédé de ces peuples, et ne dites plus, que les Sauvages sont des bêtes brutes... Leur dessein était de faire une paix fourrée avec nous pour se délivrer de la peur qu'ils ont de nos armes, et pour massacrer sans crainte nos confédérés, nous pouvaient-ils plus finement induire à leur donner des armes ? Se pouvaient-ils plus finement insinuer en notre amitié, qu'en nous rendant nos prisonniers, nous offrant des présents ? ...qu'en nous invitant en leur pays, nous assurant qu'ils nous préféraient aux Hollandais, nous extollant par-dessus le commun des hommes ? »

extollant = plaçant

Naturellement, les Français ne peuvent accepter ces propositions. « ...Il ne fallait point faire la paix avec ces peuples, à l'exclusion de nos confédérés... »

C'est la politique française de tout le siècle qui se pose avec éclat. Vingt fois, trente fois, l'Iroquoisie proposera la paix à la Nouvelle-France, mais en excluant les Indiens alliés qui lui fournissent des fourrures. Elle recevra invariablement une réponse négative. Les gouverneurs observeront toujours ce principe cardinal. Ils ne peuvent donner leur assentiment pour deux grandes raisons : ces Indiens alliés vivent dans la colonie ou tout autour. Ils peuvent se tourner contre elle, et, très rapprochés, ils seraient plus dangereux peut-être que les Iroquois même. En second lieu, ces Indiens sont les pourvoyeurs de pelleteries. Leur destruction ou l'abandon aurait détruit la traite : « ...Si les Iroquois avaient un libre accès dans nos ports, le commerce des Hurons, des Algonquins et des autres peuples qui viennent visiter les magasins des Messieurs de la Nouvelle-France, serait entièrement rompu... » L'alliance des Français avec les Algonquins est pour cette raison aussi indissolublement fixée que celle des Hollandais avec les Iroquois. Celle-ci est fondée sur la proximité, sur la géographie. Déjà, des intérêts sont liés de façon inextricable. Des deux côtés de la frontière, les peuples européens sont intéressés dans la survivance de leurs alliés indiens. Aussi, en 1641, les Français n'ont pas la moindre idée d'abandonner aux Iroquois la Coalition laurentienne affaiblie et impuissante. Les Iroquois la détruiraient ou bien ils lui imposeraient la dérivation des pelleteries canadiennes vers Fort Orange. Ils devinent l'appréhension des Français et ils offrent en compensation de venir eux-mêmes faire la traite aux Trois-Rivières ou de fréquenter une factorerie française ouverte en Iroquoisie. Toutefois, cette contre-proposition comporte pour les Français des risques et des incertitudes s'ils la comparent à la situation existante. L'Iroquoisie est située très loin de la Nouvelle-France et des relations commerciales entre les deux pays seraient sujettes à des aléas infinis. Ce serait abandonner le certain, et le naturel, pour l'incertain et l'illogique.

Du moment que les Français prennent la décision de protéger leurs alliés indiens, ils doivent refuser les mousquets à tout prix. Les Iroquois s'en serviraient contre les alliés.

L'armée iroquoise échoue donc dans sa manœuvre. Malgré un grand déploiement de force, elle retourne en son pays emportant seulement les ballots de fourrures qu'elle a volés aux Algonquins et aux Hurons. Ses négociateurs n'ont pas trouvé le moyen de ravitailler l'Iroquoisie en pelleteries d'une façon permanente. Quelle décision prendra maintenant ce pays ?

Les Français du temps ne paraissent pas avoir pénétré cet aspect de la question. Ils croiraient plutôt que ces Indiens viennent piller des pelleteries à plaisir. Ils ne signalent pas le besoin. Mais après l'échauffourée des Trois-Rivières, ils devinent que l'avenir ne leur réserve plus que la guerre. Ils sont sûrs que les Iroquois s'en prendront à eux autant qu'aux Algonquins et aux Hurons. Le père Paul Le Jeune signale ce danger dans une lettre qui ouvre la *Relation* de 1641. L'œuvre de l'évangélisation fait de grands progrès, dit-il ; mais les démons « arment tous leurs suppôts tant qu'ils peuvent, pour détruire ce qui est si saintement commencé, pour ruiner la colonie française, et pour fermer toutes les avenues du salut à toutes ces âmes qui n'ont jamais ouï parler de Jésus-Christ ». La *Relation* elle-même contient des passages plus énergiques encore. Parlant des Iroquois, voici ce qu'elle dit : « ...En un mot, ils sont venus à tel point d'insolence, qu'il faut voir perdre le pays, ou y apporter un remède prompt et efficace. Si les Français étaient ralliés les uns auprès des autres, il leur serait bien aisé de maîtriser ces barbares ; mais étant dispersés, qui deçà, qui delà, naviguant à toute heure sur le grand fleuve dans des chaloupes, ou dans des canots, ils peuvent être aisément surpris de ces traîtres, qui chassent aux hommes comme on fait aux bêtes, qui peuvent offenser sans être quasi offensé, car étant découverts, ils n'attendent pas pour l'ordinaire le choc, mais ils sont plus tôt hors de la portée de vos armes, que vous n'êtes en disposition de les tirer. » Mais la phrase qui, écrite en 1641, décrit le mieux la guérilla prochaine, est la suivante : « ...Le commerce de ces Messieurs, la colonie des Français, et la religion qui commence à fleurir parmi les sauvages, sont à bas, si on ne dompte les Iroquois. Cinquante Iroquois sont capables de faire quitter le pays à deux cents Français... Si ces barbares s'acharnent à nos Français, jamais ils ne les laisseront dormir d'un bon sommeil : un Iroquois se tiendra deux ou trois jours sans manger, derrière une souche, à cinquante pas de votre maison, pour massacrer le premier qui tombera dans ses embûches ; s'il est découvert, les bois lui servent d'asile... Si on n'a ce peuple pour ami ou si on ne l'extermine, il faut abandonner à leur cruauté tant de bons néophytes, il faut perdre tant de belles espérances... » Ces phrases sont écrites quelques mois avant le déchaînement des guerres iroquoises proprement dites ; c'est plutôt de la prophétie que de l'observation. C'est un premier cri d'anxiété que la Nouvelle-France pousse. Après avoir parlé des tortures qui attendent les Hurons capturés, un missionnaire écrira aussi les paroles suivantes : « Voilà les funérailles et le sépulcre que nous attendons, si jamais nous venons à tomber entre les griffes de ces tigres, et dans la fureur de ces démons. » En un mot, les pressentiments agitent la colonie. Contre une poussée iroquoise, quelle résistance opposeront en même temps la Coalition laurentienne qui est pratiquement défaillante et la colonie française qui ne compte pas trois cents habitants ? Les temps autrefois redoutés par Champlain sont arrivés.

Les Iroquois devenus ennemis des Français.

Mauvais pressentiments des Français

Chapitre 13

1641

Quelques Algonquins ont été les victimes des Iroquois en face des Trois-Rivières. Leurs compatriotes préparent une riposte, mais très faible. Un petit parti de guerre se rend en Iroquoisie. Il est soudain saisi d'une grande audace, et pénétrant dans quelques cabanes, il massacre une vingtaine d'Iroquoises. Il détale ensuite dans la forêt. Les Iroquois le poursuivent avec succès et ils capturent cinq guerriers.

Les Algonquins quittent les Trois-Rivières.

Le calme retombe sur le pays. Mais il ne trompe personne. Nombre d'Algonquins gravitent alors autour des Trois-Rivières où les missionnaires veulent les appliquer à la culture du sol sous la protection du fort. Ils jugent maintenant que ce lieu est peu sûr et que l'assistance des Français les couvre mal. « Enfin tous les sauvages des Trois-Rivières ont quitté, écrit Marie de l'Incarnation ; plusieurs sont allés en leur pays, et les autres se sont réfugiés ici », à Québec.

Marie Guyart dite Marie de l'Incarnation (1599-1672), Ursuline, fondatrice des Ursulines de la Nouvelle-France, est arrivée dans la colonie en 1639.

En Huronie, la situation s'améliore peut-être un peu. L'épidémie de petite vérole disparaît. L'existence des missionnaires devient plus facile. Elle n'est pourtant pas exempte de dangers. Les Jésuites visitent continuellement les bourgs, et les chemins de l'un à l'autre sont très souvent infestés d'Iroquois.

C'est la petite guerre. Des ennemis se mettent à l'affût sous la futaie, dans les taillis, autour des villages. Des partis de guerre vont et viennent. On se reconnaît mal dans le fouillis des actions sans importance. Les missionnaires baptisent un Iroquois prisonnier : la victime meurt avec héroïsme. Puis l'ennemi brûle un village de la nation du Pétun : plusieurs membres du clan meurent de froid, de faim ; d'autres se noient. On ignore quelle tribu iroquoise a fait le coup. Durant l'été, nombre de prisonniers iroquois arrivent en Huronie. Quel est exactement leur nombre ? À la suite de quel combat se trouvent-ils maintenant captifs ? On ne sait. Les Hurons les partagent entre diverses bourgades. Les pères courent à La Conception, à Saint-Michel, plus loin encore, pour les convertir. Les Hurons s'opposent souvent aujourd'hui au baptême de leurs ennemis : ils ne sont pas souvent convertis eux-mêmes, mais dans le cas où le paradis existerait, ils ne veulent pas que leurs ennemis s'y rendent.

Les bourgades de La Conception et de Saint-Michel

Durant l'été, la panique règne à La Conception pendant quelques jours : la rumeur circule que les Iroquois vont y lancer une attaque massive. Les mêmes appréhensions reviendront au début de l'hiver « en suite d'une fausse alarme qui leur était venue, qu'une armée d'Iroquois était sur le point d'enlever

Le bourg de Kontarea (près d'Orillia)

le bourg de Kontarea, principal boulevard du pays ». Les Hurons subissent aussi une défaite qui paraît importante. Un chaman leur avait prédit la victoire « en suite d'une impudicité publique dont ils lui [au démon] avaient fait hommage ». Le parti s'éloigne, plein de confiance, mais il est détruit. L'un des chefs de cette expédition, Atironta, de même que son frère, avaient suivi les instructions des missionnaires. Le premier est capturé et brûlé ; le second s'échappe. Atironta avait de nombreuses connaissances en Nouvelle-France. C'était « celui qui autrefois, le premier des Hurons, avait descendu à Québec, et lié amitié avec les Français ». Champlain l'avait compté parmi ses amis. Aussi lorsque les Hurons accomplissent la cérémonie de ressusciter le mort, c'est-à-dire de donner le nom du mort à une autre personne, ils invitent les Français. Mais à la suite du refus des Français, la famille du défunt choisit Aëoptahon qui portera le nom d'Atironta. On sait aussi que des guerriers du bourg Saint-Michel se rendent en Iroquoisie. Les *Relations* ne contiennent qu'une brève indication. Une grosse tempête assaille les canots sur le lac Ontario : « Ils chantent tous une chanson lugubre, comme ils ont accoutumé de faire en guerre lorsqu'ils sont dans le désespoir de la vie... » Et la tempête s'apaiserait à la prière d'un chrétien qui a vécu deux ans à Québec, au séminaire des Hurons. Le même individu avait été engagé autrefois dans un combat furieux ; ses compagnons l'avaient abandonné et il devait faire face, seul, à de nombreux adversaires. Mais, d'après le récit du missionnaire, il prie et les flèches s'écartent de sa personne comme « fait l'eau lorsqu'elle rencontre la pointe du vaisseau qui va contre marée ». Il se retrouve plus tard sans blessure parmi ses compagnons. Les Iroquois ont aussi quelques vaillants chefs de guerre. L'un d'eux « toutes les années est la terreur de nos Hurons ».

La mort du Huron Atironta (v. 1615-1641), un ami de Champlain. L'un des premiers Hurons à venir à Québec, probablement en 1609. Atironta (ou Durantal), un des principaux chefs de la tribu huronne des Ahrendarrhonons (Pierres)

Possédé par un démon furieux, un Huron se jette dans les feux allumés sans éprouver aucune douleur. Pendant plusieurs jours, il pousse des hurlements ; il prédit que les Iroquois mettront de grosses troupes en campagne durant l'année 1642.

Et ces expéditions sont comme des coups d'épingle qui exaspèrent les Iroquois. Elles ne sont pas assez puissantes pour leur infliger aucun dommage sérieux. Mais elles les irritent alors que la Coalition laurentienne est devenue très faible et ne pourrait supporter aucune attaque massive.

Une nouvelle cause de faiblesse s'ajoute aux précédentes. Les maladies contagieuses ont humilié la superbe huronne. Elles ont plongé le peuple dans le désespoir. Les souffrances lui ont ouvert l'esprit à la doctrine chrétienne. Les conversions se multiplient maintenant. Une fraction de plus en plus importante de la population devient catholique pendant que l'autre demeure païenne. Entre les deux c'est bientôt une scission douloureuse. Elle sévit dans chaque tribu, dans chaque bourg, dans chaque cabane.

Divisions entre Hurons chrétiens et païens

C'est une histoire pénible. Les païens sont sincères. Ils croient que la disparition des coutumes anciennes est une cause de ruine et d'abaissement.

Ils voient leurs compatriotes abandonner les festins, les danses, les songes, les rites de sorcellerie et de magie qui sont mêlés à tous les actes de la vie quotidienne. « ...Notre pays se perd, les malades se meurent, où fuirons-nous pour éviter la mort ? » Les catholiques se rendent à Sainte-Marie, la nouvelle résidence des Jésuites, sur les rives de la baie Géorgienne. Ils y font des retraites. Ils y suivent les offices. Ils prient pour la nation en danger, pour leurs frères plongés dans la superstition. Quelques-uns travaillent activement à côté des missionnaires. Et le duel d'une émouvante sincérité se poursuit entre les deux groupes. Parfois, il est âpre et il remplit les *Relations* de ses cris déchirants. Mais comment empêcher que cette division soit profonde et affaiblisse encore un peuple déjà décimé ? Elle est parfois si violente que le martyre frôle certaines têtes.

Sainte-Marie, résidence des Jésuites

Inlassables, les missionnaires veulent étendre leur champ d'action. Les pères Chaumonot et Brébeuf se rendent chez les Neutres. Le voyage occupe quatre ou cinq jours. Un Franciscain, le père Joseph de la Roche d'Aillon, a déjà suivi cette route. Il a déjà pressenti l'existence de la rivière Niagara. Encore aujourd'hui, trois ou quatre bourgades neutres occupent la rive droite, entre les territoires des Tsonnontouans et ceux des Ériés.

Les pères Chaumonot et Brébeuf chez les Neutres.

La description des Jésuites cadre bien avec celle du Franciscain. Les Neutres comptent une douzaine de mille âmes. Depuis trois ans, les guerres, les famines, la maladie les déciment eux aussi. Hurons et Iroquois se rencontraient pacifiquement autrefois en leur pays. « ...Mais depuis quelque temps la furie des uns contre les autres est si grande qu'en quelque lieu que ce soit, il n'y a pas d'assurance pour le plus faible. »

Les missionnaires observent la parenté frappante de ces groupes iroquois engagés dans une guerre mortelle : « Nous avons tout sujet de croire, disent-ils, qu'il n'y a pas longtemps qu'ils ne faisaient tous qu'un peuple... ; et qu'ils viennent d'une même famille, ou de quelques premières souches abordées autrefois aux côtes de ces quartiers ; mais que par succession de temps, ils se sont éloignés et séparés les uns des autres, qui plus, qui moins, de demeure, d'intérêts et d'affection : de sorte que quelques-uns sont devenus ennemis, d'autres neutres, et d'autres sont demeurés dans quelque liaison et communication plus particulière... » Les Neutres poursuivent toujours leur ancienne guerre contre une certaine nation du Feu qui vit au-delà des Ériés dans les forêts du Michigan. Eux aussi, ils brûlent leurs prisonniers, même les femmes.

Mais en 1641 comme en 1626, contre les pères Brébeuf et Chaumonot comme autrefois contre le père Joseph de La Roche Daillon, les Hurons défendent avec violence l'intégrité de leur empire commercial. Ils emploient exactement les mêmes méthodes. Redoutant l'établissement de relations commerciales directes entre les Neutres et les Français par le lac Ontario et le Saint-Laurent, ils envoient des émissaires chargés de manipuler l'opinion publique. Ceux-ci répandent des calomnies sur le compte des Jésuites, ils conseillent même de les assassiner, car autrement les épidémies qui ont sévi en Huronie éclateront vite en pays neutre. Cette accusation prévient le peuple contre les missionnaires qui reviennent en mars 1641 après un séjour sans agrément.

Les Népissingues : tribu algique habitant les rives du lac Nipissing.

Un autre peuple, algonquin celui-là, gravite autour des Hurons. Ce sont les Népissingues. Fort ingénieux, ces Indiens sont « gens riches et accomodés ». Ils pratiquent la culture, mais plutôt pour « manger en vert, que pour en faire ménage ». Une partie d'entre eux se rendent l'été jusqu'à la baie d'Hudson pour échanger des marchandises françaises contre les précieuses pelleteries du nord ; les autres font la pêche et ils entassent des réserves de poisson séché. Ils arrivent en Huronie au début de l'hiver, pour y séjourner quelques mois, car « ils semblent avoir autant de demeures que l'année a de saisons... ». Et, pour vivre, ils échangent simplement leurs fourrures, leur poisson séché, contre les produits agricoles dont les Hurons font le débit : maïs, farine de maïs, pétun, chanvre, etc.

Des Algonquins

D'autres Algonquins du nord imitent cet exemple et, entre autres, une tribu de cinq cents âmes qui vient hiverner dans la tranquillité. Elle vivote autour de ce peuple fort, résistant, qui a jusqu'ici opposé un puissant rempart contre les attaques iroquoises.

Description des Hurons

Ainsi se complète peu à peu le portrait des Hurons. Ils sont rusés et habiles comme des Phéniciens ; ils ont de l'entregent ; ils occupent un habitat stratégique pour le commerce ; ils achètent et revendent ; leurs relations avec leurs voisins sont amicales. Mais, le moment venu, ils peuvent défendre leur position commerciale avec habileté et dureté. Maintenant leur force n'est plus qu'un trompe-l'œil. Ils sont comme un bois tout vermoulu qui a conservé la même apparence extérieure, mais que le moindre choc réduira en poussière.

1641

Après le départ des cinq cents Iroquois, au commencement de l'été, les Jésuites et les administrateurs du pays jugent la situation si grave qu'ils décident d'envoyer en France, pour représenter le danger et obtenir du secours, un homme capable de pénétrer jusqu'au puissant cardinal Richelieu. Le père Barthélemy Vimont dira que « les affaires de ce pays m'ayant obligé d'envoyer en France un de nos Pères, pour représenter l'état auquel les courses des Iroquois réduisent cette église naissante », il a choisi son confrère, le père Paul Le Jeune. La colonie veut « faire entendre l'importance du secours qui nous était nécessaire pour s'opposer aux efforts de ces Barbares ». Car enfin « quiconque arrêtera ou domptera la fureur des Iroquois, ou qui fera réussir les moyens de les gagner, ouvrira la porte à Jésus-Christ dans toutes ces contrées ». Parlant des tribus récemment découvertes, les missionnaires écrivent : « La porte nous est fermée à tous ces peuples par les Iroquois. »

Et c'est justement dans ces circonstances, au moment où la Nouvelle-France décide d'envoyer un agent en France pour solliciter une assistance immédiate, que se présente le premier groupe des colons qui viennent s'établir sur l'île de Montréal. Chomedey de Maisonneuve est leur chef. La société qui dirige l'entreprise porte le nom suivant : « Société de Notre-Dame de Montréal pour la conversion des sauvages de la Nouvelle-France ». Les « Véritables Motifs » qui expriment les intentions des fondateurs constituent un plaidoyer pour la conversion des Indiens. En un mot, ces gens veulent assembler « un peuple composé de Français et de sauvages qui seront convertis, pour les rendre sédentaires, les former à cultiver les arts... et la terre, les unir sous une même discipline... et faire célébrer les louanges de Dieu en un désert où Jésus-Christ n'a jamais été nommé... ».

Paul Chomedey de Maisonneuve (1612-1676) fonde Ville-Marie (Montréal).

Les *Relations* accordent leurs louanges à ce projet : « Au reste si jamais les Français s'établissent en cet endroit, j'espère que les sauvages qui ont autrefois habité cette contrée, et qui sont montés plus haut pour la crainte de leurs ennemis, retourneront dans leur ancien pays, où ils trouveront la vie de l'âme, n'y cherchant que la vie du corps. » Puis, « cette île doit être un grand abord de plusieurs peuples... ». Les Hurons, les Iroquois même pourraient s'y établir ou y venir pour trouver une inspiration chrétienne. La Nouvelle-France connaît le projet depuis plusieurs mois et elle en conçoit de grandes espérances.

Mais dans l'intervalle, l'armée iroquoise est venue aux Trois-Rivières. La colonie juge que maintenant c'est la guerre avec les Iroquois et une guerre fort dangereuse. Quand Maisonneuve arrive à Québec, avec la première recrue, le gouverneur Montmagny, les Jésuites « et autres personnes de mérite » s'opposent à l'établissement des nouveaux venus dans l'île de Montréal ; ou plutôt, ils ne la conseillent pas. Le lieu est trop exposé. Dollier de Casson résume ainsi le débat : « Vous savez que la guerre a recommencé avec les Iroquois, qu'ils nous l'ont déclarée au Lac de Saint-Pierre le mois dernier..., il faut changer de délibération, si vous voulez on vous donnera l'île d'Orléans. »

François Dollier de Casson (1636-1701), Sulpicien, supérieur des Sulpiciens en Nouvelle-France (1671-1674 et 1678-1701)

Maisonneuve n'est pas chargé d'élaborer la politique de la Société, il est porteur d'ordres qu'il se croit obligé d'exécuter. De plus, la Société est propriétaire de l'île. « Ayant été déterminé par la Compagnie qui m'envoie que j'irai au Montréal, il est de mon honneur, et vous trouverez bon que j'y monte pour commencer une colonie, quand tous les arbres de cette île se devraient changer en autant d'Iroquois... » Réponse historique que les historiens ont citée à l'envi.

Cependant, le diagnostic des coloniaux était juste. Ils ne se sont malheureusement pas trompés. Dans quelques mois, même dans quelques semaines, déferleront sur la Nouvelle-France les bourrasques terribles et sanglantes de la première guerre iroquoise. Et tout de suite, la Société Notre-Dame de Montréal existera peu « pour la conversion des sauvages de la Nouvelle-France ». L'île ne deviendra pas une réduction ; mais tout de suite, elle sera un poste militaire, un fort exposé et avancé sur la frontière du pays ennemi. Les habitants y vivront une vie sainte, y accompliront des actions de valeur, mais des actions militaires. Ils auront peu de répit pour convertir les naturels, qui fuiront au premier signal du danger. Il est arrivé bien peu souvent dans l'histoire que le but d'une société se soit transformé si inconsciemment, si rapidement, si radicalement en un autre but, mais très noble et très généreux lui aussi.

La ténacité de Maisonneuve apporte un élément nouveau dans les guerres iroquoises : le poste de Montréal gardé par une garnison et une population d'élite, construit en zone neutre, dans un territoire longtemps contesté par les Iroquois et les Algonquins, ce poste qui doit être d'un précieux secours quand la Coalition laurentienne décimée avait déjà perdu toute sa force.

1641-1642

C'est l'hiver. Les Iroquois, des Agniers sans doute, forment un parti de deux cents hommes. Ceux-ci se divisent en deux détachements. Le premier se dirige vers les Trois-Rivières pour épier les Français et peut-être aussi pour en capturer quelques-uns. Il perd en route deux de ses meilleurs capitaines ; convaincu que ces morts sont de mauvais augure, il retourne sur ses pas sans avoir rien fait.

Les Iroquois attaquent les Algonquins de la Petite Nation.

Le second remonte l'Outaouais sur la glace couverte de neige. Il s'avance très loin. Bientôt, il découvre des pistes ; il les suit. Il atteint un campement d'Algonquins de la Petite Nation. Il se dissimule, il attend patiemment l'heure du premier sommeil des chasseurs de fourrures. Étendant ses membres pour dormir, une femme s'écrie soudain : « C'est fait de nous, les Iroquois nous tuent. » Les Agniers entraient dans le wigwam d'écorce de bouleau, sous la haute futaie, dans les neiges profondes. Ils pénètrent en même temps dans les autres. En moins d'une heure, beaucoup d'Indiens sont tués, d'autres garrottés. Les vainqueurs ont faim. Les prisonnières doivent attiser les feux, suspendre des chaudières remplies d'eau. Pendant ce temps, les Iroquois dépècent les cadavres, ils lancent à mesure les morceaux dans l'eau bouillante. Et bientôt ils mangent cette viande sous les yeux des parents horrifiés. Le banquet dure une partie de la nuit.

À l'aube, la retraite commence sur la surface blanche de la rivière. Une femme est incapable de suivre cette marche rapide : les guerriers l'assomment et les survivants envient son sort. Trois femmes portent des bébés d'environ deux mois ; une certaine distance franchie, les Iroquois leur enlèvent les bébés ; ils les attachent à des bouts de branches comme à une broche, et ils les font rôtir ensuite, lentement, tout vivants, sous les yeux des mères ; les enfants se tuent à pleurer. Les cadavres sont ensuite plongés dans l'eau bouillante et mangés.

Une prisonnière se lance dans l'eau noire d'un remous qui a empêché la glace de se former. Le courant la rejette sur le bord. Les Iroquois ont d'abord l'idée de la sauver ; mais découvrant qu'elle est mi-morte de froid, ils lui coupent la tête après l'avoir scalpée.

Des guerriers se gaussent d'un bon vieillard algonquin : « Pour toi, mon oncle,... tu es mort, tu iras bientôt au pays des âmes ; tu leur diras qu'elles prennent bon courage, qu'elles auront en bref bonne compagnie, car nous allons envoyer en ces quartiers tout le reste de ta nation. » Puis ils se vantent de l'assistance qu'ils reçoivent : « Les Hollandais, avec lesquels nous trafiquons... nous ont promis du secours contre les Français, nous les irons voir bien armés. » Une curiosité invincible les porte cependant à poser des questions sur les missionnaires, sur la population française. Ils croient qu'ils ont tué bon nombre des soldats au cours du combat qui a eu lieu en juin précédent, en face des Trois-Rivières.

se gaussent = se moquent

L'aide des Hollandais aux Iroquois

Et ainsi, parmi les scènes de cruauté et les conversations, la longue procession de guerriers et de prisonniers s'approche de l'Iroquoisie. Deux jeunes hommes s'en détachent pour donner avis de l'arrivée aux bourgades. Aussitôt la population se porte au-devant de l'expédition ; elle apporte du maïs et des vivres. Quand elle arrive, prisonniers et prisonnières doivent danser. Après une nuit de réjouissance, toutes ces personnes se remettent en marche et atteignent le hameau. Les Algonquins y trouvent une cabane bien « meublée de feux et de brasiers », la foule pousse des hurlements ; elle leur administre la bastonnade. Elle applique quelques tortures préliminaires ; bras et dos subissent des entailles profondes ; des écailles de poisson coupent les doigts ; des cordes s'attachent autour des poignets et par un système de torsion brisent les chairs, les nerfs et les os. Après une première explosion de violence, les captifs reçoivent des aliments. Quand ils sont repus, les hommes doivent chanter et les femmes danser. Puis les anciens les répartissent entre les diverses bourgades. Ceux qui demeurent sur place passent une nuit terrible, dans le supplice du feu. Au matin, ils montent sur les échafauds. Armée de tisons et de flambeaux, la foule inflige les tortures dernières, appliquant soigneusement la flamme aux pieds, aux cuisses, aux côtés, partout. Les captives reçoivent l'ordre de brûler elles-mêmes leurs parents. Une jeune fille se cuirasse d'indifférence et exécute l'ordre : elle subira plus tard des tourments plus affreux que les autres. Impassible, un Algonquin subira toute la gamme des souffrances, sans crier, pleurer ou grimacer, sans donner aucun signe de douleur. Tout comme les Hurons, les Iroquois interprètent cette endurance comme un phénomène de mauvais augure ; ils s'acharnent sur cet homme avec l'espoir d'entendre une plainte, ils le rôtissent sur tous les côtés, ils le traînent dans tous les feux, ils le scalpent et lui versent du sable brûlant sur la tête ; mais sans succès, et, bientôt de rage, ils lui ouvrent la poitrine et lui arrachent le cœur.

Tortures...

Les Iroquois ne tuent cependant que les hommes et les femmes les plus âgés. Ils épargnent une trentaine des plus jeunes femmes pour qu'elles puissent « vivre dans leur pays et se marier ». Elles remplaceront les Iroquoises

...ou adoptions

que les Algonquins ont massacrées l'année précédente. Immédiatement, elles commencent leur existence d'esclaves, « entendant tous les jours les rodomontades que faisaient ces barbares contre les Français et contre les Algonquins, qu'ils veulent entièrement exterminer, à ce qu'ils disent, se sentant appuyés et armés des Hollandais ». Il est assez difficile d'évaluer les pertes que subit la Petite Nation dans cette affaire. Les *Relations* disent que les Iroquois conservent la vie à trente Algonquines et Marie de l'Incarnation, à vingt. Aucun chiffre n'indique le nombre des autres victimes. Peut-être se monte-t-il à soixante, à quatre-vingts.

1642

La mission du Père Le Jeune

Pendant que les Iroquois, par leur raid contre les Algonquins de la Petite Nation, ouvrent la première période des guerres iroquoises et de la guerre pour les fourrures, le père Paul Le Jeune accomplit sa mission à Paris. Les documents n'indiquent pas de façon complète toutes les propositions qu'il soumet au cardinal de Richelieu. Cependant, ils établissent certains points importants.

Le 28 février 1642, le père Charles Lalemant écrit une lettre au père Étienne Charlet, à Paris. En voici quelques extraits : « Il [le père Le Jeune] a obtenu dix mille écus pour envoyer des hommes par-delà, afin de fortifier contre les Iroquois et empêcher leurs courses. Il eût bien encore désiré un secours plus puissant pour chasser ceux qui entretiennent desdits Iroquois dans cette guerre, en leur fournissant des armes à feu. »

Conquérir la Nouvelle-Hollande pour régler le problème iroquois.

Champlain avait proposé la conquête de l'Iroquoisie par une armée indienne encadrée et dirigée par des soldats français. Le père Le Jeune, parlant au nom des autorités de la Nouvelle-France, propose la conquête de la Nouvelle-Hollande, soit de l'État de New York d'aujourd'hui. Il est le premier colonial à formuler cette politique. Il ne sera pas le dernier. Gouverneurs, intendants, officiers, commandants de postes, civils, religieux, soumettront successivement, pendant des décades et des décades, le même plan aux rois français. Dans cette foule, il faut signaler dès maintenant un intendant avisé comme Talon, un grand gouverneur comme Frontenac, un grand homme de guerre, comme d'Iberville. De tous les écrits composés sur ce sujet, un gros volume pourrait naître. La Nouvelle-France a toujours vu clairement que la solution du problème iroquois doit se chercher chez les Hollandais et ensuite chez les Anglais qui dirigent la Confédération, la ravitaillent en munitions, bénéficient de ses déprédations.

Dix mille écus pour sauver la colonie !

Le cardinal de Richelieu ne veut pas d'une guerre entre la France et la Hollande pour sauver la misérable colonie du Saint-Laurent qui ne compte pas quatre cents âmes. L'enjeu paraît disproportionné. Mais les conséquences de la négligence seront plus vastes que ne le croit le cardinal. La somme de dix mille écus qu'il donne doit être dépensée pour les fins suivantes : enrôlement de quelques soldats, construction d'un fort à l'embouchure du Richelieu, défense de la maison de Sainte-Marie que les Jésuites ont construite et ouverte en 1639 dans la Huronie. C'est peu dans des circonstances aussi critiques. Le père Paul Le Jeune a pourtant fait des représentations pressantes : « si on ne chasse ces gens-là par composition, avait-il dit, ou par armes le pays est toujours en danger de ruine, la mission en danger de se rompre, les religieuses en danger de retour, et la colonie se peut perdre, la porte de l'Évangile est fermée à quantité de nations fort peuplées, nos pères dans le péril d'être pris et brûlés ». Le remède n'est pas suffisant. Les fortifications que l'on se propose d'ériger « ne tranchent point le mal par la racine » ; et comme « les barbares font la guerre à la façon des Scythes et des Parthes, la porte ne sera point pleinement ouverte à Jésus-Christ, et les dangers ne s'éloigneront point de notre Colonie, jusque à ce qu'on aye ou gaigné ou exterminé les Iroquois ».

Et ces phrases reviendront continuellement durant tout le siècle dans les dépêches des gouverneurs, des intendants, des missionnaires.

Chapitre 14

1642

La guerre est vraiment commencée.

Au printemps, des Algonquins de l'Outaouais arrivent à Sillery. Les Indiens catholiques leur offrent des présents de sympathie. Un parti de guerre s'organise. Montagnais catholiques et Algonquins païens en font partie ; les premiers prient, les seconds consultent leurs chamans. À mi-chemin, ces derniers décident de revenir « ou par mépris ou par crainte d'entrer dans le pays de leurs ennemis... ». Les autres poursuivent leur route. Plus loin, ils découvrent un détachement iroquois qui compte le même nombre de guerriers que le leur. Ils se demandent s'il est à-propos de tuer leurs ennemis ou de les capturer : « C'est le plus doux plaisir dont puisse jouir un sauvage, de traîner après soi son ennemi lié et garotté. » Afin de leur éviter la torture, ils se lancent à l'attaque avec furie, sabrent à droite et à gauche, remportent une belle victoire.

Trois cents guerriers iroquois se mettent en campagne. Ils amènent avec eux quelques prisonnières algonquines qui transporteront la farine de maïs, leur principale provision de bouche. À la première occasion, celles-ci se glissent sous le couvert de la forêt. Elles marchent sans manger pendant dix jours. Puis elles découvrent du gibier à moitié dévoré par des Indiens, elles en mangent goulûment. Elles allument du feu à l'ancienne façon de la tribu. Elles capturent des castors. Elles traversent des rivières. Leurs corps sont lacérés par les halliers. Enfin, exténuées, mi-mortes, elles atteignent les Trois-Rivières. Et là, elles racontent le sort pitoyable des Algonquins de la Petite Nation.

halliers = buissons épais

Les Iroquois, probablement des Agniers, surprennent deux familles de la tribu des Iroquets. Un capitaine de la tribu se présente aux Trois-Rivières, et il crie à tue-tête : « Ho, Ho, Ho », comme l'homme qui a de mauvaise nouvelles à annoncer. Le silence se fait, et il dit : « Les Iroquois... nous ont tués ce printemps. »

Le 8 juin, quarante Hurons subissent une défaite dans des circonstances et avec des résultats inconnus.

Voici maintenant une adolescente huronne. Elle vit depuis plusieurs mois au couvent de Québec sous la direction de la grande Marie de l'Incarnation. Celle-ci parle souvent d'elle dans ses lettres. Elle admire les prêchements de son élève à ses compatriotes : « Ils écoutaient cette jeune fille avec une attention non pareille. » « Ce sera le plus grand esprit des Hurons quand elle sera de retour ; celle qui l'a instruite est sans doute un des plus grands esprits de la France. » Ainsi s'expriment les *Relations*.

La Huronne Thérèse Oionhaton (v. 1628-1655), fille du converti Joseph Chihouatenha

De célèbres guerriers hurons

Thérèse Oionhaton a treize ou quatorze ans. Le temps est venu pour elle de retourner en son pays. Elle arrive aux Trois-Rivières. Un convoi se prépare pour la Huronie. Vingt-cinq Hurons chrétiens doivent le conduire. Ce parti compte quelques-uns des guerriers les plus célèbres et les plus braves de leur pays : Eustache Ahasistari, Étienne Totiri, Charles Tsondatsaa, Joseph Téondéchoren. Ils étaient arrivés le 17 ou le 18 juillet avec une partie du convoi de fourrures.

Le gouverneur Montmagny est en ce moment aux Trois-Rivières. Il a sous ses ordres une flottille de chaloupes et de barques qu'il conduira à l'embouchure du Richelieu, au premier vent favorable, pour y construire un fort avec les subsides du cardinal de Richelieu. Il demande aux Hurons de l'attendre ; il les escortera et les protégera pendant la partie, si dangereuse, de leur trajet. Mais ces Indiens « ne craignent les dangers que quand ils voient l'ennemi ». Ils décident de partir sans retard. Et Thérèse, la petite Huronne, écrit à Marie de l'Incarnation une lettre d'adieu d'une délicieuse sobriété classique : « Ma bonne mère, Je suis sur le point de partir. Je vous remercie de ce que vous avez eu soin de moi et de ce que vous m'avez enseigné à bien servir Dieu. Serait-ce pour peu de chose que je vous remercie ? Jamais je ne m'en oublierai. »

René Goupil (1608-1642), frère jésuite décédé en Iroquoisie le 29 septembre 1642.

Guillaume Couture (v. 1616-1701), menuisier, donné des Jésuites, interprète et premier colon de Lévis

Donné = laïc qui se donne avec ses biens à une communauté religieuse

Le départ a lieu le 1er août. Les douze canots sont lourdement chargés : quarante personnes y ont pris place, et parmi elles, le père Isaac Jogues qui retourne en Huronie après un bref séjour à Québec ; René Goupil et Guillaume Couture qui revient lui aussi de la baie Géorgienne ; puis il y a des bagages, des vivres pour la quinzaine de missionnaires et la quinzaine de laïques qui travaillent dans les missions. Trois parents de Thérèse veillent sur elle : « Ils tenaient pour miracle de la voir lire et écrire... ; ils l'entendaient parler deux ou trois sortes de langues... Nous la pourvûmes de tout ce qui était nécessaire à son mariage. »

Un convoi en direction de la Huronie attaqué par les Iroquois au lac Saint-Pierre.

Le second jour, les occupants du premier canot découvrent des empreintes de pas sur le sable et l'argile du rivage. Ils en donnent avis à leurs compagnons. Tous mettent pied à terre pour examiner les pistes. Les uns croient que ce sont des Iroquois qui ont passé là, d'autres, des Algonquins. Ahasistari veut continuer le voyage : la troupe qui a laissé des traces n'est pas plus nombreuse que la leur. Le convoi avance encore d'une demi-lieue. Il serre la rive de près pour doubler une pointe. Soudain, les guerriers ennemis dissimulés dans les herbes et les broussailles poussent leur clameur de guerre et tirent à l'arquebuse sur les navigateurs : « Le bruit de leurs arquebuses effara si fort une partie de nos Hurons, qu'ils abandonnèrent leurs canots et leurs armes, et tout leur équipage, pour se sauver à la fuite dans le fond des bois. » Mais cette première décharge n'avait fait d'autre mal que de briser la main d'un Huron et de transpercer quelques canots. Douze à quatorze Hurons seulement tiennent maintenant tête à une trentaine d'Agniers. Mais au moment où ils veulent lier la bataille, ils découvrent sur l'autre rive un second parti de quarante Iroquois qui saute dans ses pirogues pour prêter main-forte aux premiers. Ils perdent courage. Ceux qui sont à l'arrière tentent de s'enfuir. Goupil tient compagnie à quelques Hurons courageux. Il est capturé avec eux. Le père Jogues suit maintenant la bataille de la rive où l'ont abandonné ses conducteurs ; il pourrait facilement se couler dans les halliers et fuir. Mais son grand cœur repousse cette idée : il appelle l'un des Iroquois affectés à la garde des prisonniers et il se livre à lui. Il confesse et baptise les Hurons captifs. Ahasistari imite cet exemple de magnanimité ; il vient se livrer lui aussi sachant très bien que les tourments les plus horribles lui sont réservés. Couture hésite ; il s'échappe, puis il revient pour ne pas abandonner ses compagnons. Sur la route du retour, il rencontre cinq Iroquois : l'un d'eux le couche en joue et tire ; mais le coup ne part pas ; Couture tire à son tour et il tue son adversaire. Les quatre autres guerriers se saisissent alors de lui, ils lui enlèvent ses vêtements, ils lui arrachent les ongles, ils lui brisent l'extrémité de quelques doigts, ils lui percent une main avec une épée, ils le garrottent. Quand le père Jogues s'approche pour le consoler, les Iroquois le frappent lui aussi avec des masses d'armes, avec leurs poings, ils le renversent par terre, demi-mort, lui arrachent à son tour des ongles et lui mordillent le bout des doigts. René Goupil est bientôt victime du même traitement. La rage envahit les Agniers, parce que les Français « n'avaient point voulu accepter la paix l'année précédente avec les conditions qu'ils [les Iroquois] leur voulaient donner ». Enfin, trois Hurons sont tués sur place au cours de cette échauffourée, vingt-deux sont capturés ; trois Français sont prisonniers de même que la petite Thérèse. Marie de l'Incarnation éprouve « de très sensibles croix » quand elle apprend cette dernière nouvelle. Elle établit à vingt-huit le nombre des captifs.

Les Agniers laissent leur message ordinaire sur une planchette à l'embouchure du Richelieu. Quatre Algonquins échappés à l'ennemi interprètent ces hiéroglyphes aux Français. Les douze têtes peintes en rouge indiquent douze prisonniers qui subiront le supplice du feu ; les six têtes peintes en noir indiquent six prisonniers qui ne sont pas condamnés ; une tête dessinée au-dessus des précédentes révèle un grand capitaine, Ahasistari. L'absence de marques pour Thérèse et son petit cousin annonce « qu'ils ne sont plus liés, et qu'ils la garderont libre parmi eux ». Il est possible que neuf prisonniers aient été immédiatement brûlés.

La caravane s'avance rapidement vers les bourgades des Agniers. Aux Trois-Rivières règne l'anxiété. De quelle façon l'ennemi traitera-t-il les Français ? Les Algonquins répondent à cette question : « Nous allons voir, maintenant, disent-ils, si les Iroquois ont peur de vous ou non. Aussitôt que vôtre frère Ondessonk arrivera dans leur pays, les chefs s'assembleront en conseil. S'ils ont de la crainte pour les Français, ils garderont Ondessonk prisonnier et

Ondessonk : un surnom du père Jogues

le ramèneront ici au printemps ; mais au contraire, s'ils vous méprisent, ils mettront les Français en pièces et les mangeront, puis ils diront : « Cette chair est bonne, nous en voulons d'autre », et ils exciteront leurs guerriers à aller à la chasse aux Français. Aucun établissement français ne sera à l'abri de leur guet-apens. »

Dans le temps même que le père Isaac Jogues est capturé au lac Saint-Pierre, une autre bataille se livre dans le sud-ouest de la Nouvelle-France. Une escadrille huronne, composée de onze canots, descend avec sa cargaison de fourrures. Elle fait halte dans une île située à cinquante lieues au-dessus de Montréal, disent les *Relations*, et « proche de Mont-Réal », dit Marie de l'Incarnation. Une partie des hommes monte la garde autour du campement ; les autres s'aventurent en forêt ; et là, ils rabattent vers les premiers, les orignaux et les chevreuils qui fuient devant les cris et les bruits. Un parti iroquois survient pendant l'opération. Il entoure le groupe qui est demeuré près du rivage et il le massacre ; puis il fuit avec les pelleteries. Quand les rabatteurs surviennent, ils projettent d'abord de poursuivre l'ennemi. Mais n'en connaissant pas le nombre, ils se désistent. Ils se partagent en deux bandes : l'une remontera l'Outaouais pour mettre sur leurs gardes les canots qui descendent ; l'autre se rendra aux Trois-Rivières pour dire aux Hurons qui voudraient remonter en Huronie « que les chemins étaient assiégés en divers endroits ».

Des Iroquois attaquent des Hurons au-dessus de Montréal.

Jusqu'à ce jour, les Agniers ont donc raflé les pelleteries des Algonquins de la Petite Nation, de quelques familles d'Iroquets, les marchandises françaises des Hurons qui remontaient avec le père Jogues, les fourrures d'une couple de flottilles huronnes de dix à douze canots chacune.

Un vent favorable s'étant levé dans l'intervalle, le gouverneur, M. de Montmagny, peut donner l'ordre à sa flotte de lever l'ancre. Il a appris la capture du père Jogues et que des bandes iroquoises rôdent dans les alentours. Les navires traversent le lac Saint-Pierre, côtoient les îles, et bientôt mouillent à l'embouchure du Richelieu. Aussitôt après l'arrivée, « on fait jouer les haches dans cette grande forêt ; on renverse les arbres, on les met en pièces, on arrache les souches, on désigne la place, on y dit la première Messe... Les canons retentissent, une salve de mousquets honore ces premiers commencements... » Les Français, semble-t-il, placent beaucoup d'espérance dans le poste militaire qui se construit là ; ils croient bloquer ainsi la rivière par laquelle les Agniers envahissent depuis longtemps la Nouvelle-France. La garnison pourrait refouler les invasions. Mais le fort s'érige dans la forêt où les Iroquois sont à l'aise ; ils peuvent l'éviter par un détour qui leur coûtera peu de fatigues.

Les Français construisent le fort Richelieu, à l'embouchure du Richelieu.

Une semaine après l'arrivée, soit le 20 août, les ouvriers ont presque terminé l'ouvrage. Ils plantent maintenant les palis, des troncs d'arbres, qui entoureront les maisons d'une haute et solide clôture. Soudain, le soir, surviennent en silence, trois cents guerriers iroquois ; ils se divisent en trois bandes et

Les Iroquois l'attaquent.

ils se portent à l'assaut avec résolution ; ils coordonnent bien, semble-t-il, leurs mouvements. Mais le récit du combat est confus, on ne devine pas les grandes lignes de l'attaque. Quelques actions se dessinent pourtant dans cette mêlée. Le caporal Du Rocher, par exemple, voyant l'ennemi sur le point de pénétrer dans l'enceinte, charge avec ses soldats et le repousse avec furie. Montmagny, qui était dans l'une des barques, se fait conduire à terre ; il entre « dans le réduit, qui n'était pas encore en état de se bien défendre ». Il prend en main la direction des opérations. « Un grand Iroquois, portant un panache ou une espèce de couronne de poil de cerf, teint en écarlate, enrichi d'un collier de porcelaine, s'avançant trop, est couché par terre tout raide mort d'une mousquetade ». À un moment donné, l'ennemi tire même du dehors par les meurtrières. Mais enfin, « nos Français étant animés, se ruent avec un tel carnage, qu'ils font lâcher pied à ces barbares ». Il avait même fallu défendre les embarcations contre un assaut particulier qui n'avait pas manqué de vivacité.

Les Iroquois retraitent avec assez d'ordre, mais d'une façon précipitée. Ils abandonnent boucliers, arcs, flèches, masses d'armes, « outre ce qu'ils avaient eu des traîtres hollandais ». En suivant les traces de sang, les soldats constatent que l'ennemi transporte des morts et des blessés et qu'il va se terrer pour un temps dans un fortin érigé à une lieue plus haut sur le Richelieu, selon son habitude.

D'après le témoignage de Marie de l'Incarnation, Montmagny est sur les lieux avec « trois barques bien équipées, avec son brigantin et environ cent hommes d'armes ». Le caporal Deslauriers est tué ; quatre Français sont blessés ; parmi ces derniers, il faut mentionner le secrétaire du gouverneur, Martial Piraube, qui reçoit une balle dans l'épaule. On ignore les pertes exactes des Iroquois qui ont vaillamment combattu : « ...Nos soldats, disent les *Relations*, apprirent qu'il se fallait défier d'un ennemi, qui fond comme un oiseau dessus sa proie, qui fait la guerre en larron, et qui attaque en vaillant homme. » S'il ne s'était pas heurté à ce poste, il aurait probablement attaqué Montréal.

Les Iroquois ne craignent plus les Français.

Telle est la première bataille entre Iroquois et Français. Les temps sont loin maintenant où les Iroquois fuyaient à la première détonation d'une arquebuse. Ils sont maintenant familiarisés avec cette arme à feu ; le fait d'en posséder leur communique de l'assurance. Ils redoutent moins les Européens qu'ils fréquentent depuis bon temps déjà.

L'offensive contre la Coalition laurentienne s'étend jusqu'en Huronie. Et, comme le dit le missionnaire qui tient la plume, « la terreur et l'effroi de la guerre ont suivi après les maladies mortelles qui dans les années précédentes mirent le deuil et la désolation partout ». Du mois de juin de l'année 1641 au mois de juin de l'année 1642, le bilan est fort chargé.

Tout d'abord, les partis hurons remportent peu de succès dans leurs entreprises. « Des troupes qu'ils avaient mises sur pied pour aller battre l'ennemi dans ses terres, les unes ont été dissipées par la mauvaise intelligence qui se trouva parmi eux, les autres ont été mises en fuite, aucunes y sont presque demeurées tout entières dans les embûches qu'on leur avait dressées : en fait quasi toutes leurs entreprises ne leur ont été que funestes. » Par contre, les partis iroquois ont remporté des succès. Se coulant dans la Huronie « à la faveur des bois et de la nuit », ils ont fait des massacres, tuant des femmes, des enfants ; des Iroquois ont poussé l'audace jusqu'à entrer la nuit dans des cabanes pour assommer des personnes endormies ; poursuivis par des centaines de personnes, ils ont quand même réussi à s'échapper.

Durant leurs voyages en Nouvelle-France, les Hurons redoutent beaucoup plus maintenant les attaques de leurs ennemis que les dangers naturels ; « Car toutes les années, les Iroquois leur dressent de nouvelles embûches, et s'ils les prennent vifs, ils exercent sur eux toute la cruauté de leurs supplices ; et ce mal est quasi sans remède, car outre qu'allant pour le trafic de leurs pelleteries, ils ne sont pas équipés pour la guerre, les Iroquois ayant maintenant l'usage des armes à feu, qu'ils achètent des Flamands qui habitent leurs côtes, une seule décharge de cinquante ou soixante arquebuses, est pour donner l'épouvante à mille Hurons qui descendraient de compagnie, et les rendre la proie d'une armée ennemie qui les attendrait au passage. » Ces attaques, si rien n'y met fin, détruiront vite le commerce des pelleteries. Toutefois, les Hurons esquissent une défense ; ils entretiennent des espions chez les autres peuples, ou comme disent les *Relations*, des « affidés et pensionnaires ». Ceux-ci « leur donnent avis des armées qui sont en campagne et des routes qu'elles doivent tenir ». La coutume même exige que celui qui fait ces rapports donne un présent pour en assurer l'exactitude.

Flamands = Hollandais

Ces espions sont parfois en défaut comme le prouveront les événements de l'année 1642. Durant l'hiver précédent, une panique avait éclaté en Huronie à la nouvelle que les Iroquois venaient assiéger Kontarea. Ce bourg est situé dans la partie orientale du pays, à cinq milles environ au sud-ouest de l'Orillia d'aujourd'hui ; il est bien peuplé et de bons ouvrages le défendent. Le temps avait passé et aucun ennemi n'avait paru. Toutefois l'attaque se produit dans les derniers jours du mois de juin ou au début du mois de juillet de l'année 1642. D'après le père Jogues qui a bien étudié la question, les Tsonnontouans, car c'est probablement eux qui conduisent l'assaut, adoptent la tactique qu'ils suivront à plusieurs reprises plus tard contre d'autres bourgades. Ils construisent leur fortin habituel de troncs d'arbres, dans la forêt, à l'est des lacs Simcoe et Couchiching ; blottis dans ce réduit, ils attendent l'heure propice. Les Hurons les attendent dans la direction du sud. Le moment venu, l'ennemi traverse le lac ou le détroit, il les prend en défaut, et ainsi il réussit des attaques foudroyantes comme des coups de massue.

Le bourg huron de Kontarea

Les Tsonnontouans attaquent Kontarea et massacrent les Hurons. Première grande défaite de la Huronie.

L'assaut de Kontarea a probablement lieu à l'aube, alors que la population est plongée dans le sommeil et qu'il n'y a plus de sentinelle aux remparts. La surprise est complète. Les Tsonnontouans pénètrent dans le bourg et massacrent la population. Voici le court passage des *Relations* qui raconte ce fait important : « ...Une troupe de barbares iroquois, ayant surpris une de nos bourgades frontières, n'y pardonna à aucun sexe, non pas même aux enfants, et réduisit le tout en feu, à la réserve d'une vingtaine de personnes, qui trouvant jour au milieu de ces flammes et des flèches ennemies, nous vint apprendre en même temps leur ruine, que la venue de cet orage qui disparut avant le lever du soleil. »

C'est la première grande défaite pour la Huronie. Le pays perd encore une partie de son territoire. Plusieurs centaines d'habitants sont probablement massacrés.

Ce coup terrible a lieu dans le temps même qu'un parti se prépare à partir pour la petite guerre. Il consulte le chaman le plus célèbre de la région. Celui-ci converse avec son démon en une tente pavée de cailloux rougis au feu ; il hurle comme un damné pendant que les guerriers dansent et crient. Il prophétise la victoire. Mais les chrétiens ne peuvent prendre part à ces scènes démoniaques. Et, quand le parti part, « les infidèles suivant leur route d'un côté, les chrétiens vont de l'autre », s'affaiblissant ainsi mutuellement. Les premiers rencontrent des Iroquois ; six fois plus nombreux qu'eux, ils se laissent cependant gagner par la crainte, ils s'enfuient et se dispersent ; « et là se terminèrent les desseins de leur guerre ».

Tout le long de l'été, des partis iroquois infestent la Huronie. Des massacres ont lieu ici et là, jusqu'au centre du pays. Les Hurons ne peuvent capturer que deux guerriers qui s'étant trop approchés d'une bourgade, sont découverts en leur embuscade, saisis et brûlés après avoir été convertis.

Puis, les missionnaires apprennent la capture du père Jogues, d'Ahasistari, de leurs meilleurs chrétiens. La mort héroïque de ces martyrs français et hurons leur sera racontée en détail par des témoins oculaires ; et comment les captifs rencontrent en route les trois cents guerriers qui assiégeront plus tard le fort Richelieu en construction, et leur infligent en passant des supplices très durs ; et l'arrivée dans les bourgades des Agniers ; et les quelques jours de tortures atroces qui suivent.

En 1642, Agniers et Tsonnontouans, auxquels se joignent peut-être d'autres tribus iroquoises, ouvrent donc une vaste offensive qui s'étend de la Nouvelle-France à la Huronie. De nombreux partis se lancent partout à l'attaque. Ils parcourent le Canada en tout sens et ils y séjournent.

La nouvelle tactique des Iroquois en Nouvelle-France

Pour cette guerre, les Iroquois adoptent une tactique nouvelle. Dans le passé, un détachement compact de trois cents, quatre cents guerriers, venait s'établir sur le Saint-Laurent, soit aux îles de Sorel, soit au lac Saint-Pierre ; les Français le repéraient vite, une flottille montait de Québec et le délogeait, la guerre était finie pour toute l'année. Mais en 1642, les Iroquois fragmentent leur armée en une série de petits partis qui s'éparpillent dans diverses directions et qui agissent à des époques différentes. Chacun est rapide, léger, chacun a son indépendance d'action et agit dans un secteur déterminé, soit le fleuve, soit l'Outaouais, soit la Huronie. Ils sont à toute heure aux aguets pour surprendre quelque canot chargé de pelleteries, quelque groupe en voyage. Et contre cette manœuvre, la Coalition laurentienne n'a pas de riposte. Les Français n'ont pas cent soldats, ils ne comptent pas quatre cents habitants. Ni les uns ni les autres ne sont acclimatés au pays, ne savent manier facilement le canot d'écorce, ne sont à l'aise dans la forêt, ne peuvent partir pour de longues expéditions avec leurs mousquets et un petit sac de farine de maïs. Seuls, Hurons et Algonquins pourraient parer ces attaques. Mais l'offensive iroquoise défonce du premier coup la façade derrière laquelle s'abritait encore leur faiblesse. Ils ne songent même pas à monter des expéditions auxquelles prendraient part six ou sept cents guerriers et qui seraient leur meilleur défense. Leurs petits partis sont ineffectifs. Leur défense est si faible que les bandes iroquoises commencent à se promener impunément dans la Nouvelle-France. Les Iroquois ne les redoutent plus, ils sont sans doute au courant de leur destruction rapide par les maladies contagieuses.

Les Hurons et Algonquins ne peuvent plus riposter.

Le fait le plus significatif à partir de la présente année est l'impuissance absolue de la Coalition laurentienne à se défendre contre la tactique nouvelle de ses ennemis. Ceux qui la composent sont comme des victimes attachées par les mains et les pieds, et qui sont livrées sans défense aux coups de leurs agresseurs. C'est ce qui communiquera aux pages suivantes de l'histoire un pathétique infini.

À partir de l'année 1642 également, les Français sont directement attaqués. À l'embouchure du Richelieu, Agniers et soldats français se sont affrontés directement. La présence de Français dans des partis indiens ne leur vaut plus l'impunité.

Les Français menacés.

C'est en bonne partie la possession d'armes à feu qui donne aux Iroquois une confiance en eux-mêmes et une audace qu'ils ne possédaient pas auparavant. Les traiteurs libres de Fort Orange trouvent le moyen de les armer secrètement. Et ensuite, ces Indiens ne craignent pas d'aller loin, d'offrir le combat, de s'y comporter avec assurance. Leur moral est excellent. Les Indiens de la Nouvelle-France possèdent au même moment quelques arquebuses, mais pas en nombre suffisant. Les Hurons surtout paraissent très mal armés. Les historiens hollandais ont bien noté, par ailleurs, que la période écoulée de 1639 à 1645 environ est pour ainsi dire le tournant des destinées du peuple iroquois. Tout d'abord, il obtient des armes à feu ; avec les armes à feu, il peut voler facilement les fourrures des Algonquins et des Hurons dont les maladies contagieuses ont détruit les forces vives. Puis il se dérobe aux contributions que d'autre peuples exigeaient de lui. Enfin, il peut acheter des armes à feu en nombre de plus en plus grand. C'est un cercle.

Malheureusement, la méthode qu'emploient en ce moment les Agniers est dangereuse. En massacrant les Algonquins et les Hurons, ils peuvent faire disparaître des ennemis, mais ils tuent en même temps la poule aux œufs d'or. Qui, après eux, fera la chasse, récoltera les pelleteries ? Toutefois, personne ne pense au lendemain. La surenchère règne à Fort Orange. Chacun offre des prix plus élevés que son concurrent, les marchandises que les Indiens désirent avec le plus d'âpreté. Les profits des traiteurs diminuent chaque jour, ceux des Iroquois augmentent. Comment ces derniers alors ne prendraient-ils pas tous les moyens de trouver les précieuses pelleteries ?

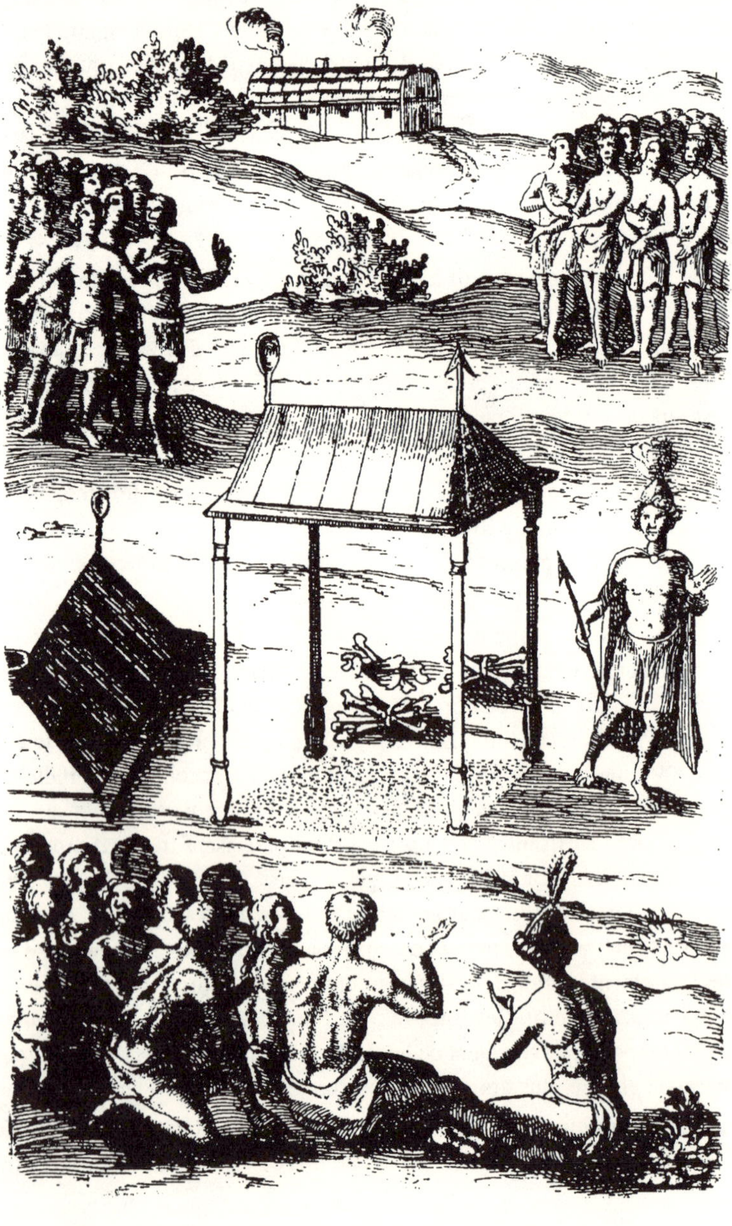

Chapitre 15

1642

Les débuts du poste de Montréal

Le poste de Montréal se fonde en mai quand la série des combats de l'année 1642 s'est déjà ouverte. Maisonneuve et ses compagnons peuvent constater immédiatement que n'étaient pas vaines les appréhensions du gouverneur qui avait voulu les retenir à Québec.

Marie-Madeleine de Chauvigny (Gruel de La Peltrie) (1603-1671), fondatrice séculière des Ursulines de Québec

Pendant un temps, on s'entretient pourtant encore d'illusion. La *Relation* de 1642 revient sur les projets d'évangélisation. Trente-cinq personnes, dit-elle, ont formé une société « pour travailler à la conversion des pauvres sauvages de la Nouvelle-France, et pour tâcher d'en assembler bon nombre dedans l'île de Montréal qu'ils ont choisie, estimant qu'elle est propre pour cela, leur dessein est de leur faire bâtir des maisons pour les loger, et défricher de la terre pour les nourrir, et d'établir des Séminaires pour les instruire et un Hôtel-Dieu pour secourir leurs malades... ». Madame de la Peltrie accompagne les colons, mais le 29 septembre 1642, Marie de l'Incarnation écrit à son sujet la phrase suivante : « Mais ce qui m'afflige sensiblement, c'est son établissement à Mont-Réal, où elle est dans un danger évident de sa vie à cause des courses des Iroquois. »

Les Algonquins invités à s'établir à Montréal.

Les Montréalistes exposent leur projet à un groupe d'Algonquins de l'île aux Allumettes qui viennent examiner les habitants au mois d'août et qui prétendent avoir vécu déjà dans l'île. « On ne s'oublia pas là-dessus de les inviter et de les presser de retourner en leur pays, et de leur déclarer le dessein des Capitaines, qui envoient ici du monde pour les secourir, leur promettant qu'on les aiderait à bâtir de petites demeures, et à défricher la terre dont ils ont perdu l'habitude, s'étant quasi rendus errants de sédentaires qu'ils étaient. » Les Algonquins sont sensibles à l'invitation qui part d'une si grande générosité de cœur. Mais ils connaissent mieux l'état des choses que les nouveaux venus. Ils savent à quels dangers est exposée cette place sur la frontière. Ils répondent qu'ils étudieront cette affaire en leur pays : « Mais ils n'osèrent jamais donner parole de s'arrêter ici pour défricher la terre, la crainte des Iroquois leurs ennemis, leur donne trop de terreur... ». De plus, les gens habitués au pays sont au courant des mêmes faits : « J'ai de la peine à croire, dit l'auteur de la *Relation*, qu'il y ait jamais grand nombre de sauvages à Nôtre-Dame de Montréal, que les Iroquois ne soient domptés, ou que nous n'ayons la paix avec eux. »

Durant l'automne et l'hiver, l'œuvre s'ébauche quand même. Le lieu n'est-il pas propice à l'établissement de bourgades indiennes ? C'est une île où de fortes défenses peuvent s'ériger. La chasse y est abondante, le sol fertile ; il y a des « prairies en quantité ». Les Algonquins sont tentés. Le Borgne de l'Île est de ceux-là. Les Hurons lointains pensent à cette solution : « ...Nos pères des Hurons nous ont écrit que les sauvages de leur quartier y auraient devancé les Français, s'ils y eussent pu trouver un lieu d'assurance ou asile tel que celui qui y est déjà à présent, quoi que petit... Ils mandent qu'ils [les Hurons] sont perpétuellement à en parler, et que tôt ou tard ils y viendront tous, nonobstant la crainte des Iroquois, si l'on y est fort de secours temporel contre l'ennemi... » Les Népissingues imiteraient volontiers les Hurons dans cette migration. Ils pourraient composer à eux seuls une bourgade. Tous les débris de la Coalition laurentienne cherchent « un lieu de refuge assuré », ou bien encore un « rendez-vous assuré, où ils puissent chasser et vivre hors des dangers des ennemis... ».

Ce grand rassemblement de Hurons et de plusieurs tribus de race algonquine paraît donc à tous une solution avantageuse. Mais quand on y repense à froid, après les enthousiasmes du début, on se rend bien compte qu'elle n'est possible que « si on avait ôté le danger des ennemis ou ménagé la paix avec eux : sans cela je ne vois pas qu'il y ait moyen que les Sauvages s'y puissent fixer et arrêter, ni que les Hurons aient la liberté d'y descendre, ni que la colonie des Français y puisse prospérer. Je suis obligé de parler avec cette sincérité ». Les forces françaises qui se postent maintenant dans l'île ne sont pas assez nombreuses pour que les Algonquins ou les Hurons aient confiance dans leur capacité à les protéger.

Le 11 septembre, Kieft, gouverneur de la Nouvelle-Hollande, écrit ce qui suit à van Rensselaer : « Les Agniers... ont tué un Français et ils ont fait trois prisonniers qu'ils traitent très mal... J'ai ordonné à Crol de verser une rançon pour eux ; j'espère qu'il réussira dans cette tâche. » C'est à la suite de cet ordre que Arent van Corlaer, directeur de la seigneurie de Rensselaerswyck, se rend dans le pays des Agniers, probablement dans le mois de septembre de l'année 1642.

Les Hollandais veulent libérer le père Jogues.

Ce voyage est d'une grande importance. Les Hollandais veulent assurer la libération du père Jogues et de son compagnon, Guillaume Couture. Puis ensuite, ils désirent, dans des circonstances critiques, resserrer les liens qui les unissent aux Iroquois.

Corlaer raconte lui-même son voyage à van Rensselaer dans une lettre du 16 juin 1643. Il est parti, dit-il, avec deux compagnons : Jean Labadie et Jacob Jansem. Il a visité à tour de rôle les trois bourgades. « Nous eûmes, dit-il, à attendre environ un quart d'heure devant chacun des bourgs avant que les sauvages soient prêts et nous reçoivent avec plusieurs salutations, des salves de mousquets. » Les Agniers sont fort satisfaits de cette visite et vont tuer des dindes sauvages pour les festins. Corlaer rassemble les chefs de ces hameaux et les conseils ont lieu. Il les incite à libérer les prisonniers français. Il a vu le père Jogues, « un homme très instruit, à qui ils ont infligé de bien mauvais traitements en lui coupant les doigts et les pouces... Je leur offris comme rançon pour les Français, dit encore Corlaer, pour environ 600 florins de marchandises, rançon à laquelle toute la colonie aurait contribué, mais ils n'ont pas voulu l'accepter... Cependant, nous les avons portés à nous promettre de ne pas les tuer, mais de les ramener dans leur pays. Les Français coururent après nous en criant et nous supplièrent de faire tout en notre pouvoir pour les délivrer des mains de ces barbares. Mais il n'y avait aucune chance d'en arriver à cette fin. »

Les Hollandais sont donc incapables d'obtenir la libération des prisonniers. D'après Corlaer, ils étaient vivants tous les trois. Comme René Goupil sera assommé le 28 septembre, le voyage a dû précéder cette exécution de quelques jours. Et celle-ci a lieu quand le parti qui a attaqué le fort Richelieu revient en Iroquoisie après avoir subi des pertes. Le père Jogues et Couture rendront visite à Corlaer à Fort Orange au mois de mai 1643, et parleront encore de leur libération.

Ou le 29 septembre

Premier traité entre la Nouvelle-Hollande et les Agniers

En second lieu, les trois députés hollandais négocient le premier traité officiel entre la Nouvelle-Hollande et le pays des Agniers. Pour le moment, l'événement passe à peu près inaperçu. Mais quand plus tard l'Angleterre et la France se disputeront l'Iroquoisie, il revêtira une grande importance. Pour établir leurs droits, les Français remonteront jusqu'au traité conclu en 1624 entre la Nouvelle-France et l'Iroquoisie ; les Anglais ne trouveront aucun instrument diplomatique bien établi qui soit plus ancien que celui de 1642, négocié par Arent van Corlaer.

Ce dernier lui consacre peu d'espace dans la lettre qu'il écrit à son chef. Les Hollandais, dit-il, renouvellent le pacte d'amitié qui existe entre les deux nations. Ils demandent aux Agniers de ne pas attaquer les colons et de ne pas massacrer les bestiaux. Et ces propositions sont acceptées. Pour leur donner leur vraie valeur, il faut citer aussi la phrase incidente suivante de la lettre de Corlaer : « En plus, vous savez bien comment ils traitent nos gens quand ceux-ci tombent entre leurs mains ». Les Agniers tuent donc des bestiaux de Rensselaerswyck et ne se montrent pas toujours tendres, avant le traité, à l'égard des Hollandais qui tombent entre leurs mains.

Pour comprendre toute l'importance du traité, il faut remonter plus haut. Quand le commerce des fourrures s'ouvre largement à tous en 1639, les Hollandais s'aventurent en forêt « pour mieux faire la traite avec les Indiens... » de l'Hudson. Ils les reçoivent à leur table, ils les comblent de prévenances. Cette obséquiosité entraîne le mépris. Puis les colons et les négociants « vendirent en échange des fourrures... des armes à feu aux Agniers pour un détachement complet de 400 hommes, avec de la poudre et du plomb ; ce qui ayant été refusé aux autres tribus lorsqu'elles le demandèrent, augmenta leur haine et leur inimitié ». Et cela signifie que les Hollandais se rendent méprisables auprès des Indiens de l'Hudson parmi lesquels ils vivent, et encourent

Relations tendues entre Hollandais et Indiens de l'Hudson

leur ressentiment en refusant de troquer aussi libéralement avec eux des armes à feu qu'ils le font avec les Agniers. De plus, Hollandais et Indiens de New York ou de l'Hudson vivent maintenant les uns parmi les autres. Les animaux domestiques des premiers détruisent le maïs des derniers parce qu'il n'y a pas de clôture ; alors les Indiens tuent les cochons ; et les colons brûlent le maïs. De grosses querelles prennent naissance, une haine réciproque se développe. Enfin, un Hollandais est tué. Ses compatriotes veulent immédiatement le venger par des massacres. Ce premier meurtre est du mois de juillet 1642, il indique des relations fort tendues. Le voyage de Corlaer en Anniéjé a lieu deux mois plus tard. Enfin, dans les premiers mois de l'année 1643, une guerre éclatera entre les Indiens de l'Hudson et les Hollandais. C'est la première. Accompagnée de grands carnages, elle durera jusqu'en 1645.

De quel côté pencheront les Agniers ?

Dans ce conflit, de quel côté se jetteront les Agniers ? Soutiendront-ils les Indiens de l'Hudson, les Hollandais ou resteront-ils neutres ? Question importante, car les Hollandais sont faibles et pourraient facilement être broyés et détruits entre les Indiens de leurs territoires et les Agniers. C'est la première, mais non pas la dernière fois qu'elle se pose. Or les Agniers, qui ne sont pas trop bien disposés envers les Hollandais avant le voyage de Corlaer, ne se joindront pas aux Indiens de l'Hudson contre les Hollandais, mais demeureront neutres. Bien plus, on les accusera assez justement d'avoir penché du côté des Hollandais. Fort Orange et la colonie de Rensselaerswyck demeureront en dehors de la zone de guerre. Que les Agniers n'aient pas compris l'inquiétude des Hollandais, ni deviné leurs appréhensions, c'est ce qu'il ne faut pas croire. En diplomates futés, ils ont sans aucun doute saisi ce que la Nouvelle-Hollande désirait d'eux et ce qu'il fallait exiger en retour. Armes à feu, munitions, est-on tenté de penser assez souvent, et main libre du côté de la Nouvelle-France. Car le fait se reproduira plus d'une fois : quand la Nouvelle-Hollande est engagée dans une guerre contre ses propres Indiens, les Agniers et ensuite les Iroquois commettent leurs pires déprédations en Nouvelle-France.

On ne sait trop dans quelle mesure le gouvernement de la Nouvelle-Hollande est engagé lui-même dans ces négociations et ces manigances. Kieft représente une vaste compagnie pour laquelle le commerce des fourrures est petite affaire et qui l'abandonnera en 1644. Il faut plutôt regarder du côté des traiteurs libres et de Rensselaer. Arent van Corlaer n'est-il pas l'employé de ce dernier ? C'est tout ce groupe de Fort Orange qui est intéressé dans le commerce des pelleteries et qui manœuvre les relations avec les Agniers.

Il faut noter ce qu'enregistrent les documents : les Hollandais arment alors les Agniers qui vivent loin d'eux, tandis qu'ils arment que bien peu les Indiens qui vivent parmi eux et qu'ils redoutent.

1643

Des Algonquins, Montagnais et Hurons se groupent autour du fort Richelieu.

Des Indiens se groupent autour du fort Richelieu durant l'hiver de 1642-1643. Dans ce rassemblement se mêlent des Algonquins de l'Île, des Montagnais et des Hurons. Ils chassent dans la zone neutre, ils fournissent de la venaison à la garnison. Des plans de guerre s'agitent dans ces âmes vindicatives. Les uns et les autres ont subi de lourdes pertes qu'en bons Indiens, ils veulent venger le plus tôt possible.

Malgré les présents, les Agniers refusent de relâcher Jogues.

Le 19 octobre 1642, un parti revient avec un prisonnier Sikoki. La tribu dont il fait partie est alliée aux Iroquois. Alors il subit la torture. Un bâton lui perce le pied, des cordes lui brisent les poignets, des dents lui arrachent les ongles. Les Indiens ne l'abandonnent que sur ordres de Montmagny : « On leur remontre qu'il ne faut pas multiplier les ennemis. » Bien soigné, il retournera en son pays. Ses compatriotes organiseront une ambassade pour arracher le père Jogues aux Agniers. Ceux-ci accepteront les présents, mais refuseront la libération du prisonnier, brisant du coup une coutume indienne importante.

Une expédition de guerre s'organise. Les missionnaires prononcent des exhortations au départ. Mais vingt-cinq guerriers seulement y prennent part. Ils se rendent sur la glace du fleuve : « Là il se mettent en rond, et leurs capitaines les ayant harangués, ils chantent et dansent à la vue des Français qui étaient dans le fort. Il les faisait beau voir vêtus à la soldate... ; ils avaient des épées emmanchées en forme de demi-pique ; plusieurs avaient des corselets, piqués et entrelacés de petits bâtons : les autres avaient des boucliers faits de bois, il y en avait quelques-uns qui avaient des arquebuses, tous avaient les pieds armés de bonnes raquettes... »

Les guerriers s'éloignent. Une Algonquine les conduit : capturée sur l'Outaouais l'hiver précédent, elle s'est échappée depuis. C'est l'hiver, le froid, la neige, la forêt. Les Indiens chassent pour subsister. Mais la division se met une autre fois dans les rangs. Les chrétiens prient ; les païens consultent leur chaman. Les uns et les autres s'agglomèrent bientôt en deux groupes distincts qui se séparent, adoptent des routes différentes et obéissent chacun à son chef.

Pieskaret, chef algonquin de l'île aux Allumettes, baptisé en 1640 ou 1641 sous le nom de Simon.

La nuit, alors qu'aucune sentinelle n'est de garde, l'un des deux groupes est surpris par les Agniers. Les Algonquins s'éveillent aux détonations des arquebuses et ils n'ont qu'une réaction : s'enfuir. Quatre d'entre eux perdent la vie dans ce bref engagement. Les onze autres se glissent dans la forêt ; ils sont mi-vêtus, ils n'ont plus d'armes. Ils se dirigent vers Montréal à marches forcées. Quelques-uns se gèlent les pieds jusqu'aux os dans cette retraite précipitée. Enfin ils arrivent au poste. Ils y annoncent que la seconde bande, que commandait le célèbre Pieskaret, avait certainement été massacrée : elle les précédait d'une demi-journée. Ils avaient même reconnu certaines armes entre les mains des Iroquois qui les avaient attaqués.

Quant à l'Algonquine, elle s'était échappée pendant la mêlée : « Elle n'avait ni bonnet, ni souliers, ni manches, ni bas de chausses : pour tout habit elle n'avait qu'un bout de couverture, qui à peine lui couvrait la moitié du corps contre le froid extrême. Elle marcha trente jours en cet état sur la neige, sans voir une étincelle de feu ; on ne sait ce qu'elle a pu manger durant ce temps-là ». Enfin, elle sort de la forêt en face de l'habitation de Montréal ; elle demeure là six à sept jours, criant de temps à autre pour qu'on vînt la chercher. Enfin, elle part pour le fort Richelieu où elle arrive demi-morte. On la recueille, on la soigne et au bout de quelques jours, elle se porte très bien.

Des jours s'écoulent. Voilà qu'au début d'avril, les gens de Montréal voient des Indiens descendre sur la grève, sur la rive droite, et entreprendre de franchir le fleuve sur les glaces flottantes. C'était le parti de Pieskaret qui revenait victorieux avec un scalp. Mais d'après Dollier de Casson, les Agniers le poursuivent de près et ils atteignent le fleuve immédiatement après lui. Leur proie leur échappe, mais ils découvriraient alors l'existence de Montréal : « Dix Algonquins ayant tué un Iroquois en son pays, ils furent poursuivis de ses camarades jusqu'à la vue de ce fort... »

Les Agniers apprennent l'existence de Ville-Marie.

Tessouat

Pieskaret se présente alors que le neveu du Borgne de l'Île, second du nom, vient de se convertir et de promettre qu'il s'établira dans l'île avec sa tribu. Maisonneuve a été son parrain, Jeanne Mance, sa marraine. Des conseils ont aussitôt lieu entre nouveaux venus et Algonquins de l'Île. Ils viennent ensuite communiquer leur décision à Maisonneuve : « Que ce qui était arrivé dans cette dernière guerre, où ils avaient perdu quatre personnes... les mettait en un état de changer l'ordre de leurs affaires qu'ils s'étaient proposés ; que là-dessus ils avaient résolu d'aller tous aux Trois-Rivières, où les autres étaient, jusques à la fin de l'été, tant pour faire tous ensemble le deuil des morts que pour délibérer en commun ce qu'ils feraient là-dessus ; de plus qu'ils voulaient voir pour la dernière fois si on leur tiendrait la promesse de leur donner secours contre notre ennemi commun ».

Les Algonquins refusent de s'établir à Montréal.

Les Algonquins s'éloignent donc. Ils savent qu'une fois Montréal découvert, il sera dangereux de demeurer dans l'île. Benjamin Sulte dit que durant leur marche vers les Trois-Rivières, quinze guerriers, formant l'arrière-garde de cette bande, sont surpris par les Iroquois et dispersés ; quatre sont tués, y compris un Algonquin bien connu, Paschriri. Pieskaret est lui-même attaqué et ne doit la vie qu'à la débâcle.

L'Algonquin Paschriri

La stratégie iroquoise

Le Saint-Laurent

Les Iroquois appliquent à fond en 1643 leur nouvelle tactique qui consiste à émietter en petits groupes leurs forces militaires : « ...Ce ne sont que petites troupes bien armées, qui partent sans cesse les unes après les autres du pays des Iroquois pour occuper toute la Grande Rivière et y dresser partout des embûches, dont ils sortent à l'imprévu et se jettent indifféremment sur les Montagnais, Algonquins, Hurons et Français ». Ils « se sont divisés en petites troupes de vingt, trente, cinquante et de cent au plus, par tous les passages et endroits de la Rivière, et quand une bande s'en va, l'autre lui succède ». En un mot, de petits partis se postent partout sur la route des fourrures et ils la tiennent sous observation pendant tout l'été. Les *Relations* attribuent l'ampleur de ces attaques aux Hollandais : « On nous a écrit de France que le dessein des Hollandais est de faire tellement harceler les Français par les Iroquois, qu'ils les contraignent de quitter et abandonner tout et même la conversion des Sauvages. » Les Iroquois y trouvent leur profit, car ils emportent les pelleteries des Indiens du Canada et ils les vendent pour obtenir des arquebuses. On estime qu'ils en ont maintenant trois cents alors qu'en 1641, ils n'en avaient que trente-neuf.

Les Français de la colonie constatent nettement maintenant que la Coalition laurentienne est détruite et ne peut plus offrir aucune résistance sérieuse à l'ennemi. Les *Relations* le disent en toutes lettres : « ...Diverses maladies contagieuses, ayant consommé la plus grande partie des Montagnais et Algonquins... ils [les Iroquois] n'ont rien à craindre de ce côté-là. » Les Hurons présentent un groupe ethnique plus compact ; mais ceux « qui descendent, venant en traite, et non en guerre, et n'ayant aucune arquebuse, s'ils sont rencontrés, comme il arrive d'ordinaire, ils n'ont autre défense que la fuite, et s'ils sont pris, ils se laissent lier et massacrer comme des moutons ». Les *Relations* ajoutent encore que les Tsonnontouans l'emportent maintenant, par le nombre et la force, sur les Hurons ; autrefois, c'était le contraire. Les Agniers qui attaquent dans le secteur de la Nouvelle-France comptent environ huit cents guerriers. Les autres tribus paraissent se désintéresser de ce conflit. Leur nom n'apparaît nulle part.

Les Tsonnontouans devenus plus forts que les Hurons.

L'année 1643 présente donc une multiplicité d'actions. Le 9 mai, huit Algonquins en deux canots descendent le fleuve. Ils viennent du haut de l'Outaouais avec une belle cargaison de pelleteries. Ils ont presque atteint les Trois-Rivières : quatre lieues à peine les en séparent. Mais ils ont ramé toute la nuit pour franchir dans l'obscurité la section la plus dangereuse du fleuve et ils sont fatigués. Alors, ils font halte sur le rivage. Ils allument un feu. Soudain, dix-neuf Iroquois sortent de la forêt, tuent deux des Algonquins, en capturent six. Ce parti compte d'autres guerriers que l'on aperçoit non loin du fort Richelieu.

Les Hurons attaqués près de Montréal.

Le 9 juin, une bande est à l'œuvre dans les alentours de Montréal. Elle se compose de quarante guerriers. Elle se construit le fortin ordinaire qui lui servira de base, à une demi-lieue seulement de l'habitation de Montréal. Elle guette les Français, elle surveille le fleuve. Soixante Hurons en treize canots se présentent le jour même « sans arquebuses et sans armes », mais avec une forte cargaison de pelleteries. Les Agniers sortent de la forêt et ils attaquent, « les épouvantent de leurs arquebuses ». Ils font vingt-trois prisonniers. Ils se saisissent des embarcations, des fourrures, des lettres, de la *Relation* des missionnaires de la Huronie. Les autres Hurons réussissent à atteindre le fort de Montréal.

La *Relation* de l'année suivante contient, semble-t-il, à la page 39, un récit différent du même fait ; elle parlera en effet de « la funeste défaite des Hurons auprès de Montréal, causée par une indigne lâcheté et trahison des Iroquois, qui ayant attiré les Hurons dans leur fort sous prétexte de paix et amitié, en massacrèrent les uns, et firent les autres prisonniers, à la réserve de fort peu qui se sauvèrent tout nus à Montréal ».

Des ouvriers français de Montréal capturés et scalpés.

Les Agniers élaborent un plan. Dix d'entre eux gardent les prisonniers hurons ; dix autres vont attaquer cinq Français qui érigent la charpente d'une maison à deux cents pas du fort ; et les vingt autres arrivent devant le fort lui-même pour simuler une attaque. Ces derniers tirent plus de cent coups d'arquebuses. Mais pendant cette vaine fusillade, le second groupe attaque les ouvriers qui travaillaient en dehors de l'enceinte. Ils les surprennent, ils en capturent deux, ils assomment et scalpent les trois autres : Guillaume Boissier, Bernard Boete et Pierre Laforest.

duit = habile

Après cette journée qui leur a valu tant de victimes, les Agniers se retirent dans leurs retranchements. Ils éprouvent si peu de crainte qu'ils passent la nuit en réjouissances et en conseils. Au matin, pour ne pas s'encombrer pendant le voyage du retour, ils assomment froidement treize prisonniers. Ils emplissent les canots avec les ballots de pelleteries huronnes ; il y en a trop, plusieurs demeurent sur place. Puis ils s'embarquent eux-mêmes avec leurs prisonniers. Ils traversent le fleuve en face du fort. Les Français les regardent aller. Ils ne savent que faire ; ils sont pris au dépourvu par cette guerre en forêt dans des conditions qu'ils connaissent mal. Effectuer une sortie ? Mais d'autres Agniers peuvent se dissimuler dans la forêt et les prendre à revers : « ...En ces rencontres et attaques, il ne faut pas parler de sortir sur l'ennemi : car comme on ne sait pas leur venue ni leur nombre, et qu'ils sont cachés dans les bois, où ils sont duits à la course bien autrement que nos Français, les sorties ne serviraient qu'à souffrir de nouveaux massacres, car d'ordinaire une petite partie attaque, et l'autre demeure en embuscade dans le gros du bois. » Et cet incident révèle immédiatement pourquoi les Algonquins n'ont aucune confiance dans la protection que les Français peuvent leur offrir.

Une dizaine de jours plus tard, l'un des deux Français s'échappe sous le prétexte de couper du bois pour le feu du bivouac. Il réussit à revenir à Montréal. Il n'a été tenu lié que pendant deux jours. Les Agniers le destinaient aux travaux agricoles de même que les Français capturés avec le père Jogues. Des prisonniers hurons s'échappent aussi. Nus, affamés, ils arrivent à Montréal les uns près les autres et ils racontent leurs aventures.

Une barque française pour protéger le passage des canots hurons au lac Saint-Pierre.

Le 27 mai précédent, Montmagny avait donné l'ordre par écrit au sieur Caumont, dit La Brosse, de prendre le commandement d'une barque nommée *La Louise*, de ses quatre soldats et de ses cinq matelots ; de conduire l'embarcation aux Trois-Rivières, puis au Richelieu ; et « ensuite ira mouiller avec ladite barque et équipage entre le lac Saint-Pierre et les Trois-Rivières, à l'endroit qui sera advisé bon être » pour surveiller le passage des canots et pour assurer si ceux-ci sont montés par des amis ou des Iroquois. Si Caumont découvre qu'il y a des ennemis sur le fleuve, il devra en informer le sieur Rocher aux Trois-Rivières et se mettre à sa disposition.

Mais la présence de *La Louise* dans ce secteur ne semble en aucune façon embarrasser les Iroquois. Le 12 juin, un parti d'Agniers vient s'installer dans un fortin que leurs compatriotes ont construit en 1639, au lac Saint-Pierre, à trois ou quatre lieues des Trois-Rivières et sur la même rive du fleuve. Trois ou quatre Hurons les accompagnent ; ils ont été capturés dans le même temps que le père Jogues. Deux d'entre eux s'échappent ; ils atteignent le poste français ; ils racontent les aventures du missionnaire captif, qui est devenu un « esclave de la nation » et qui subit bien des misères. La petite Thérèse « était fort recherchée en mariage ». Elle récite son chapelet sur ses doigts.

Un troisième Huron réussit à fuir. Les Agniers savent maintenant que leur présence au lac Saint-Pierre est connue. Ils abandonnent leur poste. Mais une seconde bande iroquoise remplace la première. Elle se tient à l'affût. Et les Hurons qui ont échappé à la capture aux portes de Montréal, le 9 juin, ceux qui ont été capturés mais se sont échappés ensuite, ont maintenant quitté Montréal et ils approchent des Trois-Rivières. Les Agniers les découvrent et leur donnent la chasse. Vivement poursuivis, ils fuient à toute allure, atterrissent, se dispersent dans la forêt et arrivent au poste par la voie de terre.

Ce nouveau parti iroquois compte aussi des Hurons dans ses rangs. Quelques-uns s'enfuient et ils se présentent au fort à tour de rôle.

Montmagny prêt à négocier la paix avec les Iroquois.

Le fleuve est donc bloqué. Pour le libérer, Montmagny arme et équipe quatre chaloupes. Il remonte le fleuve « pour voir si les Iroquois se présenteraient » ; il est même prêt à négocier la « paix, si elle était raisonnable ». Mais aucune ambassade ne se présente. Les Agniers ne paraissent même pas. « ...Si tôt qu'ils apercevaient les chaloupes, ils entraient plus avant dans les bois, et les chaloupes passées, ils retournaient sur le bord de l'eau, guettaient les Algonquins et Hurons. » Même la flottille du gouverneur est maintenant incapable de lever le blocus du fleuve. Elle s'arrête à divers endroits, elle descend des troupes, surtout à « leurs forts accoutumés », pour exécuter des reconnaissances. Mais les Français ne font qu'une découverte intéressante, et c'est à l'embouchure du Richelieu ; ils y repèrent en effet un portage de deux lieues de longueur « par où les Iroquois traversaient et coupaient une pointe de terre... portant leurs canots et bagage sur leurs épaules, et ne point passer devant le fort de Richelieu ». Ce poste n'a plus guère ainsi d'utilité pratique ; la garnison qui l'occupe n'est ni assez nombreuse ni assez bien adaptée au pays pour exercer sa surveillance dans un vaste rayon et intercepter les partis. Elle se tient blottie entre les palissades.

Le fort du Richelieu devenu inutile.

Pour attaquer l'Iroquoisie, les Algonquins ont besoin des Français.

La multiplicité de ces attaques inspire le projet d'une invasion de l'Iroquoisie. Après avoir fait leurs semailles, les Algonquins de Sillery sont prêts pour l'aventure : « Les bruits des courses et ravages des Iroquois les obligèrent de faire un petit gros de guerriers, et aller au fort de Richelieu et aux Trois-Rivières pour s'opposer à leurs ennemis. » D'autres Indiens se joignent probablement à eux. Des Algonquins de l'Île sans aucun doute qui ont laissé Montréal au temps de la débâcle. À un moment donné, de deux à trois cents Algonquins et Montagnais sont prêts à se joindre aux Français. Et un détachement de ce genre « eût contraint ces barbares orgueilleux à une paix honnête, ou les eût entièrement domptés... Quand les Iroquois ont rencontré de la résistance, ils ont lâché le pied aussi tôt ou plus tôt que les autres. Les Algonquins étant en nombre raisonnable, les ont fait souvent trembler et fuir. » Une armée composée d'Indiens et de Français aurait peut-être remporté des succès ; c'est l'initiative que Champlain avait préconisé. Des délibérations sur ce sujet ont lieu, semble-t-il, à l'embouchure du Richelieu. Mais des navires étaient arrivés de France auparavant. Et « les funestes nouvelles de la mort du Roi et de Monseigneur le Cardinal, et ensuite le manque des secours d'armes et soldats qu'on espérait de France les firent [les Montagnais] redescendre à Sillery tout tristes ». En un mot, les Indiens du Canada ne veulent pas risquer seuls une invasion de l'Iroquoisie. Montmagny a demandé des troupes et des munitions, mais il ne les a pas obtenues. Peut-être aussi n'aurait-il pu se mettre lui-même à la tête d'un parti comme Champlain le faisait autrefois.

Le roi Louis XIII et le cardinal de Richelieu

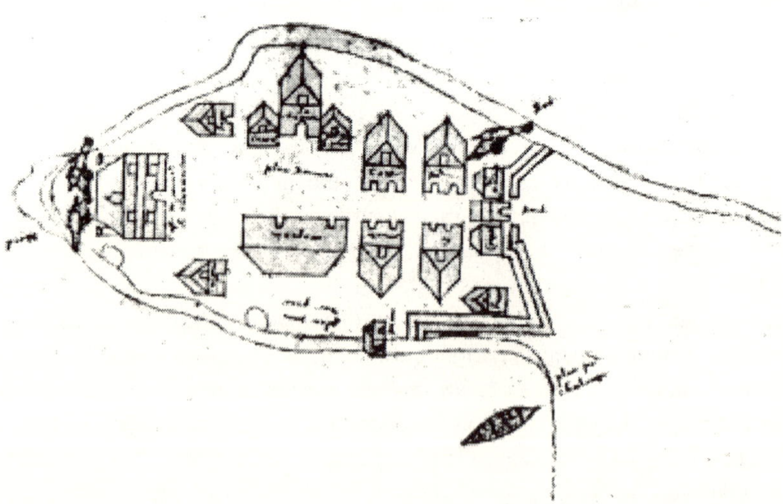

Chapitre 16

1643

Le plan d'une expédition de guerre écarté, les Indiens se dispersent. Ils doivent chasser pour vivre et s'exposer ainsi aux coups de l'ennemi : « Il vaut autant, disent-ils, mourir de la main ou du fer des Iroquois que d'une cruelle faim. » Le 30 juillet, sept jeunes Algonquins, presque tous catholiques, poursuivent le gibier dans le voisinage de Montréal. Ils rencontrent deux canots iroquois. Le premier porte à lui seul douze guerriers et il les poursuit. Un missionnaire leur avait dit avec chaleur : « Si vous fuyez la mort, vous la trouverez ; si vous la cherchez, elle vous fuira. » Se remémorant cette parole, les Algonquins exécutent une volte-face hardie. Les Iroquois les saluent d'une douzaine de coups d'arquebuse ; ils percent un canot, ils blessent un Algonquin au pied. Mais les Algonquins avancent toujours avec rapidité et soudain ils « déchargent deux ou trois arquebuses qu'ils avaient ». Ils blessent deux ennemis à mort ; les autres retraitent, se dirigent vers le rivage, atterrissent et s'enfuient dans la forêt. « Si ces jeunes Algonquins eussent eu de la poudre pour continuer et poursuivre davantage, ils eussent tué la plupart de la bande, mais nous avons toujours eu peur d'armer trop les Sauvages. Plût à Dieu que les Hollandais eussent fait le même, et ne nous eussent pas forcés à donner des armes mêmes à nos Chrétiens : car jusques à présent on n'en a traité qu'à ceux-là. »

Deux semaines plus tard, le 15 août, vingt Algonquins se rendent à la chasse dans les alentours du fort Richelieu. Ils se divisent en deux groupes à la rivière Saint-François. L'un comprend douze chasseurs : il rencontrera tout de suite un parti de vingt Agniers. C'est tout d'abord un échange de coups de feu. Les Algonquins avaient quelques arquebuses, mais « les Iroquois en avaient au double ». Leurs munitions une fois épuisées, les guerriers combattent à l'épée ; puis ensuite au couteau. C'est un combat acharné. De part et d'autre, quelques victimes tombent. À la fin, les Indiens canadiens doivent fuir, trois Algonquins et un Huron demeurant prisonniers. L'un de ces derniers est immédiatement brûlé ; les autres s'échappent et ils rapportent que presque tous les Iroquois sont blessés, quelques-uns gravement.

Deux autres bandes iroquoises sont dans le même temps en observation autour du poste. Un Huron adopté par les Iroquois est incorporé dans l'une d'entre elles. Il s'avance seul dans un canot, il demande à parlementer ; les Français le laissent approcher et entrer dans le fort. Ils le questionnent : « Il répond qu'il est Iroquois et qu'il veut traiter de paix pour lui et pour ses com-

Une lettre du père Jogues toujours captif

pagnons. » Il offre quelques peaux de castor comme présent. Quand on lui demande des nouvelles du père Jogues, il tend une lettre qui est bien de la main du missionnaire, qui est écrite en trois langues, latin, français, italien, et qui est adressée au gouverneur général. Le messager attendra-t-il une réponse ? Le Huron veut s'en retourner tout de suite. Il demande que l'on tire un coup de canon. Les Français obéissent. Trois ou quatre canots apparaissent tout de suite sur le Richelieu, ils se dirigent vers le poste. Les Iroquois veulent-ils vraiment engager quelque négociation ? Ou bien croient-ils que le fait d'avoir obéi aux désirs du père Jogues leur confère le privilège de fréquenter les Français ? On l'ignore. L'affaire demeure mystérieuse. Peu rassurés sur les intentions de ces gens, les soldats leur crient deux ou trois fois de s'arrêter. À la fin, ils tirent : les Agniers fuient vite et ils se dispersent dans la forêt.

Cet incident faillit coûter la vie au père Jogues. Quand les guerriers le racontent en leur pays, une vague d'indignation soulève la tribu. Le missionnaire est heureusement parti avec un groupe de pêcheurs. Il consentira à fuir quand il apprendra que le retour, c'est pour lui la mort.

Le père Jogues vit en Iroquoisie depuis au-delà d'un an déjà. Sans aucun souci pour sa sécurité personnelle, il transmet aux Français les renseignements qu'il a acquis. Couture est toujours vivant, de même qu'Henry, l'un des prisonniers de Montréal. Nombre de Hurons capturés en même temps que lui ont conservé la vie. « Soyez sur vos gardes partout ; toujours nouvelles troupes partent, et faut se persuader que jusques dans l'automne, la rivière n'est sans ennemis. Il y a ici près de trois cents arquebuses, sept cents Iroquois ; ils sont adroits à les manier. Ils peuvent arriver aux Trois-Rivières par divers fleuves ; le fort de Richelieu leur donne un peu plus de peine, mais ne les empêche pas tout à fait. »

L'intention des Iroquois : détruire la nation huronne.

L'intention nette des Iroquois est déjà de détruire la nation huronne. « Le dessein des Iroquois, autant que je veux voir, est de prendre s'ils peuvent tous les Hurons, et ayant mis à mort les plus considérables et une bonne partie des autres, ne faire des deux qu'un seul peuple et une seule terre. » L'Iroquoisie augmenterait du coup son territoire, sa population, et mettrait la main sur tout le commerce huron.

Le missionnaire voit arriver souvent des prisonniers : « ...Quand est-ce qu'on apportera remède à ces malheurs ? », s'écrie-t-il. Il désire pour le moment demeurer chez les Agniers ; il refuse l'occasion de fuir car il encourage et console des captifs hurons, algonquins et français. Les Agniers ne lui épargnent pas les brocards : « Prends courage, mon neveu... tu verras bientôt ici quelques-uns de tes frères qui te viendront tenir compagnie. » Un peu plus tard, le missionnaire commencera l'odyssée célèbre qui doit le conduire, le 5 janvier 1644, à la porte du collège de Rennes, en France.

Vers la fin du mois d'août, c'est une centaine d'Iroquois, en onze grands canots, qui paraissent dans la région de Montréal. Ils y demeurent plusieurs jours, attendant l'occasion d'attaquer quelques Français. À la fin, ils se présentent devant l'habitation ; ils demandent à parlementer. Quelques Iroquets sont actuellement dans le fort, on leur demande de s'aboucher avec eux. Mais quand ils approchent, les Agniers tirent sur eux plus de cent coups d'arquebuses. Ils n'atteignent personne. Les mêmes Iroquois rôderont un peu plus tard autour du fort Richelieu ; une fois découverts, ils se retireront. D'après le récit du père Jogues, un guerrier iroquois est tué à Montréal et deux autres sont blessés. C'est ce qui porte à son comble l'indignation des Iroquois.

Aboucher = mettre en rapport, provoquer une entrevue.

C'est probablement vers la même date qu'une centaine de Hurons décident de retourner en leur pays. Quelques membres de ce parti ont été capturés en même temps que le père Jogues ; mais incorporés dans des bandes iroquoises, ils sont venus avec elles au lac Saint-Pierre où ils ont réussi à s'échapper. Et maintenant, ils remontent l'Outaouais avec leurs compatriotes. Pendant la première partie du trajet, la bande ne se déplace qu'avec des précautions infinies ; elle est continuellement sur ses gardes. Mais après avoir franchi plusieurs lieues, elle croit avoir dépassé la zone dangereuse. Alors elle avance sans soucis. Elle entreprend gaiement le portage ; les canots et les ballots se hissent sur les épaules. Soudain, un parti iroquois, qui se tenait à l'affût, se porte brusquement à l'attaque. Les premiers Hurons sont tués ou capturés. Les autres prennent la fuite et s'égaillent en un moment dans la forêt. Les Iroquois raflent vite les marchandises abandonnées sur place ; et prestement, ils disparaissent, leurs canots chargés.

C'était pourtant la seconde attaque. Après avoir raconté l'échauffourée précédente, la *Relation* ajoute en effet que ce même parti huron avait perdu une vingtaine de ses guerriers, dans une autre bataille, quelques jours auparavant, peut-être à la chute de la Chaudière.

Les Iroquois arrêtent toute circulation de marchandises et de pelleteries sur la grande voie commerciale de Champlain. Et la situation est telle que le fait suivant se produit. Au mois de septembre, Louis d'Ailleboust de Coulonges monte à Montréal en barque. Matelots et passagers se demandent si le fort n'a pas été pris et brûlé. Les Montréalistes se demandent de leur côté si la barque a pu passer. Enfin ces derniers voyant que l'embarcation est là, sur le fleuve, se décident à aller au-devant de leur visiteur : « ...On n'osait l'aller quérir dans sa barque à cause des embûches, et lui n'osait non plus approcher. » Les Français exécutent cette marche du fort au fleuve avec précaution : « Encore eurent-ils bien peur des ennemis en revenant », dit Dollier de Casson avec son bon rire de géant.

Il deviendra gouverneur en 1646.

Les colons ont déjà reçu quelques canons en 1642. Maintenant, après le départ des dépêches, ils arrachent la palissade qui entoure la place. Et, sous la direction de M. d'Ailleboust, et d'après les plans qu'il a dessinés, ils construisent à la Pointe-à-Callières un fort à bastions en bois. La garnison emploiera aussi des dogues pour dépister les Iroquois dans le voisinage. Saint-Malo con-

Construction d'un fort à la Pointe-à-Callières

naissait bien ce moyen de défense. Sous la direction de Pilote, les chiens feront bonne garde.

L'année 1643 n'est pas moins funeste à la Huronie que l'année 1642. Elle perd de nombreux guerriers dans la région de la Nouvelle-France. Elle en perd chez elle.

Des chrétiens et des païens forment un parti d'une centaine de guerriers. Tous sont courageux et résolus. Ils forment le dessein de se rendre sur la frontière du pays des Tsonnontouans et de se livrer, comme d'habitude, à la petite guerre, en attendant l'occasion de lancer une attaque plus sérieuse. Ils se mettent en route. Malheureusement, ils rencontrent un puissant détachement ennemi composé de huit cents guerriers. Comme leur nation se sent maintenant acculée à une lutte désespérée, ils ne reculent ni ne se dispersent dans la forêt. Ils se battent pendant toute une soirée et toute une nuit. Ils se font tuer l'un après l'autre ; ou, à bout de force, ils se laissent capturer. Pas un n'échappe.

Quarante personnes s'en vont cueillir une herbe, l'ortie sans doute ou le chanvre sauvage « dont ils font une espèce de fil à rets qui leur sert pour la pêche ». Une vingtaine de Tsonnontouans les attaquent par surprise, la nuit ; ils massacrent les uns, prennent les autres captifs ; quelques-uns heureusement peuvent fuir.

D'autres tragédies se déroulent. Sur le midi, par exemple, une femme et sa nièce vont travailler au champ. Soudain, deux Iroquois surviennent « et à la vue de tout le monde se jetèrent sur elles à coups de hache, leur enlevant la chevelure », et fuient avec tant de rapidité que personne ne les peut rejoindre.

Dans une lettre écrite au mois de mars 1644, le père Jérôme Lalemant résume les misères de la nation huronne durant l'année 1643. Car la *Relation* de l'année 1642-1643 est tombée entre les mains des Agniers, près de Montréal, au printemps ; ceux-ci l'ont transportée en leur pays où le père Jogues l'a lue. « La guerre, poursuit le père Lalemant, y a continué ses ravages ordinaires pendant l'été : les Iroquois ennemis de ces peuples ont bouché tous les passages et les avenues de la Rivière qui conduit à Québec ». Les Hurons ont besoin de marchandises françaises ; ils ferment les yeux sur les dangers évidents de la route ; ils partent pour la Nouvelle-France, mais ils sont presque tous tués ou capturés. « Les autres pour la plupart sont retournés tout nus ou percés d'arquebusades, après avoir échappé sept ou huit fois les mains et la cruauté de ces barbares. » Dans la Huronie même, les malheurs et les désastres se sont multipliés : « De pauvres femmes se sont trouvées presque tous les jours assommées dans leurs champs ; les bourgs dans les alarmes continuelles, et toutes les troupes qui s'étaient levées en bon nombre pour aller donner la chasse à l'ennemi sur les frontières, ont été défaites et mises en déroute, les captifs emmenés à centaines, et souvent nous n'avons point eu d'autres courriers et porteurs de ces funestes nouvelles, que de pauvres malheureux échappés du milieu des flammes, dont le corps demi-brûlé et les doigts

La Huronie assiégée de tous les côtés.

de mains coupés, nous donnaient plus d'assurance que leur parole même, du malheur qui les avait accueillis eux et leurs camarades. » Le père Lalemant attribue partie de ces désastres au fait que les Iroquois possèdent maintenant des armes à feu : « Mais la plus forte épine que nous ayons, est que les ennemis de ces peuples [tribus alliées des Français], ayant le dessus par le moyen des arquebuses qu'ils ont de quelques Européens, nous sommes maintenant comme investis et assiégés de tous côtés... »

La famine en Huronie

Une famine grave s'ajoute en Huronie à tous ces maux. Les réserves de maïs n'y sont pas aussi considérables qu'en Iroquoisie. Les plus riches ont à peine assez de grains pour ensemencer leurs champs ; les autres vivent d'un peu de glands, de potirons et de racines.

Malgré leurs malheurs, les Hurons voient encore arriver en leur pays de plus faibles qu'eux-mêmes qui cherchent un abri ou une protection : « Les Iroquois qui se font craindre sur le grand fleuve de Saint-Laurent, et qui tous les hivers depuis quelques années ont été dans ces vastes forêts, à la chasse des hommes, ont fait quitter aux Algonquins qui habitaient les côtes de ce fleuve, non seulement leur chasse, mais aussi leur pays, et les ont réduits cet hiver à se ranger ici proche de nos Hurons pour y vivre plus en assurance. » Ces fugitifs, ces réfugiés, forment une bourgade à part. Parmi eux se trouvent des Algonquins des Trois-Rivières, « et d'autres qui jamais n'avaient ouï parler de Dieu ». Ils craignent les expéditions de guerre des Agniers l'hiver, lorsqu'ils sont à la chasse.

Des Algonquins établis à Sillery.

D'autres Algonquins viennent tournoyer autour de Sillery. Trente à quarante familles sont déjà établies là, à demeure, elles sont redevenues sédentaires, elles sont chrétiennes. Elles reçoivent des visites de plus en plus longues de leurs compatriotes. Les Algonquins de l'Île en particulier gravitent autour du village. Ceux-là, « quoique presque tous ruinés et réduits à rien, sont demeurés dans un orgueil étrange... », ils écoutent les missionnaires mais demeurent dans leur paganisme.

Des Népissingues hivernent à Québec.

Marie de l'Incarnation parlera également des trois cents Népissingues qui passeront l'hiver de 1643-1644 autour du monastère des Ursulines, n'osant retourner en leur pays d'où ils ont fui. Ils appréhendent des raids sanglants. Ils sont arrivés affamés. Marie de l'Incarnation écrit encore les paroles suivantes : « Nous avons eu cet hiver proche de nous la nation d'Iroquet et les Algonquins de l'Île. On les instruisait dans notre chapelle. »

Débris de hordes, ramassis de tribus que la guerre iroquoise a dispersés et qui errent, comme les Algonquins de l'Île, sans savoir où se fixer, où se poser. Ils cherchent un abri, une protection.

Un événement d'une portée exceptionnelle a lieu dans le Canada central en 1643. Depuis longtemps déjà, les Neutres sont en guerre avec les Mascoutens ou nation du Feu : Champlain a noté le fait en 1615. Maintenant, ils lèvent une armée de deux mille guerriers. Et celle-ci va mettre le siège devant une puis-

Les Neutres attaquent et dispersent la nation du Feu (ou Mascoutens), tribu alors établie dans l'actuel État du Michigan.

sante bourgade ennemie qui n'est cependant défendue que par neuf cents hommes. La résistance est énergique. Pendant dix jours, les Neutres n'enregistrent aucun avantage. Puis, soudain, ils pénètrent dans la place. Ils capturent huit cents prisonniers, hommes, femmes et enfants. Soixante-dix assiégés, choisis parmi les plus braves, subissent le supplice du feu. Les vieillards ont les yeux crevés. « Voilà le fléau qui dépeuple tous ces pays : car leur guerre n'est qu'à s'exterminer. » Cette défaite marque, semble-t-il, la dispersion de la Nation du Feu. La péninsule du Michigan se dépeuplera graduellement. Le pays se vide en arrière des Ériés et de l'Iroquoisie.

Le bilan de l'année 1643 est lourd de pertes.

Les Français et les Indiens du Canada sont sur la défensive. Et, dans des guerres comme celles du nouveau monde, seule l'offensive peut apporter des victoires. L'assaillant choisit son objectif, s'y rend en secret, attaque à l'heure qu'il juge propice. Les attaques par surprise sont fructueuses en succès.

Alors, les Iroquois, c'est-à-dire en l'occurrence les Agniers et les Tsonnontouans, sont maîtres du pays. Ils coupent les missions huronnes de leur base ; ils arrêtent ou dérivent le courant canadien de pelleteries ; ils empêchent la stabilisation des Algonquins à Montréal et aux Trois-Rivières ; ils continuent la destruction des peuples algonquins et hurons. L'œuvre de la colonisation est entravée et une insécurité générale règne en dehors des forts.

La seconde mission en France du père Le Jeune

Aussi, quand les navires partent à l'automne, le père Barthélemy Vimont, supérieur des Jésuites, envoie un message pressant à son provincial : « il n'y a quasi plus de passages ouverts pour aller aux Hurons, dit-il, nos paquets l'an passé [1642] furent pris en montant ; cette année, ils l'ont été en descendant. Comme j'écris ceci, j'apprends que les voilà pris pour la troisième fois en remontant ». Les conséquences de cette guerre sont graves : les Iroquois « si nous n'avons quelques secours de la France, seraient pour ruiner ici et la foi et le commerce ». Alors le père Vimont décide de confier une seconde mission au père Paul Le Jeune. Il le renvoie en France, car ce religieux est « expérimenté de longtemps aux affaires de ces contrées », et il pourra représenter de façon efficace aux personnes en autorité les maux graves dont souffre le pays. « Ça été l'avis et le souhait, continue le père Vimont, de Monsieur de Montmagny notre Gouverneur, et de tous les habitants, qui m'en ont instamment prié. » Montmagny et les autres coloniaux sont de petites gens qui peuvent difficilement avoir l'oreille de la régente ; ils espèrent que les Jésuites arriveront plus facilement au pied du trône.

La régente = Anne d'Autriche

Les difficultés de la Nouvelle-Hollande

En Nouvelle-Hollande, la situation n'est guère meilleure. Van Rensselaer entreprend la lutte contre les traiteurs libres. « Ils ruinent, écrivit-il, tout le commerce de pelleteries... en augmentant le prix desdites pelleteries... » ; ce sont les Indiens qui profitent le plus de cette surenchère. Ils vendent des armes à feu aux Indiens et ceux-ci s'en servent ensuite contre les Hollandais avec qui ils sont en guerre. Autrefois, les Indiens venaient pour la traite à Fort

Orange ou à Rensselaerswyck, mais maintenant ils les entraînent dans d'autres lieux de traite. Et enfin « ils ont emporté plus de peaux en dehors de la Colonie en quelques semaines qu'autrefois en plusieurs longues années ».

Dans le même temps, la Nouvelle-Hollande en dehors de Fort Orange et de la colonie de Rensselaerswyck, passe par la première grande crise de guerre avec les Indiens de l'Hudson. Les hostilités se sont ouvertes en février. De grands massacres ont eu lieu. Les Indiens se servent contre les Blancs des armes qu'ils ont achetées d'eux. Pas plus que les Français, les Hollandais ne sont nombreux dans leur colonie ; ils ne peuvent organiser comme le font les Anglais ces terribles expéditions punitives qui détruisent à fond toute une tribu. Le conflit s'éternisera.

Chapitre 17

1644

Les hostilités s'ouvrent tôt au printemps dans l'île de Montréal. Quelques attaques se produisent, car Dollier de Casson écrit ce qui suit : « Enfin nos Français se lassèrent de se voir tous les jours insultés par les Iroquois..., ils importunaient M. de Maisonneuve... disant qu'il n'y avait aucune apparence de s'entendre fusiller chaque jour... ». Aussi, quand le 30 mars, sous la conduite de Pilote, des dogues donnent l'éveil, les Montréalistes brûlent de combattre. Ils devinent dans quel secteur de la forêt l'ennemi est à l'affût ; et ils se rendent auprès du gouverneur pour obtenir la permission de tirailler un peu. Celui-ci leur donnait d'ordinaire la réponse suivante : « Le temps n'est pas encore venu, mes enfants. La mort de cent Iroquois que nous pourrions tuer, ne diminuerait pas la force de ces barbares qui arrivent, par bandes, de tous côtés, tandis que la perte de quelques hommes affaiblirait de beaucoup la colonie. » Craignant qu'à la longue sa prudence ne soit interprétée comme manque de courage, il prend trente hommes avec lui et sort de l'enceinte, laissant les autres sous le commandement de M. d'Ailleboust.

Maisonneuve et trente Montréalistes à la poursuite d'Iroquois

Il reste de la neige sur le sol. Les Français n'ont pas de raquettes aux pieds. Dissimulés dans la forêt depuis quatre jours, les Iroquois les voient probablement s'aventurer hors du poste et ils prennent leurs dispositions.

Quand les Montréalistes arrivent à bonne distance, la fusillade éclate. Le gouverneur donne à ses gens l'ordre de s'abriter derrière les arbres. Les adversaires se canardent d'abord sans se faire beaucoup de mal. Mais à la longue, les munitions des Français s'épuisent. Maisonneuve voit aussi tomber quelques-uns de ses hommes. Il découvre que l'ennemi est bien supérieur en nombre. Jugeant enfin que le combat tourne mal, il donne l'ordre de se replier.

Chaussés de raquettes, les Agniers courent et manœuvrent facilement. Les Montréalistes, eux, enfoncent dans la neige. Maisonneuve oriente alors la retraite vers un chemin encore solide sur lequel les habitants avaient hâlé l'hiver le bois de charpente de l'hôpital. Jusqu'ici la retraite est ordonnée, face à l'ennemi, Maisonneuve à l'arrière. Une fois la route atteinte, la panique envahit les colons. Ils fuient. Le chef demeure seul. De temps à autre, il se retourne et tire sur les poursuivants. Déjà, les plus rapides sont sur ses talons ; ils pourraient le capturer, mais ils réservent cet honneur à leur capitaine. Ce dernier arrive enfin à bonne distance ; il saisit Maisonneuve à la gorge. Celui-ci tire sur l'Iroquois ; il rate un premier coup. Tirant une seconde fois par-dessus son épaule, il le tue, et délivré, poursuit librement sa course. Les ennemis s'occupent de leur chef et demeurent à l'arrière.

Les trois Montréalistes suivants ont succombé dans le combat : Guillaume Lebeau, enterré le même jour ; Jean Mattemale et Pierre Bigot, dont les funérailles auront lieu le lendemain. Deux autres sont prisonniers et les Agniers les brûleront pendant quatre jours avec cruauté. Les Iroquois ont perdu leur capitaine. Peut-être ont-ils subi d'autres pertes ; les Montréalistes ne retourneront que le lendemain sur le lieu du combat et ils n'y trouveront ni mort ni blessé.

Trois Montréalistes tués.

D'autres escarmouches auront lieu autour du poste. Dollier de Casson parlera de « ce rude combat et plusieurs autres qui se firent pendant cette année ».

En 1644, l'ennemi divise son armée d'invasion en dix partis différents ; « Les Iroquois..., ont jeté la terreur cette année dans le pays. Ils étaient divisés ce printemps dernier en dix bandes éparses ça et là sur la grande Rivière pour écumer tout ce qu'ils rencontreraient. » Cinq opèrent dans les lieux suivants : île de Montréal, rivière des Prairies, fort Richelieu, lac Saint-Pierre, Trois-Rivières. Les autres se tiendront au-dessus de l'île de Montréal, au Long-Sault, à la Chaudière, dans le pays des Hurons.

Aussi, aucun groupe ne peut voyager dans la colonie sans se heurter à l'un de ces partis. Un mois environ après le combat de Montréal, six jeunes Hurons quittent les Trois-Rivières. Quatre étaient venus directement de leur pays pour s'instruire du christianisme ; les autres s'étaient joints à eux après avoir échappé aux Iroquois. Les jours qui suivent immédiatement la débâcle leur paraissent le temps le plus propice pour retourner en Huronie : l'Agnier vient ordinairement plus tard au Saint-Laurent. Les Français, qui connaissent leur dessein, leur offrent de beaux présents pour amener avec eux le père Bressani, jésuite, italien de nation, de même qu'un domestique qui doivent se rendre à Sainte-Marie.

François-Joseph Bressani (1612-1672), Jésuite d'origine italienne, missionnaire en Amérique de 1642 à 1650

Les Hurons acceptent les propositions des missionnaires. Les canots se chargent de colis pour la colonie française qui n'a rien reçu depuis une couple d'années et qui manque des articles les plus indispensables. Quelques Algonquins et Hurons païens seront du voyage. Aucune crainte ne règne parmi ces Indiens : « ...Ils s'imaginent que la paix avait déjà été conclue entre eux et les Iroquois, suivant un pourparler qu'on avait commencé sur ce sujet avant qu'ils partissent de leur pays. » C'est la seule allusion que l'on trouve dans les documents contemporains à des négociations de paix qui ont eu lieu entre les Iroquois et les Hurons à la fin de l'été ou à l'automne de 1643. Ont-elles porté sur la question des pelleteries ? Les Hurons ont-ils songé à faire la traite chez leurs ennemis à condition d'être laissés en paix ?

Les négociations de paix de 1643

Mais le danger demeure grand. Les huit chrétiens de l'expédition se préparent soigneusement à la mort. Puis le départ a lieu. À une lieue des Trois-Rivières, par beau temps, le canot qui porte le père Bressani fait naufrage. Les passagers en sont quittes pour un bain froid, aucun colis ne se perd ; et le groupe fait halte avant d'atteindre le lac Saint-Pierre afin de passer la nuit sur la rive. L'événement est de mauvais augure cependant. Le lendemain, 28 mars, il fait froid, il neige, et des blocs de glace s'écoulent vers la mer. Les voyageurs dégradent. Déjà les outardes remontent vers les steppes arctiques. La proie est alléchante. Aussitôt les arquebuses entrent en jeu, et les détonations attirent l'attention d'une trentaine de guerriers agniers qui rôdent déjà dans la région.

28 mars ? D'autres sources donnent le 27 avril

dégradent = faiblissent

Le 29 avril, la flottille se remet en route. Et, soudain, après avoir doublé une pointe entre Machiche et la rivière du Loup, elle subit l'attaque imprévue de trois grands canots iroquois. Le père Bressani ordonne à ses gens de ne pas combattre : la partie est peu « égale ni en hommes ni en armes ». Il est immédiatement fait prisonnier avec les occupants du premier canot. Les deux autres embarcations fuient à force de rames ; bientôt les Hurons peuvent se croire hors du danger. Mais en doublant une autre pointe, ils sont de nouveau attaqués par « deux autres canots iroquois bien armés... ». Un Huron épaule son arquebuse, mais il est tué avant d'avoir tiré ; ses compagnons se laissent alors capturer sans résistance.

Les Iroquois attaquent entre Machiche et la rivière du Loup. Le père Bressani capturé.

Les Agniers descendent sur la rive. Ils se divisent le butin destiné aux Jésuites de Huronie « qui n'ont rien reçu depuis trois ans » ; ils déchirent les lettres qui leur étaient adressées. Le cadavre du Huron tué leur fournit un festin. Puis après, ils se dirigent vers leur pays, avec leurs prisonniers et les marchandises françaises. À mi-chemin, l'un des captifs s'échappe et revient aux Trois-Rivières. Le missionnaire, dit-il, n'a encore subi aucun supplice grave ; mais les Agniers menacent de le brûler à l'entrée du premier village, en représailles pour la mort du capitaine que Maisonneuve a tué à Montréal. C'est le même prisonnier qui raconte que dix bandes ont quitté l'Iroquoisie dès la fonte des neiges. Maisonneuve aurait combattu l'une d'entre elles ; une autre avait capturé le père Bressani ; une troisième avait déjà surpris à la rivière des Prairies « une bande d'Algonquins qui furent tous emmenés prisonniers, la plupart incontinent brûlés au village des Iroquois... ».

Le père Bressani sera torturé avec un raffinement inouï de cruauté : « ...Toutes ces souffrances le mirent en tel état qu'il devint si puant et infect que chacun s'éloignait de lui comme d'une charogne. » Tous croient qu'il subira le supplice du feu. Le 19 juin se tient un grand conseil. Il s'y trouve deux mille personnes. Les chefs décident, sans que personne sache exactement pour quelle raison, que le missionnaire ne perdra pas la vie. « ...Eux-mêmes s'étonnaient après de leur résolution... comme les Hollandais et le bon Couture... l'ont rapporté. » Ils le donnent à une vieille Iroquoise ; celle-ci commande à son fils de le vendre aux Hollandais. Ce dernier obéit et le 15 novembre 1644 le père Bressani arrive à La Rochelle.

La libération du père Bressani

Le père Bressani reviendra dans la colonie en 1645.

Après le combat de Montréal et la capture du père Bressani, les Algonquins de Sillery se dispersent. Ils croient que les Iroquois vont descendre le fleuve pour les attaquer. Et la réduction ne leur semble pas pourvue d'assez bons retranchements pour supporter le choc. Cette fuite « obligea les Religieuses Hospitalières, avec l'avis de Monsieur le Gouverneur, des Pères et des Habitants, de céder au temps et de se transporter en leur maison de Québec... ». Cette dernière n'a encore que des murs et un toit. Les sauvagesses suivent les religieuses et habitent des maisons érigées à côté du monastère.

Les Algonquins abandonnent Sillery.

Les Algonquins sont toujours hantés par l'idée de la vengeance. Ceux de Sillery forment un parti de guerre. Le lieu du rassemblement est aux Trois-Rivières. Cent vingt guerriers s'y rassemblent. Païens et convertis forment bientôt deux camps : « ...Les nôtres voulurent toujours cabaner à part pour n'avoir aucune communication avec les méchants » ; ils ne veulent pas participer aux cérémonies superstitieuses. Le gouverneur des Trois-Rivières chasse même du fort des Indiens qui sont revenus à leurs coutumes. La veille du départ, les païens observent les rites anciens : festins, danses, cris, hurlements ; les convertis se recueillent et prient. Malgré ces dissensions, le détachement atteint Montréal. Le père Buteux le rencontre là. Parlant des néophytes, voici ce qu'il dit : « Ils étaient les premiers à s'embarquer pour aller à la découverte de l'ennemi et entrer bien avant dans les bois aux lieux les plus dangereux, ils allaient partout... sans aucune démonstration de crainte... » Le missionnaire redescend le fleuve avec eux. La capture du père Bressani les a émus : « C'est une chose honteuse... que les Iroquois nous battent partout, et que nous demeurions sans sentiments et sans faire autre chose que fuir, disent les Algonquins : on dit maintenant avec sujet que nous ne sommes plus des hommes, mais des femmes... »

Jacques Buteux (1599-1652), Jésuite, missionnaire et explorateur. Supérieur de la mission des Trois-Rivières.

Dans le cours du mois de juin, les Agniers triomphent d'un groupe de seize à dix-huit Hurons qui retournent en leur pays après la traite ; et ceux qui échappent à l'ennemi rencontrent soixante de leurs compatriotes qui avaient quitté la Huronie « à dessein de combattre les Iroquois ». Ils se joignent à eux. Ce parti suit les traces du détachement algonquin précédent et, lui aussi, il aborde aux Trois-Rivières sans rencontrer un seul ennemi. Là, il apprend cependant que l'on a vu des canots étrangers dans le lac Saint-Pierre. Il se grossit aussitôt d'Algonquins désireux de combattre et il retourne sur ses pas. Au lac, il découvre des traces de l'ennemi. Mais il atteint le fort Richelieu sans l'avoir vu. C'est la nuit ; quelques guerriers se reposent et les autres partent à l'aventure sur le Richelieu.

Algonquins et Hurons partent à la recherche de l'ennemi.

L'obscurité est presque complète. Les canots hurons naviguent sans bruit. Ils passent sans s'en apercevoir à travers une avant-garde de trente Iroquois environ qui étaient à l'affût « pour découvrir si quelques Français ou quelques Sauvages de nos alliés ne paraîtraient pas sur l'eau ou sur la terre ».

Ils poursuivent leur route, ils se rendent assez loin, et ils aperçoivent enfin « quantité de feux dans les bois... ». Après s'être assurés que ce sont des Agniers qui bivouaquent là et qu'ils sont en grand nombre, les Hurons font volte-face pour revenir au fort. Ils s'assemblent pour se consulter, et quand ils arrêtent, ils entendent « deux canots qui voguaient à force de rames ».

À ce moment-là, les Hurons sont pris entre le gros de l'armée ennemie, et son avant-garde, à travers laquelle ils ont passé, mais qui a entendu des bruits et qui remonte maintenant la rivière pour s'assurer qu'il n'y a personne. Leur position est donc critique. Ils décident immédiatement de continuer leur route vers le fort en culbutant cette avant-garde. Aussitôt, ils « se battent à coups d'arquebuses et de flèches sans grand effet, parce qu'il était nuit... ». Mais ils passent pendant que les sentinelles iroquoises rallient l'armée. Ils se hâtent, et soudain ils entendent un Huron crier sur le rivage. C'est un de leurs compatriotes, autrefois fait prisonnier, et qui a été incorporé dans le parti ennemi maintenant posté plus haut sur le Richelieu. Ils le prennent immédiatement avec eux. « Combien êtes-vous ici, leur demande-t-il ? Nous ne sommes que soixante, répondent les Hurons ; sauvez-vous, repart-il, car outre les canots que vous avez rencontrés, qui faisaient trente Iroquois, il y en a une centaine cachés tout proche d'ici. » Les Hurons abandonnent alors toute idée de combattre un détachement aussi puissant et ils reviennent avec le fugitif qui avait couru après eux. Celui-ci leur révèle encore qu'une dizaine d'ennemis ont quitté le parti principal « pour aller à la chasse des Français... » ; dans le moment, ces maraudeurs sont à l'affût, près du fort Richelieu, « cachés derrière des broussailles et des arbres, où ils attendaient que les Français sortissent le matin pour aller visiter des rets tendus bien proche de leur fort ». Les Hurons forment immédiatement le dessein d'attaquer ces malheureux. Ils les localisent bientôt. Ils tentent de les entourer. Mais, entendant du bruit, les Iroquois « se lèvent comme une volée de perdrix effarées ». Pas assez vite cependant pour éviter tous la capture, car trois d'entre eux restent aux mains de leurs ennemis. Un Huron est blessé mais il guérit bientôt après.

Devant l'ennemi trop nombreux, les Hurons font volte-face...

...non sans attaquer et faire trois prisonniers.

Ce détachement iroquois posté sur le Richelieu attend sans doute le passage d'un convoi de pelleteries. Il est relativement puissant. Ne se jugeant plus en sûreté, Hurons et Algonquins retournent aux Trois-Rivières avec leurs prisonniers. Ils s'y présentent le 26 juillet, vers quatre heures du matin. La population aperçoit un premier canot ; les cris annoncent qu'un Huron est mort, ce qui se trouva faux. Mais bientôt ce sont des voix joyeuses qui s'entendent : une quinzaine de canots « s'en venaient doucement au gré de l'eau, portant environ quatre-vingts soldats qui frappaient de leurs avirons sur le bord de ces canots chantant tous ensemble, et faisant danser les prisonniers à la cadence de leur voix et de leur bruit ; ils étaient tous assis dans ces petits bateaux d'écorce, excepté les trois pauvres victimes, qui paraissaient pardessus les autres, qui chantaient aussi courageusement que les victorieux, faisant paraître au bransle de leur corps et au regard de leurs yeux que le feu et la mort qu'ils attendaient, ne leur faisaient point peur ».

Les triomphateurs s'en vont dans les wigwams des Algonquins. Le prisonnier qui est échu à ces derniers subit sur les lieux quelques tortures préliminaires, comme de lui arracher les ongles, de lui couper les doigts, de lui brûler les pieds avec des pierres ardentes. M. Champflour, gouverneur de la place, leur envoie demander de suspendre leur colère ; il est nécessaire d'avertir Montmagny « et que l'affaire est d'importance ».

Montmagny est immédiatement avisé de la capture des prisonniers. Car les Français ont formé le projet suivant : « ...On pouvait traiter de paix par l'entremise de ces captifs, que la paix était le bien et le salut de tout le pays. » Mais ce n'est pas petite entreprise que de calmer la fureur algonquine : le bûcher est prêt, Indiennes et Indiens ont la torche à la main. On fait intervenir les Algonquins catholiques ; ils calment leurs compatriotes.

Montmagny veut aussi que les Hurons lui abandonnent leurs deux prisonniers. Ceux-ci font la sourde oreille. Des Algonquins suggèrent alors au gouverneur de convoquer un conseil, d'inviter les Hurons, de leur offrir des présents en échange de leurs captifs. Alors, par une belle journée, Montmagny fait déposer dans la cour du fort « trois grands présents, composés de haches, de couvertures, de chaudières, de fers de flèches et de choses semblables ». Et il invite les principaux chefs algonquins et hurons qui sont aux Trois-Rivières.

Un interprète explique la signification des présents. Et d'autre part, « il les avait déjà fait presser puissamment, et leur avait représenté par de fortes raisons qu'il était très important qu'ils fissent la paix avec leurs ennemis, et que l'unique moyen était de renvoyer un de ces captifs, qui disposerait ses compatriotes à un bon accord et à une bonne paix entre toutes ces nations ». Les Algonquins livrent immédiatement leur prisonnier qui ne peut plus marcher ; ils acceptent les présents offerts. Pleins de respect pour le gouverneur, ils expriment leur besoin de paix de façon énergique et imagée.

Montmagny négocie avec les Hurons.

Mais les Hurons ne sont pas traitables. L'un de leurs capitaines prononce un discours dédaigneux : « Je suis homme de guerre et non pas un marchand, dit-il, je suis venu pour combattre, et non en marchandise ; ma gloire n'est pas de rapporter des présents, mais de ramener des prisonniers, et partant je ne puis toucher à vos haches ni à vos chaudières ; si vous avez tant d'envie d'avoir nos prisonniers, prenez-les, j'ai encore assez de cœur, pour en aller chercher d'autres... » Mais un Huron chrétien parle ensuite avec plus de modération. Il explique que le parti se compose de jeunes guerriers, et non de sachems qui peuvent régler des affaires de ce genre. Les deux prisonniers seront remis en Huronie à ces derniers qui en disposeront selon l'intérêt de l'État. Les Algonquins, eux, ne sont pas dans la même situation ; leurs capitaines sont sur les lieux et ils peuvent prendre une décision tout de suite. Le refus ne doit donc pas blesser Montmagny. Toutes les personnes présentes ne reconnaissent-elles

Les Hurons sont intraitables.

pas en plus « que la paix est désirable, que c'est le bien du pays que la rivière soit libre... » ? Les Hurons eux-mêmes sont de cet avis. Ils n'ont fait aucun mal à leurs prisonniers. Il est probable que leurs chefs ne contrarieront pas la volonté de Montmagny. Puis le parti doit maintenant remonter en son pays ; et la présence des captifs dans ses rangs les protégera.

Ces paroles de bon sens donnent pleine satisfaction à Montmagny. Et son interprète leur fait réponse « qu'il n'avait que faire des prisonniers sinon pour traiter la paix, et qui si les Hurons la voulaient traiter, qu'il était content, mais qu'ils ne manquassent pas de parole en choses si importantes ».

Les Hurons veulent négocier la paix.

Les deux autres prisonniers iroquois apparaissent à ce moment dans la cour du fort. Ils voient les présents que les Français offrent pour leur libération. Ils expriment leur reconnaissance. Les Hurons leur promettent même la liberté pour une date ultérieure ; ils les ramèneront dans ce même poste des Trois-Rivières pour conclure la paix. Enfin « le résultat de ces conseils ou assemblées fut, qu'on crut que si les Hurons entreprenaient de traiter la paix, qu'ils le feraient plus efficacement que les Français, ayant plus de connaissance que nous des façons d'agir des sauvages ». L'initiative est donc laissée aux Hurons ; ils connaissent mieux les mœurs iroquoises, les coutumes indiennes, le milieu, et ils ont meilleure chance d'aboutir au succès. Toutes les espérances actuelles sont fondées sur le fait que l'un des captifs qui se nomme Totiakencharron, est un notable dans sa nation ; et les Iroquois entrent presque toujours dans des négociations, ils concluent même la paix pour obtenir la libération de leurs prisonniers, et surtout de leurs capitaines et sachems. Ces peuples simples se plient avec souplesse aux circonstances.

Léonard Gareau (1609-1656), Jésuite, missionnaire arrivé dans la colonie en août 1643.

Noël Chabanel (1613-1649), Jésuite, missionnaire, arrive lui aussi en 1643. Il sera canonisé en 1930.

Montmagny décide ensuite de fournir une escorte aux Hurons qui retournent en leur pays. Un gros convoi de soixante canots se forme aux Trois-Rivières. Il est tout d'abord monté par le parti qui vient de combattre sur le Richelieu ; puis par vingt-deux des soixante soldats qu'Anne d'Autriche a envoyés dans la colonie. Les pères Jean de Brébeuf, Léonard Garreau et Chabanel les accompagnent. Le 2 août, Marie de l'Incarnation écrira quelques lignes à ce sujet : « Maintenant ces barbares tiennent les avenues de la rivière, commençant à quatre lieues au-dessus de Québec, jusqu'à soixante lieues au delà, pour y guetter Français et Sauvages. Monsieur notre Gouverneur y est allé en compagnie de plusieurs soldats, afin d'y faire passer ces pauvres Hurons, Algonquins et notamment nos RR. PP. de la Mission qui montent aux Hurons et Nipissiriniens, que les Iroquois attendent de pied coi pour les emmener en leur pays avec leurs marchandises. » Ce convoi arrivera le 7 septembre en Huronie.

Et quand Marie de l'Incarnation écrit que le fleuve est bloqué à quatre lieues en amont de Québec, elle pense sans doute à un incident qui vient de se produire. Un Abénaquis a quitté Sillery avec un compagnon pour retourner en son pays. Tous deux doivent suivre le cours de la rivière Chaudière. Ils ne reparaîtront jamais. En les cherchant, on découvrira des pistes d'Iroquois.

Les hostilités continuent, bien qu'à un rythme moins rapide. Le 14 septembre, un soldat travaille dans le champ, à une portée de mousquet des palissades du fort Richelieu. Quatre ou cinq Iroquois surgissent de la forêt, ils le capturent sans le blesser tant la surprise est parfaite. Mais le prisonnier se cramponne si énergiquement à une souche que les ennemis ne peuvent l'en arracher. Alors, ils lui assènent des coups de hache sur la tête ; et, constatant que la garnison les a découverts et tire déjà sur eux, ils s'enfuient, laissant leur victime pour morte. Le soldat se relève alors et marche vers le fort. Deux autres Agniers reviennent et lui donnent deux coups d'épée. Le Français s'affaisse de nouveau. Le chirurgien accourt malgré le danger ; il arrête l'épanchement du sang parmi les balles qui sifflent autour de lui. Ce soldat a reçu six blessures graves. Il se rétablira quand même.

Un fort Richelieu menacé

Le 7 novembre, un jeune homme quitte l'enceinte pour chasser. Vite entouré d'un parti d'Agniers dissimulés dans les broussailles, il est mis à mort et scalpé.

Une troisième tragédie se produit le 12 novembre. Une couche de neige couvre le sol. Sept soldats sortent du fort pour couper du bois de chauffage. Ils chargent un traîneau et maintenant ils le halent avec effort. Soudain, un parti iroquois fond sur eux. Chaque Français a enroulé la corde autour de sa taille pour mieux tirer. Les plus habiles à se dégager s'enfuient. L'un d'eux n'y réussit pas, il reçoit des coups de tomahawk, il est renversé par terre et en partie scalpé. À ce moment la garnison accourt et tire sur l'ennemi. Le blessé se relève. Il a reçu sept à huit coups de hache ; il ne reprend connaissance qu'au bout de trois jours. Mais il se rétablira lui aussi.

Le fort Richelieu est constamment sous surveillance.

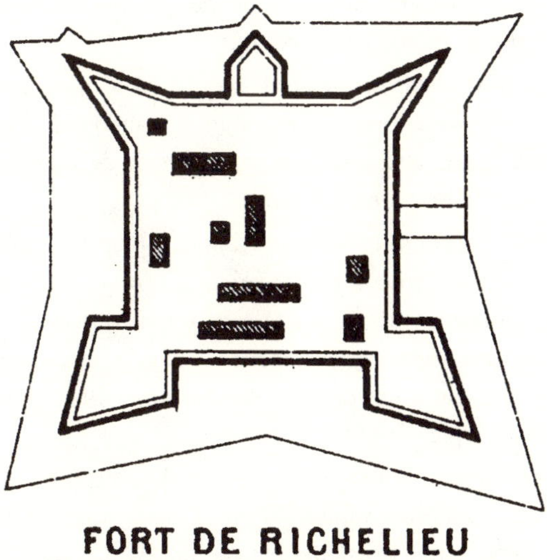

FORT DE RICHELIEU
Bâti d'abord par M.r de Montmagny.

Chapitre 18

1644

Les nouvelles de Huronie ne sont pas rassurantes.

Les flottilles qui viennent à la traite se heurtent à un blocus serré. « Et l'an passé, dit le père Jérôme Lalemant, trois autres flottes, la plupart des chrétiens, trouvèrent aussi sur le même chemin, ou la mort, ou la captivité, les uns dès leur départ des Trois-Rivières, les autres un peu au-dessous de Ville-Marie, les derniers environ soixante lieues plus haut ; car le péril continue cent lieues de chemin, n'y ayant pas un seul moment où on puisse être en assurance d'un ennemi caché dedans des joncs qui bordent la rivière, ou dans l'épaisseur des forêts qui les couvrent à notre vue, lorsqu'ils vous voient venir de quatre, cinq ou six lieues, ayant tout le loisir de se disposer au combat, s'ils vous voient les plus faibles ; ou de songer à leur retraite, ou demeurer cachés dans leurs embûches s'ils vous croient les plus forts. »

Épidémies et famines en Huronie

Le père Jérôme Lalemant habite la Huronie depuis sept ans ; il abandonne maintenant la direction des missions au père Paul Ragueneau. Avant son départ, il dresse le 15 mai 1645 le bilan de cette période. Il parle d'abord des épidémies qui « se sont suivies les unes après les autres », et qui ont particulièrement décimé les convertis ; des famines et ensuite des guerres qui ont emporté de nombreuses victimes. Ces pertes sont très sensibles « pour tous ces pays qui vont s'affaiblissant de jour en jour, et tirent ce semble à la ruine, si quelque bras plus puissant que les nôtres ou quelque coup du ciel n'arrête l'insolence et la prospérité de leurs ennemis ».

Les Jésuites réclament des soldats pour protéger les Hurons.

Les Jésuites suivent chaque phase de l'agonie de la nation huronne, espérant toujours l'intervention de quelque facteur humain ou divin qui la sauvera. Depuis au-delà de quatre ans, ils notent les signes de désintégration finale, et ils crient au secours pour alerter la France.

L'année 1644 leur fournit l'occasion d'appels plus pressants. Vingt-deux soldats français ont accompagné un convoi, et les Iroquois n'ont pas osé l'attaquer. Leur présence en Huronie a empêché une invasion. Un détachement ennemi devait ravager les bourgades, mettre le pays à feu et à sang, « Mais la venue de ce secours leur a fait changer de dessein ». Une couple de compagnies sauverait ce peuple nécessaire à la France.

Le père Lalemant parle longuement de ces Hurons qui, comme tous les Indiens, jouissent de la plus entière liberté : l'un peut tuer, l'autre, recevoir une pension de l'ennemi, le troisième se vanter d'avoir, « de son propre mouvement ... rompu la paix qu'on avait arrêtée par un consentement général de tout le pays », aucune punition ne viendra jamais troubler l'existence des uns ou des autres.

Chacun, en Huronie, a son libre arbitre.

La guerre iroquoise, continue le missionnaire, présente de grands dangers pour les intérêts français et catholiques. Elle enraye le grand mouvement d'évangélisation : les missionnaires sont capturés en route, les articles qui leur sont envoyés sont pillés, les convertis sont massacrés. Le transport des pelleteries est arrêté. Les Hurons, en plus, ont « les desseins d'abandonner leur commerce avec les Français, voyant qu'il leur coûte si cher, et aimant mieux se passer des marchandises de l'Europe, que de s'exposer chaque année » non seulement à la mort, mais aussi au supplice du feu. Le jour où ils exécuteront ce projet, ils ne respecteront plus les missionnaires.

Le père Lalemant raconte aussi quelques faits militaires. Les chrétiens forment un parti qui passe deux mois en campagne. Deux capitaines païens qui l'accompagnent se convertissent en route. Les Hurons rencontrent enfin une bande iroquoise, mais beaucoup plus nombreuse ; ils combattent sept contre un. C'est une autre défaite. Pas un ne prend la fuite. Les deux convertis perdent la vie et « quantité de chrétiens... y demeurèrent avec eux... ».

Un autre parti de guerriers chrétiens part aussi pour l'Iroquoisie. Il se heurte à un parti ennemi qui fait volte-face et fuit. Il le poursuit pendant six heures. Se laissant emporter par son ardeur, un jeune guerrier est soudain entouré par trente Iroquois qui le percent de coups d'épée et qui le scalpent. L'ennemi retraite rapidement et bientôt le contact se perd.

Les *Relations* huronnes étaient autrefois gonflées de faits relatifs aux épidémies ; elles le sont aujourd'hui de faits militaires. On voit surgir continuellement des Hurons évadés avant le supplice, d'autres qui portent les marques des tortures ; on rappelle le souvenir de ceux qui sont morts. Chacun obtient une ligne, un paragraphe, une page, fragments d'une épopée dont la trame ne se connaîtra jamais.

La France doit sauver la Huronie !

Le père Lalemant adjure la France de sauver la Huronie. Elle doit faire « des efforts extraordinaires pour renverser cet ennemi » qui la ruine. Elle ne doit pas oublier les missionnaires qui « portent chaque jour leur âmes entre leurs mains, étant continuellement exposés à mille dangers de la mort, et que peut-être la plupart sont pour mourir au milieu des feux et des flammes d'un ennemi cruel, qui va de jour en jour ravageant ces pays... ».

L'épuisement des tribus algonquines

Si les missionnaires signalent en 1644 que les Hurons sont aux abois, ils notent aussi l'épuisement maintenant complet des tribus algonquines. L'état où se trouve cette nation « est capable de tirer des yeux de tous ceux qui l'aiment, des larmes de tristesse... C'est une chose pitoyable de voir périr devant nos yeux ces pauvres peuples à mesure qu'ils embrassent la foi... La maladie, la guerre et la famine sont les trois fléaux dont il a plu à Dieu frapper nos néophytes... Une maladie contagieuse s'épandit dans toutes ces nations, et en moissonna la plus saine partie. Cette maladie n'eut pas plutôt cessé, que la guerre, qui jusques alors [1640 leur avait été si avantageuse qu'ils s'étaient rendus maîtres du pays de leurs ennemis et les avaient battus partout] commença, et a continué depuis à leur être si funeste qu'ils y ont perdu tous leurs meilleurs guerriers, ont été chassés de leur propre pays, et ne font plus maintenant autre chose que fuir la cruauté des Iroquois, qui ne laissent pas néanmoins de les attraper bien souvent et en faire d'horribles massacres. » Affaiblis, décimés, les Algonquins sont encore « contraints de quitter les bois les plus commodes à la chasse, qui sont au midi du grand fleuve, et sujets aux courses de leurs ennemis ». Alors, les famines deviennent plus pressantes qu'autrefois.

Mais c'est le paragraphe suivant qui peint le mieux le contraste entre les puissants Algonquins que Champlain a observés en 1603 et leurs rares descendants d'aujourd'hui : « ...Tous ces accidents ont tellement éclairci [les rangs de] nos sauvages, que là où l'on voyait il y a huit ans, quatre-vingts et cent cabanes, à peine en voit-on maintenant cinq ou six ; et tel capitaine qui commandait pour lors à huit cents guerriers, n'en compte plus à présent que trente ou quarante, et au lieu des flottes de trois ou quatre cents canots, nous n'en voyons plus que de vingt ou trente ; ...ces restes des nations consistent quasi toutes en des femmes, veuves ou filles... » Ces chiffres écrits à peine deux ans après le début des guerres iroquoises montrent jusqu'à quel point les épidémies avaient décimé ces tribus : en additionnant toutes les pertes par la guerre durant cette période, on arrivait difficilement à cent cinquante, peut-être au plus deux cents victimes.

Témoignage du père Georges d'Endemrre sur la menace iroquoise

La lettre du père Georges d'Endemare, écrite le 2 septembre au fort Richelieu, explique aussi le désarroi des Français devant cette « petite guerre » à laquelle ils ne savent comment faire face : « ...Il est quasi impossible de faire ni la paix ni la guerre avec ces barbares ; point de paix, car la guerre est leur vie, leur plaisir et leur profit tout ensemble ; point de guerre, car ils se rendent invisibles à ceux qui les cherchent, et ne se rendent visibles que dans leur grand avantage ; allez les chercher dans leurs villages ils se retirent dans les bois, à moins que d'abattre toutes les forêts du pays, il est impossible de prendre ni arrêter les courses de ces voleurs. Cela est cause que nos habitations maintenant ne sont plus que des prisons, les rivières ne sont plus navigables qu'avec des armes, et dans les barques équipées de canons et de soldats. La pêche et la chasse [sont] interdites aux Français... à peine peut-on cueillir une salade en assurance dans un jardin, et pour aller faire quelque provision de bois, il faut mettre tout le monde en bataille et en garde... Nous sommes obligés de les craindre toujours. Si cette persécution dure, il faudra abandonner le pays. »

1645

L'hiver s'écoule dans l'inaction. Blottis en leurs forts, les habitants n'osent bouger. Les *Relations* signalent le fait avec humour : « J'aimerais quasi autant être assiégé par des lutins que par des Iroquois, les uns ne sont guère plus visibles que les autres ; quand ils sont éloignés on les croit à nos portes, et lorsqu'ils se jettent sur leur proie, on s'imagine qu'ils sont en leur pays. Ceux qui ont habité dans les forêts de Richelieu et de Montréal ont été relevés et renfermés plus étroitement qu'aucuns religieux ni aucunes religieuses dans les plus petits monastères de la France. » Dollier de Casson affirme que Montréal subit plusieurs attaques entre l'automne de 1644 et l'automne de 1645 ; mais que la garnison se défend avec honneur et tue même quelques ennemis sans subir elle-même aucune perte.

Montréal plusieurs fois attaquée.

Au printemps, une petite bande algonquine prend l'offensive. Elle a pour chef le grand guerrier Pieskaret. Comme le fleuve n'a pas encore débâclé, elle traîne tout d'abord ses canots sur la glace. Une fois le Richelieu atteint, elle peut s'y embarquer, car la rivière vient du sud et présente des eaux libres. Elle la remonte jusqu'au lac Champlain. Là, elle descend dans une île pour chasser. L'un des guerriers se poste en sentinelle. Soudain, il entend un coup d'arquebuse : vite, il avertit ses compagnons.

Pieskaret

Les Algonquins à la poursuite des Agniers au lac Champlain

Pieskaret commande à chacun de bien manger. Il excite ensuite leur courage : « Quoi qu'il arrive, il faut plutôt mourir que de fuir. » Un Algonquin part ensuite pour découvrir l'ennemi. Il aperçoit deux canots qui se dirigent vers l'île. Des Iroquois le montent. Pieskaret conduit alors ses hommes au lieu où l'ennemi doit aborder.

Les embarcations s'approchent. La première porte sept Agniers. Aucun d'entre eux n'a la moindre idée du danger qui le menace. Six coups d'arquebuse partent en même temps et six Iroquois tombent à la renverse ; le septième se dirige à la nage vers le second canot qui prend ce rescapé à son bord. Au lieu de fuir, cette pirogue veut aborder dans l'île par un autre endroit. Les Algonquins comprennent la manœuvre qu'elle exécute ; ils s'avancent vite dans la forêt ; ils arrivent un peu avant que l'ennemi ait atterri. Un coup d'arquebuse abat l'un des huit Agniers qui restent et qui sont décidés à venger la mort de leurs camarades. Leur embarcation chavire tout près du rivage. Les ennemis touchent fond et s'avancent vers la rive où le combat recommence. Les Algonquins font preuve de courage. Ils renversent quatre des Agniers dans l'eau et les assomment. Les trois derniers tentent de fuir. Un Algonquin poursuit le plus robuste d'entre eux, lui met l'épée dans les reins et il le somme de se rendre ; il le ramène captif. Un Iroquois plus jeune est vite capturé. Le troisième réussit à s'échapper. Pieskaret et ses six compagnons ont donc tué onze ennemis et ils ont fait deux prisonniers. Ils scalpent aussitôt les cadavres et ils se mettent en route avec les captifs. Ils ne leur infligent aucun mauvais traitement, si ce n'est de les lier étroitement.

C'est un retour triomphal. Pieskaret envoie un messager à Sillery pour annoncer au missionnaire son retour le lendemain ; il demande d'aviser le gouverneur général. Le temps venu, les canots algonquins paraissent sur le fleuve ; les guerriers chantent, les scalps flottent au vent. La foule se précipite sur le rivage. Des salves de mousqueterie accueillent les vainqueurs.

Le capitaine de Sillery salue Pieskaret : « Nous prenons plaisir de te voir, tu t'es vaillamment comporté, chacun se réjouit de ta venue... » Debout dans son canot, Pieskaret répond en peu de mots. Le missionnaire harangue la foule. Le gouverneur a envoyé une escouade de soldats qui tirent à leur tour de l'arquebuse.

Les prisonniers ne seront pas suppliciés.

Les occupants des canots descendent sur le rivage, au pied de la falaise. Les Agniers s'attendent au supplice. Mais les chrétiens de Sillery ont abandonné leurs cruelles coutumes ; les femmes n'entourent pas les prisonniers pour leur infliger des tortures préliminaires. Cependant, les jeunes filles exécutent des danses pour se réjouir de la belle victoire. Tous prennent part à un festin. Une vieille Indienne dont le père, le mari, les enfants ont subi de durs tourments en Iroquoisie, caresserait bien un peu ces prisonniers avec la hache ou le canon de fusil rougis au feu. Mais elle se contient au grand étonnement des prisonniers.

Pieskaret livre ses prisonniers au gouverneur.

Le surlendemain de cette arrivée triomphale, le gouverneur se présente à Sillery. Il entre dans la maison des Jésuites qui a subsisté au même lieu depuis ce temps lointain. Un conseil a lieu. Pieskaret harangue la foule et il livre ses prisonniers au gouverneur : « Les voilà tous entiers sans être offensés, je vous le jure, disposez-en selon vos pensées. » Il agit ainsi parce qu'il connaît les intentions de Montmagny : « J'entre dans vos pensées, elles sont bonnes..., mettez la paix partout, donnez le repos à tout le pays, les lances dans le feu avec le couteau : je n'ai plus... de passion que pour la paix. » Le gouverneur distribue alors des présents en récompense : armes à feu, poudre, plomb. Les Agniers n'ont pas compris les paroles qui se sont prononcées devant eux, mais ils comprennent bien la cérémonie du rachat. L'un d'eux se lève et dit : « Voilà qui va bien, mon corps est délivré de la mort, je suis retiré du feu : Onontio, tu m'as donné la vie, je t'en remercie..., la terre va être toute belle, la rivière sera toute calme et toute unie, et la paix nous fera tous amis. » Puis il danse, il mime la colère, il jette sa hache au feu.

La cérémonie terminée, chacun se retire. Des soldats veillent sur les prisonniers. Les Algonquins disent que ce n'est pas nécessaire et que les Iroquois ne craignent pas ceux qui leur ont donné la vie.

Parlant de Pieskaret et du gouverneur, Marie de l'Incarnation dit ce qui suit : « ...Il n'avait été à la guerre que pour lui amener des prisonniers, selon la promesse qu'il lui en avait faite depuis longtemps... » Montmagny voulait négocier un traité de paix. L'un des prisonniers de Pieskaret disait maintenant que « si l'on voulait renvoyer en leur pays le prisonnier iroquois que l'on gardait aux Trois-Rivières dès l'an passé, et qui passait parmi ceux de sa nation pour un homme de marque et de considération, il ne doutait point qu'il ne rapportât des nouvelles capables de faire quitter les armes ». Cet Agnier vivait en liberté parmi les Français depuis l'automne passé ; c'était un chef, peut-être un sachem dans sa tribu ; il félicitait maintenant ses compagnons d'être tombés entre les mains de vainqueurs aussi indulgents que les Français.

Montmagny offre de libérer des prisonniers iroquois en retour de la paix.

Le gouverneur a racheté ces derniers le 18 mai 1645. Immédiatement après, il met à exécution le projet auquel il pensait depuis longtemps. Il ordonne à M. de Champflour de donner au chef agnier tout ce qu'il lui faut pour retourner en son pays : canot, vivres, etc. Et il charge ce prisonnier du message suivant : Onontio se souvient de la libération de Godefroy et de Marguerie ; c'est pourquoi il a sauvé les captifs iroquois des mains des Algonquins ; il a déjà sauvé et libéré de pareille façon un Sikoki qui fait partie d'une nation alliée à la nation iroquoise. Montmagny détient en plus deux autres captifs en bonne santé, « et qu'il était tout prêt de les rendre après les avoir entendu parler sur ce sujet, que l'occasion d'aplanir la terre et de faire une paix universelle entre toutes les Nations, était toute belle, qu'ils en feraient comme bon leur semblerait ». Montmagny suit en agissant ainsi une vieille pratique indienne.

L'Iroquois s'éloigne le 21 mai : « Il partit seul dans un canot, parce qu'on n'osa pas hasarder de lui donner des Français pour l'accompagner, dans l'expérience que l'on a de la barbarie des Iroquois. » Il a promis de revenir avant que deux mois se soient écoulés. Plus tard, l'ennemi s'amusera du fait que l'on renvoie ainsi un homme seul par les grandes solitudes canadiennes.

Montmagny n'a d'autres solutions que de demander la paix.

La Nouvelle-France demande donc la paix proprement dite. Que Montmagny peut-il faire d'autre ? Il n'a pas de soldats. La Coalition laurentienne est pratiquement détruite et elle aurait besoin d'un très long répit pour se remettre. La traite des fourrures est ruinée ; elle ne se continue plus qu'avec les tribus du nord du Saint-Laurent qui viennent à Tadoussac, aux Trois-Rivières ou à Québec. Les habitants de Montréal, du fort Richelieu, des Trois-Rivières sont réduits à vivre dans les postes, à l'intérieur des palissades. La colonisation est pratiquement arrêtée. La Nouvelle-France est coupée de la Huronie, c'est-à-dire de sa mission catholique principale, de sa première source de fourrures ; les missionnaires ne peuvent étendre leur champ d'évangélisation. Toutes communications sont interrompues avec l'ouest, et même elles sont difficiles entre les postes. Faute d'assistance de la part de la France, Montmagny n'a plus qu'à demander la paix dans l'attente de jours meilleurs.

De prisonnier à chef iroquois, Guillaume Couture (v. 1616-1701).

L'ancien prisonnier agnier atteint enfin son pays. Il apporte des lettres à Guillaume Couture capturé en 1642 dans le même temps que le père Jogues et « que les Iroquois tenaient parmi eux en estime et réputation comme un des premiers de leur nation. Ainsi tranchait-il parmi eux du capitaine, s'étant acquis ce crédit par sa prudence et par sa sagesse. » Couture est donc le premier

Français à conquérir une grande influence en Iroquoisie, après y avoir été adopté, et à jouer dans ce pays ennemi même un rôle favorable à la France. Comme plusieurs de ses successeurs aussi, il s'élèvera chez ce singulier peuple, de l'état de prisonnier à celui de chef.

Couture lit les lettres qu'il reçoit de la Nouvelle-France. Accompagné du prisonnier libéré, il se rend auprès des sachems agniers « pour délibérer sur les propositions de la paix, tant avec les Français qu'avec les nations qui leur sont alliées ». Un conseil s'assemble immédiatement. Il consent à envoyer deux grands capitaines pour conduire aux Trois-Rivières les négociations nécessaires. Il éprouve des craintes au sujet de leur sécurité au Canada, mais en définitive tous « faisaient fond sur Couture », en qui ils ont confiance.

Kiotseaeton dit « Le Crochet », chef agnier, ambassadeur auprès des Français. Un orateur célèbre chez les Agniers.

Un mois environ s'écoule. Soudain, M. de Senneterre, au fort Richelieu, voit arriver ces ambassadeurs en compagnie de Couture. Il leur fait abandonner leur canot, il met une chaloupe à leur disposition, il leur fournit une escorte. Le 5 juillet, cette embarcation surgit devant les Trois-Rivières. Parmi les arrivants se trouve le prisonnier libéré quelques semaines plus tôt ; puis Kiotseaeton, sachem de la tribu des Agniers et personnage éminent, vêtu d'un costume d'apparat, harnaché de colliers de grains de nacre ; enfin Guillaume Couture, prisonnier depuis trois ans en Iroquoisie. La délégation représente la seule tribu des Agniers, et non toute l'Iroquoisie ; c'est elle qui envoie pratiquement tous les partis de guerre qui viennent rôder en Nouvelle-France.

Négociations de paix aux Trois-Rivières

La population des Trois-Rivières accourt sur la rivage. C'est une explosion de joie quand elle reconnaît Couture. Celui-ci informe tout de suite l'assistance du dessein des ambassadeurs « délégués pour venir traiter de paix avec Onontio... et tous les Français et tous les sauvages nos alliés ». Debout sur la proue de la barque, Kiotseaeton prononce une première harangue : « Je me suis volontairement exposé pour le bien de la paix : je viens donc entrer dans les desseins des Français, des Hurons et des Algonquins, je viens pour vous communiquer les pensées de tout mon pays. »

M. de Champflour reçoit les ambassadeurs dans sa résidence. Il leur présente des rafraîchissements. Tous pétunent. Guillaume Couture se porte garant de la bonne foi des Agniers. Des messagers partent immédiatement pour Québec afin de mettre le gouverneur général au courant des faits. Agents et prisonniers iroquois non officiellement libérés se promènent en paix. Tous les choient. Les Algonquins les invitent à leurs festins.

choient = cajolent, entourent de prévenance

Monsieur de Montmagny arrive une semaine plus tard, le 12 juillet. Et c'est alors que se tient dans la cour du fort le grand conseil de paix qui, par son pittoresque, son éclat, ses cérémonies alors nouvelles, a frappé l'imagination de tous les contemporains. Une fête du même genre a eu lieu en 1624 au même endroit. Mais celle-ci a plus d'ampleur et elle a trouvé de nombreux historiens pour la raconter.

De grandes voiles sont tendues au-dessus des têtes et protègent l'assistance contre les rayons du soleil. Le gouverneur et sa suite, le père Barthélemy Vimont se placent d'un côté du carré ; à leurs pieds s'assoient les Iroquois sur une bande d'écorce de pruche. Algonquins, Montagnais, Attikamègues, se tiennent en face ; quelques Hurons et Français se rangent à droite et à gauche afin de former un espace un peu plus long que large. Attachée à deux perches, une corde se balance sous le poids de dix-sept colliers ou bandes composés de trente mille grains de nacre à chacun desquels une signification symbolique est attachée ; quelques minutes plus tôt, les Agniers portaient encore ces colliers sur leur personne ou dans un sac qu'ils ont déposé à côté d'eux.

La harangue de Kiotseaeton

Kiotseaeton est l'un des bons orateurs de sa tribu. Il a pu, au cours de maints conseils, perfectionner ses dons innés. Il se lève donc. Il a devant lui tout un vaste espace pour circuler, gesticuler, parler, chanter ; car il chante parfois, et ses compatriotes mêlent leurs voix à la sienne. C'est un mime bien doué et il anime toutes les scènes qu'il raconte. Il a le parler fier d'une tribu qui vient de remporter de nombreuses victoires et qui n'éprouve pas de crainte.

Symbolisme des colliers

Kiotseaeton présente les dix-sept colliers à chacun desquels est attachée une proposition particulière ; et c'est l'explication de ces propositions qui compose la harangue. Le premier est un remerciement pour la libération du prisonnier. Mais pourquoi l'avoir renvoyé tout seul ? Un accident aurait pu se produire, jamais personne n'aurait su ce qu'il serait devenu. Le second libère Guillaume Couture qui, malgré la situation qu'il s'était acquise, était toujours un captif. Par le troisième, Kiotseaeton explique que les Agniers ont ajouté des présents à ceux que le gouverneur général envoyait aux Onneyouts, aux Onontagués, aux Goyogouins et aux Tsonnontouans ; « et que ces présents avaient été distribués aux Nations qui leur sont alliées pour arrêter leurs haches, pour faire tomber des mains de ceux qui s'embarquaient pour venir à la guerre, leurs armes et leurs avirons ». Le quatrième exprime l'indifférence dont l'orateur s'est cuirassé en passant à côté de l'île du lac Champlain où Pieskaret a remporté sa victoire : « J'ai vu la place du combat où ils ont pris les deux prisonniers qui sont ici : j'ai passé vite, je n'ai point voulu voir le sang répandu..., leurs corps sont encore sur la place, j'ai détourné mes yeux de peur d'irriter ma colère » ; l'orateur frappe la terre du pied, il cite : « J'ai ouï la voix de mes ancêtres massacrés par les Algonquins... » Le cinquième collier doit enlever du fleuve tous les canots de guerre qui y circulent ; le sixième, aplanir les obstacles naturels des cours d'eau qui conduisent de la Nouvelle-France à l'Iroquoisie ; le septième, niveler en particulier le Sault Saint-Louis, pour que les communications soient plus faciles ; le huitième rend bien douces les sentes de la forêt. Le neuvième annonce que les Français en visite trouveront toujours du bois sec et du feu dans les cabanes de l'Iroquoisie. Le dixième doit lier solidement ensemble un Français, un Iroquois, un Algonquin :

Sentes = sentiers

« Voilà le nœud qui nous attache inséparablement. » Par le onzième, les Français sont invités à venir manger de bonne venaison en Iroquoisie et par le douzième se dissipent les nuages de mensonges qui peuvent altérer les relations des deux peuples.

Les treizième et quatorzième présents ont une importance singulière. Ils ont trait à la politique future de la Huronie. L'orateur s'adresse aux représentants de ce dernier pays, il leur rappelle ce qu'il appelle les bonnes dispositions des Agniers ; puis il ajoute ce qui suit : « Il y a cinq jours..., c'est-à-dire cinq années, que vous aviez un sac rempli de porcelaine et d'autres présents tous préparés pour venir chercher la paix ; qui vous a détournés de cette pensée ? Ce sac se renversera, les présents tomberont, ils se casseront, ils se dissiperont, et vous perdrez courage. » Le quatorzième collier souligne l'invitation : les Hurons doivent se hâter de parler ; « qu'ils ne fussent point honteux comme des femmes, et que prenant résolution d'aller aux Iroquois, ils passassent par le pays des Algonquins et des Français ». Et ces paroles indiquent nettement que les Hurons, après avoir recommencé la guerre avec les Iroquois, ont entretenu sérieusement l'idée de négocier avec les Agniers et qu'ils ont été sur le point d'envoyer des ambassadeurs. Les Agniers les convoquent aujourd'hui directement à des colloques. Veulent-ils nouer des relations commerciales qui leur permettraient de disposer des pelleteries huronnes ? Songent-ils à dériver vers l'Hudson le courant des fourrures de l'Outaouais ? Ce sujet sera-t-il l'objet principal des futures négociations ? C'est possible. Hunter, pour sa part, le croit. La paix va priver les Agniers des fourrures qu'ils pillaient au Saint-Laurent. Où en prendront-ils à l'avenir s'ils n'en obtiennent pas par leurs ambassadeurs ?

Le quinzième présent affirme que les Agniers ont toujours eu l'intention de renvoyer vivants en Nouvelle-France les pères Jogues et Bressani. « Le bûcher était préparé », dit le père Jogues qui assiste à la scène. Le seizième présent demande une bonne réception pour les Iroquois qui viendront en Canada et non pas le tonnerre des canons et le sifflement des balles. Enfin le dix-septième collier appartenait au plus jeune des prisonniers. Sa mère, qui avait été la « tante » du père Jogues pendant le séjour de celui-ci en Iroquoisie, c'est-à-dire la femme qui l'avait nourri, hébergé et protégé sur l'ordre du conseil, l'envoie maintenant à l'Algonquin qui a capturé son fils sans le tuer. Ce fils a été heureux de rencontrer de nouveau le père Jogues qui est descendu de Montréal aux Trois-Rivières pour la fête et qui a reconnu tout de suite l'Agnier.

Jogues avait rallié la France au début de 1644. Il débarqua à Québec au début de juillet de la même année, à la surprise de tous qui ignoraient sa libération.

Les Français écoutent cette harangue avec curiosité, ils observent ces cérémonies avec intérêt. Ils affirment que l'orateur a été « pathétique et éloquent », qu'il s'est montré « fort bon acteur ». Ce qui plaît surtout, c'est le fond de l'affaire. Tous sont contents : « La conclusion fut que les Iroquois, les Français, les Algonquins, les Hurons, les Montagnais et les Attikamègues danseraient tous. » Aussi Montmagny offre un banquet aux représentants de ces nations ; il les exhorte à bannir toute défiance de leur esprit.

Deuxième conseil

Un autre grand conseil a lieu le 14 juillet. Cette fois le gouverneur donne sa réponse. Et se conformant aux mœurs indiennes, il offre à son tour des présents qui possèdent, chacun, leur signification. Guillaume Couture est l'orateur des Français. Il parle en iroquois ; il utilise tout l'assortiment des clichés et des métaphores qui constituent le bagage ordinaire des ambassadeurs. Il faut d'abord remercier celui qui a tout fait, couvrir de vêtements les prisonniers qui retournent en leur pays, leur aplanir la route ; il faut offrir des remerciements pour sa libération, effacer le souvenir des morts, rendre facile la route fluviale. Un présent invite « les canots des Iroquois agniers à nous venir voir, pour manger avec nous, pour pêcher en nos rivières des barbues, esturgeons et castors, et chasser dans nos forêts des orignaux ». La réception sera bonne. Tous au Canada sont contents de la paix. Les Iroquois doivent attendre cependant que les Iroquets, les Algonquins supérieurs et les Hurons expriment leur pensée. Les Français promettent que les Hurons viendront bientôt. Ils se disent les amis des Onneyouts. Ils offrent leurs remerciements pour la libération du père Jogues ; ils demandent celle de la petite Thérèse, protégée de Marie de l'Incarnation, et d'un jeune prisonnier français qui est sans doute le domestique du père Bressani. Enfin Couture assure que ses compatriotes considèrent les Tsonnontouans et autres peuples iroquois comme leurs alliés. Et chaque fois que Couture exhibe un présent, les ambassadeurs agniers poussent une exclamation gutturale de satisfaction.

La paix des Trois-Rivières

« Ainsi, dit la *Relation*, fut conclue la paix avec eux à condition qu'ils ne feraient aucun acte d'hostilité avec les Hurons, ou envers les autres Nations nos alliées, jusques à ce que les principaux de ces Nations qui n'étaient pas présents eussent agi avec eux. » La paix est donc conclue entre Agniers et Français, à condition que les premiers n'attaquent ni les Hurons ni les Algonquins tant que ces derniers n'auraient pas négocié avec eux. Mais entre Agniers et Hurons, Agniers et Algonquins, ce n'est qu'une trêve : les capitaines les plus importants des tribus canadiennes ne sont pas présents pour engager leurs peuples. Puis les Français, comme on l'a vu, ont invité toutes les tribus iroquoises à envoyer des députés ; ils désiraient en particulier la présence de quelques Onneyouts. Une seule tribu a acquiescé, celle des Agniers. L'invitation est demeurée lettre morte pour les autres. Les Agniers négocient pour leur compte seulement. Et ce seul fait enlève au traité une grande partie de son utilité et de son importance. Cet instrument ne peut offrir aucun soulagement important aux Hurons vivant en Huronie qui doivent faire face avant tout aux attaques des Tsonnontouans.

Noël Negabamat, dit Tekouerimat (v. 1600-1666), un chef montagnais de Sillery

La cérémonie ne se termine cependant pas tout de suite. Pieskaret présente un cadeau au nom des Algonquins. Il demande aux Agniers d'oublier le massacre de quelques-uns des leurs dans l'île du lac Champlain. Noël Negabamat parle au nom des chrétiens de Sillery. Les Français tirent trois coups de canon « pour chasser le mauvais air de la guerre ». Un Huron tente de semer la défiance entre Iroquois et Français ; sa nation supporte avec impatience toute bonne entente entre les deux peuples ; elle craint que les Français n'accordent leur amitié aux Iroquois et n'abandonnent les Hurons. La jalousie fera toujours rage dans des occasions pareilles. Puis le père Vimont, supérieur des Jésuites, reçoit les ambassadeurs dans sa résidence des Trois-Rivières. Il leur offre du pétun, des calumets, des présents divers. Les Jésuites pensent toujours à leur œuvre de conversion.

Enfin, le 15 juillet à dix heures du matin, les ambassadeurs quittent les Trois-Rivières en compagnie de deux Français. De la chaloupe, Kiotseaeton prononce une harangue d'adieu : « ...Onontio, ton nom sera grand par toute la terre... » Les Indiens tirent des coups d'arquebuse, le canon tonne sur le fleuve.

Des ambassadeurs agniers reviendront dans une couple de mois après avoir soumis les propositions françaises et algonquines aux conseils de leur nation. C'est alors que le traité sera vraiment ratifié. Des représentants des Algonquins et des Hurons, dûment attitrés, devront se trouver à la cérémonie.

Chapitre 19

1645

Il faut profiter de cette accalmie pour examiner l'état de la nation iroquoise et en particulier des Agniers, à ce moment précis de l'histoire.

Les Hollandais et les Indiens de l'Hudson font la paix.

Les Hollandais négocient une trêve avec les Indiens de l'Hudson dans le même temps que les Français font leur paix avec les Agniers. Des négociations s'ouvrent à la fin du mois d'août ; les délibérations ont lieu « aussi en présence des ambassadeurs agniers, à qui l'on avait demandé de venir à ces conseils de paix, en qualité de médiateurs... ». Une proclamation annoncera bientôt que le 31 sera « journée d'actions de grâce », pour remercier le ciel « de la paix si longtemps désirée avec les sauvages... ».

La guerre a occasionné en Nouvelle-Hollande de nombreux massacres et de vastes destructions de propriétés. Pendant plusieurs années, elle sera le thème d'enquêtes, de rapports, de lettres, de documents divers. Ces récits contiendront des passages parfois lumineux sur les Agniers et les Iroquois. Ceux-ci n'ont pas pris part au conflit, ils conduisaient des raids au Canada. Les Hollandais n'ont pas eu à les combattre, sinon ils auraient vite succombé sous l'attaque.

Les Agniers armés par les Hollandais.

La citation la plus révélatrice est certainement la suivante prise dans le *Journal of New-Netherland* : « Les habitants de Rensselaerswyck, qui étaient autant de traiteurs que de personnes, ayant noté que les Agniers convoitaient des fusils, certains d'entre eux en ayant déjà obtenu des Anglais, payant pour chacun un prix aussi élevé que vingt castors, et pour une livre de poudre, un prix aussi élevé que dix à douze guilders, vinrent en plus grand nombre que d'habitude aux lieux où les gens étaient bien pourvus d'armes à feu, et ils les achetèrent bon prix, réalisant par la suite un gros bénéfice ; plus tard, ils en obtinrent quelques-uns... pour leur propre défense... Les traiteurs de Hollande eurent vite vent de ce commerce, et de temps à autre, ils apportèrent de grandes quantités d'armes à feu, de façon que les Agniers, en un temps court, furent vus avec des armes à feu, de la poudre et du plomb à proportion. Quatre cents hommes armés surent comment utiliser cet avantage, particulièrement contre leurs ennemis habitant le long de la rivière du Canada, contre qui ils ont maintenant exécuté avec succès plusieurs raids fructueux, là où auparavant ils ne remportaient que peu d'avantages ; et ceci fut également cause du respect inspiré aux Indiens qui les entourent ou habitant aussi loin que la rive de l'océan, Indiens qui doivent en général leur verser un tribut, tandis qu'autrefois, au contraire, c'est eux qui versaient le tribut à ces Indiens... »

Ces lignes indiquent d'un dessein net le processus de l'expansion des Agniers. Au début, ils sont plus faibles que leurs voisins : ils doivent verser des tributs ; au Canada, ils subissent autant de défaites que de victoires. Puis les Anglais leur vendent quelques armes à feu. En second lieu, les habitants de Rensselaerswyck découvrent ce désir de posséder des mousquets, ils achètent tous les fusils qu'ils peuvent trouver pour les leur revendre ; enfin les traiteurs venus de Hollande sont mis au courant de ce trafic et importent de grosses quantités d'armes à feu ; les Agniers ont bientôt un corps de quatre cents guerriers armés à l'européenne ; les Indiens, leurs voisins, se laissent intimider, au lieu d'exiger un tribut, ils en versent un : et les Algonquins et Hurons du Canada subissent des défaites continuelles quand autrefois ils remportaient souvent l'avantage.

Naturellement, ce ne sont pas les Agniers seuls qui réussissent à s'armer. D'autres documents prouvent que les Indiens de l'Hudson avaient obtenu des mousquets. Les Hollandais combattent des ennemis à qui ils ont vendu des armes. Toutefois, la citation précédente indique nettement que les Agniers reçoivent un traitement privilégié : ils sont devenus tellement plus puissants que leurs anciens ennemis qu'ils exigent d'eux le tribut alors qu'ils le leur payaient autrefois. Cette prédilection pour les Agniers se marquera bientôt plus nettement encore. Elle s'explique probablement par les deux raisons suivantes : les Hollandais ne veulent pas que les Agniers joignent leurs forces à celles des Indiens de l'Hudson et ils sont prêts à verser le prix nécessaire ; ou bien, ils éprouvent la nécessité de bien armer des pourvoyeurs qui ne trouvent plus de fourrures dans leur propre pays et doivent se les procurer par la force. Enfin, l'Iroquoisie est en dehors de la Nouvelle-Hollande et les causes de friction entre Iroquois et Hollandais sont rares.

Un autre document qui décrit la capture du père Jogues parle aussi des relations intimes qui existent entre Hollandais et Agniers : « Ils ont beaucoup d'amitié pour nous et nous n'éprouvons aucune crainte à leur égard. Nous allons avec eux dans les bois... Leurs instruments de guerre étaient autrefois l'arc et la flèche, la hache de pierre et la masse ; mais maintenant ils obtiennent de nos gens des fusils, des sabres, des haches de fer et des masses... »

La traite des fourrures réglementée à Fort Orange.

Une ordonnance du 8 mai 1645, reproduite dans les *Van Rensselaer Bowier Manuscripts*, ouvre des aperçus sur la traite alors pratiquée à Fort Orange : « Considérant, dit-elle, les grands abus qui sont quotidiennement pratiqués dans la traite des fourrures ici », elle fixe un prix maximum pour le castor ; elle défend le troc la nuit ou à des heures indues ; elle défend d'aller à la rencontre des Sauvages en dehors de sa maison, ou d'attirer chez soi les Indiens qui sont chez les autres. En fait, la concurrence inspirait déjà une infinité de trucs que le Canada connaîtra bientôt.

Le moment est alors venu de citer la phrase suivante d'Arthur H. Buffinton qui a étudié la politique commerciale de Fort Orange, plus tard Albany : « Le commerce avec eux [les Iroquois] était le fondement de la prospérité d'Albany, et l'existence même d'Albany dépendait de l'amitié que l'on pouvait entretenir avec eux ». Cette interdépendance, qui s'applique de la même façon, dans la Nouvelle-Hollande et dans la Nouvelle-France, est dans les deux pays à l'origine des mêmes actes. Au Canada, c'est Champlain qui se met à la tête de partis algonquins et hurons pour refouler les Iroquois chez eux ; au sud, ce sont les traiteurs, les négociants de Fort Orange qui fournissent les armes à feu et les munitions ; l'assistance militaire prend deux formes différentes, mais au fond c'est la même chose ; il faut la reconnaître sous les aspects différents qu'elle revêt. À maintes reprises, dans l'avenir, et surtout au temps de Dongan, gouverneur de New York, et durant les vingt dernières années du siècle, armes à feu et munitions couleront à flots en Iroquoisie. Aussi est-il faux d'affirmer, comme on l'a fait trop souvent, que les Français du Canada assistent militairement les Indiens qui sont sous leur juridiction, tandis que les Hollandais, et après eux les Anglais, restent neutres dans le conflit et laissent les Iroquois combattre avec leurs propres forces. Ni les uns ni les autres ne peuvent se désintéresser de leurs alliés.

Le commerce, source de prospérité de la colonie

Après le départ de Kiotseaeton, l'anxiété règne dans la Nouvelle-France : réussira-t-on à rassembler en temps voulu les députés de tant de tribus différentes ? Le temps s'écoule vite. C'est bien la paix. Aucun parti iroquois armé ne paraît sur le fleuve. Cependant, aucune nouvelle n'arrive de la lointaine Huronie. En août, cinq navires français mouillent l'ancre à Québec. La compagnie des Cent-Associés a abandonné la traite aux habitants. Mais la nouvelle société n'est guère plus puissante que l'ancienne. C'est au fond le même régime qui se continue. Récoltant tous les bénéfices, elle doit assumer la charge de coloniser, d'administrer, de défendre la Nouvelle-France. Elle n'est pas assez forte pour bien remplir ces devoirs ; et le roi lui ayant affermé le pays, il s'en désintéresse.

À la fin du mois d'août, l'activité renaît sur le fleuve. Les Montagnais apparaissent les premiers à Québec, suivis de près par les Algonquins. Le 10 septembre se présente le convoi de Huronie ramenant le père Jérôme Lalemant, les vingt soldats français, et enfin une grosse cargaison de pelleteries. Les principaux capitaines hurons sont présents ; ils amènent l'un des deux prisonniers iroquois que leurs compatriotes ont refusés à Montmagny l'an précédent ; le second s'est évadé en route. Ces députés « avaient ordre de tout leur pays de traiter pleinement de la paix, et de suivre les pensées d'Onontio ». Algonquins supérieurs et Iroquets arrivent ensuite, le 12 septembre, le gouverneur général est sur les lieux. Enfin, le 15, aborde au pied de la falaise un canot monté par cinq Iroquois. Ces messagers annoncent que leur pays a reçu les présents d'Onontio et que les ambassadeurs sont proches. Au nombre de quatre, ceux-ci débarquent le 17. Quatre cents Indiens écoutent du rivage la harangue que l'un d'entre eux prononce avant de quitter son embarcation.

Les ambassadeurs agniers à Québec

Montmagny dépêche immédiatement sur les lieux un peloton de soldats qui forment deux haies : les Iroquois avancent au milieu sous les regards de la foule. Médiateurs de la paix entre les Hollandais et les Indiens de l'Hudson, respectés par les tribus voisines, aux trois quarts maîtres de la Nouvelle-France, ils reçoivent modestement ces honneurs.

La harangue de Guillaume Couture s'accompagne de dix-huit bandes de grains de nacre. Il parle au nom des Agniers.

Le conseil a lieu de 18 septembre. Les Agniers offrent encore leurs présents les premiers. Mais cette fois, ils ont choisi comme orateur un Français, Guillaume Couture. Celui-ci présente donc en leur nom dix-huit bandes de grains de nacre. Le premier signifie que l'Iroquoisie a entendu la voix retentissante d'Onontio et a déposé les armes. Cette emphase manque d'exactitude : les quatre tribus iroquoises supérieures font toujours la petite guerre aux Hurons qui ne s'en étonnent pas autrement. Les sept colliers suivants symbolisent les formules ordinaires de politesse : il faut maintenant se visiter ; les Français trouveront de bonnes nattes pour dormir en pays iroquois ; un bon feu les réchauffera ; des festins les accueilleront ; des onguents guériront leurs pieds meurtris par la route difficile, ou leurs épaules meurtries par les fardeaux des portages ; des Iroquoises accepteront d'épouser des Blancs. Le neuvième présent prie les Algonquins d'exprimer maintenant leurs intentions ; car leurs chefs sont présents. Le dixième adresse la même objurgation aux Hurons ; il est offert « pour tirer leurs sentiments du fond de leurs cœurs ». Le quatorzième est destiné encore à ces deux peuples : les Iroquois « désirent que les Algonquins-Hurons se hâtent de parler, c'est-à-dire de porter des présents en leur pays s'ils veulent la paix ». Le onzième est au même effet. Le dix-septième et le dix-huitième reviennent encore sur ce sujet ; les Agniers prient Onontio « de sonder les Hurons et les Algonquins, et de dire nettement quelle était leur pensée touchant la paix ou la guerre » ; l'autre disait que le petit Français dont on avait demandé la libération, reviendrait « avec ceux qui porteront la parole des Algonquins et des Hurons ». Enfin, les Iroquois ne pensaient plus à la guerre, ni à la vengeance ; ils remerciaient les Français qui les avaient accompagnés en leur pays, ils demandaient la libération de l'Iroquoise faite prisonnière, il y a longtemps, et qui, conduite en France, était morte au couvent des Carmélites de Paris.

L'Iroquois le plus éminent se lève ensuite après Guillaume Couture et il offre trois nouveaux présents. Le premier signifie que les Algonquins et les Hurons, actuellement prisonniers en Iroquoisie, sont maintenant libres en fait et pourront revenir bientôt en leur pays. Le second a trait à la petite Thérèse de Marie de l'Incarnation : elle « était toute prête d'être délivrée, et que si les Hurons entraient dans la paix, qu'elle s'en retournerait avec eux si elle voulait, sinon qu'ils la retiendraient comme une enfant nourrie de la main des Français, pour préparer leur manger quand ils [les Français] iraient en leur pays ». Enfin l'orateur annonce « que tous les présents que Monsieur le Gouverneur avait faits aux premiers ambassadeurs avaient été portés selon son ordre à toutes les nations qui leur sont alliées. Il les nomma toutes ».

Montmagny a donc tenté une seconde fois de nouer des négociations de paix avec toutes les tribus iroquoises ; mais il est établi que les seuls Agniers ont répondu à son appel ; les Onneyouts ont même trouvé que le présent qui leur a été adressé n'avait pas assez d'importance pour ouvrir une négociation de ce genre. Enfin un Iroquois, un Français, un Huron, un Algonquin se lient ensemble, en symbole de paix, ils dansent et ils chantent.

Non moins de sept présents sur ce total ont trait aux futures négociations qui doivent avoir lieu entre les Agniers, Algonquins et Hurons. Les ambassadeurs y tiennent singulièrement. La libération de la petite Thérèse, du petit Français et même des prisonniers algonquins et hurons est subordonnée à ces pourparlers futurs ; enfin la paix entre les deux grandes tribus canadiennes et les Agniers en dépend. L'invitation se fait insistante, tenace. Pourquoi ? Les Agniers veulent-ils discuter loin des Français avec les Algonquins et les Hurons des questions afférant aux pelleteries ? Mystère.

Un Huron célèbre prononce ensuite une harangue, mais sans dire de phrases bien significatives : « ...Nous sommes frères, s'écrie-t-il, la conclusion est prise, nous voilà tous parents, Iroquois, Hurons, Algonquins et Français, nous ne sommes plus qu'une même chose. » Un Iroquois invite tous les Indiens à la chasse : « Tout le pays qui nous sépare est rempli d'ours, de cerfs, d'élans, de castors, et de quantité d'autres bêtes... » Puis parlant aux Algonquins : « Ce présent vous invite à la chasse, *nous jouirons de votre industrie*, nous ferons rôtir les animaux dans une même broche... »

Le dernier conseil a lieu le 20 septembre. Le gouverneur offre à son tour des présents. Les Hurons libèrent le prisonnier iroquois qu'ils détiennent. Ils offrent quatorze présents, tous sous forme de peaux de castors, et qui n'ont d'autre intérêt que de jeter de la lumière sur les mœurs des Indiens : les uns consolent les Iroquois de la perte de leurs compatriotes, ouvrent un chemin facile entre la Huronie et l'Iroquoisie, invitent les Iroquois, demandent aux Onneyouts de se joindre à la paix ; les autres enlèvent les armes des mains, abaissent les étendards de guerre, arrêtent les coups d'arquebuses, enlèvent la peinture de guerre sur les visages, brisent les chaudières dans lesquelles on fait bouillir les prisonniers, préparent en Iroquoisie une natte pour les « Hurons qui se devaient bientôt transporter au pays des Iroquois ». Mais la *Relation* contient deux expressions qui indiquent bien que la paix ne se fait qu'avec les Agniers ; la première parle des « Iroquois, nommés Agniers, avec lesquels nous avons fait la paix... » ; la seconde spécifie que le gouverneur a passé le traité avec les Iroquois qui ont repeuplé les Onneyouts, c'est-à-dire les Agniers.

Les présents des Hurons et leur signification

Pour leur part, les Algonquins présentent cinq cadeaux, qui n'ont, eux non plus, aucune signification particulière ; et, comme les Hurons, ils ajoutent la promesse d'envoyer une ambassade : « Le reste de nos paroles ou de nos présents sera porté en votre pays. »

Montmagny d'ailleurs s'engage lui-même. Il verra à ce que les Algonquins et les Hurons observent leurs promesses aux Agniers et envoient des ambassadeurs en Iroquoisie. Et la peine qu'il se donne est une confirmation de l'importance de ces futurs pourparlers. Il confie aux députés de nouveaux cadeaux pour les Onneyouts.

C'est alors que le chef de la délégation iroquoise se lève et dit avec emphase : « Onontio, tu as dissipé tous les nuages, l'air est serein, le ciel paraît à découvert, le soleil est brillant, je ne vois plus de trouble, la paix a tout mis dans le calme, mon cœur est en repos, je m'en vais bien content. »

Le conseil se termine ensuite sur quelques paroles de Montmagny qui exhorte tous ces peuples à la paix, à l'amitié, à la bonne foi. Il donne un grand banquet à plus de quatre cents convives. On dirait l'âge d'or revenu. On crie au miracle.

Et le 23 septembre a lieu le départ des ambassadeurs agniers. Deux Algonquins, deux Hurons, deux Français les accompagnent. Ils laissent trois Iroquois en Nouvelle-France. Malgré le traité, ce sont des otages qui répondent de la sécurité des premiers.

La paix permettra l'évangélisation.

La paix apporte grand soulagement à la Nouvelle-France aux abois. La population respire. Les missionnaires manifestent les premiers leur joie : « Que le Dieu des dieux soit béni à jamais, que son Nom soit glorieux dans toutes les contrées de la terre. Si ces barbares... ne troublent cette paix conclue pour les Français et bien avancée pour les sauvages, il y aura moyen d'aller souffrir pour Jésus-Christ dans un grand nombre de peuples. » L'espérance d'évangéliser toutes les tribus indiennes, même les Iroquois, inspire ces hymnes. Marie de l'Incarnation n'est pas moins optimiste : « L'on peut maintenant porter sans crainte la lumière de l'Évangile dans toutes les nations de notre Amérique... ; car avant cela, nos pères, aussi bien que nos Français et nos Sauvages, étaient si resserrés qu'à peine pouvaient-ils aller à cent pas des habitations sans être en danger d'être pris ». Voici ce qu'elle ajoute un peu plus loin : « Nous sommes à la veille de voir le royaume de Dieu s'étendre sur tous les peuples infidèles de notre Amérique. »

Des Algonquins veulent s'établir sur l'île de Montréal.

Les projets de stabilisation des tribus canadiennes refleurissent avec éclat. Après les derniers orages, les Indiens ne pensent plus qu'à une oasis, qu'à un lieu de retraite bien protégé. Sillery offre un modèle. L'attention se reporte sur l'île de Montréal. Le Borgne de l'Île et un autre grand capitaine « s'étaient résolus de demeurer là, d'y passer l'hiver et d'y planter du blé d'Inde au printemps... ». D'autres sauvages « dont les ancêtres ont autrefois habité l'île de Montréal, et qui semblent avoir quelque désir de la reprendre pour leur pays, tinrent ferme ». D'autres les imitent. Ce sont les Algonquins de l'Outaouais qui veulent se grouper là. Des souvenirs les remènent vers l'archipel stratégique. « Un vieillard âgé peut-être de quatre-vingts ans, s'est retiré à Montréal : « Voici, dit-il, mon pays, ma mère m'a raconté qu'étant jeune les Hurons nous faisant la guerre, nous chassèrent de cette île, pour moi j'y veux être enterré auprès de mes ancêtres ». Atironta, le chef huron, remonte le fleuve après avoir passé l'hiver à l'hôpital de Québec, et « ayant vu la beauté des blés d'Inde de Montréal, a pris résolution d'aller quérir sa famille, et d'en amener encore une autre pour y venir faire leur demeure ». Les missionnaires conçoivent alors des espérances : « ...Si la crainte des Iroquois supérieurs et quelque mauvais génie ne les fait remonter en leur pays, il est à croire qu'ils composeront avec le temps, s'ils sont secourus, une petite Église pleine de piété. »

Jean-Baptiste Atironta, capitaine au village huron de Cahiagué, un village de la nation des Ahrendarrhonons (Pierres), mort en 1650. Ne pas confondre avec Darontal, le premier Atironta.

Les projets reçoivent aussi un commencement d'exécution. Le *Journal des Jésuites* contient en effet la précieuse indication suivante : sur la fin d'avril 1646, « les Sauvages se mirent puissamment partout à travailler à la terre ; ils firent de nouveau à Sillery plus de quinze arpents de terre ; aux Trois-Rivières, plus de 30 familles sauvages se mirent à cultiver ; idem à Montréal ; les Français de leur côté n'en firent pas moins ».

Décimés, déracinés, les peuples de la Coalition laurentienne sont inclinés vers les plans des missionnaires. La *Relation* même de 1646 contient une autre preuve de leur insigne faiblesse présente. Elle parle des Montagnais de Tadoussac qui, en 1603, formaient une tribu forte, énergique, saine. « On comptait autrefois, dit-elle, sur les rives de ce port, trois cents guerriers ou chasseurs effectifs, qui faisaient environ avec leurs familles douze ou quinze cents âmes. Ce petit peuple était fort superbe ; mais Dieu le voulant disposer à recevoir son Fils, l'a humilié par des maladies qui l'ont quasi tout exterminé. » Et le gouverneur défend aux habitants de traiter des armes aux Indiens, eux qui auraient tellement besoin d'armes à feu, non seulement pour se défendre, mais encore pour tuer du gibier et parer aux famines.

Les Montagnais de Tadoussac

Pour les Français, le répit apporte des bénéfices non moins grands. Le défrichement du sol peut se continuer ; les habitants peuvent cultiver autour des postes ; le commerce des fourrures avec l'Outaouais supérieur et la Huronie peut reprendre ; la route fluviale est de nouveau libre et les communications peuvent se rétablir ; l'exploration du nouveau monde peut se poursuivre, et, enfin, les dangers quotidiens disparaissent.

La Compagnie des Cent-Associés a passé la main à la Compagnie des Habitants. Quelques espérances naissent. Mais la situation de fond n'a pas changé. Et c'est là le mal fondamental de la Nouvelle-France. Les Habitants ne s'engagent, eux aussi, qu'à entretenir cent soldats dans la colonie, qu'à y faire entrer vingt colons par année. La traite ne donne pas assez de profits pour que la société qui en bénéficie puisse exécuter un vaste programme d'immigration, de colonisation, de défense. Et même si elle en donnait, des particuliers auraient-ils assez de désintéressement pour consacrer une large portion des profits au développement du pays ? La Nouvelle-France ne peut que végéter dans une insigne faiblesse numérique, industrielle, agricole, commerciale. Et c'est cette faiblesse que les Agniers peuvent observer soigneusement pendant la paix, qui invite et sollicite les attaques. Quel respect et quelle crainte les Iroquois peuvent-ils concevoir pour ces petits groupes cantonnés dans les forts, non acclimatés au pays, qui ne savent se battre ni dans la forêt ni sur l'eau ? Les Agniers à eux seuls comptent au moins deux fois plus de guerriers que les Français ne comptent d'hommes valides. La Nouvelle-Hollande, dont l'état est le même, devra elle aussi se débattre continuellement dans des guerres avec les Indiens de l'Hudson.

Les limites de la paix de 1645

Mais il convient de donner à cette paix ses véritables limites. Tout d'abord, des tribus indiennes sont parties à ce traité. Et selon les mœurs indiennes, n'importe quel particulier ou n'importe quel clan peut le violer à la moindre fantaisie, sous le moindre prétexte ; il suffit d'un mécontentement, d'un rêve du premier venu, pour tout remettre en question. Tous les peuples du nord-est de l'Amérique en sont là, les Iroquois comme les autres. C'est à ce danger que mène, dans le domaine international, la liberté absolue dont jouit chaque individu.

La paix n'est définitive ensuite qu'entre Agniers et Français. Voici sur ce point un témoignage précis qu'il faut ajouter aux autres : « Je dis donc en premier lieu, que sous le nom d'Iroquois, nous avons jusques à maintenant compris plusieurs nations confédérées, toutes ennemies des sauvages qui nous sont alliés : ces nations ont leurs noms particuliers, les Agniers, les Onneyouts, les Onontagués, les Tsonnontouans et autres. Nous n'avons encore proprement la paix qu'avec les Agniers, qui sont les plus voisins de nos habitations et ceux qui nous donnaient plus de peine ; dorénavant nous les distinguerons par leurs noms propres et particuliers afin d'éviter la confusion. »

Les autres tribus n'ont pas envoyé de députés malgré les invitations répétées du gouverneur général. Celui-ci désirait en particulier que les Onneyouts signent le traité : voisins des Agniers, ils peuvent venir facilement guerroyer en Nouvelle-France.

L'absence des Iroquois de l'ouest est fort grave pour les Hurons, les Népissingues, les Algonquins de l'Île. Leurs véritables ennemis et adversaires sont ces tribus auxquelles ils font face à travers les forêts. Une paix qui ne les comprend pas contient peu de bénéfices pour eux. Les Tsonnontouans presque seuls mènent l'attaque contre la Huronie qui a grand besoin d'un répit et d'un repos prolongés.

Enfin la paix entre les Agniers, les Algonquins et les Hurons est subordonnée à des pourparlers ultérieurs ; la trêve durera tant qu'ils n'auront pas eu lieu.

Le traité de 1645, comme ceux des nations civilisées d'aujourd'hui, contient une clause secrète qui s'ébruitera dans quelques mois et qui avait une extrême importance. C'est le *Journal des Jésuites* qui apporte cette révélation à la date du 8 janvier 1646 et dans la langue latine seulement, sous la plume du père Jérôme Lalemant. Des rumeurs se sont alors répandues parmi les tribus ; et le missionnaire affirme que, malheureusement, elles avaient un fondement : « *erat fundamentum in re* ». Lors de la visite des ambassadeurs iroquois en 1645, ajoute-t-il, plusieurs questions s'étaient discutées en public. À un moment donné, Kiotseaeton, surnommé Le Crochet, demande à Montmagny une audience particulière. Et l'ayant obtenue, il déclare au gouverneur que les Français doivent abandonner les Algonquins à leur sort et conclure un traité qui ne comprendrait que les Français, les Hurons et les Iroquois. Il offre un présent à cet effet. Montmagny refuse d'accepter ce présent secret, ou sous terre, comme disent les Indiens, car s'il l'acceptait, il donnerait son agrément à la proposition. Les Iroquois lui ont fait déjà une offre semblable en 1641, sur la rive droite du fleuve, en face des Trois-Rivières. Il répond donc de nouveau que la chose est impossible. Le Crochet est alors désappointé. À partir de ce moment, il semble aux Français que la paix est compromise, que la convention ne se signera pas. C'est du moins ce que croit le gouverneur. Le père Vimont, supérieur des Jésuites, et le père Paul Le Jeune pensent que dans le danger actuel extrême, il y a moyen de tourner la difficulté. Deux conférences particulières ont lieu entre Le Crochet, Montmagny et Couture. Et c'est alors que le gouverneur déclare à Kiotseaeton qu'il y a deux sortes d'Algonquins : « *Duo esse Algonquinorum genera* », c'est-à-dire les Algonquins semblables aux Français, qui sont convertis, pratiquent le catholicisme, et les Algonquins païens, qui tiennent toujours à leurs superstitions. Il ne peut conclure aucune paix sans y comprendre les premiers. Quant aux seconds, ils sont eux-mêmes les maîtres de leurs actions ; ils sont moins intimement liés à la nation française et ils doivent tirer seuls leur épingle du jeu. Le Crochet se déclare satisfait et les négociations se poursuivent.

Les Agniers ont demandé aux Français d'abandonner les Algonquins.

Les Français ne soutiennent que les Algonquins catholiques.

Les seuls Français au courant de cette distinction sont le gouverneur général, Guillaume Couture, les pères Vimont et Le Jeune. Pourquoi ont-ils consenti à cette clause secrète qui sacrifiait des alliés et des collaborateurs ? C'est un moindre mal. L'intérêt général exige ce sacrifice. Le désastre est prochain, il faut à tout prix l'éviter, obtenir un répit. Les secours peuvent arriver. Si le traité n'est pas conclu, tous les Algonquins sont exposés aux massacres, et non plus les païens seulement. Mais un lecteur assidu des *Relations* trouve une clause additionnelle. Un antagonisme violent, bien que sourd, existe depuis longtemps entre Algonquins convertis et Algonquins païens, entre ces derniers et les Français. Une inimitié larvée sépare ces groupes. Ainsi les traiteurs vendent maintenant des mousquets et des munitions aux catholiques, tandis qu'ils n'en vendent pas aux autres, malgré la nécessité évidente d'adopter cette politique. Les récits du temps insistent sur la superbe des Algonquins de l'Île qui ne veulent pas plier les genoux devant le crucifix. Certains passages indiquent une réprobation sincère.

Antagonisme violent entre Algonquins convertis et Algonquins païens

Mais l'article est maladroit. Comment les Iroquois qui viendront attaquer les Algonquins distingueront-ils les catholiques des non-catholiques ? Et s'il massacrent les premiers en attaquant les seconds, qui pourra leur adresser un reproche ? Et si les Algonquins ont vent de l'affaire, quelle sera leur réaction ?

Mais au fond, les Agniers peuvent imposer les conditions qu'ils veulent. C'est à prendre ou à laisser.

On l'a noté déjà : la paix de 1645 ne résout pas le grand problème agnier, celui des fourrures. Loin de là. Quand l'état de guerre existe, ils peuvent venir sur le Saint-Laurent, sur l'Outaouais, se rendre en Huronie, et de vive force, par des attaques à main armée, mettre la main chaque année sur d'importants lots de pelleteries. Mais aussitôt que la paix est conclue, ils doivent s'abstenir de ces raids, ils doivent trouver leurs fourrures ailleurs, ou d'une autre façon. Espèrent-ils les trouver maintenant dans des négociations avec les Algonquins et les Hurons ? Est-ce à cette fin qu'ils ont invité ces deux peuples à leur envoyer des députés ? Dans un livre récent, un auteur américain, Georges T. Hunter soutient cette version. Autrement, dit-il, le traité de 1645 n'a pas de sens car il ne comporte pas d'avantages pour eux. Cette thèse ne manque pas de vraisemblance, malgré l'absence de preuves directes et nettes. On a vu, au cours des conseils de Québec, toute l'importance que les Agniers attachent à ces futures négociations. Il se peut fort bien que les Agniers aient voulu exiger plus tard des deux peuples canadiens la livraison de certaines quantités de fourrures, en retour pour la tranquillité qu'ils leur laisseraient. Livraison non pas gratuite, mais à bas prix, de manière à laisser une marge de bénéfices aux nouveaux intermédiaires, les Iroquois.

Les avantages du traité de 1645 pour les Amérindiens

Cependant, il est un point qu'il ne faut pas oublier. Les Agniers obtiennent par la paix la permission de chasser dans la zone neutre entre la Coalition laurentienne et l'Iroquoisie. Le gibier à poil y abonde. Les autres tribus iroquoises ont peut-être commencé déjà à chasser dans l'Ontario qui devient plus sûr pour elles à mesure que la Huronie s'affaiblit ; et elles peuvent agir comme intermédiaire, comme les Hurons, aux peuples situés à l'ouest de leur pays, par exemple, les Ériés. La paix de 1645 vaut donc certains avantages aux Iroquois dans ce domaine. Peut-être ne sont-ils pas assez larges et assez permanents pour que la paix dure, mais ils existent quand même.

Et ce bénéfice joint au plaisir de voir leurs prisonniers libérés explique sans doute pourquoi des ambassadeurs sont venus.

Mais à celui qui l'examine attentivement, le traité de 1645 paraît évidemment incomplet, précaire, non achevé.

Chapitre 20

1645

Députés algonquins, hurons, français accompagnent les ambassadeurs qui remontent le Richelieu au mois de septembre et arrivent en Iroquoisie après dix-huit jours de voyage. Guillaume Couture les accompagne pour veiller au grain, il a reçu l'ordre « de se trouver en toutes leurs assemblées ». Trois jours plus tard, les sachems agniers tiennent un conseil pour écouter le rapport de leur ambassadeurs. Ceux-ci exhibent les présents dont les Français les ont surchargés. Ils font leur récit. Les chefs prononcent à leur tour des harangues, ils offrent de nouveaux présents qui doivent être de nouveau portés à Onontio et à ses alliés, car les négociations indiennes sont une chaîne sans fin. Il y en a six. Le second est significatif. Il porte que les Agniers avaient arrêté leur hache de guerre levée contre les Hurons et les Algonquins ; mais que maintenant, « on l'avait jetée si loin qu'aucun homme du monde ne la pourrait jamais retrouver, c'est-à-dire que les Hurons et les Algonquins étant entrés dans la paix, les Agniers n'avaient plus d'armes que pour la chasse ». Le traité est donc maintenant complet.

Guillaume Couture retourne en Iroquoisie.

Le troisième présent a trait aux Onneyouts. Cette tribu refuse d'entrer dans l'alliance. Elle est si insolente qu'elle avait « encore envoyé de ses enfants vers Montréal, pour surprendre ceux qui se trouveraient en cette contrée ». Pendant longtemps, les historiens n'ont ajouté que bien peu de foi aux divergences de politique entre tribus iroquoises ; ils croyaient que ces différends étaient de surface et cachaient une collusion cachée. Mais peu à peu, on en revient à une conception plus réaliste. Comment croire à une collusion dans le cas actuel, quand les Agniers dénoncent leurs compatriotes, les Onneyouts, indiquent la présence d'un parti onneyout dans les alentours de Montréal et l'exposent ainsi à des dangers ? Ces faits indiquent plutôt, comme on l'a déjà signalé, que la Confédération iroquoise n'a pas encore atteint la cohésion et l'unité qu'elle aura plus tard.

Le cinquième présent remercie Onontio d'avoir rendu l'esprit aux Algonquins, « ce que nul autre n'avait pu faire devant lui » ; et, enfin, le sixième, le supplie d'« allumer des feux dans toutes les habitations de son gouvernement, afin que toutes les nations s'y venant chauffer en assurance, puissent écouter sa voix et jouir de son amitié ; et, en cas qu'il arrive quelque différend, qu'il soit l'arbitre des Iroquois, des Hurons et des Algonquins ».

Accompagné de sept nouveaux ambassadeurs, Couture se met en marche pour le retour. Tous atteignent le lac soit Champlain, soit Saint-Sacrement, mais là, ils ne retrouvent point les canots. Ils doivent revenir à la première bourgade et, en y arrivant, ils rencontrent des ambassadeurs mohicans. Un conseil s'assemble aussitôt, et leur réserve un grosse surprise.

Les Mohicans, alliés des Iroquois

Les Mohicans sont à ce moment des alliés des Iroquois. Et des alliés serviles. Leur orateur prend la parole et fait la déclaration suivante : « Il y a longtemps que je vous ai entendu dire que les Algonquins étaient vos ennemis irréconciliables, et que vous les haïssez au-delà du tombeau, en sorte que si vous les pouviez rencontrer en l'autre vie que votre guerre serait éternelle... » Alors, pour plaire aux Agniers, entrer dans leurs intérêts, les Mohicans ont massacré trois Algonquins. Ils exhibent les chevelures de ces victimes devant leurs auditeurs ébahis. Et ils ajoutent qu'ils en ont peut-être tué d'autres.

Des Algonquins attaqués par des Mohicans près de Sillery.

La tuerie a eu lieu non loin de Sillery vers le 12 octobre 1645. L'un des Algonquins était chrétien fervent ; les deux autres étaient des jeunes gens récemment convertis. Un quatrième, blessé à mort et qui devait en effet trépasser un peu plus tard à l'hôpital de Québec, était l'un des principaux personnages de la réduction. Les Mohicans avaient aussi abandonné comme morte sur le champ de bataille, la propre femme de ce dernier ; ils l'avaient à demi scalpée. Mais elle devait se rétablir.

Cette affaire a excité une commotion dans la Nouvelle-France. Français et Algonquins ont cru tout d'abord que les Agniers avaient commis ce crime et qu'ils rompaient le traité qu'ils venaient de conclure. Pendant l'enquête, il devint évident que les meurtriers ne parlaient pas la langue iroquoise et qu'il fallait chercher ailleurs. Les Algonquins renoncèrent alors à immoler les otages agniers qui vivaient en Nouvelle-France au nombre de cinq. Mais Pieskaret jugea prudent de renvoyer deux ou trois d'entre eux qui suivaient son parti de chasseurs, par crainte de représailles de la part des siens, surtout des jeunes guerriers. Peu après, les soupçons se portèrent sur les Mohicans ; les Algonquins se rappelèrent en effet qu'ils avaient tué deux Indiens de cette tribu en Iroquoisie, quelques mois plus tôt, et qu'ils en avaient capturé un troisième. Après avoir été soigné à l'hôpital de Québec, ce dernier avait été renvoyé par les Français.

La paix remise en question ?

Les otages agniers qui retournent en Iroquoisie avisent leurs compatriotes de l'affaire. Le *Journal des Jésuites* ajoute aussi ce qui suit : « ...On en donna avis à Couture, afin que si c'étaient Agniers, il sut qu'en cas qu'on satisfit, la paix ne serait point rompue. » En un mot, pour maintenir intact le traité de paix, les Français pardonneraient cette attaque à condition que les Agniers offrent une satisfaction selon les données de la justice indienne.

Les Mohicans ne reçoivent pas l'accueil qu'ils attendaient, quand ils présentent aux sachems agniers les chevelures algonguines : « Nous nous étonnerons de votre hardiesse, leur dit-on, ou plutôt de votre témérité ; vous nous jetez la honte sur le visage, vous nous faites passer pour des fourbes. Onontio... aurait sujet de dire... je pensais agir avec de vrais hommes, et j'ai traité avec des trompeurs et avec des fourbes. » Les Agniers éprouvent aussi des craintes pour leurs otages en Nouvelle-France et ils chassent les Mohicans chargés de leurs funestes cadeaux : « S'il y a de la tromperie dans cette action, elle est plus que très raffinée... », dit le missionnaire qui tient la plume.

Le vol des canots qui empêche Couture de partir immédiatement, le massacre de Sillery indiquent peut-être que la tribu des Agniers n'est pas unanime au sujet du traité de 1645 et que les dissidents prennent ces moyens détournés pour l'empêcher. C'est une simple supposition. Des incidents pareils se produiront assez souvent cependant pour que ce soupçon ne manque pas complètement de fondement.

Les Français, Hurons et Algonquins qui sont maintenant au pays des Agniers, sous la direction de Guillaume Couture, ne reviendront pas en Nouvelle-France avant une couple de mois. L'automne est maintenant avancé, et c'est une mauvaise saison pour voyager. Aucun document n'apportera de renseignements supplémentaires sur cette ambassade. Si les Agniers ont abordé directement la question des fourrures, personne ne l'a révélé.

Algonquins et Français craintifs malgré le traité

Le traité de paix apporte la joie, mais non la tranquillité. Malgré leurs promesses, les Agniers ne libèrent pas leurs prisonniers algonquins ou hurons. En novembre, deux d'entre eux s'échappent de l'Iroquoisie. Et, d'après le *Journal des Jésuites*, ils reviennent avec de mauvaises impressions : « Ils rapportaient que les Agniers n'avaient aucune bonne volonté pour les Algonquins. » Dès octobre, les Algonquins sont nerveux, ils craignent une trahison. À Montréal, les Français se tiennent étroitement sur leur garde ; ils « ne marchaient jamais qu'armés, dit Dollier de Casson, et sur la défiance ; ils allaient toujours au travail et en revenaient tous ensemble au temps marqué par le son de la cloche... ». M. d'Ailleboust profite du répit pour « parachever les fortifications du fort de ce lieu qu'il réduisit à quatre bastions réguliers, si bons que l'on n'en a point vu encore de pareils en Canada ». Sous l'optimisme officiel coule un flot de soupçons, d'appréhensions, de défiances. L'auteur de la *Relation* de 1646 dira même que la paix est un miracle de Dieu, qui lui seul en peut être le « conservateur », que les hommes sont impuissants.

Avantage du traité pour les Agniers : la chasse aux fourrures

Cependant, les Agniers tirent immédiatement parti du traité. Ils ont besoin de pelleteries, et ils profitent de l'accalmie pour en trouver. « En second lieu, comme ils sont chasseurs et que la plupart des animaux sont sur les marches des Algonquins, ils ont une passion d'en tirer à leur aise et sans crainte : en effet ils ne s'y sont pas épargnés ; car on dit qu'ils ont tué plus de deux mille cerfs cet hiver ». Dans la zone neutre, l'île de Montréal et ses environs forment maintenant une espèce de jardin zoologique : la chasse « est excellente en ces quartiers, à cause que les animaux pendant la guerre, étaient comme en un pays neutre, où les ennemis ne battaient ni la campagne ni les bois ». La même *Relation* ajoute encore ce qui suit : « ...Il n'y a lieu en tous ces quartiers où on n'aie vu de temps en temps quelques Agniers. » Un Iroquois avait encore dit aux Trois-Rivières : « Tout le pays qui nous sépare est rempli d'ours, de cerfs, d'élans, de castors et de quantité d'autres bêtes... » Les Agniers tirent donc des bénéfices importants du traité : ils chassent non seulement dans la zone neutre, en paix, mais encore sur les marches, c'est-à-dire dans les territoires des Algonquins.

Les Agniers, les jeunes gens surtout, fréquentent volontiers Montréal. Ils causent avec les Algonquins et les Français. Le père Jogues est là. Il sait la langue de ces visiteurs. Il entretient le feu vacillant de la paix. « Ces barbares regardaient les lieux où ils étaient venus en guerre, où ils avaient massacré des Français et des Algonquins, où ils avaient pris des prisonniers... » On leur demande ce que sont devenus les Montréalistes capturés. Ils donnent des réponses évasives. Un Algonquin qui s'est enfui, assure « qu'il les avait vu brûler tout vifs », avec des raffinements inouïs de cruauté.

Mais ces visites, la présence d'Agniers en Nouvelle-France, conduisent à des frictions. Les Iroquois sont parfois insolents ; l'un d'eux s'écrie : « Je voulais tuer des Algonquins, mais Onontio a arrêté ma colère... » Des bravades pareilles excitent les esprits. Un Algonquin riposte un jour de la façon suivante : « ...Il n'y a pas longtemps que l'ombre des Algonquins vous faisait peur, vous les méprisez maintenant, pour ce que leurs péchés les ont exterminés. »

1646

Tandihetsi

Le 8 janvier 1646, un Huron arrive à Québec ; il apporte les lettres de Montréal, de Richelieu, des Trois-Rivières. Les Agniers qui étaient demeurés en ce dernier endroit, sont maintenant repartis, dit-il ; un Algonquin ivre les a poursuivis : « On n'avait pu empêcher que l'ivrogne ne donnât un coup de bâton à un Agnier qui s'en plaignit encore en partant. » Les Algonquins avaient proposé d'user de force pour retenir ces gens ; à leur avis, ils étaient des otages précieux tant que Couture et ses compagnons ne seraient pas revenus. Mais les Jésuites n'avaient pas été du même avis ; ils avaient soutenu que ces Agniers étaient libres, et que le traité de paix ne paraissait pas rompu. Un Agnier est cependant demeuré aux Trois-Rivières.

Le dévoilement de la clause secrète du traité : les Algonquins païens non protégés

Mais ce Huron raconte aussi une bien autre histoire. Il a accompagné pendant une partie du trajet les trois ou quatre Agniers qui ont quitté les Trois-Rivières. Et, dans un moment de confiance, ceux-ci « lui dirent le secret de leur pays savoir, qu'on n'y voulait point de paix avec les Atichasata [les Algonquins] », mais seulement avec les Hurons et les Français ; ils ajoutent encore que « les Français y avaient consenti, et qu'ensuite on n'attendait plus que l'occasion d'exterminer les Atichasata, et que trois cents Agniers pourraient bien venir à la mi-février pour l'exécution de ce dessein ». Ces Iroquois révèlent ainsi l'existence de la clause secrète, et même l'avantage que leurs compatriotes veulent en tirer, projet qu'ils ne mettront pas à exécution maintenant, mais qui n'attendra pas longtemps.

Ce Huron quitte les Agniers au fort Richelieu ; il se rend à Montréal où il avertit un chef de sa nation ; il revient aux Trois-Rivières avec ce dernier qui le charge d'aller à Québec pour avertir Atironta, un autre chef. Il arrive maintenant avec les lettres ; et il se met tout de suite à la recherche d'Atironta qui hiverne à Québec et loge à l'hôpital.

Jean-Baptiste Atironta, grand chef huron

Ces rumeurs se répandent partout. Le gouverneur des Trois-Rivières les apprend. Il interroge l'Agnier qui n'a pas quitté les postes. Il apprend ainsi que la nouvelle est exacte et que le traité de paix de 1645 ne s'applique pas aux Algonquins païens. Après avoir entendu ces déclarations sensationnelles, il croit nécessaire de rassembler le conseil des Algonquins, pour les leur communiquer « afin qu'ils prissent garde à leurs affaires ». Et le père Jérôme Lalemant qui raconte l'incident dans le *Journal des Jésuites*, ajoute la réflexion suivante : « ...Ce qui était admirable là-dedans était que nos PP. ne nous mandaient rien de tout cela. Mais le plus considérable était qu'*erat fundamentum in re...* ». Continuant en latin, il rédige un bref récit et un résumé de la clause secrète.

Atironta, le grand chef huron, juge la nouvelle si importante qu'il part de Québec le 16 janvier 1646 pour se rendre aux Trois-Rivières, avec quelques compatriotes. Un Agnier, qui est dans le même moment à Québec, demande la permission de retourner en son pays avec l'Agnier des Trois-Rivières. L'un et l'autre devinent qu'ils ne sont plus en sûreté en Nouvelle-France. On la lui accorde. Et le père de Quen, qui habite Sillery, donne avis que les Algonquins de Sillery pourraient bien faire un mauvais parti à l'Iroquois au passage. Le gouverneur doit suspendre la permission. L'Agnier demeure au magasin de la compagnie.

Jean de Quen (1603-1659), Jésuite, missionnaire, découvreur du lac Saint-Jean

Le 23 janvier, Pierre Boucher arrive des Trois-Rivières avec Toupin, son beau-frère, et l'Agnier des Trois-Rivières. Ce dernier veut retourner en son pays avec l'Agnier de Québec. Les trois voyageurs apportent des lettres, qui disaient « que tout ce qu'avait dit le Huron Tandihetsi était faux, au moins pour la plus part ». Quatre jours plus tard, Atironta revient à son tour. Il croit aussi que la nouvelle était fausse : « Le conseil pour lequel il était allé aboutit à rien ; chacun niait avoir été auteur des bruits, et en rejetait la faute sur son compagnon. »

Pierre Boucher (1622-1717), interprète, gouverneur de Trois-Rivières, fondateur de Boucherville

L'existence de la clause secrète paraît maintenant douteuse à la foule. Ceux qui savent se tiennent cois. D'autres nient la nouvelle. Mais ces dénégations ne rendront pas aux Algonquins la quiétude parfaite qu'ils ont perdue. Déjà défiants et réticents durant les conseils de 1645, ils sont vivement alarmés par les derniers incidents. C'est qu'ils connaissent bien, eux, leurs ennemis invétérés et qu'ils ne croient pas que la réconciliation soit sincère. Ils se sentent obscurément menacés.

Enfin, les deux Agniers partent le 3 février pour l'Iroquoisie : « Ils faisaient état de s'en retourner aux Trois-Rivières ; mais on se doutait qu'ils dussent passer outre : il y avait longtemps qu'ils faisaient instance pour s'en retourner ; on eut bien de la peine de les arrêter jusques à ce jour, qu'ils partirent bien ajustés de tout. L'un et l'autre firent les endiablés pour se faire donner leur congé, l'un aux Trois-Rivières, l'autre ici. »

Le traité de l'an précédent paraît donc bien mal en point. Mais trois semaines plus tard, sept Agniers députés par leur tribu se présentent à Montréal avec Guillaume Couture et deux Hurons. C'est enfin le retour de l'ambassade qui n'avait pu revenir l'automne précédent.

Retour de l'ambassade iroquoise aux Trois-Rivières

Les visiteurs se rendent aux Trois-Rivières. Deux messagers partent immédiatement de ce poste pour avertir le gouverneur général ; ils y arrivent le 10 mars avec la nouvelle que les étrangers apportent de nouveaux présents pour confirmer la paix et qu'ils désapprouvent les meurtres commis à Sillery par leurs alliés, les Sokokis. Comme il faut du temps pour assembler les conseils, les ambassadeurs iroquois partent pour la chasse avec diverses bandes algonquines. Des semaines s'écoulent. Couture se rend à Québec le 24 avril. Il rapporte qu'au cours d'un grand festin, les Agniers lui ont donné le nom d'Achirra, que portait Nicollet. Il rend compte de sa mission et des dispositions des Agniers. Deux jours plus tard, le 26 avril, les Jésuites tiennent une consultation. Le père Jérôme Lalemant, supérieur, les pères Barthélemy Vimont, de Quen, d'Endemare, Pijart, y sont présents. Ils discutent la question d'envoyer le père Isaac Jogues en Iroquoisie. Tous approuvent le plan.

Le 30 avril, un brigantin et deux chaloupes quittent Québec pour les Trois-Rivières. Le gouverneur et les missionnaires se rendent aux conseils. Ils arrivent à destination le 5 mai et le 7, les pourparlers commencent.

Les harangues pour la paix de 1646

Les Iroquois parlent les premiers. Ils évoquent le souvenir des meurtres commis à Sillery. Ils ont bien pensé que les soupçons se porteraient tout de suite sur eux. Ils remercient Onontio d'avoir arrêté le bras des Algonquins. Et ils offrent un présent aux parents des victimes, ajoutant « que tous les capitaines du pays avaient condamné cet attentat ». En second lieu, ils offrent leurs sympathies et un présent pour la mort du père Anne de Nouë qui vient d'attrister la Nouvelle-France. Puis ils énumèrent les colliers de grains de nacre offerts à l'arrivée de Couture en Iroquoisie, et qui, d'après l'expression de Marie de l'Incarnation, se terminaient tous à la « confirmation de la paix ». D'après la *Relation* de 1646, « ils firent quelques autres présents aux Hurons, pour leur donner avis de se tenir sur leurs gardes, dans les chemins, jusques à ce que les hauts Iroquois, les Onontagués, les Tsonnontouans et quelques autres eussent les oreilles percées, c'est-à-dire ouvertes à la douceur de la paix ». Enfin, ils offrent une bande de trois brasses de grains de nacre pour allumer aux Trois-Rivières un feu de conseil permanent, et un autre collier de trois mille grains pour alimenter ce feu. « Les sauvages, disent à ce sujet les *Relations*, ne font quasi aucune assemblée que le calumet avec le pétun en la bouche, et comme le feu est nécessaire pour prendre le tabac, ils en allument quasi

Le père Anne de Nouë (1587-1646), Jésuite, missionnaire, mort gelé sur le Saint-Laurent, près de Sorel, où il se rendait administrer les sacrements aux soldats de la garnison.

toujours en toutes leurs assemblées, si bien que c'est une même chose chez eux, allumer un feu du conseil ou tenir une place propre pour s'assembler, ou une maison pour s'entrevisiter, comme font les parents et les amis. »

Deux jours plus tard, soit le 9, un second conseil a lieu. Français, Algonquins, Hurons, Iroquois sont encore présents. Guillaume Couture est cette fois l'orateur des Français et l'interprète de Montmagny. Par un premier présent, il remercie les Iroquois d'avoir observé la paix ; et par le second, il veut « témoigner le contentement qu'il recevait, voyant la terre aplanie et la hache levée et éloignée des têtes des Hurons et des Algonquins : car pour les Français, leur paix fut faite dès la première entrevue ». D'après ces paroles, Montmagny tire des événements la conclusion suivante : la paix a été conclue entre Français et Agniers aux premières entrevues des Trois-Rivières en 1645 ; la paix a été conclue entre Agniers, Algonquins et Hurons aux seconds conseils qui ont eu lieu dans la bourgade des Agniers en octobre 1645. La clause secrète relative aux Algonquins n'a plus de valeur et ne s'applique plus parce que Algonquins et Agniers ont conclu directement, sans intermédiaires, un traité de paix en Iroquoisie. Cette dernière conclusion paraît sûre. Cependant, les Français ne se portent pas garants de ce second traité, et les Iroquois savent que par la clause secrète, les Français leur ont abandonné les Algonquins païens.

Montmagny dit encore, par la bouche de Couture, qu'il tiendra toujours allumé aux Trois-Rivières un feu de conseil ; qu'il désire la libération du petit Français toujours prisonnier et de la petite Thérèse. Les Ursulines s'attristent à la pensée de leur pauvre élève éloignée de tous secours religieux. Elles n'ont rien épargné pour lui procurer la liberté. Montmagny ne perd « aucune occasion de la tirer de cet esclavage, et d'y contribuer de tout son pouvoir ».

Tessouat ou Le Borgne de l'Île, chef des Algonquins, convaincu que la clause secrète existe.

Tessouat ou Le Borgne de l'Île parle tout de suite après Couture. Il est le chef des Algonquins de l'île aux Allumettes. Il est, comme disent les *Relations,* un « homme défiant et soupçonneux au possible » ; il « avait peur que les Français ne fissent leur paix en particulier, sans se mettre en peine des Sauvages leurs alliés ». Il a vraisemblablement écouté et pesé toutes les rumeurs relatives à la clause secrète ; il paraît assez convaincu qu'elle existe et que les Algonquins sont menacés. Mais en face des dénégations, il ne peut aborder le sujet directement. Il commence donc sa harangue par « une chanson assez lugubre ». Il prie le soleil d'éclairer la sincérité des cœurs et des intentions ; « la rupture de la paix ne proviendrait point de son côté » ; il présente deux robes de peaux d'orignaux, « ajoutant qu'il avait quelque défiance des Agniers, qu'il voulait bannir par ce présent » ; enfin le troisième présent contenait « une humble prière à Onontio à ce qu'il ne marchât point tout seul en assurance dans les chemins qu'il avait aplanis et frayés, mais que ce bonheur fut aussi commun aux Algonquins et aux Hurons... ». Enfin, il redoute l'abandon, non seulement pour sa propre tribu, mais encore pour tous les Algonquins et tous les Hurons. Et d'autant plus facilement qu'il est chef d'un clan qui ne penche pas vers la conversion et qui est rempli de superbe.

Après cette saillie qui plaît bien peu aux Français, il ajoute que ses compatriotes ont abandonné la hache de guerre et qu'ils ne molesteront pas les Agniers qui viendront aux postes français. Un peu communiste avant la lettre, il demande « que la chasse fut libre partout, que les bornes et les limites de toutes ces grandes contrées fussent levées, et qu'un chacun se trouvât partout dans son pays ». Il est ainsi prêt à accorder aux Agniers des droits de chasse précieux dans les territoires algonquins. Enfin, par un dernier présent, il demande la libération des Algonquins prisonniers.

Kiotseaeton répond en peu de mots. Il remercie les Hurons pour n'avoir infligé aucun mauvais traitement aux Agniers qu'ils ont capturés en 1645 ; pourquoi ne les ont-ils pas remis aux autres tribus iroquoises afin de les disposer à « entrer dans une paix universelle, qu'avec le temps on pourrait obtenir ce bonheur, mais qu'ils se devaient encore défier d'eux sur leurs chemins ». Enfin, il annonce que des ambassadeurs agniers se rendront sous peu en Huronie.

Le 13 mai, le gouverneur tient un autre conseil dans la cabane d'un capitaine algonquin. Il annonce que deux Français iront en Iroquoisie, et il donne permission aux ambassadeurs agniers de partir dans trois jours. Les Algonquins enverront également deux députés qui prendront part aux nouveaux colloques.

Ainsi se terminent ces nouvelles négociations. Elles sont en apparence un cheminement lent vers une paix plus complète. Les Agniers persévèrent dans les mêmes dispositions. Ils semblent satisfaits des privilèges qu'ils ont obtenus de chasser sans inquiétude dans la zone libre et dans les territoires algonquins. Leur dessein d'entretenir des relations amicales avec Français, Algonquins, Hurons se confirme nettement. Ils avouent candidement d'autre part que les autres tribus ne partagent pas encore pleinement leurs idées. De plus, ils ne libèrent pas le petit Français, ni la petite Thérèse ni les prisonniers algonquins et hurons. Sur ce dernier point, leurs promesses nettes demeurent vaines. Les gardent-ils comme otages ? Ont-ils formé le projet d'exiger d'autres concessions ?

Jean Bourdon (v. 1601-1668). Il est alors gouverneur intérimaire de Trois-Rivières.

Le 16 mai 1646, Jean Bourdon et le père Jogues quittent les Trois-Rivières en compagnie des quatre ambassadeurs iroquois. Ils ont charge de confirmer encore la paix en Iroquoisie et d'exprimer la satisfaction des Français.

1645

Les Agniers ont fait la paix, mais les autres tribus iroquoises sont toujours en guerre avec les Hurons.

Les Hurons profitent assez peu de l'accalmie. Si les Agniers ont abandonné la lutte, les autres tribus iroquoises continuent à les harceler. Dès le printemps 1645, par exemple, un parti iroquois s'approche inaperçu de la Huronie. Aucun espion, aucun éclaireur n'en a décelé l'avance. Sous le couvert d'une nuit obscure et de la forêt, il s'approche d'une bourgade sise près de la frontière. Il se met à l'affût. L'aube vient. Des Huronnes sortent de l'enceinte de palis, se répandent dans les champs, se mettent au travail. Soudain, les Iroquois sortent de leur abri, s'abattent sur les victimes, les enlèvent avec une telle rapidité que la population n'a pas le temps d'esquisser un geste pour les protéger. Deux cents guerriers se rassemblent vite, ils poursuivent ces maraudeurs. Mais ils ne peuvent suivre les pistes et ils reviennent bredouilles.

Vers la fin de la même année, un parti huron se rend en Iroquoisie pour la petite guerre. Il rencontre une bande iroquoise qui s'en venait en Huronie. Les Hurons attaquent avec détermination l'ennemi qui s'est retranché dans un fortin où il a passé la nuit. La victoire est à demi gagnée quand les Iroquois demandent à parlementer. Ceux-ci affirment, malgré toutes les apparences, qu'ils n'ont d'autre désir que celui de conclure la paix. Et pour preuve de la sincérité de leurs intentions, ils déposent leurs arquebuses, et ils les lient en faisceaux. Ils exhibent des bandes de grains de nacre qui symbolisent leur désir d'entrer dans des négociations. Ils offrent généreusement des orignaux, des ours, des chevreuils entiers qu'ils ont tués à la chasse. Ils invitent les notables hurons à un conseil. Ils distribuent enfin du pétun avec les phrases mielleuses.

Le conseil s'ouvre. Pendant les débats, un Iroquois se met à l'œuvre. Il a vécu longtemps chez les Hurons comme prisonnier ; ses compatriotes ont pu le libérer au cours d'une attaque. Et maintenant, il se glisse parmi les guerriers hurons. Il en trouve un bon nombre qui sont mécontents de n'avoir pas été appelés au conseil. Pour exciter leur jalousie, il leur laisse entendre que leurs capitaines sont justement en train de les trahir pour de beaux cadeaux. Aux incrédules, il offre des présents pour les corrompre. Enfin, il agit avec tant d'habileté, de ruse, que des groupes importants de Hurons quittent le parti et que les autres ont peur. Soudainement, les Iroquois se lancent à l'attaque ; ayant repris tout leur sang-froid, ils changent une défaite probable en une victoire certaine. Nombre de Hurons trouvent le salut dans la fuite, mais les autres sont massacrés ou demeurent captifs entre les mains de l'ennemi.

La petite guerre se poursuit activement. « Nos Hurons..., disent les *Relations*, à leur tour, ont eu du succès en leurs armes, ont mis en fuite l'ennemi, en ont remporté des dépouilles et quelques nombre de captifs, qui ont servi de victimes à leurs flammes et aux feux de joie qu'ils en ont fait, avec les cruautés ordinaires à ces peuples. » Parmi les convertis de Huronie, les Jésuites mentionnent aussi « quantité de captifs iroquois que nous avons baptisés au moment de leur mort... ». Enfin, comme d'habitude, il faut signaler la moisson ordinaire des meurtres commis ici et là, à l'écart, par des Iroquois en maraude. Somme toute les succès sont partagés. Ni les uns ni les autres ne remportent de grands succès.

Comme au temps de la guerre de Troie, quelques actions d'héroïsme s'accomplissent. Recevant avis qu'un parti iroquois vient attaquer la bourgade Saint-Joseph, de jeunes guerriers montent la garde toute la nuit, dans les galeries, en haut des palissades. Ils chantent à tue-tête, la forêt retentit de leurs clameurs. Mais au matin, leur ardeur se calme en même temps que leur vigilance. Tous ces cris ont attiré des Iroquois qui rôdent dans les alentours. L'un d'eux grimpe à la galerie comme un écureuil, il trouve deux Hurons endormis ; il fend la tête à l'un d'un coup de hache, il précipite à bas le second et ses compagnons le scalpent. Puis tous déguerpissent si vite qu'on ne retrouve pas leurs traces.

Trois Hurons décident de venger cet affront. Après une marche de vingt jours, ils atteignent Tsonnontouan, le bourg le plus peuplé de la tribu du même nom. Ils y pénètrent. Toutes les cabanes abritant de huit à dix ménages sont fermées. Ils pratiquent une ouverture dans le mur d'écorce de l'une d'elles. C'est le milieu de la nuit. Ils rallument tous les feux de l'allée centrale. Quand la pleine lumière règne, chacun des trois héros choisit son homme, l'assomme, le scalpe. Ils mettent ensuite le feu à la cabane. Pendant la panique qui saisit la bourgade, ils s'échappent avec tant d'adresse que neuf cents guerriers, qui les poursuivent immédiatement, ne réussissent pas à les capturer. Et ce seul fait montre combien, dans ces immenses forêts, il était facile d'exécuter des surprises et de se dérober ensuite.

Cette guerre produit maintenant quelques spectacles nouveaux : un Huron converti harangue ses compatriotes prisonniers, en faveur de la foi, pendant que l'un d'entre eux subit le supplice. Une veuve facilite le baptême d'un captif. Au fond se continue la lutte âpre et sourde entre les Hurons chrétiens et les Hurons païens ; elle aboutit parfois aux pires extrémités ; par haine religieuse, certains Hurons trahiront leurs compatriotes et les Français.

Quelques-uns se lassent de ces dangers continuels. Ils cherchent activement des refuges pour vivre dans la tranquillité. À l'automne de 1645, par exemple, le père de Brébeuf fait un voyage de cinq à six jours ; il atteint un lieu nommé Tangousen « où quelques cabanes de Hurons se sont réfugiées pour y vivre plus à couvert des incursions des Iroquois : car c'est un pays écarté et entouré de tous côtés de lacs, d'étangs et de rivières, qui font ce lieu inaccessible à l'ennemi ».

1646

Bourdon et le père Jogues ambassadeurs en Iroquoisie

Le 18 mai, Jean Bourdon et le père Isaac Jogues quittent le fort Richelieu en compagnie des quatre ambassadeurs iroquois. Pour le Jésuite, c'est retourner au lieu où il a subi d'atroces tortures. Cependant « il fût plutôt prêt qu'on ne lui eût fait la proposition ». Les Algonquins lui conseillent de ne pas parler de religion au début, car c'est un sujet rebutant. Quelques-uns d'entre eux sont du voyage et portent une cargaison de présents.

Ossernenon, près de l'actuelle Auresville

En passant, le missionnaire baptise le lac Saint-Sacrement. Le 4 juin, les voyageurs arrivent à Fort Orange où habite Arent van Corlaer que le Jésuite veut remercier pour avoir favorisé son évasion. Il y reçoit un accueil cordial. Le 6 juin, il est à Ossernenon, bourg agnier qui a été témoin d'une partie de son supplice. Mais dans l'intervalle, le 1er juin, comme le groupe était à la recherche de porteurs, il rencontre parmi des pêcheurs iroquois, la petite Thérèse de Marie de l'Incarnation : « Le père lui parla en particulier, l'interrogea, l'instruisit et l'exhorta à prendre courage, le temps de sa délivrance étant venu, parce qu'il portait sa rançon que nous envoyions à cet effet..., on était obligé de nous la rendre par le traité de paix. » Thérèse avait conservé la foi, « elle priait Dieu tous les jours..., elle serait ravie de retourner avec nous... ».

Le père Jogues reçoit une excellente réception. Pendant deux jours, la foule se presse autour de lui ; « ceux qui avaient autrefois maltraité le père n'en faisaient plus aucun semblant ». Le grand conseil a lieu le 10 juin. Sachems et capitaines sont présents. Dans le silence qui se fait, le missionnaire parle à titre d'orateur des Français. Il explique les présents qu'il apporte de la part de Montmagny : une bande de cinq mille grains de nacre demande la libération du Français, une autre de même quantité, la libération de la petite Thérèse ; le clan du Loup en reçoit un de trois mille grains pour tenir allumé un feu de conseil pour les Français. Puis le père Jogues parle pour les Algonquins qui ne connaissent pas la langue iroquoise et qui ont dû abandonner en route quatorze de leurs vingt-quatre robes d'orignaux parce qu'ils n'ont pas trouvé de porteurs.

Les Agniers sont satisfaits. Ils veulent bien libérer le jeune Français. Quant à Thérèse, « mariée depuis sa captivité », ils promettent de la renvoyer prochainement, car elle ne reviendra pas assez tôt d'une expédition de pêche, c'est-à-dire avant que les Français soient repartis.

Tout à coup, le missionnaire distingue dans l'assemblée un groupe d'Onontagués. Il leur présente aussitôt un collier de deux mille grains de nacre « pour leur faire entendre le dessein qu'avaient les Français de les aller voir en leur pays, et que par avance il leur faisait ce présent, afin qu'ils ne fussent point surpris à la vue de leurs visages ». Pour s'y rendre, les Français peuvent suivre la route du Saint-Laurent jusqu'au lac Ontario, celle qui passe par le pays des Hurons ou celle qui passe par le pays des Agniers. Les sachems agniers disent qu'un seul chemin est sûr, celui qui passe par le pays des Agniers. Les autres présenteraient trop de dangers, disent-ils : « ...On n'y rencontre que des gens de guerre, des hommes peints et figurés par le visage, des masses et des haches d'armes qui ne demande qu'à tuer... » En fait, les autres tribus iroquoises envoient des partis de guerre en ces quartiers. Le père Jogues donne quand même son présent, les Onontagués promettent de le remettre aux sachems de leur tribu.

Le bref rapport fournit peu de détails sur les délibérations ou sur l'état des esprits. On sait cependant que le missionnaire consacre une partie de son temps à des travaux apostoliques. Il assemble des chrétiens, il les instruit, il administre les sacrements, il visite les malades, il baptise quelques mourants. Dès ce moment il est décidé à revenir ; il communique son intention de laisser sur place un petit coffre qu'il avait apporté ; les Iroquois « s'imaginent que quelque malheur funeste à tout le pays était renfermé dans cette cassette : le Père, pour les désabuser, l'ouvrit et leur fit voir qu'il ne contenait autre mystère que quelques petits besoins dont il pourrait avoir affaire ».

Un incident étrange se produit aux derniers moments. Les Agniers pressent le départ des Français. Ils affirment qu'un parti d'Iroquois supérieurs a déjà quitté le pays pour se poster sur le passage du convoi de pelleteries qui doit, cette année aussi, se rendre en Nouvelle-France. Après l'avoir pillé, il descendrait jusqu'à Montréal ; il se rendrait ensuite au fort Richelieu, et reviendrait en son pays par la rivière du même nom. Les Agniers ajoutent encore que le sort des Français ne leur inspire pas de crainte, mais bien celui des deux Algonquins qui les accompagnent. Le père Jogues donne une réponse très franche. Il s'étonne que les Iroquois supérieurs puissent circuler librement dans le territoire des Agniers. Pourquoi ceux-ci leur donnent-ils cette permission ? Car Onneyouts, Onontagués, Goyogouins et Tsonnontouans descendraient « les sauts et les chutes d'eau qui étaient du ressort et dans les marches des Agniers ». Ceux-ci répondent qu'ils leur ont donné avis des négociations en cours. « Quoi donc, fit le père, méprisent-ils votre parole ? Ne voyez-vous pas qu'on vous imputera tous les désordres qu'ils pourraient commettre ? Ils ouvrirent les yeux à cette raison et promirent d'y apporter un remède efficace. »

Chargés comme des mulets, Jean Bourdon, le père Jogues, les deux Algonquins quittent l'Iroquoisie le 16 juin par le sentier de la forêt. Au lac Saint-Sacrement, ils se construisent des canots ; et le 27 juin, soit onze jours plus tard, ils bordent au fort Richelieu. Le père Jogues revient avec la conviction qu'il faut ouvrir une mission le plus tôt possible dans le pays des Agniers. Lui et ses confrères crient au miracle : « Car il n'y a point d'industrie ni de puissance humaine qui ait pu changer la face des affaires si soudainement, et nous tirer du dernier désespoir où nous étions réduits ; il n'y a ni présents ni éloquence qui ait pu convertir en si peu de temps des cœurs enragés depuis tant d'années... »

Proposition d'ériger une mission des Jésuites en Iroquoisie.

Le 3 juillet 1646, le père Jogues est à Québec. Six jours plus tard, le père Jérôme Lalemant appelle en consultation les pères Paul Le Jeune et Barthélemy Vimont, tous deux anciens supérieurs, et le père Jogues lui-même, au sujet du « retour aux Iroquois du P. Jogues... ». Ce dernier donne sans aucun doute des renseignements particuliers. Et alors « il fut conclu que si autre chose n'arrivait, il n'y irait point hiverner, et se tiendrait à Montréal ou aux Trois-Rivières ; que si quelque occasion belle se présentait d'y aller, il ne la fallait pas refuser ». En un mot, les missionnaires décident de fonder la mission si le moindre hasard favorise le projet.

En confrontant le *Journal* avec les *Relations*, on en arrive vite à la conclusion que le père Jogues est plus enthousiaste que ses confrères. Son dessein est bien formé, tandis que les autres hésitent. Leur réticence indique assez qu'ils ne jugent pas l'occasion favorable. Le père Jogues monte à Montréal.

Chapitre 21

1646

La paix provoque toujours un peu d'ivresse. Marie de l'Incarnation en fournit constamment le témoignage. Les Indiens accourent de loin, « ravis d'avoir la liberté du commerce et de se faire instruire ». Ceux des alentours colonisent. Seul, Tessouat, ou Le Borgne de l'Île, le chef soupçonneux des Algonquins de l'Outaouais, continue à se montrer prudent. Quand il a appris, en février, par les Agniers qui arrivaient avec Couture, que les autres tribus iroquoises ne deviendraient pas partie au traité, il a quitté l'île de Montréal avec tous les siens sans tambour ni trompette. Il n'a pas confiance dans le petit groupe de Français qui habite le poste ; il se sent en danger sur la frontière iroquoise.

La paix laisse Tessouat soupçonneux.

Dans les derniers jours de juillet ou au début du mois d'août, car la nouvelle arrive à Québec le 10, il remonte le Saint-Laurent et l'Outaouais à la tête d'une bande de ses compatriotes, pour retourner dans son île dont la position naturelle est forte. Un parti d'Onneyouts est à l'affût au-dessus du Long-Sault. Il se porte à l'attaque avec élan, blesse un Algonquin à mort et capture deux femmes. Le premier viendra mourir à Montréal où il se convertira. D'après les rapports, les Onneyouts étaient au nombre de dix-sept ; et, fait grave, il y aurait eu deux ou trois Agniers parmi eux. Mais ce point reste à vérifier.

Des Onneyouts attaquent les Algonquins de Tessouat. Deux Algonquins capturés.

D'après le *Journal des Jésuites*, les vainqueurs « se vinrent excuser, disant qu'ils pensaient que ce fussent Hurons ». Mais pourquoi ? Les Onneyouts ne sont en paix ni avec les Français, ni avec les Algonquins, ni avec les Hurons ; de plus, les Agniers ont prévenu les Français d'attaques possibles de la part des autres tribus iroquoises. On comprend mal que les Onneyouts non seulement viennent s'excuser, mais osent même circuler sur le Saint-Laurent. À moins naturellement qu'une entente vague ne les ait inclus, sans qu'on le sache, dans les traités de paix.

Les excuses des Onneyouts

Le *Journal* ajoute que ces Onneyouts, en retournant chez eux, « furent défaits par ceux d'Yroquet », des Algonquins de l'Outaouais. Mais les *Relations* donnent une version différente. Elles attribuent la défaite de ce parti non aux Iroquets, mais bien aux Hurons. Les vainqueurs, disent-elles, retournèrent dans leur pays avec leurs deux prisonnières. De loin, ils découvrent un canot huron dont les occupants les aperçoivent en même temps. Ceux-ci sont au nombre de trente. Ils descendent sur le rivage pour se consulter. Les Onneyouts les imitent. Ni les uns ni les autres ne connaissent le nombre de leurs adversaires. Chacun des partis occupe l'un des côtés d'une longue pointe qui s'avance dans l'eau. Capitaines onneyouts et capitaines hurons exhortent

Des Hurons affrontent les Onneyouts.

leurs gens à bien combattre ; les guerriers des deux camps assurent qu'ils se battront jusqu'à la mort. Tous font de grands serments. Les Onneyouts s'avancent les premiers. Alors éclatent les clameurs sauvages qui accompagnent tous les combats indiens. Elles sont si effrayantes que chacune des deux bandes croit que l'autre est beaucoup plus nombreuse que la sienne. Saisis en même temps d'une semblable frayeur, Onneyouts et Hurons fuient rapidement dans la forêt ; il ne reste sur place que cinq Hurons qui « se regardent les uns les autres bien étonnés ». Le combat cesse donc faute de combattants. Abandonnées sur la rive, les deux Algonquines s'enfoncent à leur tour sous le couvert des feuilles. L'une d'entre elles rencontre un Huron qui s'enfuyait, elle lui communique le nombre des Onneyouts. Le fuyard rappelle et rallie ses camarades ; il tente avec leur aide de couper le chemin de l'ennemi. Un Onneyout est capturé et conduit en triomphe à Montréal. L'autre Algonquine est introuvable. Bien qu'âgée et décrépite, elle retrouve cependant le chemin de Montréal où elle arrivera quelques jours plus tard.

M. d'Ailleboust commande cet endroit pendant l'été de 1646. Il demande aux Hurons de lui remettre leur captif. Avec ce gage en mains, Montmagny pourra peut-être amener les Onneyouts à endosser le traité de paix. Les Hurons refusent, ils veulent conduire le prisonnier dans leur pays. M. d'Ailleboust offre un présent pour qu'ils le ramènent l'année prochaine, dans le « dessein de faire alliance avec ces peuples par l'entremise de ce prisonnier ». Plus tard arrive le grand convoi huron et Montmagny « leur recommanda de ne point maltraiter ce prisonnier qu'on avait mené en leur pays, et de le représenter en son temps, suivant la parole qu'en avaient donnée ceux qui l'avaient entre leurs mains ».

Une consultation des Jésuites à Québec. Le père Gabriel Druilletes (1610-1681), explorateur, thaumaturge, connu comme l'apôtre des Abénaquis.

Le 21 août, les Jésuites tiennent une autre consultation à Québec. Sont présents cette fois, les pères Jérôme Lalemant, supérieur, Vimont et De Quen. *Le Journal des Jésuites* enregistre les décisions qu'ils prennent et parmi lesquelles il faut signaler la suivante : « *Item* l'hivernement du Père Druilletes aux Abénaquis, et celui du Père Jogues aux Iroquois. » Aucun considérant ne l'accompagne. Faut-il croire que les missionnaires ont trouvé en août l'occasion favorable qu'ils souhaitaient ?

Le 26 août arrive de Huronie un donné des jésuites, Pierre Cochon. Il apporte la nouvelle que certains canots sont déjà arrivés, mais pas le gros de la flotte qui viendra plus tard. Le père Jérôme Lalemant part aussitôt pour les Trois-Rivières où il aura de nombreuses affaires à régler au sujet des missions lointaines. Il revient le 7 septembre. Le 11, il quitte de nouveau Québec pour

Un grand convoi huron

les Trois-Rivières. Le grand convoi huron passe Montréal vers le 12, et il atteint sans doute les Trois-Rivières vers le 13 ou le 14. « Il y avait 80 canots, dit le *Journal* ; ils remportèrent une douzaine de paquets de robes à faute de marchandises, et partirent pour s'en retourner le même jour que nous, savoir le 22. » Le convoi a ainsi transporté une grande cargaison de pelleteries ; les traiteurs n'avaient pas trouvé assez de marchandises dans le pays pour la payer. Il y en avait pour trois cent vingt mille livres. Trois cents Hurons avaient conduit ces galions d'une nouvelle espèce à bon port. Aucun parti iroquois ne s'était trouvé sur leur passage ou n'avait osé attaquer.

Les documents sont laconiques sur les événements qui se déroulent aux Trois-Rivières. Montmagny transmet aux Hurons des présents que les Agniers leur ont envoyés pour marquer qu'ils appréciaient la douceur de la paix. Ces Iroquois assurent de plus aux Algonquins et aux Hurons qu'ils ne prendront pas la défense de leurs compatriotes qui pourraient être tués dans les combats entre la Coalition et les Tsonnontouans. Les Hurons apprennent que le père Jogues va partir pour l'Iroquoisie et ils lui confient quelques présents pour les Agniers. Une paix totale semble régner à ce moment-là entre Français, Algonquins, Hurons et Agniers. Aucun nuage ne semble ternir le ciel.

Le père Jogues ira en Iroquoisie.

Le père Lalemant quitte les Trois-Rivières le même jour que le convoi. Des Hurons se séparent de leurs compagnons pour remonter en leur pays par le Saint-Laurent et le lac Ontario. Mais des Iroquois, appartenant sans doute aux tribus supérieures, les découvrent et seuls deux hommes peuvent s'échapper.

Les tribus supérieures, les Iroquois autres que les Agniers

Chapitre 22

1646

Jean de La Lande (?-1646), donné des Jésuites, tué par les Iroquois en 1646.

Le *Journal des Jésuites* dit que « le P. Jogues devait partir le 24 [septembre] pour son hivernement aux Iroquois avec de La Lande, Otrihoré, huron iroquisé, et deux ou trois autres Hurons qui allaient voir leurs parents captifs ». Les *Relations* confirment cette nouvelle et affirment que le père Jogues quitte les Trois-Rivières le 24 septembre, en compagnie de Jean de La Lande « et de quelques iroquois et autres sauvages ». Il n'a obéi à ses supérieurs qu'avec de grandes affres intérieures. Il a écrit : « La pauvre nature qui s'est souvenue du passé a tremblé... » Et aussi : « Enfin ce peuple-là m'est un époux de sang, je l'ai épousé par mon sang... » Il écrit encore : « Le cœur me dit que si j'ai le bien d'être employé en cette Mission, *Ibo et non redibo* », j'irai et ne reviendrai pas.

Les appréhensions du père Jogues

Le père Jogues doit passer l'hiver chez les Agniers. Il doit tâcher dans toutes les occasions, de « ménager l'esprit et l'affection des sauvages, mais surtout les affaires de Dieu ». Un autre passage fournit des précisions. Il avait « dans ses ordres de faire tout son possible d'inciter à la paix tous les Iroquois supérieurs, qu'il verra dans les bourgades des Agniers ; et en cas de refus, il a commission de presser fortement les Agniers de les empêcher de venir sur la rivière des Prairies par où passent les Hurons, bornant leurs guerres sur le grand fleuve du Saint-Laurent bien loin au-delà de Montréal, ou du moins de leur défendre de ne point approcher de cette île, ni des pays qui sont vis-à-vis de leurs bourgades, comme étant en quelque façon de leur district ».

Le père Jogues doit donc ouvrir une mission. Il doit ensuite mener à bien une offensive diplomatique dont les buts principaux sont les suivants : persuader les quatre tribus iroquoises supérieures de contresigner le traité de paix de 1645 ; et si elles persévèrent dans leur hostilité, demander aux Agniers de leur interdire l'accès de la rivière des Prairies que suivent les convois hurons ; de leur défendre aussi d'envoyer des partis de guerre sur le Saint-Laurent, si ce n'est loin en amont de Montréal ; d'approcher même de Montréal ou de venir dans cette partie de la Nouvelle-France située entre les bourgades des Agniers et l'île de Montréal, c'est-à-dire sur la rive sud du fleuve entre le lac Saint-François et l'embouchure du Richelieu.

Épargner l'île de Montréal

Les Français sollicitent donc la collaboration des Agniers pour soustraire l'île et la région de Montréal des territoires où la guerre continue à sévir entre Français, Algonquins et Hurons d'une part, et Onneyouts, Onontagués, Goyogouins et Tsonnontouans d'autre part. Ils désirent éviter des combats qui pourraient rapidement menacer la paix conclue avec les Agniers. Ils veulent assurer un libre passage aux convois de fourrures de Huronie. Et Montréal deviendrait, comme on l'espère depuis longtemps, « le centre de la paix, comme elle a été l'objet de toutes les guerres ». Cette phrase lumineuse, soudain jaillie de la plume de l'un des missionnaires qui connaît le mieux le pays, résume en quelques mots soixante-quinze ans d'histoire. Elle indique comment l'île de Montréal est contestée et à quel point elle est précieuse. Au même moment, les missionnaires élaborent toujours des plans pour en faire une vaste réduction indienne ; ils ont bon espoir d'y entraîner la nation huronne.

Le père Jogues en route pour l'Iroquoisie. Des Amérindiens l'abandonnent.

Le père Jogues quitte donc le fort Richelieu avec des instructions précises. Mais que se passe-t-il ? Bientôt quelques-uns de ses compagnons indiens l'abandonnent. Sont-ils en possession de renseignements secrets qui pourraient leur faire craindre que la réception sera mauvaise en Iroquoisie ? Les communiquent-ils au missionnaire ?

Les autres continuent leur route. Le 15 octobre, à deux jours de marche d'Ossernenon, en arrivant probablement à l'extrémité du lac Saint-Sacrement, ils rencontrent un parti de guerre agnier de quatre cents hommes. Ceux-ci se rendent au fort Richelieu qu'ils ont l'intention d'attaquer. Au lieu de poursuivre leur route, ils se saisissent du père Jogues et de La Lande. Ils les assomment de coups et les ramènent au village. Voici ce que dit à ce sujet la *Relation* de 1647 : « Mais à peine avait-il mis pied-à-terre, que contre tout droit divin et humain, il fut traité de captif par ces barbares, lui et son compagnon..., battus, dépouillés et mis à nu, et conduits en cet état au prochain bourg. » Une lettre, qui viendra de la Nouvelle-Hollande, confirme ce fait : « ...Ces barbares ingrats n'ont pas attendu qu'ils fussent bien arrivés dans leurs cabanes, où ils ont été dépouillés... ; le même jour de leur venue ils ont commencé de les menacer, et incontinent à grands coups de poings et de bâtons, disant, vous mourez demain, ne vous étonnez pas, mais nous ne vous brûlerons pas, ayez courage, nous vous frapperons avec la hache et mettrons vos têtes sur les palissades... »

Le père Jogues et Jean de La Lande captifs des Agniers

À Ossernemon, le père Jogues et Jean de La Lande sont tués.

Le père Jogues arrive à Ossernenon le 17 octobre. Il subit d'autres mauvais traitements dans la bourgade. Le lendemain, il est convié à un festin par le clan de l'Ours, un des trois clans agniers. Il s'y rend en compagnie de la personne qui l'a invitée. En entrant dans la cabane, il est assommé d'un coup de hache par un Agnier qui s'était placé derrière la porte. La tête est ensuite coupée et placée sur un palis. Jean de La Lande subit le même sort le lendemain matin. Joannes Megapolensis, pasteur à Fort Orange, à qui l'on a apporté le missel, le bréviaire, les sous-vêtements de Jogues, raconte ce qui suit : « Lorsque je leur dis que je n'aurais pas pensé qu'ils auraient tué ce français, ils répondirent que le Jésuite n'avait pas pris en considération le fait que ses compatriotes faisaient toujours des plans pour tuer les Hollandais... » Réponse qui ne fournit pas grande explication. Deux problèmes se posent à ce moment-là : celui de la rupture du traité de paix de 1645 par les Agniers, et celui

La rupture du traité de paix de 1645

de l'assassinat du père Isaac Jogues. Sans aucun doute, ils sont étroitement liés et dépendent l'un de l'autre. Mais l'un est antérieur et plus général que l'autre et, dans une certaine mesure, il en est aussi la cause..

Tout d'abord, les Agniers ont décidé de rompre la paix avant que le missionnaire et son compagnon ne soient arrivés en Iroquoisie. La présence d'un parti sur le sentier de la guerre au moment de l'arrivée des Français le prouve suffisamment. Les *Relations* contiennent aussi le passage suivant qui est non moins probant : « Devant qu'il [le père Jogues] arrivât en ce pays-là, ce peuple avait envoyé des présents aux Iroquois des pays plus hauts, que nous appelons Onontagués, Tsonnontouans et quelques autres, afin de confirmer fortement leurs alliances, et conjurer la ruine des Français et des peuples leurs alliés. »

Il faut bien réaliser tout d'abord que seule la tribu des Agniers a fait la paix avec les Français, les Algonquins, les Hurons. Les quatre autres tribus n'ont pas voulu consentir à ce rapprochement. Maintenant, deux des trois clans agniers, ou au moins un, ne veulent plus de cette paix. C'est celui de l'Ours qui montre soudain son hostilité et qui change d'avis. L'Iroquoisie, en effet, est une véritable démocratie où les opinions des hommes changent et sont en perpétuelles évolutions. La majorité favorable à la paix a diminué et un groupe agressif a obtenu gain de cause.

L'Iroquoisie, véritable démocratie !

Les raisons de la rupture

Quelles sont donc les raisons de cette décision ? Il faut noter tout d'abord que, du point de vue des Agniers et des Iroquois, la paix de 1645 est incompréhensible. Ils ont à ce moment à leur merci, non seulement les Algonquins, mais aussi les Hurons, de vieux ennemis contre lesquels ils entretiennent une lutte déjà vieille de soixante-quinze années. Pourquoi s'arrêter lorsque la victoire est proche et qu'il ne reste que bien peu de combats à livrer ? Celle-ci leur donnera de vastes territoires de chasse, elle pourra les mettre en contact avec les tribus algonquines du nord, qui sont faibles et qui amassent de très belles pelleteries. Ils pourront alors assumer un rôle d'intermédiaires entre celles-ci et les Hollandais, se substituer aux Hurons. Quelle nation moderne refuserait ce choix ? Donnerait-elle à son ennemi le répit dont il a besoin pour respirer, se repeupler, se ressaisir, se fortifier même, dans une puissante réduction, sur ses frontières, comme dans l'île de Montréal ? C'est pourtant ce que font les Agniers en 1645. Comme toutes les tribus indiennes, ils veulent la libération de prisonniers importants ; ils mettent aussi sans doute leur espoir dans la chasse en zone neutre. Mais cette dernière concession perd son avantage du moment que l'entente entre les Agniers et les Algonquins n'est pas parfaite et que la chasse devient dangereuse.

Le traité de paix de 1645 n'aurait été qu'un traité commercial selon l'historien Hunt.

L'historien américain George T. Hunt pose nettement la question des pelleteries. Il soutient que le traité de 1645 était au fond un traité commercial par lequel Hurons et Algonquins s'étaient engagés à livrer des pelleteries ou leurs pelleteries aux Agniers. La preuve qu'il en a est très mince. Dans tous les

Kiotseaeton dit Le Crochet

documents contemporains, il ne trouve que la phrase suivante que Kiotseaeton a prononcée à Québec en s'adressant aux Algonquins : « Ce présent vous invite à la chasse, *nous jouirons de votre industrie*, nous ferons rôtir les animaux dans une même broche... » Puis ces deux tribus indiennes sont conviées à se rendre en Iroquoisie par le territoire des Français. La phrase est bien vague pour supporter une argumentation serrée. Hunt affirme que par le traité en question, les Agniers n'avaient aucun bénéfice si ce n'est celui-là. C'est inexact, car les Agniers ont évidemment obtenu des droits de chasse en zone neutre et en territoire proprement algonquin. Il affirme encore qu'en apprenant l'arrivée à Montréal de la flotte huronne en septembre 1646, les Agniers, après avoir constaté que les tribus canadiennes n'observaient pas une condition importante du traité, avaient aussitôt décidé de le rompre. Or, les ambassadeurs de cette tribu avaient assisté en 1645, pendant la négociation du traité de paix à Québec, à l'arrivée d'une flottille huronne et ils n'avaient rien dit. Bien plus, en juin 1646, ils prévoyaient l'arrivée prochaine d'un convoi semblable ; ils savaient qu'un groupe d'Onneyouts était parti pour l'intercepter ; et, au lieu d'en être irrités, d'avertir Jean Bourdon et le père Jogues qui étaient dans leur pays comme ambassadeurs, de rompre le traité pour cette raison, ils leur annonçaient le départ des Onneyouts, leur demandaient de se tenir sur leurs gardes, trahissant ainsi leurs propres compatriotes et exposant quelques-uns de ces derniers à des surprises meurtrières. Voici ce que dit justement sur ce point la *Relation* de 1646 : « ...Les Agniers pressèrent le départ des Français, disant qu'une troupe d'Iroquois d'en-haut étaient partis pour attendre au passage les Hurons qui devaient descendre aux Français, et que ces guerriers tireraient de là à Montréal pour venir passer devant Richelieu, et remonter en leur pays par la rivière des Iroquois : Nous ne croyons pas, disaient-ils, qu'ils vous fassent aucun mal quand ils vous rencontreront mais nous craignons pour les deux Algonquins qui sont avec vous. » Le renseignement donné est exact puisque le parti onneyout livre bataille pendant l'été à un parti huron.

Les documents détruisent donc l'argument de cet historien. Mais enfin, pourquoi une fraction importante des Agniers change-t-elle d'avis pendant les mois de juillet, d'août et de septembre ? Pourquoi la paix est-elle remise en cause ? Les *Relations* rappellent l'humeur guerrière de la jeunesse ; elle ne demeure jamais longtemps en repos ; les hommes ne se passent pas « de la gloire et des profits qu'ils tiraient de la guerre ». Pour eux, conclure la paix avec les Indiens canadiens, c'est s'interdire les fructueuses expéditions du Saint-Laurent et de l'Outaouais, se priver du riche butin qu'ils en rapportaient.

Les Agniers atteints d'une épidémie qu'ils attribuent au père Jogues.

Puis, enfin, vient la raison principale. Le père Jogues, on s'en souvient, avait laissé une cassette en partant de l'Iroquoisie au mois de juin. Il avait l'intention de revenir. Les Agniers avaient craint que cet objet ne contînt des talismans qui attireraient des malheurs sur leur pays. Or, leurs appréhensions s'étaient réalisées pendant les mois d'été : une épidémie s'était déclarée et leur récolte de maïs était compromise. Marie de l'Incarnation se fait l'écho de

La version de Marie de l'Incarnation

cette version : « Ce qui a porté ces barbares à rompre une paix que nous croyions si bien établie, c'est l'aversion que quelques Hurons captifs leur ont donnée de nôtre roi et de la prière, disant que c'était ce qui avait attiré toutes sortes de malheurs sur leur nation, qui l'avait infectée de maladies contagieuses, et qui avait rendu leurs chasses et leurs pêches plus stériles que lorsqu'ils vivaient selon leurs anciennes coutumes. Quasi au même temps, la mortalité s'est attachée à leur nation et répandue dans leurs villages, où elle a moissonné beaucoup de leurs gens en peu de temps ; et le mauvais air y a engendré une espèce de vers dans leurs blés qui les a presque tous rongés. Ces fâcheux accidents leur ont facilement persuadé que ce que les Hurons captifs leur avaient dit était véritable. » Une Huronne surtout, prisonnière chez les Agniers, aurait fait beaucoup de mal ; parlant des Jésuites et des épidémies apparues en Huronie, elle disait : « ils se sont logés dans un tel village où tout le monde se portait bien : sitôt qu'ils s'y sont établis, tout y est mort à la réserve de trois ou quatre personnes. Ils ont changé de lieu et il en est arrivé de même. Ils sont allés visiter les cabanes des autres bourgs, et il n'y a que celles où ils n'ont point entré qui aient été exemptes de la mortalité et de la maladie. » Les *Relations* disent encore : « Ces pauvres aveugles ont cru que le Père avait laissé le démon parmi eux, et que tous nos discours et tous nos enseignements ne visaient qu'à les exterminer. »

Et celle d'une Huronne

Les historiens contemporains ont accepté cette explication parce qu'elle est très plausible. Ceux qui ont suivi pas à pas le terrible chemin des maladies contagieuses chez les Hurons et les Algonquins savent bien que des accusations de ce genre pouvaient avoir un effet foudroyant. Les Iroquois connaissent bien eux aussi ces faits ; qu'au moindre prétexte, ils aient lié les missionnaires aux épidémies, comme la cause à l'effet, ne surprendra personne. Les *Relations* comprennent en effet la phrase suivante : « Au reste il est vrai que parlant humainement, ces Barbares ont des sujets apparents de nous faire ces reproches, d'autant que les fléaux qui humilient les superbes, nous devancent ou nous accompagnent partout où nous allons... » L'évangélisation ultérieure de l'Iroquoisie se heurtera à cette accusation. Les Français n'obtiendront des renseignements sur ce point précis qu'une année plus tard. C'est le gouverneur de la Nouvelle-Hollande qui les leur transmettra en même temps qu'une autre lettre. Il leur dira que le pasteur de Fort Orange n'avait pu obtenir d'autre réponse des Agniers, « sinon que le Père avait laissé le diable parmi quelques hardes qu'il leur avait laissées en garde, [ce] qui avait fait manquer leur blé d'inde ».

Reproche bien compréhensible, admettent les Relations.

Des historiens notent que ces renseignements viennent d'une source hollandaise, c'est-à-dire d'ennemis commerciaux, de rivaux peut-être intéressés à déguiser la vérité. C'est malheureusement vrai. Il faut noter cependant que des captifs s'échapperont de l'Iroquoisie, mais que jamais ils n'apporteront un démenti.

Une épidémie, une mauvaise récolte auraient donc fortement irrité les Agniers contre les Français. Le clan de l'Ours était en tête de ce mouvement ; il n'avait peut-être pas été très favorable à la paix dès le début, il devient agressif, et contre le gré des deux autres, il exécute le missionnaire tout de suite : « Il faut que vous sachiez que c'eût été seulement la nation de l'Ours qui les ont fait mourir, la nation du Loup et la nation de la Tortue ont fait tout ce qu'ils ont pu pour leur sauver la vie, et ont dit à la nation de l'Ours, tuez-nous premièrement, mais hélas, ils [le père Jogues et de La Lande] ne sont pas pourtant en vie. »

Les Français connaissaient la fragilité de la paix.

Le problème de la rupture de la paix de 1645 est certainement complexe. Il faudrait sans doute lier en un faisceau toutes les raisons précédentes : impatience de la jeunesse, c'est-à-dire du parti guerrier ; désir de s'approprier d'autres riches ballots de pelleteries en Nouvelle-France ; crainte des missionnaires excitée par les Hurons païens prisonniers ; considérations à l'effet que la Coalition laurentienne reprendra son assise pendant les mois de répit, etc. Mais au fond, les Français ont toujours su la fragilité de ce traité. Six ou sept ans plus tard, un missionnaire fera l'aveu suivant : « Je confesse que nous avons la paix avec eux ; mais je ne sais si jamais ils l'ont eue avec nous car à vrai dire, c'était nous qui les portions à la paix, nous les pressions, et par présents et par de longs conseils. Ils avaient bien quelque inclination de s'allier au Français ; mais ils avaient horreur des sauvages, notamment des Algonquins. Ceux qui avaient les yeux ouverts connaissaient bien que cette paix n'était pas dans la parfaite idée des sauvages. » Au dire de Perrot, Montmagny aurait manqué d'habileté : il aurait trop montré qu'il avait besoin de la paix. Les Agniers « regardaient les Français comme des gens qui n'étaient pas au fait de leurs guerres, et incapables de les pouvoir vaincre, ignorant les maîtres des forêts du pays. Le bon accueil qu'on leur fit quand ils se rendirent en grand nombre à Québec, pour traiter de la paix, leur fit s'imaginer qu'on les craignait. S'ils y venaient en petit nombre, on les habillait et on les caressait avec des présents qu'on leur faisait ; cela les engagea à conclure encore une fois la paix avec les Algonquins... »

Nicolas Perrot (v. 1644-1717), explorateur, trafiquant de fourrures et seigneur

Enfin, en style moderne, on pourrait dire qu'il n'y avait qu'un bien petit nombre de voix à changer pour rompre le traité. Cette modification se fait au cours de l'été ; et, à l'automne, quand le missionnaire arrive avec son compagnon, les adversaires de la paix, qui sont loin de représenter toute la tribu, ont la direction des affaires.

Chapitre 23

1646

Par le meurtre du père Isaac Jogues et de son compagnon, les Agniers brisent donc le traité de paix qu'ils ont conclu avec les Français, les Algonquins et les Hurons. Cette rupture devient irrémédiable. Toute la Confédération iroquoise est de nouveau en guerre avec toute la Coalition laurentienne. Toutefois, les peuples qui la forment ne le savent pas encore.

L'incendie du fort Richelieu

Les Agniers reprennent les hostilités. Mais Indiens et Français du Canada ne savent comment les interpréter, car ils n'apprendront qu'au printemps suivant la décision prise par leurs ennemis. Un incendie dévore le fort Richelieu dans des circonstances mal connues. Aucune garnison ne l'habitait plus. Il fournissait pourtant un bon poste d'observation, un lieu de ralliement et un refuge pour les Indiens alliés qui conduisaient la petite guerre en Iroquoisie.

Des Agniers aux abords du fort de Montréal

Un parti agnier tient le fort de Montréal sous observation. Le 17 novembre, trois Hurons reviennent à l'Habitation après une partie de chasse ; ils ont perdu un des leurs. Quelques jours plus tard, ils font de nouvelles recherches aux alentours ; ils sont eux-mêmes capturés. On apprendra bientôt qu'ils sont prisonniers.

Le 30 du même mois, deux Français vont chasser. Personne ne les revoit. La population suppose qu'ils ont subi le même sort que les Hurons. Elle demandera des nouvelles à des prisonniers algonquins échappés de l'Iroquoisie : personne ne les aura vus là-bas ; ont-ils été tués au cours du combat ou sur la route de la captivité ?

Un autre Huron s'aventure à la chasse. En approchant d'un étang, il voit soudain des canards et des outardes prendre leur vol. Il en déduit qu'il y a d'autres chasseurs sur les lieux. Il se glisse prudemment dans les joncs ; il entend bientôt des cris d'oiseaux qui se répondent de si étrange façon qu'il suppose que des Iroquois rôdent dans les alentours. Il en aperçoit sept ou huit, le mousquet sur l'épaule. Il se dérobe avec habileté. Un Français et des Hurons découvriront aussi sur la neige les pistes d'un parti iroquois. Marie de l'Incarnation dira que les ennemis « vinrent jusques à Montréal, où ils prirent trois Hurons et deux Français ».

Ces incidents sont les signes avant-coureurs de la tempête. Mais ils ne fournissent que peu d'indications parce que l'on ignore si ce sont des Agniers ou d'autres tribus iroquoises qui sont en campagne. L'inquiétude règne. Les renseignements manquent totalement. Le père Jogues et son compagnon se sont enfoncés dans un grand silence que rien ne brise.

À l'arrivée de l'hiver, les Français sont un peu plus rassurés. Les Algonquins restent nerveux. Se souviennent-ils des confidences faites par trois ou quatre Agniers à un Huron l'hiver précédent au sujet d'une clause secrète du traité de 1645 ? Comme le révèle le *Journal des Jésuites*, ils « lui dirent le secret de leur pays savoir, qu'on n'y voulait point de paix avec les Atichaoata [Algonquins], si bien [mais bien] avec les Hurons et les Français ; que les Français y avaient consenti, et qu'ensuite on n'attendait plus que l'occasion d'exterminer les Atichaoata, et que 300 Agniers pourraient venir à la mi-février pour l'exécution de ce dessein ».

1647

C'est maintenant la fin du mois de février. Les neiges sont profondes. Quelle meilleure époque pour la chasse à l'orignal qui se capture et se tue alors facilement ? Les Algonquins des Trois-Rivières quittent donc les alentours du poste ; ils se divisent en deux bandes : l'une chassera au nord du fleuve, l'autre au sud. D'étranges pressentiments les agitent. L'idée de la mort les hante. L'ombre de leur destin prochain plane sur leur existence. Le courageux, l'indomptable Simon Pieskaret, dit : « Il me semble que je m'en vais à la mort, je sens je ne sais quoi qui me dit, les Iroquois te feront mourir... » Un converti se confesse deux fois : « On m'appelle dans les bois pour y mourir, priez pour moi car je ne reviendrai plus. Faites-moi donner une balle pour tuer le premier Iroquois qui me voudra tuer... » Des femmes reviennent peu après le départ ; elles veulent apporter leurs colliers de grains de nacre afin de se racheter, au besoin, si les Iroquois les capturent. Les plus braves n'ont plus de réaction violente devant la perspective de la mort. Loin de là, aux environs de Québec, une troupe montagnaise de Sillery éprouve aussi une crainte qui les force à se précipiter vers la protection des retranchements : « Ils composaient trois bandes, et toutes ces bandes, quoique séparées les unes des autres, furent touchées d'une même frayeur quasi à même temps. » Mais ni les uns ni les autres n'organisent une attaque ; ils ne postent pas de sentinelles pour se protéger. Tous les subtils indices qu'ils ressentent ne les engagent ni vers une offensive ni vers une défense prudente. Une grande race s'éteint par sa soumission à son destin.

Simon Pieskaret (?-1647), chef algonquin de la tribu des Tessouat (ou de l'île aux Allumettes)

Les craintes des Montagnais de Sillery

Car pendant ce temps-là, les Agniers préparent une redoutable expédition militaire qui vise les Algonquins postés autour des Trois-Rivières. Mille guerriers, dit Nicolas Perrot, partent d'Iroquoisie vers la mi-février. Le 5 mars 1647, ils ont atteint les alentours du poste des Trois-Rivières. Ils rencontrent deux Algonquins, accompagnés de deux femmes, qui vont chercher de la chair d'un orignal tué par un Huron. Ils les capturent. Ces prisonniers révèlent la position de chacune des deux bandes de chasseurs algonquins. Le lendemain, 6 mars, les Iroquois s'approchent très près du fort ; ils pillent deux maisons remplies de meubles et d'objets appartenant à des Français, soit des couvertures, des vêtements, du plomb, de la poudre, des arquebuses, etc. Il faut au moins quinze hommes pour tout emporter.

Des guerriers agniers viennent attaquer les Algonquins postés autour des Trois-Rivières.

Les Agniers se divisent ensuite en deux partis ; chacun attaquera l'un des deux groupes algonquins dont il connaît maintenant la position. L'un traverse le fleuve pour se rendre sur la rive sud ; l'autre s'enfonce dans la forêt de la rive nord. Celui-ci atteint bientôt des wigwams disposés sur la neige parmi les arbres dépouillés. Ils y trouvent des femmes et des enfants. Un groupe garde ces premières victimes. Les autres se mettent à la recherche des chasseurs. Six d'entre eux découvrent Pieskaret. Le héros revient de la chasse. Sans crainte, il entonne une chanson de paix comme c'est la coutume, fume le calumet avec ces visiteurs, parle avec eux. Puis tous s'engagent sur la route du retour. Un Agnier porte tout le butin de l'Algonquin. Un autre, qui suit en arrière, transperce soudain d'un grand coup d'épée ce guerrier brave comme Hector, le tuant sur le coup ; ses ennemis le scalpent et abandonnent le cadavre.

La mort de Pieskaret

Ainsi meurt Pieskaret. Nicolas Perrot raconte ses hauts faits. Une fois, il s'est rendu seul dans une bourgade iroquoise ; il entre dans une cabane, assomme toute une famille et se cache dans un bûcher. La nuit suivante, il assomme une autre famille et il se cache dans le même endroit. La troisième fois, il est découvert et il fuit. Mais c'est le plus agile des guerriers. La nuit venue, il se met à l'abri dans un arbre creux ; ses poursuivants viennent camper tout près de lui. Pieskaret les assomme pendant leur sommeil et il revient chargé de scalps. Une autre fois, Pieskaret prend part à un combat sur l'eau, en plein fleuve, juste en face de l'embouchure du Richelieu. Les Algonquins sont de beaucoup les moins nombreux. Pieskaret fait placer des balles ramées dans les arquebuses, c'est-à-dire liées les unes aux autres par des fils de laiton ; ces projectiles déchirent l'écorce des canots ennemis qui coulent immédiatement. Les cinq Algonquins tuent une bonne partie de leurs adversaires et capturent les autres. Maintenant le brave Pieskaret n'est plus.

Exploits de Pieskaret

Les Agniers qui ont traversé le fleuve découvrent vite le second groupe d'Algonquins. Celui-là vient de prier Dieu avant de défaire les wigwams et de les transporter dans un nouveau district de chasse. Hommes, femmes, enfants sont chargés comme des mulets des rouleaux d'écorce de bouleau, d'ustensiles de cuisine, de peaux, de tout le petit butin ; ils les entassent aussi sur des traînes. Puis, ils s'en vont à la queue leu leu sur la neige épaisse, des raquettes aux pieds, dans la forêt qui semble morte. Alourdie par un enfant porté sur son dos, Marie marche la dernière. Soudain, détournant la tête, elle aperçoit les ennemis qui attaquent un Huron qui ferme la marche. Elle avertit rapidement son mari. Celui-ci se hâte pour avertir les autres. Puis il fait face. Il tue le premier Agnier qui se présente, mais il est vite massacré. Les ennemis entourent peu à peu tout le groupe algonquin. Un homme adroit et vaillant, Bernard, tue un Agnier lui aussi et succombe à son tour ; c'était un Iroquois de naissance. « Les Algonquins l'avaient pris assez jeune avec un sien frère... » Ce frère est aussi présent à l'échauffourée, mais du côté de l'ennemi, car les Iroquois l'ont capturé à nouveau. Celui-ci saisit une Algonquine qui le reconnaît

Bernard, un Iroquois de naissance

et qui lui demande si le père Jogues est toujours parmi eux : « Non, dit-il, on a tué les Français avant que de venir à la guerre. »

Iroquois et Algonquins comptent des tués et des blessés. Mais les Algonquins en ont plus parce qu'ils n'étaient pas prêts au combat, étaient embarrassés par tout leur bagage et combattaient au milieu de leurs femmes et de leurs enfants. Les Agniers s'emparent des arquebuses et ligotent deux hommes qui pourraient fuir. Puis ils tuent ceux qui ne pourront pas les suivre dans leur retraite, vieillards, femmes, enfants : « ...Ils tranchent, ils coupent, ils taillent, ils brûlent, ils mettent tout à feu et à sang ; ils battent, ils frappent, ils arrachent les ongles à ceux qu'ils veulent mener en triomphe en leur pays. »

Le voyage commence dans l'encombrement de prisonniers et de butin. Les deux partis agniers doivent faire leur jonction à l'embouchure d'une rivière qui se jette dans le lac Saint-Pierre. Celui du sud arrive le premier. Celui du nord se présente le lendemain. Les captifs se rencontrent, se reconnaissent ; ils comptent les absents, ceux qui sont morts. Dans leur misère, ils prient. Les ennemis brûlent un blessé.

Le sort des Algonquins capturés

Bien encadrés, les Algonquins marchent sur le chemin de l'exil et du supplice. L'un d'eux dénoue ses liens et tente de fuir. Les Agniers le rattrapent, lui brûlent la plante des pieds, se saisissent d'un enfant, l'étendent sur une grande pièce d'écorce, lui percent les pieds et les mains avec des bâtons pointus. C'est le crucifiement.

À leur arrivée en Iroquoisie, ce sont les bastonnades habituelles ; l'échafaud où, nus, les hommes d'un côté, les femmes de l'autre, ils sont exposés aux regards publics. Ils réclament le père Jogues pour prier sous sa direction, mais le père Jogues est mort. Ensuite a lieu la promenade dans les trois bourgs agniers, ils subissent de nouvelles bastonnades, on leur arrache les ongles, on envenime leurs plaies. Enfin, « on donna la vie aux femmes et aux filles et à deux petits garçons ; pour les hommes et pour les jeunes gens capables de lancer un javelot ou une épée, ils furent distribués en diverses bourgades pour être brûlés, bouillis et rôtis ». Les Algonquins ont aussi des guerriers qui peuvent subir les plus atroces supplices sans pousser un gémissement. L'un d'eux est brûlé de la plante des pieds à la ceinture pendant une fin d'après-midi et toute une nuit ; le jour suivant, les forces lui manquent ; les ennemis jettent dans un brasier son corps à moitié carbonisé. Les tortures que subit un adolescent tiennent de l'horreur.

Les Agniers n'avaient pas capturé tous les chasseurs de la bande algonquine attaquée au sud du Saint-Laurent. Cinq d'entre eux s'étaient rendus très loin. En revenant le soir, ils entendent les hurlements et les cris des Iroquois. Ils rebroussent chemin et atteignent les Trois-Rivières où ils annoncent la nouvelle de l'attaque. Cette fois, les Français sont sûrs que la paix est rompue. Ils éprouvent des inquiétudes pour le père Jogues. Le *Journal des Jésuites* contient l'entrée suivante pour le mois de mars : « Le 22 vint la nouvelle assurée de la prise de cent Algonquins ou environ par les traîtres Iroquois, qui ayant hiverné l'an passé ici et sachant tous les tours et détours, les vinrent surprendre étant à la chasse. » Cette perte était importante pour les Algonquins déjà décimés ; elle ne l'était pas moins pour la Nouvelle-France devant qui, malgré leur petit nombre, ils formaient une sorte d'écran protecteur ; leurs éclaireurs, leurs chasseurs, leurs petits partis fournissaient les renseignements dont on avait besoin dans les postes. Voici ce que disent les *Relations* sur ce point : « ...Le peu d'Algonquins qui restaient encore, n'était pas capable, réunis ensemble, d'enlever un seul village des ennemis. » De plus en plus, il ne resterait plus que des Français face aux Iroquois.

Les Français avaient besoin des Algonquins.

Le même parti qui avait enlevé les groupes algonquins des Trois-Rivières avait aussi détaché un groupe de guerriers dans la direction de Sillery. Peut-être s'agit-il d'une autre bande, on ne sait trop. Mais des Iroquois vinrent rôder dans les alentours de la réduction. Alarmés par leurs pressentiments, les Algonquins du lieu sont revenus de la chasse plus tôt que d'habitude. Pendant le trajet du retour, ils apprennent le massacre et la capture de leurs compatriotes des Trois-Rivières. À peine entrés dans leurs fortifications, ils accueillent trois Hurons qui étaient partis chasser sur la rive sud ; des Hurons qui les accompagnaient avaient été tués ou massacrés par les Iroquois.

Chapitre 24

1647

Après l'événement des Trois-Rivières, Algonquins et Hurons dispersés dans la vallée du Saint-Laurent refluent vers Québec, « la rupture de la paix les amasse tous en ces quartiers ». Ils tentent d'organiser des représailles ; leur entreprise semble vaine et un peu ridicule. Le 8 avril, un Huron arrive du Richelieu. Il vient pour inviter les Hurons de Québec à former un parti de guerre ; une fois réunis, ils veulent tenir conseil chez le gouverneur ; ils sont à peine huit ; leur porte-parole annonce leur projet à Montmagny. Celui-ci les laisse libres, « mais que sa pensée à lui serait qu'ils attendissent des nouvelles du traitement que les ennemis avaient fait aux captifs ». Ne vaudrait-il pas mieux aussi que ces Hurons retournent le plus vite possible dans leur pays pour avertir leurs compatriotes et leur demander d'être sur leurs gardes ?

Les Hurons ne sont pas contents de cette réponse trop sage. À la fin de leur entrevue avec le gouverneur, ils tiennent conseil, décident de partir et partent en effet. Mais ils ne dépassent pas La Potherie.

Au cours du même mois, les Indiens demandent à tenir un conseil, « pour savoir la pensée de M. le Gouverneur sur leur affliction ». Aucun document n'a conservé la réponse de Montmagny. Le 27 avril, Jean Amiot arrive. Il est allé des Trois-Rivières à Ville-Marie, pour donner à la population de cet endroit des nouvelles des Trois-Rivières et de Québec. Il apporte maintenant des nouvelles de Montréal ; c'est à ce moment-là seulement que l'on apprend à Québec, « que dans le mois de novembre de l'année passée, les Iroquois y avaient pris deux Français et quatre Hurons ».

Jean Amiot ou Amyot (v. 1625-1648), interprète et engagé des Jésuites en Huronie

Montmagny change d'avis et il donne cinq ou six Français aux Indiens « pour aller avec eux à la petite guerre ». Le départ de Sillery a lieu le 4 mai. Les Français arment trois chaloupes et quelques canots ; Chastillon est leur chef. Ce parti veut surveiller le fleuve et, s'il y a lieu, attaquer l'ennemi. Il atteint Montréal sans encombre où une cordiale réception l'accueille. Il y reste deux jours. Puis il se rembarque pour Québec. Croyant que le fleuve est libre, il jette la prudence aux orties. Monté par deux Hurons, un canot devance la flottille. Voici maintenant le lac Saint-Pierre. Soudain, des Iroquois surgissent en canot et capturent sans coup férir le canot huron.

Chastillon ? Sans doute Jean Mignot, dit Chatillon

Les Agniers appliquent de nouveau leur ancienne méthode : bloquer le fleuve, se tenir à l'affût. Les *Relations* la décrivent : ils sont « toujours aux aguets sur des pointes ou sur des caps relevés, découvrant de loin les vaisseaux et leurs Nochers pour les surprendre ou pour les combattre s'ils sont en petit

Nocher = pilote

nombre ; si leurs forces sont inégales, ils se tiennent cachés dans les bois sans se produire sinon par bravades lorsqu'ils voient bien que leurs jambes leur donnent l'avantage par-dessus nos armes ; mais le temps viendra que les Français, aguerris à la façon des Américains [Indiens], trouveront bien le moyen d'arrêter ces coureurs ».

Les embarcations, qui viennent d'assister à la capture du canot huron, tournent court. La flottille se rassemble, car les jeunes gens « s'étaient écartés ça et là dans les îles pour chasser aux rats musqués... » Une fois réunis, les Indiens se dirigent vers l'ennemi. Les Agniers sont peu nombreux et se voyant dans l'incapacité de tenir tête, ils se réfugient « en un lieu inondé des eaux du printemps ». Ils y érigent une sorte de fortin.

Un capitaine algonquin harangue vivement sa petite troupe. Un second l'imite. La nuit approche, l'attaque sera dangereuse. Les guerriers demandent au missionnaire qui accompagne l'expédition de se rendre aux Trois-Rivières pour avertir Montmagny. Celui-ci apprend la nouvelle à dix heures du soir. Le lendemain, il accourt sur les lieux avec deux bonnes chaloupes et dix nouveaux canots. Un Huron s'approche pour examiner la position des Agniers, il est tué d'un coup d'arquebuse, les ennemis s'emparent de son cadavre et le mangent. Comme le fortin est inondé, les Iroquois ont lié leurs canots ensemble et ils vivent dedans. Il pleut. Montmagny manque, semble-t-il, de détermination ; il n'ose attaquer avant d'être mieux informé ; personne ne peut non plus se servir de ses armes à feu dans ce déluge. Une seconde nuit passe et « le lendemain au point du jour, ces oiseaux s'en étaient envolés ».

On apprend à Québec la mort du père Jogues.

Cet incident s'est produit les 25 et 26 mai. Ce n'est que le 5 juin suivant que l'on apprend officiellement à Québec la mort du père Jogues. Voici de quelle façon le *Journal des Jésuites* annonce la nouvelle : « Le même jour sur les 11 heures arriva une chaloupe des Trois-Rivières qui donna avis du retour du fils d'Ignace Otouolti des Iroquois aux Trois-Rivières, qui assurait entr'autres la mort ou plutôt le massacre du père Jogues et de son compagnon de La Lande pour lesquels le lendemain on dit une messe haute des morts. » La situation paraît si grave que les autorités religieuses demandent des prières « pour les nécessités publiques ». Le 7 juin, la chaloupe qui avait amené le fils d'Ignace quitte Québec « fortifiée de soldats » pour se rendre à Montréal. Il faut avertir rapidement ce poste qui, d'après le rapport du même Indien, est gravement menacé par un parti de deux cents Iroquois.

Les Algonquins de Sillery vivent maintenant dans l'inquiétude. Pendant ces premiers jours de juin, ils demandent « de se retirer dans les pieux de l'enclos de la maison de Sillery ; cela leur fut accordé. Ils travaillèrent à faire une nouvelle palissade ; M. le Gouverneur aussi y alla pour désigner la place d'un fort dans les champs ».

Le long périple de Marie l'Algonquine

Le 8 juin, un canot accoste devant le fort de Montréal. Une femme en descend. C'est Marie l'Algonquine, qui s'est échappée des mains des Iroquois. Conduite dans la chambre de madame d'Ailleboust, elle pleure longuement à grands sanglots. Marie a été capturée avec ses compatriotes aux Trois-Rivières en mars. Un Onneyout est devenu son maître. Elle a été autrefois prisonnière d'un Onontagué et maintenant des Onontagués se l'approprient après l'avoir reconnue, lui ordonnant de les suivre. Au lieu de demeurer dans le dernier village agnier, elle poursuit sa route derrière ses nouveaux maîtres, sur la piste de forêt. Ceux-ci ne la laissent pas pénétrer dans la bourgade onneyout, ils lui assignent pour la nuit un asile en dehors des palissades. Elle entend dans l'obscurité les cris de ses compatriotes torturés à mort. Craignant d'être brûlée plus tard, elle décide de fuir devant elle tout droit. Elle suit toujours la piste de l'Iroquoisie, et elle arrive bientôt devant Onnontaé, la capitale. Elle s'enfouit dans des sapinières ou des cèdrières, y passe dix jours et dix nuits, sans feu, sur la neige, dans une robe légère, cherchant des épis de maïs sous la neige, elle en trouve quelques-uns pour le voyage auquel elle songe. Mais elle vit dans la terreur, car la population circule autour de son abri ; elle reconnaît même les guerriers qui l'ont conduite chez les Onneyouts ; à plusieurs reprises, elle se croit découverte. Le désespoir l'envahit à certaines heures, par deux fois elle tente de se suicider pour échapper au supplice qui lui semble inévitable ; par deux fois, elle échoue et décide de s'évader. C'est maintenant avril ; il fait encore froid ; elle déterre des racines, mange l'écorce intérieure des arbres ; trouvant une vieille hache sur l'emplacement d'un ancien campement iroquois, elle se fabrique un appareil indien pour allumer du feu la nuit. Le jour venu, elle éteint vivement les flammes. Elle mange aussi des tortues de rivières. Ayant vu passer des chasseurs iroquois, elle leur vole un canot. Elle atteint bientôt le Saint-Laurent ; le courant emporte rapidement l'embarcation, Marie aborde tantôt dans une île, tantôt dans une autre ; elle tue des castors, des orignaux, qui nagent d'une île à la terre ferme avec une épée de bois qu'elle a fabriquée et durcie dans les flammes ; elle empale même des esturgeons, boucane de la viande ; les nids d'oiseaux lui fournissent des œufs. Et ainsi, d'étape en étape, industrieuse, habile et hardie, elle atteint enfin le poste.

Le 20 juin arrive une seconde évadée qui n'a plus que la peau et les os. Elle a quitté l'Iroquoisie deux jours après son accouchement ; son enfant est mort tout de suite. Elle raconte qu'une maladie contagieuse sévit en Iroquoisie et que de nombreux Iroquois meurent. Un puissant parti doit bientôt attaquer Montréal. Elle s'est enfuie sur un radeau qui s'est défait dans les rapides de Lachine et a failli se noyer.

Des prisonnières algonquines arrivent continuellement d'Iroquoisie. Il s'en présente deux le 24 juin ; une autre aux Trois-Rivières, le 16 juillet, qui s'était échappée avec sa fille ; poursuivies par des Iroquois, elles se sont séparées, perdues de vue et ne se sont plus revues. Elles sortent de la forêt, hâves, décharnées, le corps tout labouré par les ronces, boursouflé par les piqûres de moustiques, marquées par les privations et des misères inouïes. Elles racontent leurs aventures stupéfiantes. C'est par elles que les Français apprendront tous les détails du massacre et de la capture des deux bandes algonquines des Trois-Rivières, en mars dernier.

CHAPITRE 25

1647

Les Iroquets, ou Algonquins de la Petite Nation, remportent une victoire sur les Iroquois.

Le 21 juillet, les Iroquets ou Algonquins de la Petite Nation se présentent triomphalement à Québec avec six scalps d'Iroquois. Ils rapportent que la guerre a sévi d'un bout à l'autre de la vallée de l'Outaouais.

En mai, trois d'entre eux sont venus à Montréal. Ils y ont appris avec consternation la rupture du traité de paix. Ils se rappellent alors que peu de semaines auparavant, un parti ennemi a frôlé leur propre bande dans la forêt ; ils l'ont constaté par des pistes découvertes un peu plus tard. L'attaque iroquoise de la fin de l'hiver avait donc été générale et s'était portée d'un bout à l'autre du front. Perrot dira que mille guerriers étaient sur le sentier de la guerre, ils avaient voulu anéantir d'un seul coup les dernières bandes algonquines.

Craignant d'être attaqués sur la route du retour, ces Iroquets demandent à M. d'Ailleboust des arquebuses et des munitions. Celui-ci les arme bien. Ils descendent aux Trois-Rivières, puis ils remontent dans leur pays sans rencontrer d'ennemis. L'un d'eux décide de pousser jusqu'à l'île aux Allumettes pour dire aux Grands Algonquins « que leurs parents avaient été pris et massacrés vers les Trois-Rivières, et par conséquent qu'ils se tinssent sur leur garde ». Il embarque dans son canot avec sa femme. Et c'est alors que se produit toute une série d'aventures qui montrent bien combien ce peuple algonquin devait être dangereux du temps de sa puissance.

L'Iroquet rame, sa femme gouverne à l'arrière. Soudain, il découvre à l'avant un canot iroquois. « Aurais-tu bien le courage de me seconder ? demande-t-il à sa compagne, j'ai envie d'aller attaquer ce canot. » Il était seul contre sept ou huit guerriers iroquois. La femme répond : « Je vous suivrai partout, je ne veux plus de vie après vôtre mort. » Et l'Iroquet pousse hardiment son embarcation contre l'embarcation ennemie. Mais avant d'être découvert, il aperçoit quatre ou cinq canots remplis d'hommes. L'Iroquet ne veut pas fuir, il est trop fier. Il songe à un stratagème. Les Iroquois se comportent là-bas comme des gens insolents et victorieux, il dépose sa femme sur le rivage nord, puis il traverse sur la rive sud et là, comme s'il était un Iroquois arrivant d'Iroquoisie, il tire un coup d'arquebuse. Les ennemis croient en effet à l'arrivée de l'un des leurs et quarante fois, de toutes leurs forces, ils poussent le cri « hee » d'une voix gutturale. L'Iroquet apprend ainsi que ces guerriers ont entre leurs mains quarante prisonniers algonquins.

L'Iroquet revient sur la rive nord où sa femme saute dans le canot ; revenant en arrière, il retrouve quelques Algonquins qu'il a laissés quelques heures plus tôt et il les supplie de l'accompagner. Ils acceptent et voici huit guerriers ardents et rusés sur le sentier de la guerre : « Il n'y a point de chat si adroit pour se tapir et pour se cacher et pour sauter sur une souris, qu'un sauvage est habile pour surprendre et pour se lancer sur sa proie ; ils se glissent doucement, ils remarquent les pistes de leurs ennemis, les vont reconnaître à pas de loup. »

La nuit tombe, les Iroquets s'approchent dans l'obscurité. Ils arrivent devant les abris temporaires où les Iroquois dorment en paix. N'importe lequel d'entre eux renferme plus d'ennemis qu'ils ne sont de combattants. Six d'entre eux entrent deux par deux dans les trois plus grands ; les deux autres se glissent dans deux petits wigwams. L'attaque a lieu vers minuit, l'épée à la main. Les Iroquets tuent de droite et de gauche comme des déchaînés. Ils transpercent leurs ennemis, les assomment, les blessent, dans une confusion terrible, au milieu des cris et des hurlements.

Ils délivrent les prisonniers. Ceux-ci s'écrient : « Sauvez-vous, il y a quantité d'Iroquois proches d'ici, si le jour vous découvre vous êtes perdus. » Les Iroquets arrachent rapidement les scalps ; ils lancent à la rivière les précieux paquets de peaux de castors volées. Puis ils s'enfuient.

Des Népissingues attaqués et capturés par des Iroquois.

Les prisonniers racontent leurs aventures. Des Népissingues étaient allés à l'île aux Allumettes pour joindre leurs canots à la flottille huronne quand celle-ci passerait pour Québec. Une trentaine de familles se rendaient aussi auprès des missionnaires. Ils emportaient de gros colis bourrés des précieuses pelleteries du nord pour acheter des vivres pendant leur long séjour en Nouvelle-France. Un Huron, capturé depuis quelques années et iroquoisé, guida un parti de guerriers vers ces pauvres gens ; il connaissait tous les détours de la route. La surprise fut complète quand les Iroquois surgirent à l'improviste, les Népissingues firent mine d'offrir quelque résistance ; trois hommes étant tombés sous les coups d'arquebuses, les autres s'enfuirent. Plus occupés par les fourrures que par la guerre, les ennemis ne poursuivirent pas les fugitifs ; ils capturèrent surtout des femmes chargées d'enfants.

La fuite d'une Népissingue

L'une de ces femmes s'était évadée avant l'intervention des Iroquets. Les ennemis la traînaient déjà à leur suite depuis dix jours ; la nuit, ils la liaient par les mains et par les pieds à des pieux plantés en terre. Une fois, elle réussit à détacher l'une de ses mains, puis à libérer l'autre. Elle bondit aussitôt, enjambe les dormeurs ; soudain, elle aperçoit une hache : la haine qui la brûle est plus forte que la prudence, elle la saisit et de toutes ses forces en assène un coup terrible sur la tête d'un Iroquois. Ses compagnons se réveillent, découvrent la victime, poursuivent la fugitive. La Népissingue s'est cachée dans une souche creuse tout près, qu'elle avait repérée. Les Iroquois sont partis d'un côté, elle fuit prestement de l'autre. Pendant deux jours entiers, ils suivent ses traces. Elle reste des heures blottie dans un étang habité par les castors. Elle passera trente-cinq jours seule dans la grande forêt canadienne, se nourrissant de petits fruits sauvages, traversant les rivières à la nage. Enfin, elle construit un canot d'écorce et, le 26 juillet 1647, arrive aux Trois-Rivières.

Les huit Iroquets ont remporté une belle victoire. Mais dans la région de l'Outaouais, les Algonquins ont souffert des pertes substantielles. De Québec au lac Nipissing, il ne reste intact que le petit groupe de Sillery. Le vieux Tessouat, sur l'île aux Allumettes, ne commande plus qu'à quelques familles inquiètes. Le silence se fait peu à peu dans la grande vallée, toute activité cesse lentement.

Le vieux Tessouat

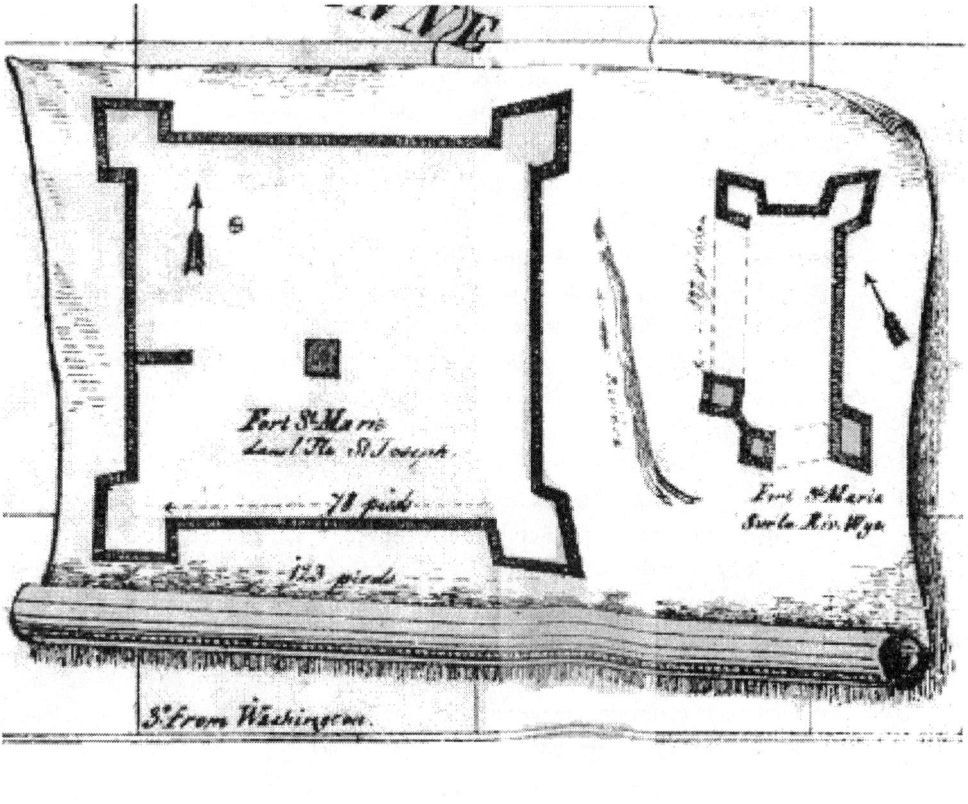

Chapitre 26

1647

Un parcours annuel de négociants hurons à la rencontre des Attikamègues

Une fois par année, dans une localité et à une date déterminées d'avance, des négociants hurons viennent dans l'intérieur des terres, bien loin au nord des Trois-Rivières. Ils ont descendu l'Outaouais, remonté la Gatineau ; puis empruntant un réseau compliqué de rivières, de ruisseaux, de lacs, ils avancent vers l'est ; ils peuvent même au besoin atteindre le lac Saint-Jean. Leurs canots transportent de lourdes cargaisons de farine de maïs, de rets, de pétun, de toutes sortes de marchandises qu'ils ont fabriquées ou préparées durant l'hiver. De leur côté, les Attikamègues s'avancent, arrivant de l'extrême nord ou de l'extrême est ; ils apportent de grandes robes de castors, de visons, de loutres, d'écureuils noirs, de martres, de loups cerviers. Quand Hurons et Attikamègues se rencontrent, une foire se tient en pleine forêt nordique, sous les conifères, le long d'un lac profond. Les marchandises changent de mains ; et, au bout de quelques jours, les Hurons retournent chez eux avec les pelleteries les plus précieuses d'Amérique.

Les Attikamègues habitaient alors dans la vallée supérieure du Saint-Maurice.

En 1647, cinquante Hurons viennent à cette foire. Ils apportent des nouvelles glanées un peu partout. Les Iroquois ont attaqué les Algonquins au printemps, leurs partis sont à l'affût sur le Saint-Laurent et sur l'Outaouais ; le grand convoi huron ne descendra pas en Nouvelle-France cette année, le danger est trop grand ; par ailleurs, les Hurons se sont largement approvisionnés en marchandises françaises en 1646, ils peuvent attendre. Ils ont apporté les lettres et les *Relations* des missionnaires de la Huronie. Ceux-ci empruntent cette voie détournée pour communiquer avec la Nouvelle-France et les Jésuites des postes du Saint-Laurent s'en servent également : « Les Iroquois nous contraignent de chercher ces voies merveilleusement écartées. »

Pas de convoi huron en 1647

Description des Attikamègues

Les Attikamègues descendent ensuite aux Trois-Rivières. De mœurs industrieuses, douces et faciles, ils se tiennent loin du conflit, se convertissent facilement et deviennent d'excellents chrétiens. Depuis quelques années déjà, les missionnaires exercent sur eux leur influence.

Laissant leurs femmes et leurs enfants à deux jours de marche du poste, les Attikamègues s'avancent prudemment ; ils ne savent pas si les Trois-Rivières sont encore aux mains des Français ou si les Iroquois s'en sont emparé. Une fois rassurés, ils vont chercher leurs familles et arrivent bientôt sur trente canots. Ils n'y font qu'un court séjour. Mais au jour fixé, ils doivent retarder leur départ pour un événement qui survient. Quand enfin ils se mettent en route, des Français les accompagnent par mesure de prudence. Et soudain, ils découvrent des pistes d'Iroquois toutes fraîches. Non, il n'y a pas à s'y tromper, un parti ennemi s'est posté là en embuscade. Si les Attikamègues étaient partis un jour plus tôt, ils seraient tombés entre leurs mains.

Les Iroquois à la recherche de fourrures

Les Iroquois sont bien renseignés. Ils savent par quelles routes descendent aux postes les fourrures du nord. Des espions, semble-t-il, les renseignent avec précision sur les mouvements des tribus qui les apportent. Les tribus algonquines du Saint-Laurent et de l'Outaouais étant décimées, ils peuvent franchir ces cours d'eau, passer entre les postes français, s'aventurer dans l'hinterland laurentien. Ces expéditions les conduisent sur de grandes distances. La soif des fourrures est alors comme celle de l'or ; elle entraîne les Iroquois sur la route de Sainte-Marie et sur celle du Saguenay.

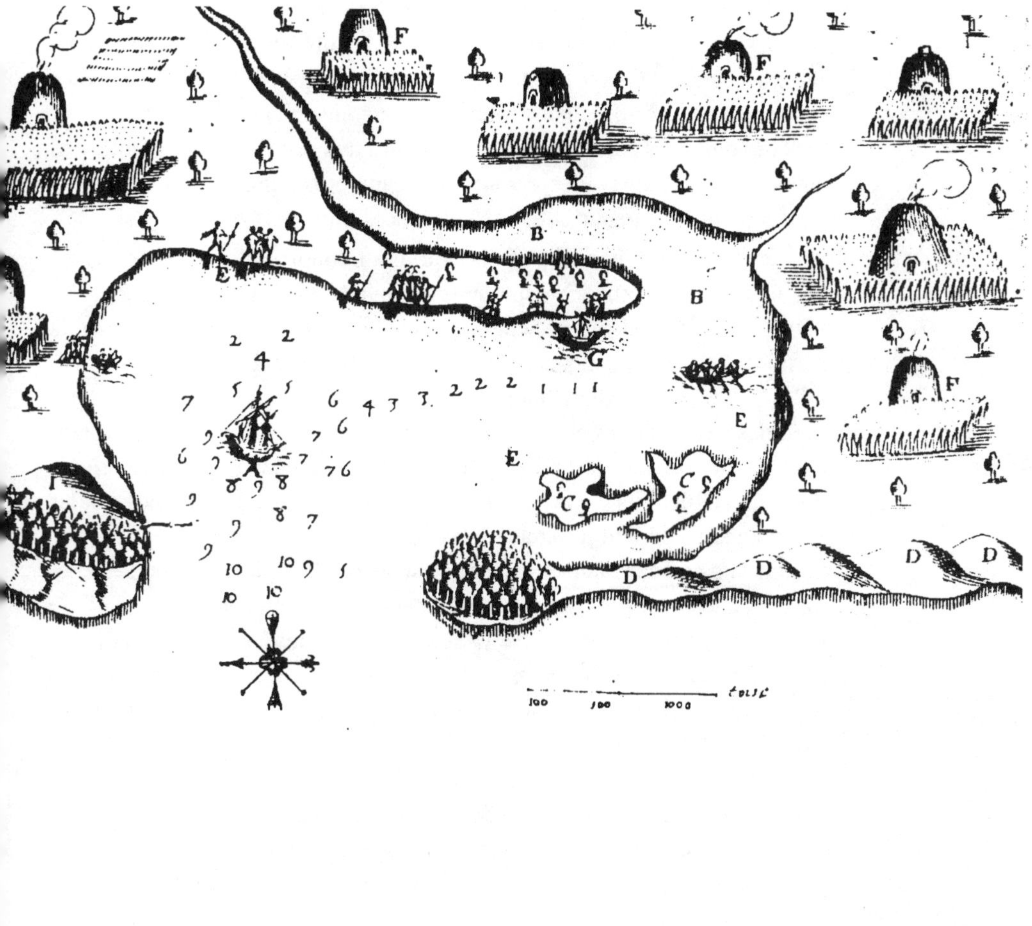

Chapitre 27

1647

Les Attikamègues sont arrivés au début d'avril. Vers la même époque, la femme légitime d'un apostat algonquin quitte son mari pour retourner dans son pays avec son beau-père. Les Iroquois attaquent leurs canots, la femme est capturée avec l'une de ses compagnes. Mais ces guerriers rencontrent tout de suite après un parti huron qui s'en va à la petite guerre ; ils sont vaincus et les deux femmes, dont l'une a déjà les doigts brisés, sont libérées.

La Nouvelle-France est ouverte à l'invasion ; les bandes ennemies y circulent comme dans leur propre pays. Les *Relations* disent que « ces déloyaux ont souvent rôdé à l'entour de l'habitation des Trois-Rivières, mais bien plus souvent à l'entour de celle de Montréal ; ce qui a fait que Monsieur d'Ailleboust s'est bravement fortifié ; il est louable en ce point, ayant mieux aimé quitter quelques ouvrages particuliers fort importants que de manquer au public. Les habitants des Trois-Rivières se sont aussi réunis et rassemblés, afin de résister plus facilement aux courses et aux vols de ces Barbares. »

Le 17 août, on apprend à Québec que des Iroquois ont capturé six ou sept Algonquins à La Potherie, non loin de la capitale. Dans les derniers jours du même mois, ou au début de septembre, une vingtaine d'Iroquois donnent la chasse à quelques Algonquins. Une chaloupe française intervient dans la bataille. Les canots iroquois fuient jusqu'à la rive. Les guerriers se mettent à l'abri des embarcations et dirigent un feu nourri sur les assaillants. Les Français cherchent un lieu de débarquement ; pendant ce délai, les Iroquois érigent le fortin habituel ; ils s'y installent avec résolution. Quand les Français et les Algonquins se portent à l'attaque, les Iroquois se défendent bien. Mais sachant qu'ils ne pourront pas soutenir ce siège pendant plusieurs jours, ils demandent à leurs ennemis de ne pas tirer pendant la nuit, promettant d'en faire autant. C'était une ruse de guerre, ils se sont enfuis dans les ténèbres. À l'aube, l'oiseau s'était envolé. Jean Amiot suit leur piste, il découvre soudain un ennemi caché dans un tronc d'arbre creux. Aux questions qu'on lui pose, il déclare que son frère étant blessé, il a voulu demeurer sur les lieux pour le secourir, que sept Iroquois sont gravement blessés, que deux ont été tués sur place. Mais on ne retrouve ni morts ni blessés. Dans le fortin, les Français découvrent « quelques arquebuses bien plus fortes et bien plus longues que les nôtres ». L'escarmouche a été vive, car deux Algonquins ont été tués et six Français ont été blessés ; l'un de ces derniers succombera un peu plus tard. L'expédition revient à Québec. Les *Relations* disent : « Ceux qui ont mis les

Les arquebuses des Agniers

armes en main à ces barbares mériteraient le châtiment dû à tous les crimes que l'avarice des uns et la furie des autres ont enfantés. »

L'Agnier qui aurait tué le père Jogues.

Le prisonnier iroquois est conduit aux Trois-Rivières, puis à Québec. Il retourne ensuite à Sillery où les Jésuites le convertissent. « On le baptisa et on lui fit porter le nom du père Isaac Jogues, que lui-même avait tué, comme on a dit. » On le questionne et il affirme que l'unanimité n'avait pas été totale chez les Agniers quand il s'était agi de condamner le père. Bon nombre n'avaient pas été consultés. Il avait vu en Iroquoisie les scalps des deux Français qui avaient disparu de Montréal à l'automne de 1646 ; deux des trois Hurons capturés au même endroit s'étaient évadés et le troisième était toujours prisonnier. Enfin, au mois de septembre, le *Journal des Jésuites* parle de « l'Iroquois pris qui fut brûlé à Sillery le 16. M. le Gouverneur le tint en prison 8 ou 10 jours, enfin les sauvages s'ennuyant, M. le Gouverneur le leur envoya. Il ne fut dans les tourments qu'une heure ; son corps fut jeté dans l'eau. Il fut baptisé et mourut bien. »

Dollier de Casson souligne les dangers de Montréal.

Les Français attendent le convoi huron jusqu'au mois d'octobre. Ils désespèrent ensuite. Les Hurons avaient déjà décidé de ne pas descendre en Nouvelle-France, ce qu'ignorent les Français. Deux Hurons sont capturés par des Iroquois aux Trois-Rivières vers la fin de l'automne ; la nouvelle en arrive à Québec le 4 novembre. Des groupes de cette nation circulent maintenant en tout temps en Nouvelle-France. Dollier de Casson se plaint d'eux. Il semblerait qu'ils entrent en contact avec l'ennemi, commettent des actes de trahison, arrivent avec des Iroquois, attirent hors des palissades les gens qui les hébergent pour que, hors des murs, il deviennent la proie de leurs adversaires. Les autorités n'interviennent pas parce que les missionnaires veulent convertir ces Hurons.

Montréal se trouve dans une situation dangereuse : « Il fallait être aussi intrépide que nos Montréalistes pour vouloir encore conserver ce lieu », dit Dollier de Casson. Des Iroquois sont souvent à l'affût autour de la place. Ils se mettent en observation des journées entières, chacun derrière une souche ; ou bien, ils entament des pourparlers spécieux où l'on soupçonne le guet-apens. Montmagny empêche les gens de monter à Montréal, car il pense que l'endroit ne pourra pas tenir contre l'ennemi.

Chapitre 28

1648

Les Agniers sont dans cette lutte les Iroquois les plus avides, les plus belliqueux, les plus remuants. Quant aux Tsonnontouans, ce sont les plus vindicatifs. Le conflit qui les oppose aux Hurons dure depuis très longtemps ; la haine et la rancune se sont accumulées. Toutefois, ce sont les Agniers qui semblent les mieux armés et leur intervention dans ces espaces lointains a sans doute été d'un grand prix pour leurs compatriotes.

Les Hollandais et les armes à feu

Après la guerre avec les Indiens de l'Hudson, les Hollandais ont voulu revenir à l'ancienne pratique de ne pas vendre d'armes à feu aux indigènes, quels qu'ils soient. Lorsque Kieft, l'ancien gouverneur, abandonne son poste, son successeur reçoit des ordres précis : « Le directeur Stuyvesant, quand il vint en Nouvelle-Hollande, tenta, selon les ordres qu'il avait reçus, de mettre fin, de bonne manière, au commerce des mousquets, de la poudre et du plomb, qui se faisait en contrebande. » Mais la défense produit une réaction très forte : les colons de Rensselaerswyck envoient une lettre au directeur pour le prier d'user de modération ; ils affirment même que si la vente des armes à feu est complètement prohibée, leur existence pourrait être mise en danger. Le directeur et son conseil autorisent donc des arquebuses et des munitions en petite quantité à Fort Orange. L'origine de la lettre, le lieu où la vente est permise, indiquent que ce sont sûrement les Agniers qui ont exigé la poursuite de l'ancien commerce.

Il serait trop long d'étudier cette affaire en détail. Elle ne sera pas plus facile à régler en Nouvelle-Hollande qu'en Nouvelle-France. De nombreux facteurs entreront en ligne de compte : la faiblesse numérique des Blancs, la crainte d'une attaque, la concurrence des autres colonies plus libérales sur ce point, les actions clandestines de traiteurs malhonnêtes s'unissent pour que règne une certaine tolérance. Tout d'abord, c'est la Compagnie elle-même qui se réserve le privilège de vendre les armes à feu et qui ne veut en vendre qu'en petites quantités. Les Agniers sont parfois nommés comme en 1554, où il est question de les armer « mais aussi moindrement et secrètement que possible, pour des raisons et des motifs, qui seront communiqués en leur temps ». Mais il ne semble pas que ces mesures restrictives aient eu beaucoup plus d'effet qu'autrefois.

Agniers et Tsonnontouans trouvent donc, au printemps de 1648, le moyen de renouer la chaîne des malheurs de la Huronie. Trois cents Hurons quittent l'abri des palissades de la bourgade Saint-Ignace pour se rendre à la chasse.

Deux attaques des Tsonnontouans contre les Hurons de la bourgade Saint-Ignace

Ils franchissent un trajet équivalent à deux jours de marche, dans la direction de l'est, et là, ils s'installent dans des cabanes provisoires. Cependant, même sous le coup du danger, païens et chrétiens ne peuvent vivre ensemble. Trente à quarante convertis quittent leurs compagnons et s'installent à une certaine distance, afin de pouvoir réciter en paix, le temps venu, leurs prières et d'accomplir leurs autres devoirs religieux.

Un parti tsonnontouan survient. Il juge vite que ce petit groupe ne peut recevoir une assistance rapide de ses voisins, se rend compte que les chasseurs sont dispersés, attaque rapidement, tue sept Hurons et en capture vingt-quatre, tant hommes que femmes.

Les survivants réintègrent immédiatement la bourgade qui les protège de ses palissades. Mais quelques jours plus tard, les mêmes retournent sur le lieu du massacre pour enterrer leurs morts et rapporter la chair des orignaux qu'ils avaient tués. Au retour, ils sont dispersés et un parti d'une centaine d'Agniers les surprend à quatre ou cinq lieues de la bourgade. Il attaque rapidement et fait quarante victimes, tant en blessés qu'en tués.

Ces deux attaques coup sur coup et l'agression commise contre les ambassadeurs hurons qui se rendaient à Onnontaé indiquent que les Agniers et les Tsonnontouans ne se laisseront pas intimider et continueront la lutte. Leurs partis ne quittent pas la frontière de la Huronie ; il est possible qu'ils aient établi une base stratégique dans la forêt, dans la direction de l'est, vis-à-vis du détroit du lac. L'ancienne Cahiagué, la bourgade Saint-Jean-Baptiste, comme la nomme les missionnaires, s'est déjà déplacée vers la fin de l'année 1647 ; ses habitants l'ont abandonnée après avoir subi des pertes répétées. Leur départ a laissé dans l'isolement la bourgade Saint-Ignace qui vient de subir des pertes importantes. Les habitants de ce dernier hameau décident à leur tour de déménager et de s'installer à proximité de la résidence de Sainte-Marie, où les Français viendront à leur secours en cas de danger. Le père de Brébeuf leur a conseillé cette migration ; il a choisi lui-même le nouveau site dont la situation est très bonne ; les travaux de défense se poursuivent sous sa direction. Voici le passage que le père Ragueneau consacre à ce fort : « Il était entouré d'une palissade de pins, de la hauteur de quinze à seize pieds, et d'un fossé profond, dont la nature avait puissamment fortifié ce lieu par trois côtés, ne restant qu'un petit espace plus faible que les autres. » Ce déplacement laisse cependant dans l'isolement le village de Saint-Joseph II, qui devient la sentinelle avancée de la Huronie.

Le fort Sainte-Marie

Ces déplacements montrent de violentes inquiétudes. Ni les missionnaires ni les Hurons ne se sentent en sûreté. Les Iroquois peuvent bien libérer le dernier ambassadeur onnontagué qui restait en Huronie et qui avait été capturé avec les habitants de Saint-Ignace et celui-ci revenir sous la conduite d'une Huronne, l'espérance d'une coalition et de secours peuvent bien flotter dans l'air, le pays redoute toujours profondément l'avenir et se sent mal à l'aise. Dans ce moment, pour ainsi dire suprême, il continue à mettre son espérance dans la France dont la protection pourrait le sauver du désastre. Nul événement ne le montre mieux qu'un incident sanglant qui se produit à ce moment-là. Jacques Douart, domestique des Jésuites, est assassiné près de Sainte-Marie à la fin du mois d'avril 1646 ; ce crime trahit la violence de la lutte religieuse qui règne dans la population et qui porte au paroxysme toutes les passions des hommes. Les sachems des diverses tribus huronnes assemblent alors un conseil et, au milieu des cérémonies indiennes en vigueur, ils offrent les présents de réparation habituels. Les Jésuites les acceptent : « Ce serait tenter l'impossible et même empirer les affaires... qui voudrait procéder avec les Sauvages selon la justice de France, qui condamne à la mort celui qui est convaincu de meurtre. » Puis, l'orateur huron qui explique les présents exprime, de façon nette et forte, les espoirs que les Hurons mettent dans les Français : « ...Si tu cessais de nous soutenir, nous tomberions dans cet abîme... Mon frère aie pitié de ce pays ; toi seul lui peux rendre la vie... C'est toi qui as affermi ce pays par ta demeure... Ce pays n'est plus qu'un squelette desséché... » Ces paroles indiquent que les Hurons connaissent leur faiblesse. Ayant eux aussi abandonné l'offensive qui seule, dans une guerre de ce genre, peut apporter un succès, ils se sentent descendre sur la pente de la ruine. L'assaillant qui choisit le lieu et l'heure de l'attaque, dans un pays qui se prête admirablement aux surprises, prend nécessairement son adversaire au dépourvu.

La mort du domestique Jacques Douart

Les Hurons se savent faibles face aux Iroquois.

Chapitre 29

1648

Après un hiver très doux, le mois de mai arrive. La Nouvelle-France jouit d'une paix relative. C'est un court répit brisé parfois par quelques rumeurs, mais qui se révèlent rapidement inexactes. Les Français ont pratiquement perdu contact avec la Huronie. Ils ne comprennent plus les événements qui se déroulent sous leurs yeux, car ils ont perdu le fil conducteur, ignorant la grande offensive en cours contre leurs alliés de l'ouest. Les Agniers concentrent leurs forces sur leur tâche et, une fois les bandes algonquines presque toutes détruites, ne gardent que bien peu de guerriers sur le Saint-Laurent.

En janvier, un individu du nom de Châtillon se prépare à se rendre à Sainte-Marie ; il doit y parler au nom du gouverneur et donner des nouvelles de la Nouvelle-France. Il ne quitte les Trois-Rivières que le 24 avril avec deux Indiens chrétiens chargés de le conduire ; une chaloupe armée l'accompagne jusqu'à Montréal.

Le 18 mai, deux canots montés par des Agniers traversent le fleuve devant le fort de Montréal, sept ou huit guerriers en descendent et viennent droit à l'habitation. Maisonneuve envoie quelques soldats pour apprendre ce qu'ils veulent ; les Iroquois font halte et demandent, par signes, à parlementer. Deux interprètes arrivent et causent longtemps avec eux. Les Français sont surpris : ces gens parlent de paix : « Nous n'avons point de guerre avec les Français, disent-ils, nous n'en voulons qu'aux Algonquins, ceux-là seuls sont nos ennemis : oublions le passé, et renouons la paix plus fortement que jamais. »

À Montréal, des Iroquois déclarent qu'ils veulent rester en paix avec les Français.

Ces individus parlent-ils au nom de la nation ? Quel mandat ont-ils ? Quel est leur statut ? On n'en sait rien. On sait bien que les Iroquois voudraient détruire les Algonquins et les Hurons pendant que les Français fermeraient les yeux. Ils l'ont demandé maintes fois, ils le demanderont encore, prenant l'habitude de venir parlementer sans que l'on sache exactement à quoi ils veulent en arriver, si ce n'est à cela. Mais ils parlent de paix et, pour les Français harassés, pour la Nouvelle-France rachitique, impuissante, ce sont des paroles de cantique. On comprend aussi que les Agniers veulent endormir les Européens pendant leur guerre huronne. Pourquoi ? Que peuvent vraiment contre l'Iroquoisie ces habitants réduits à vivre continuellement dans leurs enceintes fortifiées et qui ne sont pas cinq cents ?

Les interprètes envoyés par Maisonneuve parlent tout de suite des désirs réciproques de paix des Français. Puis, « charmés par ces beaux discours », confiants, ils laissent l'un d'entre eux se joindre aux Agniers et deux Agniers rallier le détachement français, car on ne s'était parlé avant que de fort loin. Maisonneuve, craignant une surprise, se rend sur les lieux avec quelques soldats ; il demande à l'interprète qui a rejoint les Iroquois de s'évader la nuit ; il amène avec lui les deux Agniers qui se sont joints au détachement français, « avec dessein, quand l'interprète se serait sauvé, de les envoyer à Monsieur nôtre Gouverneur ». Qu'est devenu le père Jogues ? demandent les Montréalistes ; qu'est devenu l'Iroquois capturé par des Français l'automne dernier ? demandent les Agniers. L'un de ces derniers dit même des choses plaisantes. « Vous verrez bientôt à vos portes les plus anciens et les plus considérables de nôtre pays demander la paix aux Français. Et pour marque de leur sincérité, ils amèneront avec eux quelques Hollandais. » Personne ne croit ces discours sans fondements.

L'interprète ne peut s'échapper, soit qu'il ne le veut pas, soit qu'il ne le peut pas. Pour le dégager, il faut libérer les deux Iroquois. Leurs compatriotes ne les attendaient guère ; ils sont maintenant si confiants, que les Français pourraient les capturer s'ils le voulaient ; ils offrent à Maisonneuve le produit de leur chasse et ce dernier leur donne du pain. Ils partent à la fin en s'emparant des filets tendus.

Plus tard, un Iroquois à l'affût attend qu'un Français décharge son fusil sur des tourtes pour le capturer, mais celui-ci se défend énergiquement et se sauve.

Capturer des Iroquois pour négocier la paix.

Les *Relations* exposent un plan que les Français ont conçu, qu'ils appliqueront à l'occasion, mais qui ne sera pas toujours heureux : capturer des Iroquois, négocier par leur entremise la paix comme en 1645, puisque ce moyen paraît infaillible ; et quand la paix régnera, échanger ces prisonniers iroquois adultes contre des enfants iroquois que l'on gardera en otages en garantie de la paix ; des adultes peuvent s'évader à moins de les enchaîner, c'est pourquoi on pense aux enfants. Cette manœuvre peut aussi se retourner contre eux : les Iroquois sont bien capables, eux aussi, de faire des prisonniers. Toutefois, c'est le premier énoncé d'une politique dans laquelle les autorités de la Nouvelle-France mettront leur espoir pendant une longue période. Les *Relations* qui l'annoncent, ajoutent ensuite ce qui suit : « ...Mais tant qu'ils nous croiront incapables de leur faire aucun mal, ni de leur procurer aucun bien d'importance, nôtre bonté ne nous mettra pas à couvert de leurs trahisons et de leurs cruautés... Leur force est leur justice ; leur intérêt est leur fidélité, et leurs fourbes leurs gentillesses. »

Jean Amiot et Marguerie se noient devant Trois-Rivières.

Le 23 mai, Amiot et Marguerie se noient dans la fleuve en face des Trois-Rivières. Peu avant sa mort, Amiot était venu à Québec pour demander au gouverneur la permission de conduire un groupe de Français contre les Iroquois, ayant vécu quelques années en Huronie « où il a été élevé ». Dollard exécutera plus tard un projet semblable. Amiot a peut-être réussi quelques coups de main, car il était hardi, connaissait la nature canadienne et savait de quelle façon se livrait la « petite guerre ».

Une semaine après cette noyade, des Français visitent leurs filets tendus en face des Trois-Rivières, non loin de la rive droite. À l'orée de la forêt, un Iroquois observe leurs mouvements. Il nage et monte dans la chaloupe. Puis, un Huron iroquoisé apparaît et demande à se joindre au groupe : l'embarcation aborde au rivage, il saute dedans. Ces deux individus couvrent les Français de belles paroles. Puis apparaît le canot dans lequel les visiteurs sont arrivés : trois autres Iroquois le montent, mais ces derniers sont méfiants et malgré un bon accueil et un don de poisson, ils refusent de rendre visite au poste des Trois-Rivières. Les deux premiers y arrivent. Moins indulgent que M. de Maisonneuve, le gouverneur, M. de La Poterie les place « en lieu d'assurance » ; il ordonne aux occupants de la chaloupe de retourner sur les lieux pour attraper les trois autres. Ces derniers paraissent sur le point de céder quand un Huron qui accompagne les Français s'avise de parler : les Iroquois s'enfuient en un instant. Deux Hurons et un Algonquin les poursuivent. Ce dernier saisit l'un des fugitifs, tente de le lier et à la fin l'assomme et le scalpe.

Jacques Leneuf de La Poterie (1606-1685), seigneur de Portneuf et gouverneur des Trois-Rivières

Le Huron iroquisé confesse que le groupe dont il fait partie chasse depuis février dans la vallée du Richelieu ; il est venu sur le Saint-Laurent pour en rapporter un scalp d'Algonquin. Quant à l'Iroquois, ce serait le même individu que Montmagny a racheté des Algonquins en 1644 et qu'il a libéré en 1645, lors du traité de paix. Il aurait reçu un coup au bras en protégeant le père Jogues et tenté, mais inutilement, de protéger Jean de La Lande.

Voilà toujours deux prisonniers. Le 21 juin, vers minuit, deux canots montés par des Iroquois traversent le fleuve ; quelques-uns frappent à un logis, mais ils s'enfuient quand on leur répond. Une sentinelle du fort les découvre ensuite ; le caporal conduit sur un bastion l'un des deux prisonniers ; celui-ci crie à ses compatriotes de ne rien craindre. Le chef du parti ennemi entre dans le fort où il voit, un peu tard, les chaînes aux pieds du captif. Il assure que son parti est composé de cent guerriers et de quatre notables de sa tribu ; que si l'on met en liberté le prisonnier enchaîné, celui-ci ramènera d'autres Iroquois. Deux chaloupes bien armées conduisent ce dernier au campement ennemi ; il en ramène deux autres individus. Ces malheureux affirment que la bande ne comprend que vingt-neuf guerriers et que parmi eux aucun n'a autorité pour négocier la paix.

Les autorités veulent renvoyer l'un des prisonniers en Iroquoisie pour avertir les sachems de la mise en captivité des trois Iroquois, « afin qu'ils ne fissent aucun mauvais coup sur les Français et sur leurs alliés ». Mais finalement, personne ne part.

Vers la fin de juin, les Algonquins de Sillery arrivent aux Trois-Rivières, avec l'intention de livrer bataille ; toutefois « ce ne fut qu'une grotesque qui aboutit à rien, sinon à manger du pain et des pois du fort des Trois-Rivières. Les Iroquois captifs virent tout cela, qui eurent bien sujet de s'en moquer. » Ils retournent à Québec le 3 juillet.

Le Huron iroquoisé désire se rendre à Montréal. Le gouverneur l'y autorise, il le charge même de prévenir Maisonneuve de la présence d'un parti de guerre sur le Saint-Laurent. En route, il rencontre une seconde bande iroquoise qui rôde non loin. Il lui affirme que les Français maltraitent leurs prisonniers. Celle-ci se rapproche du poste ; le 4 juillet, un Algonquin découvre des pistes ; il avertit M. de la Poterie qui fait sonner le tocsin et tonner le canon, « signal ordinaire pour se tenir sur ses gardes ». Trop tard, des Français sont déjà aux prises avec une troupe de plus de quatre-vingts hommes ; ils gardaient du bétail, cinq Hurons s'étaient joints à eux. Entendant les coups de feu, le gouverneur envoie deux chaloupes armées. Mais le drame se termine avant leur arrivée : un Français et un Huron perdent la vie, deux Français et deux Hurons sont prisonniers. Deux Iroquois ont également été tués, d'autres ont été blessés et la troupe fuit.

Quatre-vingts Agniers attaquent aux Trois-Rivières.

Ce mélange de négociation, d'escarmouches, d'amitié, de haine, produit une impression de cauchemar. Un seul fait est bien fondé : des Iroquois sont continuellement à l'affût autour du poste, espionnant et surveillant à l'aise en Nouvelle-France comme s'ils étaient chez eux. L'un des prisonniers français est le propre neveu du gouverneur, M. de la Potherie, l'autre porte le nom de Pierre Lefèbvre.

Le 14 juillet, les nouvelles deviennent plus alarmantes. Autrefois séminariste à Québec, un jeune Huron arrive furtivement aux Trois-Rivières. Capturé l'année précédente, conduit en Iroquoisie, il a subi la torture. Il raconte son aventure, puis ajoute qu'il vient d'abandonner un parti Iroquois de trois cents guerriers, à trois lieues en amont du fort. Il dit aussi que deux jours après avoir quitté l'Iroquoisie, le détachement dont il faisait partie a rencontré les compagnons des deux premiers prisonniers qui racontaient à tout venant que ceux-ci étaient bien traités. La troupe ayant abandonné son objectif militaire, elle libère les captifs ; « elle s'était cotisée afin de fournir de beaux cadeaux pour leur libération. Plus tard encore, il y avait moins de huit jours, elle avait rencontré le parti qui avait capturé les deux Français ; ceux-ci avaient encore leurs habits, toutefois on leur avait arraché quelques ongles. Enfin ce bon jeune homme nous a appris que son escouade devait descendre à Québec à la sourdine, pour surprendre nos sauvages chrétiens, et qu'ils n'ont pas dessein d'épargner les Français, s'ils en peuvent attraper. » C'est donc une attaque contre Sillery qu'il annonce.

Le 16 juillet, une chaloupe arrive à Québec avec ces nouvelles et le 17, elle en part avec un navire pour les Trois-Rivières.

Aux Trois-Rivières se poursuivent des événements toujours incompréhensibles pour les Français. Les prisonniers demandent au gouverneur la faveur, pour l'un d'eux, de se rendre auprès de ses compatriotes, afin de contester le rapport du Huron qui prétendait qu'ils n'étaient pas bien traités. Le gouverneur y consent avec l'idée que « par ce moyen on empêcherait les actes d'hostilité qu'ils pourraient faire envers les Français... » Le plus âgé part bientôt en canot, il revient peu après ; il a assuré aux Iroquois qu'ils étaient bien traités et que le meilleur moyen de le libérer avec ses compagnons était de ramener les deux prisonniers français et de cesser leurs attaques.

Le lendemain, deux canots iroquois se présentent devant le fort : ceux qui le montent crient et ils demandent des vivres.

Les Français déroutés par le comportement des Agniers.

Ce sont des affaires à dormir debout. Les Français ne savent plus de quoi il retourne. Un jour, ils redoutent une attaque contre Sillery, le lendemain une autre contre les Trois-Rivières. De la Huronie, on a justement écrit « que les Iroquois pris en ces quartiers-là, avaient déclaré que leur dessein était de surprendre cette année le fort des Trois-Rivières... » Marie de l'Incarnation dira que les Iroquois « avaient simulé vouloir faire un nouveau traité de paix. Pour cet effet, ils avaient dessein de se rendre les maîtres des Trois-Rivières, venant à la file pour surprendre le fort par le moyen de quelques Iroquois qui étaient prisonniers. Outre ce défilé, ils avaient un grand nombre d'hommes en embuscade, tant dans le bois que de l'autre côté de l'eau, lesquels devaient fondre sur les Français quand il serait temps. » Marie de l'Incarnation revient plusieurs fois à la charge, mais on se demande si elle fait une bonne interprétation des événements.

Le 17 juillet encore, les Agniers s'approchent à portée de canon. Les *Relations* disent que « Quelques Hurons, de ceux qui restent en nos habitations pour la crainte de leurs ennemis, qui comme des lutins infestent les bois et les rivières », se joignent à des Français et à des Algonquins pour les approcher. Les Iroquois s'arrêtent, les canots s'avancent entre les deux flottilles pour parlementer. Les Iroquois désirent acheter des vivres. On leur répond qu'il faut auparavant rendre les prisonniers. Mais cette demande n'est qu'un prétexte, l'ennemi ne manque pas de provisions et les Français découvriront plus tard quatre-vingts sacs de maïs dans leur fortin, ce qui prouvera qu'ils avaient prévu un long séjour.

Les Agniers s'éloignent. Captif parmi eux, un Huron reconnaît l'un de ses compatriotes parmi les Français ; il s'avance pour lui dire « que nous étions perdus, et que dans un jour ou deux on nous devait inviter à un pourparler, et qu'on nous envelopperait de tous côtés, que les Iroquois disposaient leurs armes pour ce sujet... ».

Les Français font bonne garde après cet avertissement. Mais des choses les plus invraisemblables continuent à se produire. Le soir même, un des prisonniers iroquois se rend auprès de ses compatriotes comme il en a maintenant l'habitude ; il rapporte qu'il ne faut pas croire le Huron captif ; deux chefs viendront le lendemain au poste pour parler affaires. Il ne faudra pas les retenir prisonniers. Le temps venu, un seul chef se présente. Et juste au moment où il se prépare à partir, deux canots apparaissent au loin, le long du rivage nord ; en même temps, les Iroquois, postés sur la rive sud, sautent dans leurs embarcations pour les poursuivre. Immédiatement le tocsin sonne, les canons tonnent, Français et Indiens s'arment en un moment, ils se précipitent au secours des embarcations poursuivies ; avançant à une bonne distance, ils entendent une fusillade bien nourrie. Ils se demandent si c'est une feinte ou un véritable combat. Puis, croyant à une ruse de guerre pour les attirer dans la forêt, et comme on leur a conseillé d'être prudents, ils reviennent sans intervenir.

Les Iroquois se préparent à attaquer le convoi huron.

Or, ce n'était pas une ruse de guerre. L'une des parties du plan des Agniers et des Tsonnontouans vient de se dérouler devant eux. Bien au fait des habitudes des Hurons, des moindres faits de leur vie, ils ont calculé que leurs ennemis, n'étant pas venus à la traite l'année précédente, ils n'y manqueraient pas cette année ; leurs partis s'étaient donc postés sur le Saint-Laurent, les tenant en observation depuis plusieurs semaines, pour intercepter le convoi de pelleteries et massacrer ceux qui le conduiraient. C'est la raison de tous ces simulacres de négociations et de tous ces incidents, qui ont empêché les Français de se méfier et de les chasser au plus tôt. L'autre parti du plan consistait en une attaque en Huronie pendant l'absence des guerriers accompagnant le convoi.

Cette flottille transportant des fourrures s'était organisée vers la fin du mois de juin. Cinq capitaines étaient chargés de la diriger. Le père Bressani, échappé des Iroquois, l'accompagne avec une douzaine de convertis. Deux cent cinquante hommes manœuvrent les canots. Les Hurons avaient décidé de tenter l'aventure parce qu'ils manquaient de marchandises françaises. Toutefois, conscients du danger, ils ont navigué en ordre, ils se sont imposés une stricte discipline, se tenant toujours groupés, avançant avec prudence. Ils n'ont pas rencontré d'ennemis. Pour se présenter devant les Trois-Rivières en grand apparat, comme l'exige la coutume, ils s'étaient arrêtés à une courte distance du poste afin de se peindre le visage, de s'oindre les cheveux et de se vêtir de leurs plus beaux vêtements. C'est à cause de cet arrêt que la bataille a eu lieu : lorsque les deux canots qui battaient la marche s'élancent au large, les Iroquois de la rive sud et les Français des Trois-Rivières les aperçoivent en même temps. Les premiers avaient été les plus rapides, avaient traversé rapidement le fleuve et s'étaient abattus soudainement sur les Hurons. Les Français arrivés à une certaine distance, n'ayant entendu qu'une fusillade dans la forêt, étaient revenus sans agir.

Le convoi huron attaqué par les Iroquois un peu avant d'arriver aux Trois-Rivières.

Les Hurons ayant aperçu les Iroquois venant de la rive sud, avaient abandonné la peinture et l'huile pour saisir leurs armes. Ils se précipitent là où leurs ennemis doivent prendre pied, mais arrivent trop tard pour s'opposer au débarquement. Alors, ils forment un demi-cercle et attendent l'attaque de pied ferme. Les Iroquois accourent ; ils ne lancent pas leurs clameurs habituelles ; une fois rapprochés, ils tirent et les Hurons se jettent à plat ventre ; puis ils se lancent à l'attaque avec fougue. Poussant alors, eux, leurs cris de guerre, les Hurons se relèvent ; ceux qui sont armés d'arquebuses tirent tout d'abord, puis c'est la mêlée. Les ennemis constatent qu'ils se sont engagés dans un traquenard : les Hurons sont plus nombreux qu'eux. Ils décident de fuir, se dispersent de part et d'autre, tentent de passer à travers les mailles du filet, excepté un groupe qui tient ferme. Mais celui-ci est vite encerclé. Malheureusement, des Hurons placés au fond du demi-cercle, ayant été pris de panique dès les premiers coups d'arquebuses, avaient fui, laissant un vide dans les rangs et un bon nombre d'Iroquois parviennent à se réfugier dans la forêt.

Le *Journal des Jésuites* parle de trente à trente-cinq ennemis tués ou capturés ; les *Relations* disent que dix-huit à vingt Iroquois sont faits prisonniers et que le nombre des morts est assez élevé. Les Hurons n'exploitent pas à fond leur victoire. Après les lourdes fatigues de leur long voyage, ils ont hâte d'arriver au poste voisin et abandonnent vite la poursuite des fugitifs dont l'un se rend jusqu'à Montréal. Il entre dans la cour de l'hôpital sans rencontrer personne et se rend à mademoiselle de Boullongne. On en trouvera un autre, assis dans les Trois-Rivières, attendant qu'on le capture parce que son frère est prisonnier.

Marie-Barbe de Boullongne (v. 1618-1685), épouse du gouverneur Louis d'Ailleboust

Trois Français prennent part à ce combat : le père Bressani, qui court partout, encourage les Hurons. Il est l'instigateur de cette expédition bien organisée. Deux autres qui combattent vaillamment pendant un temps, puis qui ne distinguent plus les Iroquois des Hurons. L'un d'eux apercevant un Iroquois épouvanté, l'aborde, lui frappe sur l'épaule : « Courage, mon frère, lui dit-il, combattons vaillamment. » Mais un Huron se précipite et il désarme celui qui en fait était un ennemi.

Marie de l'Incarnation donne de ce combat une version un peu différente. Elle affirme que les Hurons reçurent du père Bressani l'ordre de s'arrêter ; que ce dernier leur commanda « de se mettre en ordre pour combattre. Il haussa sa voix et les exhorta tenir bon. À ce bruit, les Iroquois qui étaient cachés paraissent et firent d'abord une décharge sur les Hurons. Mais ce bon père monta sans crainte sur une souche, d'où il crie et anime ses gens, pendant qu'une grêle de balles sifflent autour de lui, sans qu'il soit blessé d'aucune... Enfin il met les Iroquois en fuite... » Parlant des Hurons, elle ajoute : « Ainsi ils se rendirent victorieux de ceux qui s'étaient mis au guet pour les surprendre et pour fondre sur les Français. »

Le convoi huron atteint finalement Trois-Rivières.

Les Indiens et les Français, qui s'étaient rendus par la rivière jusqu'en face du lieu du combat, reviennent donc au poste sans y prendre part. On apprend par des rumeurs que la flottille huronne arrive et qu'elle vient de subir une défaite ; chacun s'émeut et s'étonne de n'avoir pas deviné la vérité. Tous scrutent la rivière avec anxiété ; ils distinguent bientôt un canot huron que deux canots iroquois semblent poursuivre ; ils s'arment vite. La foule accourt sur la grève ; mais elle voit les canots aborder et venir amicalement de conserve. Soudain, elle reconnaît le père Bressani. Rangés en bel ordre, les rames battant l'eau en cadence, des chansons retentissant dans l'air, les quarante canots hurons entrent au port avec des colis de pelleteries, des prisonniers liés, des scalps flottant au bout de bâtons. Les Hurons donnent un captif aux Algonquins qui le mettent à mort, sans trop le torturer, « car ils sont chrétiens ».

Ce n'est que le 22 juillet au matin que les gens de Québec apprennent l'arrivée du convoi. Le 18, des Algonquins de Sillery étaient partis pour la guerre. Montmagny et les Jésuites assignés à la Huronie se rendent aux Trois-Rivières. Le fleuve est maintenant libre. Après les conseils habituels, la flottille quitte le poste, transportant des missionnaires, des donnés, des domestiques, ainsi que vingt-six Français, neuf ouvriers, une douzaine de soldats, etc., qui vont grossir les rangs de la mission de Sainte-Marie ; on embarquera même une génisse à Montréal pour augmenter le troupeau des bovins.

Le convoi retourne en Huronie.

L'attaque contre la bourgade huronne s'était produite le 4 juillet, une dizaine de jours après le départ du convoi, une couple de semaines avant celui des Trois-Rivières. Elle visait la mission de Saint-Joseph que le déplacement des missions de Saint-Ignace et de Saint-Jean-Baptiste a isolée sur la frontière de l'est. Elle comprend d'abord le village Saint-Joseph ou Téanaostaiaé, habité par le clan de la Corde ou Arendaenronnons, qui avait contracté une alliance particulière avec les Français du temps de Champlain, et aussi un second bourg du nom de Ekhiondatsaan, situé un peu plus à l'ouest. Elle est habitée par mille quatre cents à mille cinq cents personnes.

Les Tsonnontouans attaquent la mission de Saint-Joseph.

Un détachement de Tsonnontouans s'approche de la place sans être repéré. Il se dissimule dans la forêt ; il entoure les deux bourgades dont la plus grande est occupée par quatre cents familles. Comme habituellement, l'été, la plupart des hommes sont partis pour la chasse, pour des traites diverses ou pour un voyage aux Trois-Rivières, seuls les femmes, les vieillards et les enfants sont demeurés là.

Le père Antoine Daniel (1601-1648), Jésuite

L'heure est matinale, le soleil à peine levé. Le père Antoine Daniel termine sa messe. L'assistance est considérable. Soudain, des cris retentissent. Les Iroquois attaquent. Ils ne peuvent pénétrer dans l'enceinte que par un seul endroit, mais les Hurons peuvent la quitter par deux. Les uns courent à la défense, les autres fuient. La panique règne tout de suite. Le Jésuite n'a pas le temps d'enlever son aube ; il court de cabane en cabane pour rassembler les vieillards, les femmes, les enfants ; il les baptise par aspersion. Pendant ce temps, les rares défenseurs n'opposent qu'une bien faible résistance à cette attaque-surprise. Les ennemis progressent, bientôt ils sont maîtres de l'endroit ; ils se présentent devant l'église construite en écorce d'orme où s'est réfugiée une partie de la communauté. Le missionnaire dit : « Sauvez-vous mes frères et laissez-moi dans la mêlée. » Il marche au-devant de l'ennemi qui est d'abord très effrayé. « Mais enfin ces barbares perdirent peu à peu le sentiment de frayeur qu'ils avaient connu à son abord. Ils le couvrirent de flèches, et voyant qu'il ne tombait point, une troupe de fuzeliers fit sur lui une décharge dont il tomba mort sur la place. Ils portèrent son corps dans son église, où ils mirent le feu. »

La mort du père Daniel

fuzeliers = fusiliers ?

La bourgade est en feu, la population fuit à flots par l'autre extrémité de la place, où les champs et la forêt protectrice l'accueillent. Nombreux sont ceux qui peuvent échapper au massacre. Ils atteignent les autres bourgades, trouvent un abri sûr en attendant l'heure propice pour fuir. Les Iroquois en atteignent un certain nombre tout de même, des mères surtout dont les enfants ralentissent la marche ou qui révèlent par leurs cris le lieu de la retraite. « Le nombre de ceux qui y avaient été tués ou emmenés captifs, était bien d'environ sept cents âmes, la plupart de femmes et enfants. Le nombre de ceux qui se sauvèrent fut bien plus grand. » Quelques auteurs croient que le chiffre de sept cents victimes est exagéré. Toutefois, la perte est importante pour la nation huronne.

Une grande perte pour la nation huronne

Les survivants s'arrêtent à proximité de Sainte-Marie. Ils y reçoivent des secours. La frontière est déplacée vers l'intérieur du pays. Elle passe maintenant non loin de Sainte-Marie, alors qu'autrefois, Sainte-Marie était à l'intérieur de la Huronie. « Les Arendaenronnons, qui étaient à nos frontières vers le côté de l'Orient ...ont reçu tant d'échecs ces dernières années, qu'ils ont été contraints de quitter leur pays, trop exposé à l'ennemi, et se retirer dans les autres bourgs plus peuplés qui sont aussi de meilleure défense. »

Les Arendaenronnons

Chapitre 30

1648

Des moissonneurs montréalais attaqués.

Quelques jours après la défaite des Iroquois aux Trois-Rivières, une douzaine d'Iroquois sont embusqués à la lisière du bois, en face d'une prairie dans le voisinage de Montréal. Leur faisant face, quelques hommes fauchent du foin, d'autres l'accumulent en veilloches. Soudain, des détonations d'arquebuses éclatent, un homme tombe, tué instantanément. Ses compagnons gardent leur sang-froid ; apercevant les ennemis qui sortent de la forêt, ils courent à toute vitesse pour leur couper le chemin, se saisissent de leurs armes, visent à leur tour et tirent, tuant probablement un ou deux guerriers. Les autres s'enfuient. Le Français abattu est Mathurin Bonenfant, âgé de vingt-cinq ans, normand, dont les *Relation*s prononcent l'éloge.

Montréal perdra un autre de ses enfants la même année.

Charles Le Moyne et Nicolas Godé. Charles Le Moyne de Longueuil et de Châteauguay (1626-1685), interprète, négociant et seigneur. Les Amérindiens le respectaient.

En face du fort, à quelque distance de la rive, se trouvait en ce temps-là un îlot, aujourd'hui joint au rivage par une jetée et couvert de hangars. Deux Iroquois y abordent ouvertement en canot ; ils demandent à parlementer. Charles Le Moyne et Nicolas Godé s'y rendent. À leur approche, l'un des ennemis s'enfuit ; l'autre est conduit au fort. Un peu plus tard, le second apparaît en canot sur le fleuve ; il s'avance. Sur ordre de Maisonneuve, les deux mêmes Français sautent soudain dans une embarcation et l'atteignent avant qu'il ait pu rallier le rivage et disparaître. Ces deux prisonniers s'ajoutent à ceux des Trois-Rivières.

Maisonneuve ne se fie pas aux démonstrations d'amitié. En 1648, il ajoute au système de fortifications de la ville un moulin à vent, le premier de l'île en dehors de l'enceinte, du côté du midi. Percé de meurtrières, cet ouvrage de maçonnerie sera plus d'une fois utile à la garnison.

Parlant de cette période, Dollier de Casson écrira : « La plupart des Iroquois furent toute cette année occupés à harceler les Hurons et les réduire aux abois dans leur propre pays, nous ne fûmes ici travaillés que par de petits partis... »

Ces bandes en maraude dans la Nouvelle-France sont un obstacle à la stabilisation des derniers groupes algonquins. Sillery subsiste, mais dans la plus grande prudence ; ceux qui l'habitent doivent se rendre très loin pour hiverner. « Les Iroquois gâtent tout, disent les *Relations* ; ils écartent les ouailles de leur bercail, ils les éloignent de leurs pasteurs, ils les bannissent de leur petite église... » Un peu plus tard, elles affirment le fait suivant : « Il n'est demeuré qu'un seul sauvage cette année à Montréal, et encore était-il aveugle... » La petite vérole fait de nouveau son apparition et quelques victimes. En novembre, les Algonquins de Sillery « firent un fort dans le bois au bout de leurs déserts », c'est-à-dire de leurs terres cultivées.

Louis d'Ailleboust et M. des Châtelets se rendent auprès du roi.

Cette guerre iroquoise est le grand tourment de la colonie ; elle envahit par ses conséquences tous les domaines d'activité. Louis d'Ailleboust et M. des Châtelets, députés de la Nouvelle-France, ont porté jusqu'au pied du trône les doléances des habitants. Divers arrangements sont conclus. Un arrêt du conseil du 5 mars 1648 contient des passages révélateurs. L'intention du roi, y est-il dit, avait été « de peupler le Canada de Français catholiques, afin de disposer plus facilement ...les sauvages à la religion chrétienne... comme aussi de tirer de ces terres quelque commerce avantageux et utile à ses sujets. Néanmoins, au lieu de cela, le pays se dépeuple et le commerce y dépérit... principalement à cause des incursions des Iroquois, ennemis communs de tout le pays, qui pillent et ravagent les habitations françaises... sans qu'on se mette en devoir d'y résister. »

Des fonds pour la formation d'un camp volant

L'arrêt du 5 mars 1648 stipule une diminution de dix-neuf mille livres dans la liste civile de la Nouvelle-France ; cette somme « serait employée à former sans délai un camp volant de quarante soldats, bien armés et équipés, tirés des garnisons existantes ou levés au plus tôt. Ce camp volant serait placé sous le commandement d'un officier nommé par le Gouverneur général ; il garderait les passages, par eau et par terre, où pourrait paraître l'ennemi ; l'hiver, il serait cantonné dans les garnisons, pour, de là, au besoin, battre les campagnes et courir vers les points les plus menacés du pays. » L'idée était bonne mais appliquée sur une trop petite échelle ; les soldats, n'étant ni rompus à la guérilla indienne ni acclimatés au pays, ne pouvaient être d'une grande utilité.

L'État achète aussi des armes et des munitions de guerre. Pour protéger les Hurons, les habitants obtiennent la permission de former une compagnie qui accompagnera le convoi de pelleteries et pourra faire la traite en Huronie. Les moyens employés pour enrayer le mal sont aussi utiles que des cailloux jetés dans un fleuve pour l'endiguer.

Création d'une commune aux Trois-Rivières

Même les actes de la vie municipale portent la marque du conflit. Ainsi, le 15 août 1648, Montmagny crée une commune aux Trois-Rivières. Voici un extrait de l'ordonnance : « Et ce, à condition que lesdits habitants des Trois-Rivières feront abattre les arbres compris dans lesdites bornes le plus tôt que faire se pourra, afin que l'herbe puisse croître dans l'étendue desdites terres et que les sauvages ennemis ne puissent approcher à couvert du fort et des maisons situées proches d'icelui... »

L'année se termine cependant dans l'optimisme. Le commerce des pelleteries a donné de bons résultats. Le *Journal des Jésuites* contient en effet la note suivante : « La Traite cette année de Tadoussac montait à quarante mille livres de profit : et en tout environ à 250.000 livres ; il y avait 22.400 livres pesant pour le moins, et plus de 500 orignaux. » Les trois prisonniers iroquois des Trois-Rivières s'échappent ; toutefois, l'un d'entre eux, surnommé Le Berger, revient dans la colonie et ramène un Français de Montréal, Pierre Lefèbvre, qui avait été capturé un peu plus tôt. Pourquoi soudain ces généreux procédés ?

Louis d'Ailleboust (v. 1612-1660), gouverneur de la Nouvelle-France de 1648 à 1651

Un nouveau gouverneur, M. d'Ailleboust, entre en fonction le 20 août 1648. Montmagny partira le 23 septembre. Mais le nombre des soldats garnissant la colonie reste ridiculement bas. M. d'Ailleboust en aura douze à sa disposition à Québec ; les gouverneurs des Trois-Rivières et de Montréal en auront chacun six. Le nombre total ne dépassera pas la centaine avant une quinzaine d'années.

Chapitre 31

1649

La lettre du père Ragueneau au général des Jésuites : l'état inquiétant de la Huronie.

Le 1er mars 1649, le père Paul Ragueneau, supérieur de la mission de Sainte-Marie, adresse une lettre au général des Jésuites. Dix-huit missionnaires travaillent en ce moment dans la Huronie ; ils ont obtenu l'assistance de quatre coadjuteurs, de vingt-trois donnés, de sept domestiques, de quatre garçons, de huit soldats. Le pays est si gravement menacé qu'il faudrait des forces militaires plus importantes ; des ouvrages fortifiés seraient nécessaires pour empêcher cette grande œuvre de périr. Sainte-Marie se situait autrefois au cœur de la contrée ; de nombreuses et fortes bourgades la protégeaient de loin à la frontière ; celles-ci ont maintenant disparu, soit que les Iroquois les aient détruites, soit que les Hurons les aient abandonnées parce qu'elles occupaient des positions trop exposées. Les Hurons ont retraité, ils sont affaiblis, la frontière est ouverte à l'ennemi, la sécurité a disparu du pays. C'est bien malheureux, car le travail de conversion se fait maintenant rapidement. Les Jésuites ont baptisé mille sept cents personnes en 1648 et ils ont hébergé environ six mille personnes. Huit missions huronnes et trois missions algonquines font partie de ce district. Déjà Sainte-Marie peut subsister sans assistance, grâce à la pêche, la chasse, à l'élevage d'animaux domestiques et à la culture du sol.

Après avoir fait ce court exposé, le père Ragueneau laisse soudain jaillir un cri de désespoir : « ...Il est clair qu'aucune assistance ne peut nous atteindre si ce n'est celle de Dieu. »

La Huronie n'a pu renouer les négociations entamées avec les Andastes et les Onontagués ; a-t-elle trouvé ces peuples hésitants, peu disposés à se lancer franchement dans le conflit ? Les Iroquois ont-ils fait si bonne garde que les députés n'ont plus jamais réussi à circuler d'un pays à l'autre ? De longs mois se sont écoulés sans jamais apporter de nouvelles sur cet important sujet. Les Agniers et les Tsonnontouans, pour leur part, n'ont pas désarmé. Ils sont prêts maintenant à porter des coups mortels.

Un gros parti composé de mille guerriers agniers et tsonnontouans se met en campagne. Deux versions différentes racontent ses premières marches. D'après l'une, il a quitté l'Iroquoisie à l'automne de 1648 ; les guerriers sont « armés à l'avantage, et la plupart d'armes à feu, qu'ils ont des Hollandais leurs alliés » ; pour dépister les Hurons ou leurs espions chez les Neutres, ils ont tout d'abord exécuté une marche vers l'est, chassant tout l'hiver dans les forêts de l'Ontario ; ils se sont même rendus à une distance de deux cents lieues afin de pouvoir revenir ensuite par des territoires où ils ne seraient pas sous observation.

Une seconde version dit que tout l'hiver, les Iroquois ont battu les forêts pour la chasse à l'orignal ; les Hurons les ont vus passer et repasser le long de leur frontière. Ils se sont habitués à ce voisinage ; ils ont même perdu leur méfiance initiale.

Les Agniers et les Tsonnontouans attaquent et s'emparent de la bourgade de Saint-Ignace.

Quelle que soit la ruse employée, c'est un succès. Le 16 mars, à l'aube, l'armée iroquoise est devant la bourgade fortifiée qui a gardé le nom de Saint-Ignace II. Sa situation est excellente : on ne peut y accéder que par un seul côté, et par une pente escarpée ; de plus elle est placée sur une butte élevée.

Mais la bourgade est en partie abandonnée. Environ quatre cents personnes y dorment en ce moment. Agniers et Tsonnontouans examinent rapidement les défenses de la place. Aucune sentinelle ne veille. Alors, ils s'introduisent à l'intérieur de la palissade par une étroite barrière qui a peut-être trois pieds et demi de large. Un bon nombre d'hommes sont déjà partis pour la chasse ou la traite ; au début de l'hiver, les plus craintifs ou les plus clairvoyants ont quitté le hameau parce qu'ils ne s'y sentaient plus en sûreté.

Personne ne donne l'alarme. Agniers et Tsonnontouans peuvent prendre à loisir toutes les mesures voulues. Soudain, le massacre commence. Aucun Huron n'a le temps d'organiser la moindre résistance ou de se mettre en état de défense. Ils sont à un contre deux. Tout ce que l'on a pu reconstituer de cette tragédie, c'est qu'il y eut une ruée de la population vers la seule issue transformée soudain en traquenard. Trois personnes seulement réussissent à s'échapper, nues dans la neige, et à atteindre Saint-Louis tout près. Dix Iroquois perdent la vie dans cette bataille.

Le massacre terminé, l'armée iroquoise transforme immédiatement Saint-Ignace II en une base de guerre en pays ennemi ; elle s'y fortifie. Elle occupe ce point stratégique où les cabanes sont toujours debout et les provisions intactes.

Ils attaquent et incendient la bourgade de Saint-Louis.

Puis l'armée iroquoise ne perdant pas une minute, agissant avec une rapidité foudroyante, le soleil n'est pas encore levé, se présente devant la bourgade de Saint-Louis, à une lieue de là, où les trois fugitifs ont déjà donné l'alarme. Femmes et enfants n'ont pas attendu ; ils fuient déjà dans la campagne, la crainte leur donnant des ailes.

Quatre-vingts guerriers courageux et résolus décident de s'enfermer dans les palissades et de les défendre jusqu'à la mort. Les défenses sont bonnes, tout au plus. Les assiégés repoussent rapidement un premier puis un second assaut ; ils tuent une trentaine d'ennemis et en blessent beaucoup d'autres. Mais ils sont vite débordés. Des Iroquois réussissent à s'approcher des palis, les fendent à coups de hache, pratiquent des brèches et s'introduisent en grand nombre dans la bourgade.

Vers neuf heures du matin, Saint-Louis brûle. De la résidence de Sainte-Marie, les Français voient les flammes et la fumée monter dans le ciel. Les vieillards, les enfants et les femmes qui n'ont pu fuir sont jetés dans les brasiers. Deux convertis s'échappent à ce moment et ils apportent des nouvelles. Près de cinq cents réfugiés s'entassent dans la résidence des Jésuites. Toutefois, les pères de Brébeuf et Lalemant restent là-bas parmi leurs ouailles, exerçant leur ministère jusqu'à la dernière minute ; ils sont capturés avec un noyau de Hurons chrétiens qui avaient opposé à l'ennemi une défense énergique. Et ce jour-là, de l'après-midi jusqu'au lendemain, ils subiront l'affreux supplice dont l'histoire a gardé les détails.

La capture et le supplice des pères de Brébeuf et Lalemant

Après la destruction de la bourgade Saint-Louis, les Iroquois retournent à Saint-Ignace II où ils ont laissé une bonne garnison. Ils se reposent. Cependant, le soir même, alors que les missionnaires endurent des tortures, des éclaireurs viennent reconnaître Sainte-Marie. Ils observent les lieux. Un conseil de guerre a lieu après leur retour. L'attaque est décidée pour le lendemain.

Sainte-Marie est facile à défendre. Les Français qui l'habitent se battraient volontiers. Des guerriers hurons accourent des bourgades voisines. Le clan de l'Ours envoie pratiquement tous ses hommes disponibles ; ils forment un parti de trois cents guerriers qui, tout en attendant des renforts, se tiennent sur le qui-vive, guettant l'occasion d'une surprise. Ils viennent presque tous du bourg de la Conception, surnommé le bourg des Croyants parce qu'ils sont presque tous catholiques.

Les Français et les Hurons se préparent à défendre la bourgade de Sainte-Marie.

Le lendemain, un détachement d'environ deux cents Iroquois quitte l'armée principale et s'avance vers Sainte-Marie. Il se heurte bientôt aux avant-postes hurons. Ceux-ci ne tiennent pas le choc. Après une brève escarmouche, ils prennent la fuite et se replient près du fort, laissant des cadavres ici et là sur la neige. D'autres Hurons, ne perdant pas courage, luttent de pied ferme, arrêtant l'élan de l'ennemi ; bien plus, ils prennent soudain l'offensive, le repoussent et le refoulent si bien, que le détachement iroquois se réfugie dans le bourg de Saint-Louis, brûlé la veille, mais dont les palissades ont subi peu de dommages. Les Hurons se lancent à l'assaut et emportent le village, faisant une trentaine de prisonniers.

C'est alors que cette vaillante troupe commet une erreur de stratégie. Au lieu de se replier vers Sainte-Marie tout de suite après son action d'éclat, lorsque l'armée iroquoise accourt au secours de ses guerriers, elle se laisse enfermer dans Saint-Louis qu'elle vient de reprendre mais qui n'offre que bien peu de protection à un détachement inférieur en nombre. Elle ne compte plus que cent cinquante guerriers, l'élite des convertis de la Conception et de la Madeleine. Bientôt, huit à neuf cents Agniers et Tsonnontouans les assiègent. Ils sont submergés par le nombre, l'enceinte a des brèches partout. Les Hurons prient et combattent inlassablement, exécutant de nombreuses sorties. À plusieurs reprises, ils font reculer toute l'armée iroquoise. C'est un combat

Des Hurons, réfugiés dans la bourgade de Saint-Louis, tombent aux mains des Iroquois.

désespéré et qui s'éternise. Les hommes tombent les uns après les autres ; il n'en reste bientôt plus qu'une vingtaine ; tous sont blessés. Les Iroquois peuvent alors pénétrer dans la place ; leur chef a reçu des blessures mortelles ; une centaine d'entre eux gisent sur la neige, tués ou blessés à mort. C'est le troisième combat dans Saint-Louis, celui qui a été le plus sanglant.

La population de Sainte-Marie passe la nuit sous les armes ; d'heure en heure, elle attend l'assaut furieux de la troupe qui vient de remporter une autre victoire ; elle implore le secours de saint Joseph, patron du pays, dont la fête tombe le surlendemain ; les missionnaires promettent une messe par mois pendant un an.

Le lendemain se passe dans l'attente, dans le silence. Chaque parti se cantonne dans ses quartiers. L'effroi règne dans le pays et on attend de nouveaux malheurs.

Le 19 mars, fête de saint Joseph, une panique soudaine envahit l'armée iroquoise. Une bonne partie des guerriers commencent à retraiter en désordre ; les capitaines sont entraînés dans la fuite ; quelques-uns pourtant gardent leur sang-froid et chargent les captifs, comme des bêtes de somme, de tout le butin qu'ils peuvent trouver, utilisant les plus robustes ou les plus inoffensifs ; les autres sont attachés à des pieux plantés dans chaque cabane ; puis ils mettent le feu aux quatre coins de Saint-Ignace II ; des lamentations de femmes, d'enfants et de vieillards brûlés vifs au milieu d'une vaste hécatombe accompagnent la retraite de l'ennemi.

Le massacre et l'incendie de la bourgade de Saint-Ignace II

Une femme s'échappe. Elle porte au bourg Saint-Michel la nouvelle de cette retraite. Une armée huronne est concentrée dans ce bourg de la nation du Pétun, et sept cents guerriers se précipitent sur les traces de l'ennemi. Toutefois, ils ne semblent pas animés d'une grande volonté de le rejoindre et de le forcer à un nouveau combat. Après deux jours de marche, ils ne l'ont pas atteint encore ; ils manquent de vivres ; ils craignent des adversaires « qui avaient pour la plupart des armes à feu, nos Hurons en ayant fort peu ». Ils reviennent alors sur leurs pas, suivent la route de l'armée victorieuse, jalonnée de prisonniers la tête fendue ou brûlés vivants après avoir été attachés à des poteaux.

Les martyres des pères de Brébeuf et Lalemant

Le 20 mars, Sainte-Marie apprend de façon définitive la retraite des Iroquois. On sait déjà par des captifs qui se sont échappés, le martyre des pères Jean de Brébeuf et Gabriel Lalemant. On les a d'abord dépouillés de leurs vêtements puis on leur a arraché quelques ongles : arrivés à Saint-Ignace II, ils ont subi la bastonnade. Des Hurons iroquoisés coupent à l'un les mains, torturent l'autre avec des alênes et des pointes de fer. Ils introduisent sous les aisselles des haches rougies au feu. Brébeuf est solide comme un arbre, résistant comme un roc. Il souffre sans un cri et prêche quand il le peut. On lui coupe les lèvres et le nez, on le baptise à l'eau bouillante. Après trois heures de supplice, le soir même, il meurt. Frêle, de santé délicate, le père Lalemant résistera à la torture de six heures du soir à neuf heures le lendemain matin, pendant toute une nuit infernale de tourments minutieux. On ne sait lequel des deux admirer le plus.

Un Jésuite et sept Français vont chercher les corps des martyrs. Ils retrouvent vite les cadavres qui portent les marques de toutes les tortures qu'ils ont subies. Le père de Brébeuf a eu la mâchoire brisée. Toutes les parties du corps du père Lalemant révèlent des brûlures atroces, même les yeux, même la langue, même la bouche. À l'un et à l'autre, les guerriers ont arraché le cœur pour le manger. Les obsèques ont lieu à Sainte-Marie le 21 mars.

Chapitre 32

1649

Les Iroquois ont perdu environ deux cents guerriers, les Hurons de trois à quatre cents sans compter les victimes du massacre à Saint-Ignace II. Le clan qui déplore le plus de victimes est celui de la Corde, il a reçu le premier choc de l'attaque, puis le clan de l'Ours ; il a fourni un brave contingent, a protégé Sainte-Marie et a été décimé dans Saint-Louis.

La fuite des Agniers-Tsonnontouans s'explique par le fait qu'ils ont subi des pertes relativement importantes, avaient de nombreux blessés difficiles à transporter, étaient engagés loin de leur pays, dans une contrée hostile où leur présence était maintenant connue et où, à tout moment, pouvaient se rassembler des troupes. Toute nouvelle surprise devenait impossible, car les Indiens ignorent l'art des sièges.

Les communications ne sont pas rapides à cette époque et quarante-huit heures s'écoulent avant que le bourg d'Ossossané ne soit mis au courant de la défaite des trois cents hommes fournis qui ont succombé à Saint-Louis. Il n'y a pourtant qu'une distance de dix milles entre les deux hameaux. La nouvelle arrive à minuit le 19 mars et elle provoque une grande panique. Toute la population quitte la bourgade, se met en route sur la glace et dans la neige, traverse la baie Nottawasaga et se réfugie au milieu de la population du Pétun.

La nation huronne abandonne ses bourgades.

La panique se répand pendant les quinze jours suivants. Quinze bourgades restaient encore intactes. Elles étaient populeuses pour la plupart, protégées par de bonnes palissades, en état de se défendre victorieusement avec un peu de vigilance. Toutes les pertes passées s'expliquent par le manque de sentinelles, de prudence et d'attention. Les épreuves sont souvent sources d'enseignements et des défaites futures pouvaient être évitées par une bonne surveillance. Mais au lieu d'adopter ce choix sensé, la résistance, les nerfs trop longtemps tendus de la nation huronne se brisent d'un seul coup. Pendant les deux dernières semaines de mars, elle livre aux flammes ses quinze bourgs, ses cabanes, ses palissades, détruisant les seules défenses qui pouvaient encore la protéger. De sédentaire, habituée à la culture du sol, elle se retrouve subitement nomade. Se réfugiant dans la forêt, elle se répand le long des lacs et des rivières, aborde dans des îles éloignées et sollicite l'hospitalité des tribus voisines ou amies.

Les causes de la dispersion de la nation huronne

La dispersion de la nation huronne, mère de toutes les tribus iroquoises, n'est pas une surprise pour celui qui a suivi, depuis 1634, l'histoire de ce pays. On a, en effet, assisté à sa lente destruction et à sa longue agonie. La Huronie a d'abord subi l'épreuve des maladies contagieuses qui lui ont enlevé quinze mille âmes environ en six ans. Puis, après les ravages de la maladie, elle sombre dans la grande guerre des pelleteries qui vient d'éclater ; elle n'a plus assez de fils pour la conduire après les combats, assauts autrement rudes et puissants. Elle subit pertes sur pertes, en Nouvelle-France, sur la route des fourrures, dans ses propres frontières. Son occupation principale, le commerce, l'obligeant à se disperser pendant certaines saisons, elle devient plus vulnérable. L'infériorité de l'armement lui donne continuellement l'impression de combattre des adversaires plus habiles et plus forts qu'elle.

En proie aux épidémies, à la guerre, à l'impuissance, aux désastres répétés, le peuple huron perd peu à peu sa confiance en lui. Il se fait une idée trop terrible de son ennemi. Et lorsque celui-ci, poussé à une action rapide et décisive par une grande menace de ligue, pousse ses attaques, l'édifice déjà branlant de la nation s'écroule.

Ces incendies allumés partout ne sont aucunement le résultat d'une action concertée, d'un plan arrêté. Les Hurons agissent avec précipitation ; ils n'ont d'autre idée que celle de se réfugier dans la forêt proche pour échapper à de futures attaques des Iroquois. Certains groupes se réfugieront loin, chez les Neutres, les Ériés, les gens du Pétun ; d'autres, en nombre plus restreint, demanderont asile aux tribus algonquines. Mais le groupe le plus important ne sait où aller. Il s'attache au sol de la Huronie dont il ne sait comment s'arracher. Mais que faire pour subsister ? La dispersion a eu lieu avant les semailles du printemps, alors que les provisions, peu abondantes du reste, s'épuisent. Les *Relations* disent même que l'année précédente « la famine a été grande... en toutes ces contrées, plus qu'on ne l'avait vue depuis cinquante ans, la plupart n'ayant pas de quoi vivre, et étant contraints ou de manger du gland, ou bien d'aller chercher dans les bois des racines sauvages, dont ils soutiennent une misérable vie... ». Encore une fois, les Hurons, n'étant pas un peuple nomade, ne sont pas habitués à leur nouvel état.

Pendant qu'ils errent à la recherche de leur pâture, les Jésuites dressent un plan particulier. Ils comprennent tout de suite que le grand centre missionnaire de la Huronie fait maintenant partie du passé. La mission ne saurait subsister, serait inutile dans ce pays vide, exposée aux attaques-surprises continuelles des Iroquois. Ils décident donc de la déménager dans une grande île septentrionale du lac Huron, éloignée de soixante lieues, qu'ils nommaient déjà Sainte-Marie et que les Indiens connaissent sous le nom d'Ekaentoton, l'île Manitoulin actuelle. À l'automne de 1648, ils y avaient envoyé un missionnaire qui a passé l'hiver parmi une nation algonquine, les Outaouais, qui l'habitent et qui demandaient un prêtre depuis quelques années. Cet emplacement paraissait avantageux ; nombre de tribus algonquines y passent, plusieurs demeurent dans les alentours. Là, les missionnaires seront encore à proximité de la nation Neutre qui a aussi demandé des prêtres. Les relations avec

Québec et les Trois-Rivières seront à peine plus difficiles qu'elles ne l'étaient en Huronie. Enfin, le sol de l'île paraît fertile et pourrait donner du maïs.

Un groupe important de la nation huronne s'installe dans l'île Saint-Joseph.

Les conseils hurons délibèrent pendant ce temps. Bientôt les Jésuites voient arriver à Sainte-Marie une députation composée de douze des plus grands capitaines représentant trois cents familles. Ils offrent dix grands colliers de grains de nacre et parlent pendant plus de trois heures. Leur groupe, qui représente la nation huronne, a résolu de s'établir dans l'île Saint-Joseph, à quelques milles du rivage de la Huronie. L'eau et la glace formeront une protection efficace contre les Iroquois. Les surprises ne seront pas possibles, l'ennemi se découvrirait en s'approchant. Puis, les députés demandent aux missionnaires d'avoir pitié de leur misère, de les accompagner pour les protéger contre leurs ennemis ; en leur compagnie, ils se défendraient avec plus de courage et se convertiraient ; cette île deviendrait terre des Chrétiens. Ils parlent donc avec éloquence ; par leur bouche, leurs femmes et leurs enfants aussi supplient les missionnaires.

Il s'agit de Christian Island.

Les Jésuites ne sont pas capables de maintenir leur première décision devant la grande détresse de ce peuple ; elle était plus sage que celle des Hurons, proposant un asile plus éloigné, plus sûr et plus vaste. Ils cèdent à ces instances émouvantes et pressantes. D'un commun accord, ils décident de suivre leur troupeau dans l'île Saint-Joseph qui deviendrait « le centre de nos Missions, et ensemble le boulevard de ces pays ».

Les Jésuites font de l'île Saint-Joseph leur principal poste de mission et brûlent leur résidence de Sainte-Marie.

Après avoir préparé leur départ, qui aurait eu lieu le 15 mai 1649, les missionnaires brûlent leur résidence de Sainte-Marie qui, pourtant, leur tient à cœur. Mais le père Ragueneau a écrit que ce fut le dixième jour du mois de juin, date plus probable, car les Jésuites ne brûlèrent sans doute leur maison qu'au moment du départ qui n'eut lieu que le 14 juin, vers cinq ou six heures du soir. Le supérieur et quelques compagnons montent sur un radeau fabriqué de troncs d'arbres de cinquante à soixante pieds de long, que les hommes ont abattus dans la forêt, traînés jusqu'au rivage, liés ensuite ensemble. Ils y ont entassé tout ce qu'ils peuvent conserver dans ces circonstances difficiles.

Les Jésuites quittent un pays où ils ont travaillé quinze ans dans la misère, sous des menaces constantes, au milieu des difficultés, des privations et des souffrances. Leur peine est quand même intense. Toute la nuit, une navigation pénible, à coups de rames, se poursuit. Elle durera plusieurs jours le long des côtes. Les Iroquois suivent de loin : des partis en maraude les ont mis au courant de l'écroulement de la nation huronne dû aux coups vigoureux assénés au printemps. Des guerriers de toutes les tribus viennent à la curée, parcourant la Huronie abandonnée, massacrant dans leur sommeil quelques familles qui suivaient de trop loin la migration principale. Ils tuent des individus isolés, en capturent d'autres et poursuivent avec férocité l'extinction de leurs ennemis.

L'île Saint-Joseph attire rapidement les groupes hurons dispersés. Bien vite, une forte population s'y rassemble. On compte une centaine de cabanes contenant chacune de huit à dix familles, soit un total approximatif de neuf cents familles ou six à huit mille personnes. En plus, d'autres habitations d'écorce s'érigent ici et là, au caprice de chacun et selon les besoins du moment.

L'île offre tout de suite un spectacle d'une activité inusitée. Les Hurons construisent leurs cabanes et s'installent. Le personnel de la mission taille la pierre, œuvre le bois, fabrique du ciment. Un fortin solide s'élève rapidement en face du lac, une nouvelle résidence remplace l'ancienne. Après avoir terminé leurs ouvrages, les Français assistent les Hurons qui fortifient une bourgade proche du fort. Des bastions en défendront les approches.

Le problème vital de l'alimentation se pose ensuite. C'est le début de l'été. Les familles s'éparpillent, vivotent tant bien que mal de gibier et de poisson, des petits fruits et des tubercules que la forêt fournit. Les premiers arrivés font quelques défrichements et sèment du maïs comme dans leur pays. Quand les missionnaires arrivent, dans la troisième semaine de juin, la sécheresse sévit et menace déjà la récolte. La pluie tombe ensuite après de ferventes prières. Les champs ensemencés sont cependant trop exigus. Le travail de défrichement était trop vaste, trop ardu, trop difficile pour être exécuté en si peu de temps. Ceux qui doivent l'accomplir arrivent trop tard ou doivent consacrer leurs forces à des tâches plus urgentes : subsister, se bâtir un abri. Le blé d'Inde de cette époque mûrit tard, il lui faut une pleine saison. Enfin la population, qui se compose en bonne partie de femmes, d'enfants, de malades et de vieillards à la charge des autres, ne peut se charger d'un travail trop dur. Le danger continuel d'une invasion demande une surveillance continue.

D'un autre côté, une vie nomade exige de grands espaces et une population clairsemée. Un regroupement de milliers de personnes dans un espace restreint est un appel à la famine.

L'été, les Hurons réussissent à peine à subsister. Pressés par la faim, nombre d'entre eux retournent dans les champs de la Huronie en petites bandes. Les Iroquois les y attendent et plusieurs massacres ont lieu, à intervalles réguliers, pendant ces mois de petite vie et de pauvreté.

L'automne passe et quand arrivent la neige, le froid, le vent glacial, tous les errants refluent vers l'île Saint-Joseph. La population augmentant chaque jour, le problème de la nourriture se pose dans sa terrible évidence. Les Jésuites ont vu venir ce danger mortel. Ils ont constaté que la terre ensemencée produisait de bons grains, mais « de dix familles, à peine y en avait-il une seule qui eut pu vaquer aux travaux qui sont nécessaires pour se faire un champ de blé d'inde ». Ils ont constitué des réserves, apporté de Huronie de grandes provisions achetées autrefois. Cet automne-là, ils ont aussi accumulé cinq à six cents minots de glands. Plusieurs canots ont circulé parmi les tribus algonquines des alentours, achetant du poisson séché ou fumé. Mais ce n'est ni la moitié ni même le tiers de ce qu'il faudrait.

Inexorablement, l'hiver survient. La famine sévit tout de suite. « Ce fut alors que nous fûmes contraints de voir des squelettes mourants, qui soutenaient une vie misérable, mangeant jusqu'aux ordures et les rebuts de la nature. » Le gland est vite un mets de choix. On déterre les charognes, on mange du renard, du chien. Le cannibalisme devient quotidien : « Les mères se sont repues de leurs enfants, des frères de leurs frères, et des enfants ne reconnaissaient plus en un cadavre mort, celui lequel lorsqu'il vivait, ils appelaient leur Père. » Les Jésuites tentent de soulager cette grande famine, mais leurs réserves sont insuffisantes. Quant aux rares Hurons qui possèdent quelques vivres, ils sont frappés d'une maladie contagieuse, succombant en bon nombre, surtout les enfants ; cette épidémie ajoute ses horreurs à celles dont la famine est cause.

Chapitre 33

1649

À la fin du mois de novembre 1649, on apprend à l'île Saint-Joseph le danger qui menace la nation du Pétun. Deux Hurons iroquoisés s'échappent d'un parti de trois cents guerriers iroquois qui n'ont pas décidé encore s'ils attaqueront l'île Saint-Joseph ou cette tribu iroquoise qui a gravité dans l'orbite de la Huronie.

La nation du Pétun menacée.

Avant l'arrivée des Blancs, elle occupait des régions plus vastes qui s'étendaient des rives du lac Huron jusque fort loin dans l'intérieur, au sud de la péninsule huronne. Ils avaient eu de longues guerres avec leurs voisins. Ceux-ci, les ayant refoulés dans les montagnes Bleues, les comtés actuels de Grey et de Bruce, les avaient soumis à une sujétion économique. La nation du Pétun s'était contentée ensuite d'une existence agricole tranquille ; elle avait de vastes champs en culture, vendait ses produits aux Hurons qui en disposaient auprès des Algonquins nomades ; le tabac et le maïs croissaient bien chez eux.

En 1648, quand la guerre avait recommencé entre les Hurons et les Tsonnontouans, les premiers avaient renouvelé leur alliance avec la nation du Pétun ; et non seulement contre les Iroquois, mais encore contre tout ennemi. Cette ligue avait de l'importance pour eux, car les Pétuns comptaient neuf bourgades ; les missionnaires y venaient de la Huronie, leurs travaux avaient donné quelques résultats.

Au printemps, après le sac de Saint-Ignace II et de Saint-Louis, un village de la nation du Pétun avait fourni le contingent de sept cents guerriers qui s'étaient mis à la poursuite de l'armée iroquoise en retraite.

La dispersion de la nation huronne n'avait excité, semble-t-il, aucune inquiétude grave dans les bourgades pétunes. Le fait semble incroyable et étrange. Mais l'été avait passé pour eux en travaux agricoles. Se croyaient-ils suffisamment protégés par les accidents naturels du pays, pensaient-ils que les attaques ne viendraient pas ? Pourtant, la petite guerre régnait entre leur pays et l'Iroquoisie, leur destinée avait bien souvent été mêlée à celle des Hurons.

Quand les Hurons de l'île Saint-Joseph apprennent la présence d'un parti de trois cents Iroquois en Huronie, ils font des préparatifs de défense, empêchent tous les groupes armés de partir, puis ils en informent la nation du Pétun chez qui l'excitation règne aussitôt. Assez étrangement encore, celle-ci ne panique pas. Elle se prépare à recevoir l'ennemi de pied ferme et fait bonne garde.

Les jours passent et les Iroquois ne paraissent pas. Les guerriers de la bourgade Saint-Jean s'ennuient. Imaginant que l'adversaire les redoute et vont leur échapper, ils quittent leur bourgade le 5 décembre 1649 pour aller à sa rencontre en prenant le chemin du sud qui conduit à l'Iroquoisie. Par un hasard tragique, le parti iroquois s'avance aussi, mais par le chemin de l'est. Cette attaque contre le pays du Pétun, comme celles contre la Huronie, semble provenir de la même mystérieuse base d'opérations située à l'est du lac Simcoe.

Les Iroquois à l'attaque de la bourgade Saint-Jean de la nation du Pétun.

Les Iroquois approchent de la bourgade le 7 décembre, vers trois heures de l'après-midi, deux jours après le départ des guerriers. Ils capturent une femme et un homme et apprenant d'eux que l'endroit est totalement dépourvu de défenseurs, ils décident d'attaquer immédiatement. Quand ils paraissent, l'épouvante s'empare de la population. Ils pénètrent à l'intérieur des palissades sans trouver de résistance. Les assiégés qui le peuvent s'enfuient, les autres sont tués. Bientôt, les cabanes flambent. De nombreux prisonniers sont aux mains des vainqueurs. Appréhendant à chaque instant le retour des vaillants guerriers de la nation du Pétun, les Iroquois scalpent et tuent en toute hâte, précipitent les enfants dans les flammes, de même que les vieillards, les malades, tous ceux en somme qui ne pourront pas les suivre dans une retraite précipitée.

La mort du père Charles Garnier

Le père Garnier est sur les lieux. Il conseille à ceux qui le peuvent de fuir immédiatement. Lui, il reste au poste, donnant l'absolution, baptisant les enfants, les catéchumènes. Frappé soudain par deux balles, il tombe sur le lieu du carnage. Puis, distinguant un moribond à quelques pas de lui, il se met à genoux, se traîne vers lui pour l'assister, retombe au bout de trois ou quatre pas, se relève, se remet à genoux, avance encore un peu et tombe une seconde fois. Deux coups de hache, un sur chaque tempe, mettent fin à ses jours.

Deux missionnaires postés dans la mission voisine accueillent les fugitifs et les blessés de Saint-Jean. L'angoisse règne toute la nuit. À l'aube, les éclaireurs rapportent que l'ennemi a retraité en toute hâte. Les deux Jésuites se rendent à Saint-Jean où ils trouvent des cadavres empilés, des blessés à l'article de la mort. Ils inhument rapidement le père Garnier et s'éloignent, craignant un retour offensif de l'ennemi.

Ce n'est que deux jours plus tard, le 9 décembre, que le parti qui avait cherché les Iroquois au sud revient à Saint-Jean. Sur le chemin du retour, il a aperçu les pistes des ennemis et il a compris son erreur et son malheur. Rentrant dans la bourgade dévastée, les guerriers passent douze heures « assis à terre à la sauvage... comme des statues de marbre » sans parler, sans remuer, atterrés par l'horrible catastrophe.

Des capitaines païens pensent que le catholicisme est responsable du malheur de leur nation. Dans un conseil tenu à la bourgade de Saint-Mathias, ils affirment qu'un Huron qui vient d'échapper aux Agniers a vu entre leurs mains de somptueux colliers de grains de nacre que le gouverneur de la Nouvelle-France aurait envoyés aux Iroquois pour les détourner de Montréal, des Trois-Rivières ou de Québec, et pour les inciter à attaquer la Huronie ; il aurait promis que les Français de Huronie ne tueraient aucun Iroquois. Ces paroles trouvent des oreilles crédules. C'est à elles que l'on attribue la mort du père Chabanel dans des circonstances mal déterminées.

La mort du père Chabanel

La migration de la nation du Pétun

Le sac de la bourgade de Saint-Jean déterminera la migration de la nation du Pétun. Ses forces militaires sont presque toutes intactes. Peu de guerriers ont en effet perdu la vie. Le malheur est aussi survenu au début de l'hiver quand les récoltes sont engrangées. Le départ de la tribu est ordonné et sage. Après un bref séjour à l'île Manitoulin, elle se rendra bientôt à la baie Verte sur la rive occidentale du lac Michigan où, après d'étranges aventures, elle jouera sous le nom de Hurons un rôle de premier plan dans l'histoire canadienne et dans le commerce des pelleteries.

Chapitre 34

1649

Le gouverneur n'a pas donné de présents aux Iroquois pour les détourner de la Nouvelle-France. Mais comme toute la Confédération concentre ses forces militaires contre la Huronie, la colonie jouit d'un calme à peu près complet.

Au printemps, le camp volant est formé. M. Charles d'Ailleboust Des Musseaux le commande. Il arrive bientôt à Montréal, « afin d'aider à y repousser les ennemis, ce qui lui fut plus aisé que de les battre », dit Dollier de Casson. Le vénérable Sulpicien se moque sur quelques lignes de ces soldats qui ne connaissent pas les méthodes militaires américaines : les guerriers ennemis s'enfuient quand ils entendent le bruit des rames, ils reviennent sur le fleuve, une fois le danger passé. Ils auraient pu rendre de grands services, mais dans des canots rapides, propres à la dérobade, à l'affût. Nous « n'avions pas les lumières que nous avons aujourd'hui », ajoute Dollier de Casson.

Le 20 mai, trois autres Iroquois captifs trouvent le moyen de s'enfuir des Trois-Rivières. Le 30, un serrurier français est capturé à Montréal.

Le 6 juin, alors que les Jésuites de Huronie sont sur le point de se transporter dans l'île des Chrétiens, trente-quatre Français accompagnés de deux Hurons, partent sur douze canots pour aller à Sainte-Marie, ignorant le grand malheur survenu là-bas. Six jours plus tard, soit le 12, les Français des Trois-Rivières apprennent la capture ou le massacre de quatorze Algonquins au-dessus de la deuxième chute de la rivière Saint-Maurice, c'est-à-dire au-dessus de Shawinigan. C'est la première fois que des Iroquois entrent aussi profondément dans les terres situées au nord du Saint-Laurent. Ils ont appris que des convois de fourrures manœuvrés par des Attikamègues descendent par le Saint-Maurice ; ils vont prendre l'habitude de se poster là pour les piller. Ils s'attaquent à une voie commerciale secondaire, mais importante cependant, car ces pelleteries viennent de l'extrême nord et sont les plus précieuses qui soient.

Les Iroquois montent de plus en plus au nord. Ils attaquent les Algonquins au-dessus de Shawinigan.

À peu près à la même époque, des Algonquins de la Petite Nation viennent en traite aux Trois-Rivières. Des membres de leur tribu ont tué sept Iroquois au cours d'un combat.

Ce n'est que le 20 juillet, trois mois après l'événement, que l'on apprend à Québec la dispersion des Hurons. Le *Journal des Jésuites* l'enregistre brièvement : « Le 20, la nuit, arrivèrent les tristes nouvelles de la destruction des Hurons, et du martyre des 3 Pères. » On ne sait qui apporte ce récit, si ce sont des Français ou des Indiens. Une couple de semaines plus tard, dans la pre-

À Québec, on apprend la dispersion des Hurons.

mière semaine d'août, une vingtaine de Hurons arrivent aux Trois-Rivières : ils fuient les malheurs de leur patrie et ils rapportent des détails circonstanciés sur la grande dispersion qui a eu lieu. C'est probablement à l'occasion du passage de ce groupe ou d'autres du même genre à Montréal, que Dollier de Casson parlera des Hurons « qui fuyaient la cruauté des Iroquois et venaient chercher parmi nous quelque refuge, toujours on apprenait par eux quelques nouveaux esclandres, quelques nouveaux forts perdus, quelques villages pillés de nouveau, quelques nouvelles boucheries arrivées. » Il dit aussi que « tout ce pays pour lors était fort épouvanté, surtout pour les cruautés et entière destruction des Hurons, lesquelles menaçaient ensuite généralement tous les Français d'encourir la même disgrâce et de suivre les mêmes traitements... »

Ces récits rapportés de Huronie sont-ils la cause déterminante du départ, le 12 août, « des soldats et domestiques pour les Hurons, Tourmente, Roger, Oliveau, Raison » ? Ne jugeait-on pas alors qu'il était trop tard pour envoyer du secours ? Croyait-on ces renforts nécessaires pour protéger les Français engagés là-bas ?

Un mois plus tard, le 19 septembre, le père Bressani revient de Huronie. Il n'arrive pas, comme l'année précédente, avec un convoi protégé par plusieurs centaines de guerriers, il est simplement accompagné d'un groupe de Hurons et d'Indiens recueillis en cours de route, et aussi de marchands français partis également il y a un an. « Les Français rapportèrent pesant cinq mille livres de castor, qui était plus de 26 mille livres pour eux ; et Desfossés, soldat, avec son frère, qui y avaient été un an aux Hurons, apportèrent pour leur part 747 livres pesant, qui leur fut payé, à 4 francs la livre, et l'autre à 5 livres 5 sols. » On ne voit nulle part que ces Français, ou la douzaine de soldats qui étaient partis pour la Huronie l'automne précédent, aient participé aux combats ayant suivi le sac de Saint-Ignace II au printemps. Les circonstances sont trop mal connues pour qu'on le leur reproche.

Les Jésuites restent opiniâtres et tenaces. À cette heure dangereuse, ils ne s'avouent pas que tout est perdu. Le 28 septembre, le père Bressani part pour l'île des Chrétiens, ou île Saint-Joseph. Le 3 octobre, il quitte les Trois-Rivières avec 4 canots et revient le 7 octobre avec ses Hurons. L'expédition a rebroussé chemin à la rivière des Prairies, car il était imprudent d'aller plus loin. Une vingtaine de Hurons hiverneront aux Trois-Rivières, une vingtaine à Québec. À Sillery, les Algonquins commencent une nouvelle muraille pour mieux se protéger ; la Compagnie a avancé les fonds.

« De la Maison de Sainte-Marie aux Hurons, le 1 jour de May 1649 » Paul Ragueneau

La *Relation* ordinaire des Jésuites ne paraît pas ; c'est la relation huronne qui occupe tout le volume. L'événement qui a eu lieu là-bas est d'une telle importance pour la Nouvelle-France qu'il éclipse tous les autres.

Le père Jérôme Lalemant en parle dans une brève préface ; il fonde ses espoirs sur la Huronie réfugiée dans son île de misère et de famine ; il annonce encore qu'au début du mois de septembre 1649, le gouverneur « a fait le possible pour secourir le pays en cette occasion, y envoyant des forces et des munitions pour résister aux ennemis ; environ soixante Français y sont montés cette année en deux bandes, dont la première devait retourner cet automne, et l'autre hiverner dans le pays. » Mais que peuvent faire quelques soldats dans le torrent de cette débâcle, parmi cette dispersion au milieu d'un vaste espace, dans cette famine mortelle qui grignote tout un peuple ? Il est trop tard, la tragédie est arrivée à son dernier acte. « Les Iroquois nous ont donné un peu de repos ici-bas », ajoute le supérieur des Jésuites ; « mais je ne sais si ce sera pour longtemps : notre consolation est que les différences des temps sont aussi bien sujettes à Dieu que celles des lieux... »

Dans la cour de l'hôpital à Québec, on dresse une tente pour les Indiens. Au début de février, on croit découvrir des pistes d'Iroquois. L'alarme règne dans la ville. On tient des conseils. Mais les délibérations n'apportent aucune solution. Pendant ce temps-là, les réfugiés se nourrissent d'un peu de maïs et d'anguille fumée.

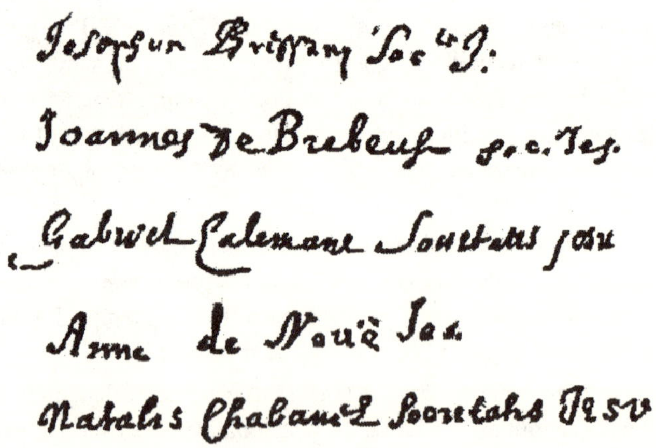

Chapitre 35

1650

Tout l'hiver, l'île Saint-Joseph se traîne tragiquement dans l'horreur de la famine, du cannibalisme, des maladies, des morts par inanition. Les Jésuites n'ont pu accumuler assez de réserves de vivres ; ils les distribuent avec prudence, sauvant un bon nombre de vies, mais ce n'est qu'une goutte d'eau. Le catholicisme fait d'immenses progrès. Les conversions jaillissent de cet étau de souffrances morales et physiques. Trois mille Hurons reçoivent le baptême en quelques mois. La religion tente d'adoucir les effets de cette crise. La crainte règne toujours : la population de l'île qui est trop rapprochée de la terre ferme appréhende les invasions iroquoises, car la glace est maintenant formée.

Les difficultés des Hurons de l'île Saint-Joseph

Depuis longtemps, les malheurs de la Huronie s'enchaînent les uns aux autres, sans que l'on en voie la fin. Rarement la mauvaise fortune ne s'est acharnée sur un peuple avec une telle ténacité. Plusieurs Hurons, par exemple, se sont réfugiés dans une retraite éloignée, au nord du lac Nipissing probablement, où ils veulent vivre hors de la portée de leurs ennemis. Des missionnaires les découvrent à l'occasion d'une course apostolique en canot ; un Jésuite s'y rend pour fonder la mission Saint-Charles. Ces réfugiés n'ont qu'une petite provision de blé d'Inde pour subsister en attendant le printemps, ils mettent leur confiance dans la pêche sous la glace, d'ordinaire abondante dans ce lieu. Mais le poisson manque presque complètement pendant l'hiver de 1649-1650 et la famine s'installe parmi les Hurons ; obligés de se nourrir d'écorce d'arbre ou de lichen, ils doivent se disperser. Une bonne partie de ces affamés arrivent à Saint-Joseph avec leurs missionnaires, sur la glace, après six jours de voyage.

La création de la mission Saint-Charles chez les Hurons...

Un autre missionnaire avait fondé la mission Saint-Pierre dans une tribu plus lointaine encore ; la famine sévit là aussi de façon désastreuse.

...puis de la mission Saint-Pierre

Une troisième mission, algonquine celle-là, celle du Saint-Esprit, s'était développée sur les rives du lac Huron au sud-ouest de la baie Chequamegon ; elle était nomade, se croyait hors d'atteinte et vivait dans la sécurité la plus complète. Au printemps, un parti iroquois, qui a franchi six cents milles, atteint l'un des groupes, l'attaque par surprise, en triomphe facilement, conduit en captivité hommes, femmes et enfants, leur infligeant les tortures habituelles.

Pour les Algonquins, la mission Saint-Esprit

Dès que le soleil plus chaud des premiers jours de mars adoucit l'hiver canadien, les Hurons les plus affamés de l'île Saint-Joseph décident de retourner sur la terre ferme. Peut-être trouveront-ils des glands sur le sommet des collines, du côté du midi, là où la neige fond plus tôt ? La pêche sera peut-être meilleure le long des rivages déserts. Le danger est grand, des partis iroquois peuvent rôder dans l'ancienne Huronie ; mais rester dans l'île signifie la mort.

Ces Hurons se confessent et communient avant leur départ. Puis, ils s'aventurent sur la glace et c'est la catastrophe pour plusieurs d'entre eux. Près de la rive, la glace n'est pas assez solide, elle se rompt sous leurs pieds, plusieurs se noient, d'autres succombent sur place après une immersion dans l'eau glacée, ou un peu plus tard dans leur village, à la suite d'une pneumonie.

Quelques groupes pourtants atteignent l'ancienne Huronie ; ils remercient le ciel de leur heureuse traversée. La pêche est relativement abondante par endroits, suffisante pour reprendre goût à l'existence. Toutefois, le 25 mars, un parti iroquois surprend une de ces bandes de malheureux au début de la nuit et elle en fait une cruelle boucherie. Les Iroquois connaissent ou devinent la famine qui règne dans l'île ; ils attendent sur les rivages de la terre ferme les groupes qui viendront y atterrir, ils cherchent ceux qui sont déjà arrivés. En moins de deux jours, ils les retrouvent tous, éparpillés non loin les uns des autres, « cent personnes en un lieu, en un autre cinquante » ; ils découvrent même des familles isolées qui pensaient avoir choisi avec soin une retraite sûre. Enfin, ils font si bonne garde que les missionnaires pensent qu'une seule personne a survécu pour raconter à l'île Saint-Joseph, le détail des cruautés, des supplices et des massacres.

Les Iroquois attendent les Hurons affamés de l'île Saint-Joseph.

Ce récit ne peut empêcher un second exode, car la famine devient de jour en jour plus terrible. Le jour de Pâques, après une communion générale, une seconde bande de Hurons s'embarque pour la même aventure. Les guerriers iroquois, toujours aux aguets sur la terre ferme, la repèrent, l'atteignent et lui infligent une défaite. Même les femmes et les enfants passent cette fois par le supplice du feu ; certains Hurons sont assommés sur place, d'autres sont destinés à la captivité. Un petit nombre s'échappe et peut raconter le désastre.

Huit jours plus tard, une troisième bande aborde au rivage de Huronie. Elle rencontre immédiatement l'ennemi. Un troisième holocauste s'ajoute aux précédents. La mort par la famine ou la mort par l'Iroquois, il ne reste que cette alternative pour ce peuple qui a oublié l'art de la vie nomade.

Les Hurons décident de quitter l'île Saint-Joseph.

emblavure = terre récemment ensemencée de céréales

Puis, on entend dire que deux détachements iroquois sont en route : le premier aurait pour projet d'aborder l'île, d'exterminer les habitants, de détruire la bourgade, de ravager les emblavures ; le deuxième terminerait le travail du premier. Le désespoir règne parmi le peuple. Deux capitaines se rendent auprès du père Paul Ragueneau ; ils lui révèlent qu'au cours d'un conseil tenu la nuit précédente, les Hurons ont décidé presque unanimement d'abandonner cette île funeste. Les uns veulent se disperser en petits groupes dans la forêt, les autres entreprendre une migration vers l'ouest, à six grandes journées de voyage. Quelques-uns ont pris la décision de se frayer un chemin jusqu'au pays des Andastes pour se fondre dans cette tribu plus forte ; les derniers ont l'intention de se livrer à leurs ennemis mêmes, d'habiter en

Iroquoisie où de nombreux prisonniers de leur race les appellent et les attendent. Que pourront faire ensuite les missionnaires dans cette île abandonnée ? C'est alors que des capitaines proposent une solution : pourquoi le reste de cette nation malheureuse ne descendrait-il pas à Québec même où il trouvera un refuge ? Pourquoi attendre que la famine et l'Iroquois accomplissent de nouveaux ravages ? « La mort t'en a ravi plus de dix mille », disent-ils au supérieur.

Les Jésuites quittent aussi l'île.

C'est une grave décision. Les Jésuites réfléchissent et prient. Eux aussi savent bien « que tout le pays des Hurons n'était plus qu'une terre d'horreur et un lieu de massacre ». Le fort de Montréal, le fort des Trois-Rivières et le fort de Québec pourraient protéger les survivants de la tribu. Pendant que les missionnaires hésitent, la famine et les Iroquois continuent à décimer les Hurons. Ils prennent soudain une décision. Entourés des familles chrétiennes qui ont survécu — soit environ trois cents personnes — ils partent à leur tour. Les canots progressent rapidement sur la grande route fluviale. Les fugitifs sont aux aguets. L'Iroquois rôde partout pour exterminer les errants. Ils côtoient tout d'abord la Huronie sanglante où achèvent de mourir les espoirs des premiers jours ; ils se faufilent derrière les îles, s'aventurent en plein lac, abordent le dur granit de la rivière des Français.

C'est un long pèlerinage, un calvaire. Tout est détruit partout. Voici par exemple le lac Nipissing que Champlain a décrit en termes si charmants : les Agniers et les Tsonnontouans sont venus jusqu'ici l'hiver passé ; ils ont établi une base d'action, à une journée à l'est du lac et, pendant des semaines, ils ont été à la chasse à l'homme, pourchassant sur la neige les petits groupes de chasseurs nomades. Le printemps revient, mais les wigwams coniques n'entourent plus le lac limpide, les canots ne jouent plus sur les vagues, la fumée ne s'élève plus entre les arbres en bourgeons. Les Népissingues, privés de l'appui de la Huronie, ont fuit rapidement à l'ouest, on les retrouvera plusieurs années plus tard, bien au nord du lac Supérieur.

La flottille passe rapidement. Bientôt, elle se heurte aux avant-gardes d'une troupe qui remonte la rivière. Après un moment de consternation, on se reconnaît. C'est le père Bressani qui accourt avec vingt-cinq ou trente marchands français, un nombre à peu près égal de Hurons, un frère, l'homme d'affaires des Jésuites, Robert Le Coq, deux domestiques ; ils naviguent sur vingt-deux ou vingt-trois canots ; ils ont quitté les Trois-Rivières le 7 juin. Peu de jours auparavant, ce groupe a livré un combat difficile. Dix Iroquois ont hiverné à soixante lieues environ au-dessus des Trois-Rivières ; ils ont chassé en attendant le printemps, époque où ils pourront surprendre leurs ennemis allant et venant sur l'Outaouais. Un soir, ils aperçoivent les feux d'un campement à une distance de trois milles ; profitant de la nuit, ils se glissent jusqu'aux abords du camp. Soudain, ils attaquent. Le père Bressani est réveillé par les cris et les bruits du combat ; son compagnon est déjà mort à ses

Robert Le Coq ou Le Cocq (?-1650), donné des Jésuites, surintendant à la mission de Sainte-Marie-aux-Hurons

Bressani meurt à Florence en 1672.

côtés. Il donne l'alarme et en même temps il reçoit trois flèches dans la tête. Français et Hurons se rallient, ils tuent six Iroquois sur place, en capturent deux et les deux autres s'enfuient.

Des Hurons émigrent vers Québec.

Les Français et les Hurons rebroussent chemin et rejoignent le peuple en migration vers Québec. L'histoire de la Huronie est terminée. L'humiliation se mêle aux souffrances. À l'île aux Allumettes où ils s'arrêtent, Tessouat le Borgne, pour quelques mots qui ne lui plaisent pas, fait suspendre le père Ragueneau par les aisselles. Puis les canots glissent de nouveau dans le courant. Un désespoir amer s'introduit de nouveau dans l'âme du missionnaire.

Le père Ragueneau décrit le déclin de la Huronie.

« C'est un peuple effacé de dessus la terre. »

Une fin mystérieuse attend les Grands Algonquins de l'île aux Allumettes.

En 1637, quand il est monté pour la première fois en Huronie, de nombreuses tribus habitaient ici et là sur les rives où elles vivaient dans une aisance et un bonheur relatifs ; la chasse et la pêche étaient abondantes ; le commerce très actif. Elles remportaient souvent la victoire dans les combats ; elles étaient en sûreté dans leurs propres territoires ; les canots circulaient constamment sur le fleuve, chaque détour révélant des spectacles nouveaux. Mais maintenant c'est le silence, la solitude, la nature vierge est abandonnée à elle-même. L'homme a disparu du paysage. « Hélas que ces malheureux Iroquois ont causé de désolation dans toutes ces contrées ! Lorsque je montais cette grande rivière, il n'y a que treize ans, je l'avais vue bordée de quantité de peuples de la langue algonquine... et lesquels au milieu de l'infidélité s'estimaient les mieux de la terre, voyant que rien ne leur manquait, dans l'abondance de leurs pêches, de leurs chasses, et du commerce qu'ils avaient avec les nations alliées ; et avec cela ils étaient la terreur de leurs ennemis... » Tous les malheurs sont arrivés en même temps : « en un mot, c'est un peuple effacé de dessus la terre ». La seule tribu qui demeure encore dans son habitat, au printemps de 1650, est celle des Grands Algonquins de l'île aux Allumettes, si insolente et si superbe, qui disparaîtra de l'histoire, après le passage du père Ragueneau, dans on ne sait quel cataclysme ou quel massacre.

L'arrivée des Hurons à Québec

Après cinquante jours d'une pénible navigation entrecoupée de quelques accidents sans gravité, le premier grand contingent huron arrive à Québec le 28 juillet, après avoir séjourné deux jours à Montréal. Les trois clans, de l'Ours, du Rocher, de la Corde sont représentés parmi les fugitifs.

Chapitre 36

1650

De nombreux Hurons sont demeurés dans l'île Saint-Joseph. Ils ont perdu espoir d'y fonder une seconde patrie. Ils veulent entreprendre une deuxième migration, à la fin de l'été, après la récolte, lorsqu'ils auront accumulé suffisamment de provisions pour le voyage.

Mais la chaîne des malheurs ne se brise pas. La gelée détruit une partie des emblavures. Le groupe de Hurons que le père Ragueneau avait rencontré sur l'Outaouais avait continué sa route. Sur le lac Huron même, alors qu'il est presque arrivé à bon port, il subit l'attaque d'un parti iroquois de trois cents guerriers et il est pratiquement décimé. Ce même détachement d'Agniers et de Tsonnontouans a également massacré une troupe de cinquante convertis de la nation du Pétun qui descendait en Nouvelle-France. D'autres familles qui se sont éloignées pour la pêche ont été exécutées. Méthodiquement, les Iroquois poursuivent la tâche qu'ils se sont fixée : exterminer le peuple huron.

Plus audacieux que les autres, une trentaine d'Iroquois prennent pied dans l'île même. Ils construisent un fortin d'où ils menacent les Hurons réfugiés dans le fort de pierre des Jésuites, Sainte-Marie II. Ils capturent et massacrent quelques prisonniers. Assiégés avec force, ils se défendent bien, tuent quelques Hurons. Enfin, tous s'échappent.

À la fin de l'automne, un autre détachement iroquois, constitué d'Onontagués, bâtit un fort sur la terre ferme, en face de l'île. Il guette pour tuer tous les Hurons qui quitteront leur bourgade. Quelques-uns deviennent bientôt leurs victimes. Un jour, ils ont en face d'eux un guerrier d'élite, rompu aux combats, intelligent, dur et rusé nommé Étienne Annaotaha. Il se prépare à une vaillante défense. Alors les ennemis lui font des propositions de paix et invitent par son entremise le reste de la population de l'île à se réfugier chez eux.

Étienne Annaotaha (?-1660), chef huron mort lors du combat au Long-Sault.

Car dans la victoire persévère une certaine jalousie entre les tribus iroquoises. Les Hurons des bourgs de Saint-Michel et de Saint-Jean-Baptiste se donnent aux Tsonnontouans, augmentant la population de cette tribu et son importance dans la Confédération ; les autres tribus iroquoises veulent assimiler à leur tour les fragments de la nation huronne. Cette initiative des Onontagués est le début d'une farouche concurrence qui se poursuivra pendant plusieurs années.

Des Hurons assimilés par des tribus iroquoises.

Étienne répond aux invitations des ennemis ; il fait mine de croire leurs paroles. Puis il reçoit des présents symbolisant diverses propositions à soumettre au conseil des anciens. Enfin, les Onontagués gardent en otages quelques compagnons d'Étienne et trois d'entre eux l'accompagnent dans l'île.

À son arrivée dans la bourgade, flanqué des trois guerriers ennemis, Étienne crie aux Hurons que le temps des réjouissances est venu, que les Iroquois les adoptent pour frères et libèrent leur patrie. Les anciens manifestent leur joie et la foule son approbation. Accueillis dans une cabane, les trois Onontagués sont bientôt les hôtes d'un grand festin.

Des Onontagués piégés par Étienne Annaotaha.

Voilà pour les apparences. À la première occasion, Étienne et les anciens tiennent un conseil secret. Les uns et les autres sont sûrs qu'ils ne peuvent se fier à leurs ennemis ; ne croyant pas à la sincérité des propositions de paix qui leur sont faites, ils soupçonnent un piège. Ils décident donc d'agir en cachette. Ils ordonnent aux femmes de moudre du maïs pour un voyage qui les conduira tous en Iroquoisie et de commencer les préparatifs du départ. Étienne et d'autres messagers transmettent la nouvelle au fort des Onontagués. Des Hurons s'y rendent, des Iroquois viennent à la bourgade. À un moment donné, une trentaine de ceux-ci se trouvent en même temps dans l'île Saint-Joseph. Les Hurons s'en emparent, car c'est la troupe d'élite du parti ennemi. Étienne en laisse évader trois qui lui avaient sauvé la vie lorsqu'il avait été capturé avec les pères Lalemant et de Brébeuf. Les prisonniers avouent qu'ils méditaient eux-mêmes une ruse du même genre. Enfin, les Onontagués qui défendaient le fortin prennent la fuite.

Ces Hurons passent dans l'île l'hiver de 1650-1651. Au printemps, redoutant qu'une armée iroquoise n'apparaisse pour venger le massacre des Onontagués, ils s'éloignent en canot, se réfugient à soixante lieues de là dans la grande île Manitoulin. Après leur départ, des partis iroquois viennent rôder ; ils trouvent quelques familles chrétiennes, des vieillards et des enfants qui n'avaient pu partir faute d'embarcations. Ils sont massacrés et les survivants brûlés.

La Huronie n'existe plus maintenant. Elle a peut-être duré trois cents ans. Du peuple qui l'avait habitée, il ne reste que des petits groupes réfugiés chez les Neutres, les Ériés, les Andastes, les Français ou les Outaouais.

La dispersion des tribus algonquines et des Népissingues

Les documents fournissent peu de détails sur la dispersion des tribus algonquines qui vivaient à l'ombre et dans l'orbite de la puissante nation huronne. Les Népissingues qui hivernaient avec elle depuis longtemps subissent un second désastre au printemps de 1651. De nombreux Algonquins se sont encore rassemblés autour du lac pour pêcher l'esturgeon ; puis descendant aux Trois-Rivières, un parti iroquois les surprend, massacre les hommes, emmène les femmes et les enfants en captivité. La migration des Népissingues industrieux suivrait ce nouvel échec.

Tessouat emprisonné à Québec.

Nicolas Perrot parle encore des Algonquins de l'île aux Allumettes en 1651. Tessouat est alors à Québec. Les Français le mettent au cachot pour avoir maltraité l'année précédente le père Paul Ragueneau ; ses sujets forment le projet de le libérer par la force, mais ils se heurtent aux soldats qui les contiennent ; finalement, ils ont recours aux présents pour en obtenir la libération.

De petites tribus algonquines vivaient aussi autour de la baie Géorgienne et dans les forts qui bordent la côte nord-ouest du lac Huron. Elles reculent à l'ouest et au nord ; peu nombreuses, nomades, elles échappent plus facilement que les Hurons aux recherches des Iroquois.

La migration des Outaouais

Mais la haine des Iroquois ne s'éteint pas ; elle entraîne les partis de plus en plus loin. Ils rôdent dès à présent autour de la grande île Manitoulin et des îles plus petites du lac Huron septentrional. Les Outaouais devront eux aussi entreprendre une migration vers l'ouest. Ils atteindront le lac Supérieur, le Wisconsin où se concentrent déjà ce qui reste des peuples pourchassés par les Iroquois.

*Claude-Charles Le Roy de la Potherie (1663-1736), historien, auteur de l'*Histoire de l'Amérique septentrionale

La Potherie résume bien les faits en écrivant : « La défaite des Hurons se répandit chez tous les peuples voisins. L'effroi s'empara de la plupart. Il n'y avait plus de sûreté à cause des incursions que les Iroquois faisaient dans le temps qu'on s'y attendait le moins. Les Nepissiriniens s'enfuirent au nord. Les Saulteurs et les Missisakis avanceront dans la profondeur des terres. Les Outaouais et ceux qui habitaient le lac Huron se retirèrent dans le sud, et s'étant tous réunis, ils habitèrent une île qui porte encore le nom de l'Isle Huronne... »

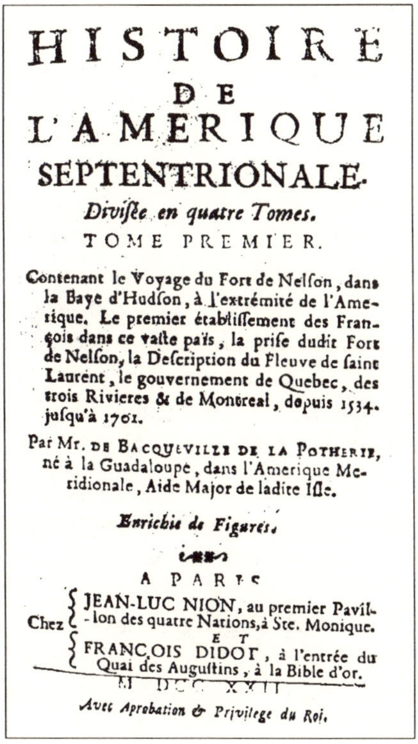
HISTOIRE
DE
L'AMERIQUE
SEPTENTRIONALE.
Divisée en quatre Tomes.
TOME PREMIER.

Contenant le Voyage du Fort de Nelſon, dans la Baye d'Hudſon, à l'extrémité de l'Amerique. Le premier établiſſement des François dans ce vaſte païs, la priſe dudit Fort de Nelſon, la Deſcription du Fleuve de ſaint Laurent, le gouvernement de Quebec, des trois Rivieres & de Montreal, depuis 1534. juſqu'à 1701.

Par Mr. DE BACQUEVILLE DE LA POTHERIE, né à la Guadaloupe, dans l'Amerique Meridionale, Aide Major de ladite Iſle.

Enrichie de Figures.

A PARIS
Chez { JEAN-LUC NION, au premier Pavillon des quatre Nations, à Ste. Monique.
ET
{ FRANCOIS DIDOT, à l'entrée du Quai des Auguſtins, à la Bible d'or.
M DCC XXII
Avec Aprobation & Privilege du Roi.

Chapitre 37

1650

La dispersion de la race huronne est un événement grave de conséquences.

La destruction de la Coalition laurentienne

Elle marque tout d'abord la destruction de la Coalition laurentienne qui, depuis 1570, tenait tête à la Confédération iroquoise. C'est un duel important qui se termine. Il ne reste pour le prolonger un peu que des groupes d'Algonquins, des groupes de Hurons, mais tellement peu nombreux et sans forces, qu'ils ne peuvent pas inquiéter l'Iroquoisie. Du point de vue militaire, c'est à partir de 1650 que les Français se trouvent directement placés face aux Iroquois sans le rideau protecteur que formaient les Indiens alliés. Pour la Nouvelle-France, cette perte militaire est importante.

Le commerce des Hurons disparaît de la Huronie.

La colonie voit aussi temporairement se détourner le commerce des fourrures d'une immense région. Le dernier convoi huron est venu aux Trois-Rivières en 1648. Aucune autre tribu n'étant encore capable de réorganiser la traite, le préjudice financier se chiffre à deux ou trois cent mille livres par an. Les Iroquois ne remplacent pas les Hurons : ils n'ont pas leur génie commercial comme dira Pierre Boucher, ou bien leur position géographique n'est pas avantageuse. Ils ne tirent donc pas autant de bénéfices de la destruction de leurs ennemis qu'on voudrait le croire ; tout d'abord, ils ne peuvent piller les convois ; ensuite les Indiens qui chassaient ou qui s'approvisionnaient en fourrures ont disparu. Toutes les régions du Saint-Laurent, de l'Outaouais, du lac Nipissing, de la Huronie, du nord-est du lac Huron, sont abandonnées. La zone neutre s'est étrangement élargie. Toutefois, les Iroquois ont gagné des terrains de chasse qui sont en dehors de l'Iroquoisie proprement dite, qui sont situés à des distances considérables, peu commodes, mais qui serviront plus tard. Ainsi, tout l'Ontario bordé par la rivière des Français au nord et par l'Outaouais au nord-est, devient un terrain sans danger pour les Iroquois grâce à la suppression des Hurons et des Algonquins. Bientôt, du sud de l'Ontario, des chasseurs viendront l'hiver, poursuivre le gibier et la fourrure. Ils se promèneront sur l'Outaouais comme sur une rivière de leur propre pays.

L'élimination de la Huronie détruit un équilibre à l'intérieur d'un continent. Débarrassés de la Coalition laurentienne, leurs plus dangereux adversaires, les Iroquois peuvent maintenant utiliser leurs forces ailleurs. Les Andastes, les Neutres avaient deviné ce danger. Ils n'avaient pu, ou ils n'avaient pas voulu, intervenir pour sauver les Hurons. Maintenant, ils sont face à une Iroquoisie dont le prestige a grandi, qui n'a plus d'ennemi à redouter au nord et qui peut les menacer pour peu qu'elle le veuille. Les Andastes peuvent, comme les Iroquois, se procurer des armes à feu et des munitions dans les postes européens proches ; mais les Neutres et les Ériés n'ont pas cet avantage. Placés trop loin à l'intérieur, ils ne peuvent obtenir des marchandises européennes que par l'intermédiaire des Iroquois qui dirigent seuls les routes du commerce.

La destruction finale de la Coalition laurentienne impose non seulement un temps d'arrêt des découvertes et des missions dans les territoires occupés, mais aussi une régression dans le développement de la Nouvelle-France. Une colonie française de plus en plus importante s'était développée à Sainte-Marie ; s'appuyant sur cette base, les découvreurs avaient exploré les Grands Lacs et de leurs rivages les missions s'établissaient de plus en plus loin ; l'enseignement de l'Évangile pénétrait à l'occident et se répandait parmi les tribus algonquines. La Huronie détruite, les limites des pays évangélisés, occupés ou découverts, sont ramenées à Montréal. Les canots qui se rendaient si loin n'auront plus que Ville-Marie au terme de leur course, comme si la marée se retirait sur des centaines et des centaines de lieues.

La perte de ces territoires est aussi grave pour le catholicisme que pour la France proprement dite. Depuis plusieurs années, la résidence de Sainte-Marie était une base pour l'évangélisation de toutes les tribus du Canada central. Les missionnaires rayonnaient de là sur une grande distance. Ils se proposaient d'aller plus loin encore. Ils avaient le regard sur les Neutres, les Iroquois eux-mêmes, les peuples du lac Supérieur. Ils avaient organisé plusieurs missions. Avec la destruction de la Huronie, le centre d'où les missionnaires partent et reviennent est détruit. Les tribus s'éloignent, affolées ; les Indiens convertis sont massacrés ou chassés et hors d'atteinte. L'ennemi, en plus, coupe la voie de communication qui va de la Nouvelle-France aux régions centrales. Il n'y a plus moyen de passer. Les missionnaires reviennent donc à Québec avec les frères, les donnés, les domestiques, la petite garnison, les Français qui venaient surveiller leurs affaires.

Chapitre 38

1650

Au milieu du mois d'avril, à Québec, alors que les Hurons souffrent de la famine dans l'île des Chrétiens, une importante consultation a lieu entre les pères Vimont, Bressani, De La Place et Richard. Ils discutent du problème suivant : doit-on « donner place aux Hurons sur nos terres de Beauport, et il fut dit qu'oui, mais il fallait que ce fussent familles les plus choisies, et qu'il fallait se résoudre de faire la dépense de cinq cents écus par an pour ce sujet ». À cette époque, le père Paul Ragueneau n'a pas encore décidé de descendre à Québec avec les malheureux affamés de l'île et il ne peut évidemment s'agir que des petits groupes hurons qui errent en Nouvelle-France.

Plus tard, des Algonquins de Sillery se joignent à un groupe de leurs compatriotes des Trois-Rivières pour faire la guerre en Iroquoisie même. En route, ils rencontrent un Iroquois et le capturent. Quelques guerriers sont satisfaits de cette proie, mais les autres préfèrent se rendre près des bourgades iroquoises où se présentera l'occasion de faire une meilleure prise. La troupe avance à la dérobée, un Algonquin et un Huron lui servant d'éclaireurs. Toutefois, un parti iroquois capture le Huron qui, pour échapper au supplice, affirme qu'il vient retrouver ses compatriotes prisonniers en Iroquoisie et qu'il s'est séparé d'un groupe algonquin qui venait à la petite guerre. Ainsi mis au fait, les Iroquois trouvent les Algonquins ; ils en tuent plusieurs à coups de mousquets et mettent les autres en fuite. Une dizaine sont faits prisonniers et quelques-uns seulement s'échappent. Le malheureux Huron reviendra chez les siens où questionné, il avoue son crime ; appréhendé sur ordre du gouverneur, il est mis au pilori devant le fort puis il est assommé de trois coups de hache par un autre Huron.

Le gouverneur condamne un Huron au pilori.

Méfaits des Iroquois à Trois-Rivières et à Beauport

Le 9 mai 1650, un Iroquois est capturé aux Trois-Rivières. Il n'est pas seul : le 11, deux hommes sont massacrés au même endroit et il y a « pillage des Iroquois en ces quartiers », vers quatre heures du matin, dans la maison de Jacques Maheu. Enfin « arriva le massacre de l'homme de Petit sur nos terres de Beauport, et l'enlèvement de son fils Joseph ; cela arriva le 13, et un peu auparavant furent tués vers la rivière de Champlain deux sauvages, et deux autres blessés ». Ce ne sont pas les seuls méfaits des Iroquois dans les parages. Le 17 mai, Marie de l'Incarnation écrira les lignes suivantes : « Mais depuis quinze jours les Iroquois ont paru ; on en a pris quelques-uns et donné la chasse aux autres... ils sont venus jusqu'à trois lieues d'ici, où ils ont attaqué l'habitation d'un de nos habitants, tué deux de ses domestiques, mis en déroute toute sa famille, pillé sa maison et ses biens. Le 14, ils ont été brûler la maison d'un honnête gentilhomme qui était un peu plus éloignée. Ces courses ont jeté l'épouvante chez tous les habitants. On dit qu'ils s'arment en grand nombre pour venir nous attaquer... » L'habitation attaquée, les domestiques massacrés sont ceux de Jacques Maheu ; la maison du gentilhomme est celle de Robert Giffard. Voilà les premiers massacres commis dans la région de Québec. Les Iroquois commencent à s'aventurer bien loin.

Robert Giffard (1587-1668), premier médecin de l'Hôtel-Dieu et premier seigneur de Beauport

La paix règne presque complètement jusqu'à l'arrivée du père Paul Ragueneau avec les Hurons fugitifs. Ils font une halte de deux jours à Montréal et ils examinent l'île en vue d'un établissement. « C'est un lieu avantageux pour l'habitation des sauvages », dit le père Ragueneau après bien d'autres missionnaires. « Mais cette place étant frontière à l'Iroquoisie, que nos Hurons fuient plus que la mort même, ils ne purent pas se résoudre d'y commencer leur Colonie. Si l'Iroquois pouvait être arrêté, cette île serait bientôt toute peuplée... » Pas plus que les Algonquins, les Hurons n'ont confiance dans la garnison du fort pour les protéger. Celle-ci tire des leçons particulières de ces « terribles spectacles... » Elle se rend compte qu'une fois la Huronie détruite, les coups tomberont sur elle. Si les Hurons qui étaient nombreux n'ont pas résisté, comment triomphera-t-elle ? L'angoisse s'empare des cœurs. Dollier de Casson raconte que « M. Lemoine qui avait été pour porter du secours dans le pays des Hurons a été obligé de relâcher, les trouvant qu'ils venaient tous, au moins autant qu'il en restait... » Charles Le Moyne, et d'autres Montréalistes sans doute, accompagnaient donc l'équipe de secours dirigée par le père Bressani qui avait rencontré les Hurons fugitifs et qui était revenue.

Les Montréalais craignent de tomber aux mains des Iroquois.

Les Hurons poursuivent leur route ; ils arrivent à Québec le 26 juillet. Selon les coutumes indiennes, une tribu qui accueille et reçoit chez elle une autre tribu à la recherche d'un refuge répartit les nouveaux habitants dans ses cabanes, leur donne des aliments et des vêtements. Les Hurons, qui ont pratiqué cette loi de l'hospitalité, s'attendent à la réciproque. Comment résoudre le problème dans cette ville française ? Les Hospitalières, les Ursulines, madame de La Peltrie sont charitables ; elles dépensent « au-dessus de leurs forces ». Hôpital et couvent s'ouvrent aux fugitifs. Trois ou quatre familles de la capitale montrent beaucoup de générosité. « Mais après tout, il est resté plus de deux cents de ces pauvres chrétiens, qui n'ont pu trouver aucun secours dans la famine qui les presse et qui les suit partout. » Possédant plus de ressources que les autres, les Jésuites font plus de sacrifices. Les Hurons « viennent tous les jours quérir chez nous la portion qu'on leur distribue ; ils se sont bâtis eux-mêmes leurs cabanes, ils tâcheront par leur travail de chercher quelque partie de leur nourriture ». Trois cents Hurons doivent encore arriver avant l'hiver. Comment installer toute cette population ?

L'arrivée des Hurons à Québec

Chapitre 39

1650

La dispersion des Hurons plus que tout autre fait engage les Iroquois dans une série de guerres d'extermination. Elle leur a révélé leurs propres forces et elle a montré aux autres tribus leurs propres faiblesses. Ces dernières commencent à craindre un peuple que la Coalition laurentienne ne tient plus en échec. Les Hollandais eux-mêmes ne sont pas rassurés.

La Nouvelle-Hollande craint les Agniers.

En 1649 et surtout en 1650, les traiteurs de Fort Albany apprennent des nouvelles alarmantes ; les Agniers ont proféré des menaces ; ils veulent attaquer la Nouvelle-Hollande. Ces renseignements viennent de tant de sources différentes, qu'on ne peut les négliger. La défense s'organise ; la seigneurie de Rensselaerswyck prête l'unique canon qu'elle possède. Le 23 septembre, les magistrats étudient le problème. « L'insécurité de nos vies et de nos propriétés nous oppresse continuellement, disent-ils, vivant comme nous le faisons sous la domination complète de peuples inhumains et de païens cruels. Et bien que l'an passé, en effet, on nous l'ait laissé entrevoir, ceci paraît particulièrement dans le moment présent par des indications claires, des prédictions plausibles, les avertissements sincères qui nous sont donnés... Bien que certains pensent qu'il est opportun d'avoir recours aux armes et à la résistance... Leurs Honneurs les directeurs, les Commissaires et les Conseillers, après en avoir réalisé la nécessité, ont résolu et déterminé, pour le salut de la Colonie, ... la conservation du pays et la protection de nos femmes et enfants, de donner commission et pouvoir à Arent van Corlaer, Gerritt Wenoom, Cornelis Teuniez van Breuckelen, Thomas Chamber et Volckert Hansz... de se rendre avec un présent au pays des Agniers et de renouer l'ancienne alliance... ; ce qu'ils entreprennent de bon cœur de faire. » Le même jour, les magistrats supplient Jean Labadie, habitant de Fort Orange, de se joindre à ces députés parce qu'il connaît l'Iroquois. Ce fonctionnaire refuse, on lui demande pourquoi « et s'il ne serait pas préférable d'embrasser la paix que de commencer une guerre dans laquelle nous ne pourrions aucunement survivre ». Labadie vit dans le fort, il lui est indifférent qu'il y ait la paix ou la guerre. Les ambassadeurs quittent Fort Orange le 2 octobre : « À ce moment, le Directeur et Antony de Hooges les appelèrent à part et leur demandèrent avec insistance de ne faire aucune autre tentative ou action qui ne tendrait au bénéfice et au bien-être du seigneur et de la colonie, à la paix des habitants et au bien commun ; ce qui, par une poignée de main, ils promirent de faire. »

Les documents ne fournissent pas d'autres renseignements. Mais l'alliance fut certainement renouvelée. Est-ce au prix de nouvelles armes et munitions ?

Les Agniers et les Tsonnontouans attaquent les Neutres.

Au même moment, Agniers et Tsonnontouans prennent la décision d'attaquer les Neutres. La nouvelle parvient à Québec à la fin de l'été. Les *Relations* disent que : « ...Six cents hommes de la Nation Neutre, nous ont fait porter la parole, qu'ils viendraient l'été prochain, nous demander des armes et du secours, ayant maintenant guerre ouverte avec les Iroquois ; en même temps, il faudrait fondre sur cet ennemi de la foi, et trouver les moyens de leur porter la guerre dans leur propre pays. » Les Français envoient deux colliers que les Neutres reçoivent, mais l'ambassade annoncée n'arrivera jamais à Québec.

C'est un chapitre plein de mystère. Les Neutres, c'est établi, ont été sur le point d'entrer dans une ligue composée des Hurons, des Onontagués, des Andastes ; ils ont failli détruire ainsi la Confédération iroquoise. Manquant toutefois de hardiesse, ils ont laissé passer l'occasion. Agniers et Tsonnontouans ne leur ont pas pardonné cette audace, ni peut-être d'avoir favorisé les Hurons dans la lutte qui vient de se terminer. Ils redoutent en plus que les Français, après la destruction de la Huronie, établissent une base commerciale dans le pays des Neutres. Les pères Joseph de La Roche Daillon, de Brébeuf et Chaumonot avaient compris les avantages d'une telle entreprise. Les Iroquois désirent-ils puiser des pelleteries dans les territoires des nations qui habitent les rives du lac Michigan, du lac Huron et du lac Supérieur, y avoir accès en détruisant le peuple Neutre ? C'est possible. Il faut noter cependant que depuis plusieurs années, les Iroquois, sans entrer dans une guerre continue, repoussent les Neutres au nord du Niagara et vers le nord, en détruisant certaines bourgades et en forçant les clans à se délacer.

délacer = se séparer

Les Neutres sentent brusquement le danger s'approcher après la dispersion des Hurons. Ils voient soudain leur faiblesse. Pour ne pas provoquer l'ennemi, ils assomment et brûlent des Hurons qui cherchaient refuge chez eux et en capturent d'autres. Mais cette lâcheté est inutile, la guerre éclate sous un prétexte mal connu : les Neutres auraient refusé de remettre une Huronne aux Tsonnontouans, ou les Neutres auraient remis un Tsonnontouan aux Hurons, on ne sait pas bien.

Ces deux peuples sont voisins, ils ont une frontière commune, la rivière Niagara. La lutte est décisive mais brève. En automne de 1650, un détachement de mille cinq cents Iroquois envahit le pays ennemi, assiège une bourgade, la prend d'assaut et la détruit. Ce premier succès ne doit pas vraiment nous surprendre. Les Neutres sont cantonnés dans la péninsule de Niagara, forment un peuple de l'intérieur, sans aucun contact avec la moindre nation européenne. Ils n'auraient pu se procurer des armes à feu et des munitions que par l'intermédiaire des Hurons et des Iroquois. Ni les uns ni les autres n'en ont encore obtenu en quantité suffisante pour leur en vendre beaucoup. Ils entrent sans doute dans ce conflit avec l'arc, la flèche et la masse d'arme en bois. Bien que les armes à feu de l'époque ne soient pas les terribles engins d'aujourd'hui, elles donnaient un avantage appréciable. L'avidité avec laquelle les Iroquois s'arment à Fort Orange et toutes les pressions qu'ils exercent dans ce sens en Nouvelle-Hollande comme en Nouvelle-France indiquent bien qu'ils cherchent une supériorité dans l'armement, grand secret des victoires militaires depuis l'Antiquité. Les témoignages de l'époque indiquent qu'ils l'ont atteinte contre les Hurons et il est plus que probable qu'ils aient eu cet avantage contre les Neutres, dans une proportion plus forte encore.

Alliance des Neutres et des Andastes?

Les événements qui suivent le premier succès iroquois sont incertains. Les Neutres auraient poursuivi le détachement ennemi et tué deux cents hommes ; ou bien ils se seraient alliés aux Andastes, infligeant une défaite à un second détachement, obligeant les Tsonnontouans à vider leur principale bourgade des femmes et des enfants qui se seraient réfugiés chez les Goyogouins. Ils auraient même détruit un hameau en Iroquoisie, en auraient rapporté deux cents scalps. Et pendant ce temps, les Agniers auraient retourné leurs forces contre les Andastes.

Teot'ondiaton est situé dans l'actuel township de Beverly.

Enfin, au printemps de 1651, Agniers et Tsonnontouans prennent d'assaut une seconde bourgade neutre, Teot'ondiaton : « ...Ils y ont enlevé deux places qui étaient les frontières, et dans l'une desquelles il y avait plus de seize cents hommes : la première fut prise sur la fin de l'automne la seconde au commencement du printemps. Le carnage y fut grand, principalement des vieillards et des enfants, qui n'eussent pu suivre les Iroquois jusques dans leur pays. Le nombre des captifs a été excessif, surtout des jeunes femmes, qu'ils réservent pour peupler leurs bourgades. Cette perte a été bien grande... » C'est la dernière bataille qui entraîne des conséquences néfastes : « ...Elle a traîné après soi la ruine et la désolation totale de la Nation Neutre, dont les autres places plus éloignées de l'ennemi, ayant pris l'épouvante, ont quitté leurs maisons, leurs biens et leur patrie, et se sont condamnés un bannissement volontaire pour fuir encore plus loin la rage et la cruauté du vainqueur. La famine poursuit partout ces pauvres fugitifs, et va les contraignant de se dissiper dans les bois, dans les lacs et dans les rivières plus écartées, pour y trouver quelque soulagement aux misères qui les accompagnent et qui les font mourir. »

Les confédérations des Hurons et des Neutres anéanties par celle des Cinq-Nations.

Le processus de la dispersion des Neutres est le même que celui de la dispersion des Hurons. Après quelques bourgades brûlées, la panique s'installe et provoque un exode subit qui se termine par les ravages de la famine et un voyage aléatoire. Le nom de cette tribu iroquoienne disparaît presque tout de suite de l'histoire. Des groupes hiverneront encore en 1652-1653 dans l'extrême ouest de leur pays ou encore dans le Michigan. Passant en arrière des Ériés, des bandes de survivants se dirigeront vers le sud, se rendront en Caroline et fusionneront avec les Catawbas. Quelques familles rejoindront les Hurons à la baie Verte au lac Michigan. Des villages neutres se donneront tout entiers aux Tsonnontouans.

Ainsi s'agrandit indéfiniment la zone neutre. En deux ans, deux grandes tribus iroquoiennes de la région du lac Ontario, Hurons et Neutres, ont disparu. Tout ce pays est désormais vide et devient un territoire de chasse et de pêche pour la Confédération. Les Iroquois sont maintenant voisins des peuplades algonquines du nord qui se procurent les fourrures les plus précieuses du continent ; mais cette situation leur est-elle de quelque utilité ? Apeurées, fuyant sur toutes les routes, celles-ci reculent vers le nord et vers l'ouest, hors de portée des guerriers du sud.

Chapitre 40

1650

Les Agniers attaquent les Français de Trois-Rivières.

Occupés dans l'ouest à poursuivre les groupes hurons fugitifs et à préparer la guerre contre la nation Neutre, Agniers et Tsonnontouans se manifestent peu en Nouvelle-France. Toutefois, un groupe de vingt-cinq à trente guerriers accomplit un exploit aux Trois-Rivières, dans des circonstances assez mal connues. Il massacre ou capture neuf Français, le 7 ou le 8 août puisque la nouvelle en arrive à Québec le 10 du même mois. Elle provoque sans doute une certaine inquiétude, car le 12 les autorités de la colonie envoient des renforts aux Trifluviens. Ont-ils le temps de se rendre à destination ? Un second combat se livre le 20 aux Trois-Rivières, par le même détachement agnier qui est probablement resté sur place et qui a pour chef un métis qui deviendra célèbre, le Bâtard Flamand. Les *Relations* racontent qu'il a attaqué en plein jour, dans la banlieue, plus de soixante Français qui veulent le poursuivre. Il dirige la défense avec ruse, sang-froid et intrépidité. Enfoncés à mi-corps dans la boue, les marécages et les joncs du rivage, les Agniers avancent avec lenteur et précision sur les Français ; quand la résistance devient trop forte, ils fuient et embarquent dans leurs canots. Ils s'éloignent, mais ne vont pas loin et redescendent sur le rivage ; les Français les poursuivent de nouveau, les plus rapides devançant les autres à la course ; les Iroquois se retournent alors, attaquant les plus rapprochés et s'enfuient à nouveau quand le gros des poursuivants se présente. C'est une ruse classique. Leur retraite se fait ainsi en bon ordre et cette échauffourée leur vaut quelques succès : « Nous perdîmes en cette rencontre quelques-uns de nos meilleurs soldats ; d'autres furent grièvement blessés. » Parmi les morts, il faut citer Robert Le Coq, homme d'affaires des Jésuites, revenu depuis peu de Huronie, une des figures légendaires de cette période. Marie de l'Incarnation affirme que c'est en voulant rattraper les prisonniers français du 7 ou du 8 août que la seconde bataille eut lieu.

Le Bâtard Flamand, métis, fils d'une mère agnier et d'un Hollandais, chef agnier

La mort de Robert Le Coq

Ces escarmouches attirent l'attention de M. d'Ailleboust sur les Trois-Rivières. Le fort étant exposé aux attaques de l'ennemi, il fait commencer de nouveaux ouvrages.

L'occasion est bonne de montrer de quelle façon s'exerçait la diplomatie, en s'inspirant des derniers événements canadiens. Sous le titre de « Ambassade de Pomponne II de Bellièvre, Sieur de Grignon », un document existe à la Bibliothèque nationale, relatif à la libération d'un captif des Iroquois en Nouvelle-Hollande. Ce mémoire contient des instructions demandant d'insister auprès des officiers de la Nouvelle-Hollande pour qu'ils n'accordent pas d'assistance aux Indiens en guerre avec les Indiens des territoires français. Cette requête n'est pas écoutée. La Compagnie continue à vendre des armes à feu et des munitions et affirme qu'elle ne peut pas interrompre ce commerce sans risquer de provoquer une nouvelle guerre avec les Indiens sur son territoire.

Cette pièce est de l'année 1650-1651. Les hommes qui viennent d'être faits prisonniers aux Trois-Rivières feront aussi l'objet d'une correspondance entre le gouverneur de la Nouvelle-Hollande et la West India Company. Celle-ci donnera la réponse suivante le 21 mars 1651 : « Nous apprenons avec regret que les Agniers ont envahi le pays des Français au Canada et capturé huit ou neuf chrétiens, pour lesquels on dit qu'ils demandent une grosse rançon, sinon ils les tortureront cruellement, fait qui a excité votre compassion : ce sentiment est naturel à des chrétiens, mais chacun est dans l'obligation de prendre soin de soi-même et des siens. Vous savez qu'il y a quelque temps, des hommes de cette nation ont été rançonnés aux dépens de la Compagnie, et par des contributions de la part du peuple, toutefois la rançon n'a jamais été remboursée. Nous pensons maintenant que lorsque les plaintes arriveront en France, ils prendront soin de leurs propres compatriotes. » Et c'est ainsi que les prisonniers trifluviens sont envoyés à la torture et à la mort.

L'automne est maintenant arrivé. Par suite de la réduction de l'étendue des missions, certains Jésuites quittent le pays avec le supérieur qui est chargé d'une mission mal définie. Le père Bressani est du nombre. Ils s'embarquent le 2 novembre.

Assez tard, le 15 octobre, des Hurons partent de Québec pour la guerre. Ce n'est que cinq semaines plus tard que l'on recevra des nouvelles à leur sujet par une voie détournée, car les glaces ont empêché la barque d'arriver à Montréal. Sur dix canots, ils ont combattu en face de Montréal, sur le fleuve, un parti de dix-sept Agniers dans trois grands canots ; ils ont fui, l'ennemi à leurs trousses ; celui-ci s'est emparé des canots les moins rapides et a capturé sept Hurons sous les yeux de la garnison. Dollier de Casson dit que les Iroquois, en ce moment, « tournaient la face vers l'île de Montréal qu'ils regardaient comme le premier objet de leur furie... ».

L'année 1650 se termine sur ces tristes nouvelles. Elles provoquent en Nouvelle-France les appréhensions les plus vives. La destruction de la Huronie présage la destruction de la Nouvelle-France ; l'anéantissement du commerce huron : la ruine financière des habitants. Certains veulent parer ce dernier coup. Le 10 novembre 1650, trois habitants de Québec partent pour Tadoussac pour organiser la chasse aux loups-marins ; en plus « ils prétendent attirer là les sauvages, et y faire bonne traite de castors ; et pour cet effet, les susdit Courville, Lespiné et Simon Guyon avaient fait un voyage dans le Sagné [Saguenay] pour lier la partie avec les sauvages et jeter l'hameçon de cette traite. Le dit voyage se fit dans le mois d'octobre, et ils en rapportèrent environ 300 castors. »

Courville, Couillard de Lespinay et Simon Guyon

Les Hurons ne viendront donc plus dans l'hinterland québécois s'approvisionner en fourrures ; les Français qui connaissent cette traite du nord vont tenter de la capter par le Saguenay et par le Saint-Maurice.

Mais l'avenir semble désespéré. La Fronde sévit en France depuis deux ans et Turenne combat en ce moment sa propre patrie. Aucun gouvernement fort ne dirige sa destinée. Quelle assistance espérer quand une guerre civile se greffe à une guerre étrangère ? La Nouvelle-France compte moins d'habitants que les Agniers ne comptent à eux seuls de guerriers ; ceux-ci peuvent mettre en campagne de sept à huit cents hommes, alors que celle-là n'a pas plus de six cents habitants. Et, comme les Hollandais, ils peuvent toujours prétendre que cette guerre « ne sera jamais terminée tant que le pays ne sera pas peuplé... ». La Coalition laurentienne protégeait ses trois postes par un rideau de guerriers ; elle est détruite. Iroquoisie et Nouvelle-France se retrouvent face à face.

La Nouvelle-France semble condamnée.

Pour les Français les mieux renseignés, divers faits montrent que la Nouvelle-France ne pourra plus durer longtemps. Voici, par exemple, le titre d'un contrat passé à Québec le 14 octobre 1650 : « Conventions entre Madame de la Peltrie et les Dames Ursulines au sujet de la fondation de leur couvent, dans le cas où elles se trouveraient forcées d'abandonner le Canada. » Les explications que donne Marie de l'Incarnation sont révélatrices. « Madame notre fondatrice, dit-elle, ayant vu à l'œil par la défaite des Hurons, que son dessein se pouvait anéantir si elle ne faisait un nouveau contrat... en cas que les affaires du Canada fussent entièrement désespérées, d'employer sa fondation à nous faire une maison en France. » Ses lettres développent ce point : « ...Ce qui est néanmoins arrivé dans tous les bourgs des Hurons, qui ont été ruinés par le feu et par les armes... doit faire appréhender aux Français un semblable accident, s'il ne nous vient prompt secours. C'est le sentiment des plus sages et expérimentés, comme le sont les Révérends Pères... Ce secours ne nous peut venir que de la France parce qu'il n'y a pas assez de forces en tout le pays pour leur résister... Il faudra en bref, ou quitter ou mourir. » Les colons ne pouvant trouver assez de navires pour revenir en France, ils sont donc, en bonne partie, condamnés à mourir ; les autres perdront tous leurs biens. Des chrétiens veulent retenir les Ursulines, mais elles avaient déjà l'intention de rester à leur poste. « Réjouissez-vous donc si nous mourons et si l'on vous porte la nouvelle que nôtre sang et nos cendres sont mêlés avec les leurs. Il y a de l'apparence que cela arrivera, si les mille Iroquois qui se sont détachés pour aller à la Nation Neutre viennent se joindre à ceux qui sont à nos portes. » Les ennemis auraient préparé des attaques contre les Trois-Rivières, Montréal et Québec. Marie de l'Incarnation annonce aussi que les pères Paul Ragueneau et Pierre Pijart, « vont aussi en France pour demander du secours à Sa Majesté ». Et, poursuit Marie de l'Incarnation, le père Ragueneau, qui a vu les Iroquois à l'œuvre, « m'a encore assurée de l'expérience qu'il a de la fureur et de la force des Iroquois, que si nous n'avons un

Les pères Ragueneau et Pierre Pijart en France pour réclamer des secours.

prompt secours du côté de la France, ou qu'il plaise à Dieu de secourir le pays extraordinairement, tout est perdu ». On retrouve encore dans ses lettres les expressions suivantes : « ...S'il arrive qu'on vous porte l'année prochaine les nouvelles de ma mort... Ni nous ni tout le Canada ne pourrons subsister encore deux ans sans secours... » « ...Si ce secours manque, il nous faut ou mourir ou retourner en France, selon le sentiment des mieux sensés... » Cependant les Neutres et les Andastes peuvent opérer une diversion « qui nous fera subsister un peu davantage. Mais s'il poursuit ses conquêtes et ses victoires, il n'y a plus rien à faire ici pour les Français ». La ruine du commerce aura lieu, sans commerce pas de navires, sans navires pas de marchandises.

Le 30 décembre 1650, autre désastre : le monastère des Ursulines est incendié. Faut-il le reconstruire ? Les circonstances sont critiques et si dangereuses que certains pensent qu'il faut s'en abstenir. Marie de l'Incarnation en parlera plus tard : « J'ai vu plus d'une fois former des desseins de nous renvoyer en France par la crainte des Anglais et des Iroquois ; et lorsque notre monastère fut brûlé vous auriez de la peine à croire les peines et les afflictions qu'il nous fallut souffrir à ce sujet, et combien il nous fallut livrer de combats pour résister à de bonnes têtes dont la force et la prudence semblaient le devoir emporter. Nous voilà néanmoins encore... » Marie de l'Incarnation doit trouver l'appui des personnages influents de Québec pour que des ouvriers se mettent à l'œuvre. Humainement parlant, la cause de la Nouvelle-France est maintenant désespérée. L'optimisme le plus ferme ne peut pas résister à l'examen des faits.

Cependant, deux événements font naître un peu d'espoir. Les Hurons réfugiés à Québec peuvent être de précieux auxiliaires dans la prochaine guerre. Les Français ne semblent pas encore le comprendre très bien, mais ils sont susceptibles de se révéler des éclaireurs rusés, de découvrir au loin les partis ennemis, de les combattre ou de donner l'alarme, tâches que les soldats ne savent pas encore accomplir dans ces vastes forêts. Ainsi, les colons seraient protégés contre des attaques-surprises.

Éléonore de GrandMaison (v. 1620-1692), propriétaire du fief de Beaulieu

Les Jésuites établissent les Hurons à l'île d'Orléans.

Les Jésuites n'abandonnent pas ces pauvres Indiens. Le 19 mars, alors que le printemps s'annonce, ils renoncent à leur intention première de fonder pour eux un second Sillery à Beauport, mais ils passent un contrat avec mademoiselle de GrandMaison « pour ses terres en faveur des Hurons, qui doivent habiter dans l'île d'Orléans ». Le père Chaumonot s'y rend le 18 avril et il partage le terrain en trente parcelles, la plus grande faisant un demi-arpent, les autres vingt, trente ou quarante perches. « Tout le monde fut content, et on commença dès lors à semer. » Pendant la première année, les Jésuites ont dépensé huit mille livres pour nourrir les Hurons ; ils les assistent aussi pour les défrichements.

La colonie huronne se construit « un réduit ou une espèce de fort » pour se protéger contre les coups de main des Iroquois ; elle bâtit une chapelle et une maison pour le missionnaire. La *Relation* de 1651 dira que les Hurons « y ont fait des champs, ils y ont bâti des cabanes, et ils prétendent d'y trouver leur seconde patrie ». Une nouvelle Huronie peut se développer sous la protection de Québec.

Pour faire face à l'orage qui s'annonce, la Nouvelle-France tente en 1650 de s'allier à la Nouvelle-Angleterre pour combattre l'Iroquoisie. En 1647, le gouverneur Winthrop, de Boston, avait écrit au gouverneur de Québec dans l'intention de nouer avec lui des relations commerciales. L'offre avait été oubliée pendant quelques mois, on s'en souvient maintenant en ces heures désespérées. Les autorités envoient le père Gabriel Druillettes sonder les intentions des voisins du sud. Le Jésuite laissera de son voyage un récit qu'il intitule « Narré du voyage fait pour la mission des Abénaquis et des connaissances tirées de la Nouvelle-Angleterre et des dispositions des magistrats de cette république pour le secours contre les Iroquois ès années 1650 et 1651 ».

Le père Gabriel Druillettes se rend en Nouvelle-Angleterre au nom de la Nouvelle-France.

Ce missionnaire, qui a exercé son ministère chez les Abénaquis, connaît bien cette région. Il part de Québec en septembre 1650, accompagné par Noël Negabamat « avec un passeport et congé de Monsieur d'Ailleboust... chargé de lettres de créance pour parler de la part dudit sieur aux gouverneurs et magistrats dudit pays ». Les Algonquins aussi prennent part à l'ambassade, c'est pourquoi leur chef Negabamat est du voyage.

Noël Negabamat (v. 1600-1666), chef montagnais de Sillery

Après un voyage pittoresque mais pénible, le Patriarche, comme on l'appelle sur la côte, arrive à Boston le 8 décembre. Il se rend chez le major général Gebin : « ...Il me reçut comme vrai ambassadeur de la part dudit sieur gouverneur », il lui offre une pièce dans sa maison. Un peu plus tard, il rencontre Dudley, gouverneur de Boston, à qui il présente ses lettres. Le 13 décembre, celui-ci l'invite à dîner en compagnie des magistrats. Après le repas a lieu une espèce d'audience où sont présents les personnages déjà cités et des représentants du peuple. Le Jésuite y parle des Abénaquis tués par les Iroquois. Au souper, il reçoit une réponse à ses doléances : Boston n'est pas concerné par les catéchumènes abénaquis qui sont de bons pourvoyeurs de fourrures, c'est le problème de Plymouth. Le Patriarche quitte donc cette ville, arrive à Plymouth le 22. Le célèbre Bradford le reçoit courtoisement. Un bon nombre de personnages de cette colonie sont favorables à la politique française. Le 24 décembre, le père Druillettes part de Plymouth et le 29 il est à Boston où il prononce une nouvelle harangue qui a quelque succès. Les Bostonnais sont heureux « que le gouverneur de Plymouth voulut poursuivre le secours contre les Iroquois, disant qu'il était fort raisonnable de secourir ses frères chrétiens quoique d'autre religion, et particulièrement contre un païen persécuteur des Chrétiens ». Cette réponse est encourageante. Le dernier jour de décembre, le missionnaire prend congé de Dudley. Il a obtenu de lui la permission de laisser passer par Boston les Français qui iront combattre les Iroquois, « et me serrant la main il me dit : Assurez Monsieur votre Gouverneur que nous voulons être ses bons amis et serviteurs, quelque guerre qu'il y ait entre les couronnes. Je suis fort aise que le gouverneur de Plymouth, veuille poursuivre le secours que vous souhaitez contre les Iroquois : je lui aiderai de tout mon pouvoir ». Ces paroles remplissent d'aise le Patriarche et révèlent aussi le projet français qui est l'attaque de l'Iroquoisie en passant par Boston, étant donnée la difficulté que représente une expédition depuis la Nouvelle-France vers ce pays ennemi éloigné.

1651

Le 1er janvier, le missionnaire écrit au père Le Jeune et confie sa lettre à un navire anglais ; il écrit aussi à Edouard Winslow, pour le prier d'informer les magistrats de la Nouvelle-Angleterre, ainsi que le sieur Winthrop de la colonie du Connecticut. Le 3 janvier, il s'entretient avec le major Gebin qui l'assure « qu'il ferait ce qu'il pourrait pour le secours contre les Iroquois, mais qu'il croyait que le peuple de Boston ne s'y portait pas » ; il croyait encore « qu'il y aurait moyen d'humilier l'Iroquois... », les documents garderont les traces de ce plan. Le père se rend en barque à Kennebec, puis il atteint Salem où il rencontre le sieur Endicott qui le reçoit bien, c'est d'ailleurs un de ses amis ; celui-ci lui donne une procuration pour agir efficacement devant la Cour générale de Boston. Le 13 mai, « il m'assura qu'il ferait son possible pour y faire consentir la colonie de Boston qui servait de règle aux autres me disant que le gouverneur de Plymouth avait un juste sujet de poursuivre d'obtenir cela des colonies ». Le 6 février, le Jésuite est de nouveau à Kennebec où il poursuit son œuvre d'apostolat. Jehan Winslow y arrive de Plymouth et de Boston : « ...Il m'assure que tous les magistrats et les deux commissionnaires de Plymouth ont donné leur parole et conclu qu'il fallait presser les autres colonies de se joindre à eux contre l'Iroquois en faveur des Abénaquis. » Les gens de Plymouth prétendent que les Abénaquis sont sous leur juridiction particulière ; si les Iroquois attaquent ces Indiens, ils attaquent pour ainsi dire des sujets anglais. Ainsi s'ébauche un terrain d'entente contre l'Iroquoisie.

Le 20 mars, Bradford envoie un messager « avec des lettres, présentées pour le secours contre l'Iroquois, aux gouverneurs de Hartford et Connecticut, et de New Haven... qui est à dix lieues de Hartford et même au gouverneur de Manate [New York] pour empêcher qu'il ne traitât plus d'armes aux Iroquois et lui parler fortement afin que non seulement il ne s'oppose pas à ceux qui voudraient attaquer l'Iroquois même qu'il aida les Anglais à ce dessein en vertu de l'union dans laquelle il est entré avec la Nouvelle-Angleterre depuis quelques années ». Le même messager a également reçu l'ordre de se rendre à New Haven pour agir auprès des députés des quatre colonies qui doivent se rassembler là. Puis des particuliers affirment que si le gouverneur de Boston n'accorde pas « ce secours contre l'Iroquois », des volontaires de la ville sont prêts à s'enrôler et à marcher.

Manate = Manhattan

En même temps, le missionnaire et Noël Negabamat ont entamé des négociations avec les Mohicans et les Sokokis. Ceux-ci déclarent que leurs quatre

Les Mohicans et Sokokis se joindraient aux Français contre les Iroquois.

bourgades ont tenu des conseils et qu'ils ont « conclu de risquer contre l'Iroquois avec Onontio », que les Anglais entrent dans la ligue ou qu'ils n'y entrent pas. Une autre tribu indienne a fait la même promesse. Tous les Indiens de la Nouvelle-Angleterre détestent les Iroquois et craignent d'être exterminés comme les Algonquins et les Hurons. Il y a déjà eu de part et d'autre des têtes cassées. Les Sokokis seraient « bien aises de se délivrer du tribut annuel de porcelaine que l'Iroquois exige, voire de se venger de la mort de quantité de leurs compatriotes, tués par lesdits Iroquois ».

Le Patriarche termine son récit en parlant de la Nouvelle-Angleterre. Il y a quarante mille âmes dans les colonies ; mais « sans le consentement des ...députés de ces quatre colonies aucune de ces colonies ne peut entreprendre aucune guerre offensive » ; ou plutôt sans le consentement de trois colonies, aucune bataille n'est possible. Malgré tout le missionnaire ne désespère pas, Plymouth marchera pour protéger les Abénaquis, et ainsi sa traite et ses bénéfices, surtout sur la Kennebec, sinon elle perdra ses fourrures « ce qui arrivera bientôt infailliblement si l'Iroquois continue de tuer et de chasser à mort ledit Abénaquis comme il a fait depuis quelques années ». Boston peut décider de faire la guerre à l'Iroquoisie pour l'intérêt qu'il porte au commerce avec la Nouvelle-France. Puis M. Winthrop, du Connecticut, « le fils du feu Monsieur Winthrop qui le premier a écrit à Québec pour le commerce » aime les Français et soutient leurs projets. Endicott s'est engagé pour sa part à obtenir le consentement de tous les magistrats de Boston et de Plymouth.

Le père Druillettes examine aussi le terrain avec soin. Il établit des contacts précieux. Il écrit même en latin une longue lettre à Winthrop fils. Il passe plusieurs semaines en voyages et en entrevues. Grâce à ses efforts apparaît maintenant à l'est de l'Iroquoisie une coalition aussi dangereuse que celle qui se trouve à l'ouest. Mais il est trop optimiste. Les colonies anglaises naissantes ne sont pas faciles à bouger lorsqu'il s'agit d'entreprendre une guerre au loin, dans des forêts qui ne leur sont pas plus familières qu'aux Français. Elles n'ont aucune relation avec l'Iroquoisie. De son côté, la Nouvelle-Hollande, à Fort Orange, reçoit toujours l'intégralité des pelleteries de ces régions et elle sait les monnayer.

Chapitre 41

1651

Les Iroquois ont conquis d'immenses territoires de chasse en détruisant les Hurons et les Neutres. Mais ils n'entendent pas s'y tenir. Ils préfèrent encore piller les tribus qui ont amassé des pelleteries et ne savent pas les défendre. À cause de l'éloignement, de la dispersion des peuples, ils doivent s'aventurer de plus en plus loin.

Jacques Buteux (1599-1652), Jésuite, supérieur de la mission de Trois-Rivières

Le 27 mars 1651, le père Jacques Buteux, accompagné de monsieur de Normanville, de Daniel Carteron et d'un autre Français, part pour la Mauricie septentrionale ; il répond à l'appel des Attikamègues qui sont séduits par le christianisme. Après un voyage très difficile, il atteint un groupement important. Trouvant une femme qui a persévéré dans la foi malgré de grandes tentations, le missionnaire écrit à son sujet : « La crainte des Iroquois, qui avaient l'hiver précédent enlevé trente de leurs compatriotes, augmentait encore sa crainte de mourir sans confession... » Le Saint-Laurent n'arrête plus les Iroquois ; ceux-ci s'aventurent à des centaines de milles au nord de cette barrière naturelle. Les Indiens qui vivent dans ces parages reculés souffrent maintenant de la famine parce que les Hurons n'y viennent plus avec leur farine de maïs.

Les Iroquois entrent dans le pays des Attikamègues.

Dans un post-scriptum à sa *Relation*, le père Buteux ajoutera la phrase suivante : « Depuis ce voyage, les Iroquois sont entrés dans ce pays, qui semblait quasi inaccessible. » Le missionnaire fournira plus de détails dans une lettre écrite le 4 novembre. « Les Iroquois, dit-il, sont entrés dans le pays des Attikamègues, jusqu'au lac nommé Kisakami ; je n'aurais jamais cru qu'ils eussent pu trouver ni aborder ce lac avec leurs canots ; nous marchâmes environ vingt jours sur les neiges, au voyage que j'ai fait en ces contrées, devant que de le rencontrer ; la longueur des chemins, les courants d'eau, les torrents horribles et très fréquents n'ont pas empêché que ces Barbares n'aient été surprendre vingt-deux personnes dans les ténèbres de la nuit. » Ils attaquent un premier wigwam, massacrant trois hommes ; ils garrottent ensuite les femmes et les enfants. Dans un wigwam voisin, il n'y avait que des femmes et des enfants ; entendant les cris qui sortent du premier, ils prennent la fuite dans la nuit ; quand les hommes reviennent, ils trouvent la désolation, les wigwams brûlés et quelques cadavres ; espérant que leurs épouses ont cherché asile aux Trois-Rivières, ils s'y rendent et ils les y trouvent en effet : « Je crains fort que ceux qui sont répandus à l'entour de ce lac ne soient mis à mort cet hiver par ces mêmes barbares qui les surprendront d'autant plus aisément que ces pauvres peuples pensent être en assurance. »

Les Iroquois ont donc la même pensée que les Français : s'emparer de la traite de l'hinterland québécois que personne ne conduit plus depuis la dispersion des Hurons. Mais ils n'emploient qu'un moyen : la violence. Les Attikamègues ne savent quelle conduite tenir ; ils parlent « de se retirer dans les terres du côté de Tadoussac » comme certains d'entre eux le font. Ils parlent aussi de Sillery. Où feraient-ils cependant leur chasse d'hiver ? C'est avec leurs fourrures qu'ils s'achètent eux aussi les marchandises dont ils ont besoin. S'ils poursuivent le gibier dans les forêts riveraines du Saint-Laurent, ils tomberont plus vite encore aux mains de leurs ennemis.

Ces incursions sont particulièrement sensibles à la Nouvelle-France. La traite huronne manquant, il ne reste aux Français que celle du Saint-Laurent, du Saint-Maurice et du Saguenay. Si celle-ci fait défaut à son tour, ce sera la fin de la Nouvelle-France, car sans pelleteries elle sera trop faible et succombera. Saisie à la gorge par l'Iroquoisie, elle risque l'asphyxie à brève échéance.

Les Iroquois, qui sont bien renseignés, lui infligent une prise mortelle. Les Hollandais les dirigent-ils à l'arrière ? C'est possible. Mais plus que tout, leur avidité pour les pelleteries, comme la soif de l'or, les guide et les pousse de plus en plus loin. Sans aptitudes pour les relations commerciales, ils tuent pour s'emparer des fourrures et, détruisant toujours un peu plus une source de profits importants, ils massacrent les tribus, les refoulent et agrandissent le vide autour d'eux.

Chapitre 42

1651

En Nouvelle-France, la petite guerre commence à Montréal même. Le 1er mars, une quarantaine d'Iroquois s'approchent furtivement. Découverts par les Français, une escarmouche s'ensuit, mais sans perte de vie.

La « petite guerre » des Iroquois à Montréal et à Québec

Le 26, on repère un petit parti en route pour Québec. Le 27, il arrive à destination. Vers sept heures du soir, il attaque Nicolas Pinel et son fils dans le « désert » où ils travaillent. Ils manquent leur proie de peu. Un individu du nom de Boisverdun tire sur les maraudeurs sans résultat. Ils agressent Nicolas et son fils qui « se précipitèrent de peur aval la montagne, pour se sauver ». Ils rejoignent des compagnons « vers la maison de Nopce, ils y tirèrent un coup d'arquebuse dans la porte de la maison. La nuit, les chiens ne firent qu'aboyer à la côte de Ste-Geneviève. »

désert = partie d'un bois où l'on a pratiqué un défrichement.

Après les Trois-Rivières et Montréal, Québec apprend les angoisses de la petite guerre. C'est la première fois que les Iroquois s'aventurent dans les environs de la forteresse. Ils y demeurent un certain temps ; le 11 mai, des Français découvrent deux d'entre eux qui se préparent à assaillir la maison de Nicolas Pelleterie ; un peu plus tard, ces deux là ou deux autres rôdent autour de la maison de Thomas Hayot. La panique règne, mais chacun se protège.

À la même époque, la petite guerre, comme un feu mal éteint, se rallume à Montréal. Pendant l'hiver, quelques Hurons ont été massacrés, blessés ou capturés ; maintenant, des Français sont les nouvelles victimes. Le 6 mai, Grand Jean Boudard et un jeune homme de 21 ans, Jean Chicot, s'éloignent du fort. Une dizaine d'Iroquois, des Agniers probablement, les découvrent et tentent de les attraper. Les deux malheureux s'enfuient à la course. Chicot se dissimule sous un arbre tombé ; Boudard continue vers sa maison, les ennemis sur les talons. Il aperçoit sa femme, lui demande si la porte est ouverte. « Non », répond-elle. Le mari sait bien alors qu'ils sont perdus tous deux. La femme court moins vite, elle est capturée la première, elle crie. Le mari revient sur ses pas et il attaque les Iroquois à coups de pied et à coups de poing. Ces derniers le tuent et font prisonnière l'épouse.

Charles Le Moyne, Archambault et un troisième Français accourent. Ils sont tout de suite attaqués par quarante Iroquois à l'affût derrière l'hôpital, aux portes du fort ; leur retraite est même coupée. Ils tâchent de revenir quand même en passant à proximité des ennemis. Une balle perce le bonnet de M. Le Moyne et les balles sifflent autour d'eux. Enfin, ils atteignent l'hôpital dont la porte est ouverte. Mademoiselle Mance est seule à l'intérieur. Ils s'engouffrent dans l'édifice, poussent l'huis et le barrent, protégeant la fondatrice qui ignorait complètement le danger.

Les Agniers tournent court. Ils cherchent et trouvent Chicot. Celui-ci se cramponne à son arbre malgré tous les coups qu'on lui assène pour lui faire lâcher prise. Mais craignant que d'autres Français ne viennent à la rescousse, les ennemis le scalpent et s'éloignent aussitôt avec la femme de Boudard. Transporté tout de suite à l'hôpital et bien soigné, Chicot survivra longtemps.

Le supplice de Catherine Mercier

Quant à la prisonnière, elle sera suppliciée. On l'apprit plus tard. La femme de Grand Jean Boudard, Catherine Mercier, devait avoir les seins arrachés, laissant les côtes à nu ; les Iroquois lui coupèrent les oreilles et le nez, puis ils la brûlèrent vive. Elle mourut comme une sainte, ou plutôt, comme une martyre.

Les Iroquois pillent la maison du meunier Boudard qui était « à la vue et portée de la voix du fort ». Ils restent aux alentours. C'est ce parti sans doute qui, composé de quarante à cinquante guerriers, attaque la brasserie le 10 mai, à deux heures du matin, et tente d'y mettre le feu. Quatre Français postés là réussissent à les repousser. Mais l'ennemi brûle la maison de Michel Chauvin, dit Sainte-Suzanne et celle d'Urbain Tessier dit Lavigne.

Les Iroquois inquiètent tellement que Jeanne Mance quitte l'hôpital et que tous les habitants qui avaient des maisons hors des palissades se réfugient au « Château », comme on disait à l'époque, soit dans l'enceinte. Une garnison est laissée dans chaque édifice que la population veut conserver, comme le moulin et l'hôpital. Les Montréalistes construisent même deux redoutes pour protéger cette institution.

Des chaloupes armées patrouillent sur le fleuve. M. D'Ailleboust est venu à Montréal avec douze soldats à la fin du mois d'avril. Il part de nouveau de Québec le 14 mai et arrive aux Trois-Rivières le 15. Il y apprend que six Algonquins ont tué un Agnier et en ont capturé un autre. Celui-ci sera mis à mort à Montréal. Le 18, le gouverneur quitte le poste et il arrive à Ville-Marie le 19 où il apprend les malheurs de Boudard et de Chicot. Il repart le 24 et arrive aux Trois-Rivières le 25. Dix Iroquois viennent d'y faire un mauvais coup : à l'affût à l'orée du bois, presque sur le rivage, ils ont tiré sur deux Français en canot « qui étaient allés lever une ligne à la vue du fort et à la portée d'un mousquet ». L'un des deux, Noël Godin, est si gravement blessé qu'il mourra de sa blessure neuf jours plus tard ; le second, Lajeunesse, s'en tire avec un bras cassé et une épaule transpercée d'une balle. Une chaloupe les a transportés à l'hôpital de Québec le soir même.

D'autres Iroquois tuent un Huron dans les défrichés.

D'Ailleboust estime que ce poste n'est pas suffisamment fortifié. Le 6

Il faut fortifier le poste des Trois-Rivières

juin, il donne instruction à Pierre Boucher, gouverneur de l'endroit, de rassembler les habitants le plus souvent possible pour des exercices militaires et la pratique du tir. Chacun devra continuellement tenir ses armes prêtes, chargées de balles ou de poudre ; le gouverneur visitera les maisons pour s'assurer que chacun possède bien des armes et ne s'en sépare pas. Les habitants ne se rendront aux champs qu'armés ; ils devront se tenir sur leurs gardes. Une fois les deux redoutes et la palissade construites, ils se diviseront en quatre escouades ; l'une d'elles se postera chaque soir dans la redoute qui fait face aux champs et elle fera la ronde.

Quelques jours plus tard, le dimanche 18 juin, un vif engagement se produit à Montréal « à l'issue des deux messes ». De cinquante à soixante Iroquois attaquent quatre Français qui se jettent dans une mauvaise redoute entre le poste et la Pointe Saint-Charles, au milieu d'abatis et de longues herbes. Résolus à vendre chèrement leur vie, ils tirent avec sang-froid. Urbain Tessier dit Lavigne accourt au bruit des détonations, car il habite non loin de là. Audacieux, leste, rapide, sautant par-dessus les troncs d'arbres abattus, il se précipite au secours des quatre hommes avec une célérité incroyable ; il essuie sans dommage de soixante à quatre-vingts coups de fusil en passant à proximité de quatre différents groupes en embuscade. Il arrive et anime les quatre assiégés de son ardeur juvénile. Maisonneuve ordonne de marcher au secours de ces pauvres gens. Une troupe de Montréalistes courageux arrive sur les lieux. Les Iroquois tirent immédiatement ; les Français ripostent en prenant soin de bien viser. Les Iroquois fuient après ce bref combat. Ils doivent sauter à leur tour par-dessus les troncs abattus, les Français en profitent et chaque fois claque un coup d'arquebuse. Dollier de Casson affirme que vingt-cinq ou trente ennemis sont tués et plusieurs blessés. Peut-être s'est-il laissé emporter par le récit d'un combat bien mené. D'après le *Journal des Jésuites*, un capitaine est demeuré sur place, plusieurs Iroquois ont été blessés, ainsi que quatre Français parmi lesquels Léonard Barbeau qui meurt deux jours plus tard. Les habitants « s'étaient comportés vaillamment ».

En même temps, d'autres partis iroquois paraissent autour des Trois-Rivières et de Montréal. Ils rôdent sans cesse, cherchant l'occasion d'un combat. Ils sont toujours à l'affût. La grande forêt est à eux pour chasser, pêcher, subsister, en attendant le jour ou quelques Français imprudents sortiront des palissades. Le 29 juin, cinq Iroquois capturent deux Algonquins au Sault de la Chaudière, vis-à-vis de Sillery ; le lendemain, ils en capturent un troisième, non loin de là, près de La Potherie et un quatrième s'échappe. Le 4 juillet, d'après les rapports envoyés des Trois-Rivières, trois Algonquins échappent aux ennemis. Le 15 juillet, au même endroit, ces derniers font prisonnier un Huron, en tuent un autre, tandis que quatre de leurs compagnons réussissent à s'enfuir. Ces six Hurons s'étaient rendus sur la rive sud le matin pour transporter du foin ; c'est là que les Iroquois les avaient attaqués. Après leur coup, ils aperçoivent soudain une cinquantaine de Français qui se dirigent vers un troupeau éloigné du fort de plus d'une lieue dans l'intention apparente de le ramener. Sans perdre une minute, ils sautent dans leurs canots, traversent la rivière, abordent près du pacage, tuent cinq bêtes et en emportent les meilleures parties. Quand les Français arrivent, il leur manque en plus des précédentes, douze ou treize autres bêtes, « tant bœufs que vaches », car le troupeau est maintenant dispersé. Le 26 juillet, la garnison découvre cinq autres canots iroquois ; ceux qui les montent tuent une génisse, mais ils doivent ensuite l'abandonner, car les Français se préparent à les attaquer par terre et par eau ; ils traversent précipitamment le fleuve.

Le même jour, un combat fort vif a lieu à Ville-Marie. Deux cents Iroquois se sont mis à l'affût dans un fossé longeant le mur de défense de l'hôpital, à peu près le long de la rue Saint-Jean-Baptiste actuelle. Ils attaquent soudain l'édifice pour s'en emparer et le détruire par le feu. Lambert Closse y est enfermé avec seize hommes. Il se défend si fermement, si adroitement que l'ennemi ne progresse pas. Toutefois, les Iroquois se montrent opiniâtres : ils tiennent le siège de six heures du matin à six heures du soir. Denis Archambault mettait pour la troisième fois le feu à une pièce de fonte quand le canon éclate et le tue. L'ennemi, obligé de lever le siège, incendie une maison voisine avant de partir.

Le mois d'août n'apporte pas de répit. « Le 7 fut tué aux Trois-Rivières par les Iroquois Maturin, homme d'Antoine des Rosiers. Étant parti dès les quatre heures du matin pour aller tirer sur les corneilles de son champ, il fut trouvé mort sur le chemin, de deux arquebusades en la poitrine, et la hache dans la tête. » Des Français vont quérir quelques pièces de bois à la Pimière ; l'ennemi les a brûlées. Le 16 août, des Iroquois paraissent au milieu des « déserts » de Montréal ; ils sont mis en fuite. Un mois plus tard, le 18 septembre, le *Journal des Jésuites* contient l'entrée suivante : « Le même jour à une heure devant le coucher du soleil, fut tuée par les Iroquois, Louise, femme de Chagnau, dans sa maison. Il ne parut que 3 Iroquois. » Et le 22, à l'occasion de la visite de quelques Sokokis, une rumeur circule disant que deux cents Iroquois sont arrivés près de Sillery. Le gouverneur dépêche sur l'heure une troupe de Français qui découvrent que l'information était fausse.

Des nouvelles filtrent de l'immense ouest américain. On apprend par des fugitifs des détails plus précis sur la dispersion de la nation Neutre qui remonte maintenant au printemps. Puis les Hurons des anciennes missions de Saint-Michel et de Saint-Jean-Baptiste se sont donnés aux Tsonnontouans ; « ces messieurs de Saint-Michel avaient déjà tenu force conseils, avec leurs nouveaux parents Tsonnontouans, *de seriendo foedere cum Gallicis* [de s'allier vraiment aux Français], contre les Iroquois Agniers : et que pour ce sujet ils étaient sur le point d'équiper un canot pour ici », qui serait monté par quatre Hurons et deux Tsonnontouans, « pour savoir le dessein et la pensée d'Onontio ». Ils vivent maintenant avec eux dans un repos complet, tout comme « si jamais ils n'avaient eu la guerre ». Il ne faut pas négliger cette nouvelle d'une alliance possible des Tsonnontouans et des Français contre les Agniers, toute surprenante qu'elle semble être. Peu de mois s'écoulent et les Français voient arriver des ambassadeurs envoyés par les tribus iroquoises supérieures.

Le 23 septembre, le poste des Trois-Rivières envoie des messagers en toute hâte à Québec pour annoncer qu'un canot iroquois vient de passer, se dirigeant vers la capitale et que des partis sont encore en campagne. Mais cependant, aucun incident ne se produit. Le 26 du même mois, trente-six canots montés par des Hurons viennent augmenter la colonie de l'île d'Orléans qui vient d'être fondée.

Des Iroquois capturent des Attikamègues.

Lauson devient gouverneur.

Angélique Faure de Bullion avait donné 22 000 livres à Jeanne Mance pour fonder un hôpital à Montréal.

La saison est maintenant avancée. Toutefois, de mauvaises nouvelles assombrissent la fin de l'année. Le 25 octobre, les Français des Trois-Rivières révèlent que des Iroquois sont allés au pays des Attikamègues, « au lieu de la seconde assemblée » et ont capturé une vingtaine de personnes. Le gouverneur, M. D'Ailleboust, est remplacé par monsieur de Lauson. Maisonneuve part le 5 novembre pour son fameux voyage en France d'où il ne veut revenir qu'avec un nombre important de recrues ; il a obtenu de Jeanne Mance la permission d'utiliser les vingt-deux mille livres dont on parlera tant dans l'histoire canadienne. Encore plus tard, le 15 novembre, des Iroquois capturent un Huron à Montréal ; le 4 décembre, ils poursuivent le canot d'un Français nommé Poisson qui s'en allait de Québec aux Trois-Rivières. Les Montréalistes reçoivent un modeste renfort d'une dizaine de soldats au début de l'automne de 1651. Enfin, quelques Algonquins quittent les Trois-Rivières pour le Cap, afin de vivre dans un lieu moins exposé.

En 1651, les Français renouent pour une nouvelle fois, dans sa tragique monotonie, avec ce que les Indiens appellent la « petite guerre ». Le régime leur est appliqué dans toute sa rigueur. C'est une succession en Nouvelle-France de petits groupes de guerriers iroquois ou de partis qui, sous le couvert de la forêt, par le fleuve, les rivières et les pistes, se glissent inaperçus jusqu'aux champs en culture, jusqu'aux maisons ou aux postes, se tenant à l'affût et attendant l'occasion de commettre un meurtre, un massacre, d'entrer par surprise dans une place, de détruire un édifice, de capturer des particuliers ou des groupes de personnes. Plusieurs bandes opèrent souvent en même temps dans divers endroits. La population n'a plus de répit. La fréquence des incidents lui donne l'impression d'être toujours épiée, toujours en danger ; l'attaque peut être importante, viser un poste, ou être légère et ne viser qu'une ou plusieurs personnes. Tous sont angoissés par le risque de subir le supplice du feu, d'être scalpé ou tué brutalement.

Les Français contre l'Iroquoisie : des forces inégales

Le duel est inégal. L'Iroquoisie peut aligner deux mille huit cents guerriers ; les Agniers qui mènent presque toute l'offensive, en ont huit cents environ. La Nouvelle-France n'a pas plus d'une centaine de soldats ; sa population totale ne dépasse pas mille individus et celle de l'Iroquoisie en compte peut-être dix mille. Ce dernier pays jouit d'une bonne situation économique, tandis que la colonie subsiste difficilement. Les Iroquois ne cherchent plus seulement les fourrures. La petite guerre de l'année 1651 peut difficilement leur en procurer. Le but qu'ils poursuivent à ce moment-là est très certainement la destruction de la Nouvelle-France que ce soit pour eux-mêmes ou qu'ils y soient poussés par la Nouvelle-Hollande.

Situations précaires de Montréal et Trois-Rivières

Aussi, à la fin de la présente année, lorsque les analystes en font le bilan, leurs phrases contiennent peu d'optimisme. Montréal, disent-ils, « serait un Paradis terrestre pour les Sauvages et pour les Français, n'était la terreur des Iroquois, qui y paraissent quasi continuellement, et qui rendent ce lieu presque, inhabitable : c'est pour ce sujet que les Sauvages s'en sont retirés, et il n'y reste en tout qu'environ cinquante Français. C'est merveille qu'ils n'aient été exterminés par les fréquentes surprises des troupes Iroquoises, qui ont été fortement soutenues et repoussées diverses fois. » Aux Trois-Rivières également, les dangers sont incessants : « Aux Trois-Rivières, quelques Français et quelques Hurons ont été tués cet été par des bandes iroquoises. Le secours qui nous est venu cette année de France est absolument nécessaire en ce lieu ; car à vrai dire, il n'a pu subsister que par miracle. Les habitants attribuent leur conservation au recours extraordinaire qu'ils ont eu à la sainte Vierge, dont il y avait un petit oratoire en chaque maison : l'un était dédié à Notre-Dame de Lorette, l'autre à Notre-Dame de Liesse, les autres à Notre-Dame des Vertus, de bon Secours, de bonne Nouvelle, de la Victoire et à quantité d'autres titres sous lesquels on honore la sainte Vierge en divers lieux de la Chrétienté. C'était une dévotion ordinaire à ces pauvres habitants, d'aller visiter ces petits oratoires en divers jours de la semaine, principalement les samedis, que le concours y était plus grand, et en chaque maison, matin et soir, tout le monde se rassemblait pour y faire les prières en commun et l'examen de leur conscience, et pour y dire les Litanies de la très sainte Vierge, le chef de la famille étant d'ordinaire celui qui faisait les prières, et auquel tous les autres répondaient, femmes, enfants et serviteurs. »

À Québec, la situation de la colonie semble si désespérée que la même dévotion s'établit et les habitants y font des vœux de se confesser et de communier au moins une fois par mois.

Attaques répétées des Iroquois à Montréal.

Aujourd'hui, on sait que les établissements français ont subsisté et on est tenté de minimiser la détresse des habitants. Pour en retrouver l'intensité, il faut rapporter quelques témoignages des documents de l'époque. Dollier de Casson écrit : « L'hiver étant passé, ... [les Iroquois] commencèrent tout de bon à nous attaquer, mais avec une telle opiniâtreté qu'à peine nous laissaient-ils quelques jours sans alarmes. Incessamment nous les avions sur les bras. » Marie de l'Incarnation rapporte : « Vous direz peut-être, ainsi que plusieurs de nos amis, que nous eussions mieux fait de repasser en France que de nous mettre en des frais si grands et si hasardeux, tout étant ici incertain par les incursions des Iroquois. Cette affaire a été consultée des premiers du pays. La conclusion a été que nous ne quitterions point. » Car, en Nouvelle-France,

« lorsque l'on y croit tout perdu, Il [Dieu] meut de certains ressorts cachés aux yeux du monde, par le moyen desquels il rétablit ou modère toutes choses ».

Jeanne Mance détourne des fonds pour défendre Montréal.

Il faut ici attribuer une importance fondamentale aux écrits de Jeanne Mance qui, dans ces circonstances critiques, détourne vingt-deux mille livres de la destination indiquée dans les Actes, à savoir la fondation de l'hôpital, pour les consacrer à la défense du pays. Après la défaite des Hurons, dit-elle, les Iroquois « recommencèrent à nous incommoder et à nous attaquer si souvent et si fréquemment, qu'ils ne nous donnaient point de relâche. Il ne se passait quasi point de jours qu'on ne découvrit quelques embûches de leur part, ou qu'ils ne nous donnassent quelque alarme. Ils environnaient nos maisons..., ils avaient toujours quelques espions à l'abri de quelques souches... M. de Maisonneuve obligea tous les habitants à abandonner leurs maisons ». L'hôpital de Montréal est abandonné, transformé en ouvrage de défense avec garnison ; des pierriers hérissent les fenêtres, des meurtrières fendent les murs, le magasin d'artillerie occupe la chapelle. Cela dura deux ans. « Tout le monde était aux abois... on ne parlait que de quitter le pays... avec une grande peine et angoisse de l'esprit... Il me vint en pensée qu'il y avait 22.000 livres... prendre cette somme de 22.000 livres pour ...sauver un pays où Dieu serait beaucoup honoré... Il vaut mieux qu'une partie de la fondation périsse que le total... Je ne crains point d'engager ma conscience... servez-vous de cet argent pour lever du monde, afin de garantir tout le pays en sauvant Montréal. »

Ces phrases haletantes, pleines de l'angoisse insupportable de la Nouvelle-France, si pénibles à lire, d'une douleur si fondamentale malgré les siècles écoulés, ces phrases martelées, fondues dans l'anxiété, arrachées du fond de l'être et de l'âme par un immense danger, sont pourtant écrites avec une grande clarté, une audace et un courage presque terribles, une lucidité merveilleuse. Elles sont les plus belles jamais produites par la colonie pendant cette guerre. Une sensibilité de femme vibre soudain comme une grande cloche d'airain sous les coups portés à la nation.

Chapitre 43

1651

Druillettes et Noël Negabamat

Le 4 juin 1651, au milieu des incidents de la petite guerre, le Patriarche et Noël Negabamat reviennent de leur mission en Nouvelle-Angleterre. Ils présentent sans doute aux autorités le rapport de leurs entrevues, des promesses qu'ils ont obtenues, des réactions de l'opinion publique ; peut-être est-ce même le « Narré » qu'ils présentent au Gouverneur.

Le Conseil de Québec étudie de nouveau le problème. Les pourparlers se sont engagés en 1647 sous le gouvernement de Montmagny. Les négociants de Boston, de Plymouth, du Connecticut et de New Haven désirent établir entre les colonies anglaises et la Nouvelle-France la réciprocité commerciale et le libre-échange. D'Ailleboust a repris les négociations « mais à la condition que l'union commerciale proposée eut pour corollaire une union offensive et défensive contre les Iroquois ».

Mission de Druillettes et Godefroy en Nouvelle-Angleterre : proposer une alliance contre les Iroquois.

Le 20 juin, le gouverneur nomme officiellement Druillettes et Jean Godefroy députés de la Nouvelle-France ; ils se rendront en Nouvelle-Angleterre, y traiteront et négocieront « pour le secours d'hommes, de munitions de guerre et de bouche pour attaquer ...les dits Iroquois... ». Le Conseil rédige une lettre que les députés devront transmettre ; il y exprime son désir d'adopter le libre-échange ; mais en même temps, il veut « entrer dans une ligue offensive et défensive avec vous contre les Iroquois nos ennemis qui nous empêcheraient ce commerce, ou du moins le rendraient moins avantageux et pour vous et pour nous. L'obligation qu'il nous semble, que vous devez avoir à réprimer l'insolence de ces Sauvages iroquois qui tuent les Sokoquinois et les Abénaquis vos alliés ; et en outre la facilité que vous pouvez avoir, dans cette guerre... sont deux raisons qui nous ont invités à poursuivre cette affaire.. Nous avons supplié Monsieur Nôtre Gouverneur de vous en écrire officiellement. Celle-ci est pour joindre nos diligences aux siennes... » La lettre parle encore des Iroquois « qui doivent être nos communs ennemis » ; et les députés de la Nouvelle-France sont chargés de négocier les affaires commerciales et aussi de « vous soulager des dépenses qu'il sera nécessaire de faire pour la guerre... contre les Sauvages Iroquois... » ; ils sont encore autorisés à traiter pour le secours d'hommes, de munitions de guerre et de bouche pour attaquer... lesdits Iroquois... »

Les Sokoquinois

Les députés ne perdent pas de temps. Le 22 juin, le père Druillettes et Jean Godefroy, conseiller, partent de Québec pour la Nouvelle-Angleterre avec des Abénaquis et un Sokoki. Noël Negabamat est aussi de la partie.

Mais il semble que les colonies anglaises adoptent un autre moyen pour tenir les Iroquois en échec. Le 13 février 1652, soit sept ou huit mois plus tard, les directeurs de la West India Company écriront en effet à Stuyvesant, le gouverneur de la Nouvelle-Hollande ; après avoir précisé que les Hollandais et les Anglais se plaignent de l'insolence des Indiens qui, depuis un an ou un an et demi, ont commis des meurtres, capturé des enfants, volé du bétail, ils poursuivent de la façon suivante : « Les Anglais de la province de la Nouvelle-Angleterre ont subi les mêmes inconvénients que nos habitants, et ils ont proposé de former avec nôtre Directeur une alliance qui prendra la forme d'une Ligue garantie, afin de se prêter une assistance mutuelle au besoin ou dans les époques de trouble. Comme ils sont plus puissants, par le nombre des soldats, que nos sujets, ils offrent d'aligner en campagne deux hommes pour chacun des nôtres, à condition qu'ils aient une voix de plus lorsqu'il faudra décider la légalité ou l'illégalité, d'une guerre d'agression, ou qu'il faudra juger si elle doit se faire. » La Compagnie accorde immédiatement cette permission. Cette affaire date sans aucun doute de plusieurs mois, de l'été ou de l'automne de 1651, puisque les directeurs en Hollande peuvent la régler au mois de février 1652. La Ligue avait-elle été proposée par les colonies de la Nouvelle-Angleterre ou par la Nouvelle-Hollande ?

L'alliance de la Nouvelle-Angleterre et de la Nouvelle-Hollande contre les Iroquois

Formation d'une Ligue dite garantie

Comme la Nouvelle-Hollande est faible, elle prend immédiatement avantage de la permission accordée par les directeurs. Stuyvesant envoie des agents aux colonies voisines en mai de la même année ; il écrit à Endicott, à Bradford, à Eaton, du New Haven, etc., c'est-à-dire aux personnes mêmes que les agents français ont vues pour former une Ligue contre les Iroquois. Quand plus tard, dans la même année 1652, l'Angleterre entre en guerre contre la Hollande, les directeurs de la West India Company espèrent que la « ligue garantie » formée en Amérique empêchera une guerre entre la Nouvelle-Hollande, très faible, et les colonies anglaises.

Ainsi, au lieu de former une alliance avec la Nouvelle-France pour faire la guerre aux Iroquois, les colonies anglaises ont conclu un accord avec la Nouvelle-Hollande pour mettre fin aux insolences des Indiens quels qu'ils soient. Elles obtiennent par la paix ce qu'elles auraient obtenu dans une guerre aux côtés des Français.

La Nouvelle-Angleterre ne s'allie pas à la France.

Index

Cet index a été conçu de façon à faciliter la recherche. Ainsi, de nombreux renvois réfèrent le lecteur à un autre terme utilisé par l'auteur, principalement dans le cas des nations amérindiennes (ex. Chats. V. Ériés).

Le nom des personnages est entré sous celui utilisé par l'auteur, avec renvoi au nom retenu par le *Dictionnaire biographique du Canada* (ex. Montmagny. V. Huault de Montmagny). Dans d'autres cas, les variantes orthographiques sont placées entre parenthèses (ex. Garakonthié, Garakontié).

Les noms de lieu ont été indexés sous leurs toponymes actuels. Quant aux toponymes disparus, nous avons conservé l'orthographe utilisée par l'auteur en notant les variantes le cas échéant.

À titre indicatif, des thèmes ou sujets ont également été mentionnés dans l'index, en considération de leur importance historique. Cependant, des notions ou termes récurrents qui forment la base de cet ouvrage n'apparaissent pas dans l'index. C'est le cas de termes comme Nouvelle-France, Amérique, missionnaires, missions, jésuites, etc.

B

C

D

E

F

G

H

I

T

Source des illustrations

p. 1 : Arrivée de Jacques Cartier à Hochelaga (détail), dessin tiré d'une carte de la Nouvelle-France dessinée par Gastaldi en 1556 ; **p. 27** : Défaite des Iroquois au lac Champlain en 1609 (détail), d'après un dessin de Champlain, *Les Voyages du Sieur de Champlain*, 1613 ; **p. 42** : Un Indien en costume d'hiver, dessin de Champlain, *Voyages du Sieur de Champlain*, 1620 ; **p. 55** : Fort Nouvelle-Amsterdam, dessin extrait d'une carte du XVIIIe siècle ; **p. 70** : Plan du port de Tadoussac et du Saguenay, dessin de Champlain, *Voyages du Sieur de Champlain*, 1613 ; **p. 90** : Village indien, détail de la carte *Novi Belgii Novaeque Angliae*... de Nikolaus Visscher, 1685 ; **p. 155** : Torture d'un prisonnier, dessin extrait de Bacqueville de La Potherie, *Histoire de l'Amérique septentrionale*, 1722 ; **p. 164** : Cérémonie des morts, dessin de Champlain, *Voyages et découvertes faites en la Nouvelle-France*..., 1618 ; **p. 174** : Plan de Montréal, Jean Bourdon, 1642 ; **p. 181** : Cartier arrivant devant Hochelaga (détail), *Picturesque Canada*, T. 1, 1882, p. 3 ; **p. 200** : Indiens à bord d'un canot, extrait d'une carte de Willem Janszoon Blaeu, 1635 ; **p. 225** : Prédication de l'évangile, extrait de P. F. J. Bressani, *Relation abrégée de quelques missions*..., 1653 ; **p. 236** : Carte du pays des Hurons, détail d'une carte attribuée à Du Creux, 1651 ; **p. 240** : Meurtre du père Jogues, extrait de J. F. P. Bressani, *Relation abrégée*..., 1653 ; **p. 243.** Carte de Bressani tirée de sa *Relation abrégée*..., 1653 ; **p. 245** : Port Saint-Louis, carte dessinée par Champlain, *Voyages du Sieur de Champlain*, 1613 ; **p. 250** : Indienne pilant le maïs (détail), extrait de *Historiæ Canadensis,* Du Creux, 1656 ; **p. 259** : Scène de portage, J. F. P. Bressani, *Relation abrégée*..., 1653 ; **p. 262** : Combat avec les Indiens (détail), extrait de Champlain, *Historiæ Canadensis,* Du Creux, *1656* ; **p. 267** : Mort des pères de Brébeuf et Lalemant, J. F. P. Bressani, *Relation abrégée*..., 1653 ; **p. 272** : Mort du père Garnier, *idem* ; **p. 275** : Mort du père Chabanel, *idem* ; **p. 278** : Signatures de Bressani, de Brébeuf, Lalemant, de Nouë et Chabanel, *idem* ; **p. 285** : Page frontispice de *Histoire de l'Amérique septentrionale*... de Bacqueville de La Potherie, 1722 ; **p. 293** : Descente d'un rapide, extrait de P. F. J. Bressani, *Relation abrégée*..., 1653 ; **p. 302** : Indienne pilant le maïs (détail), extrait de *Historiæ Canadensis,* Du Creux, 1656.

Samuel de Champlain (v. 1570-1635)

Carte de la Nouvelle France augmentée depuis la dernière, servant à la navigation. Dans *Les voyages de la Nouvelle France occidentale, dite Canada / faits par le Sr de Champlain.*

Paris, 1632. Chez Sevestre.

Moqueurs, des marchands de Saint-Malo avaient surnommé Samuel de Champlain, le peintre. Homme d'action, courageux, indomptable même, il était aussi à ses heures un dévot, un contemplatif avide de savoir. Et les connaissances acquises,il pouvait les transmettre par l'écrit, le dessin et la cartographie.

Sa carte de 1632 est absolument remarquable. Influencé par John Smith, Johan de Laët et Hessel Gerritsz, il a su tirer le maximum de ses propres voyages, de même que des précieuses informations transmises par les Indiens. Les parties les plus originales sont certes l'Acadie, la vallée du Saint-Laurent et la route des fourrures, c'est-à-dire l'Outaouais et les Grands Lacs.

La cartothèque de la bibliothèque de l'Université Laval possède un original de la première version.

COMPOSÉ EN TIMES CORPS 10
SELON UNE MAQUETTE CONÇUE ET RÉALISÉE PAR DANIEL HUOT
CETTE TROISIÈME ÉDITION A ÉTÉ ACHEVÉE D'IMPRIMER EN DÉCEMBRE 1999
SUR LES PRESSES DE MARC VEILLEUX IMPRIMEUR À BOUCHERVILLE
POUR LE COMPTE DE DENIS VAUGEOIS
ÉDITEUR À L'ENSEIGNE DU SEPTENTRION